Yo confieso

Yo confieso

45 años de espía

LAS EXPLOSIVAS MEMORIAS DE EL LOBO, EL ESPÍA
MÁS IMPORTANTE DE LA HISTORIA DE ESPAÑA

Mikel Lejarza y Fernando Rueda

Rocaeditorial

© 2019, Mikel Lejarza y Fernando Rueda

Primera edición: febrero de 2019

© de esta edición: 2019, Roca Editorial de Libros, S. L.
Av. Marquès de l'Argentera 17, pral.
08003 Barcelona
actualidad@rocaeditorial.com
www.rocalibros.com

Impreso por LIBERDÚPLEX, S. L. U.
Sant Llorenç d'Hortons (Barcelona)

ISBN: 978-84-17541-29-3
Depósito legal: B. 275-2019
Código IBIC: BM; JPSH

En memoria de todas las víctimas del terrorismo

Índice

PRÓLOGO

Secretos y sentimientos de Mikel, maestro de espías... Y la mirada de Mamen

*L*a historia que vas a leer es la más apasionante en la que he colaborado durante mi larga carrera como periodista. No solo por los impactantes secretos que desvela, sino porque arroja luz sobre la apasionante vida pública y privada de un hombre al que a los veinte años nunca se le había pasado por la cabeza ser espía y acabó estando presente en muchos de los principales acontecimientos de los últimos 45 años de la historia de España.

La génesis de este libro se produce en un lugar de España alejado de Madrid; corría el año 2017 cuando me reuní con Mikel Lejarza para comentarle el guion de mi siguiente novela, la tercera con él como protagonista de ficción. En mitad de la trama, interrumpió mi explicación: «Fernando, creo que es el momento apropiado para escribir mis memorias». En los últimos años habíamos hablado varias veces de ello, incluso habíamos dado unos primeros pasos para tantear la oportunidad y las condiciones de la publicación, pero él se volvió atrás con un argumento incontestable: «Todavía no ha llegado el momento».

Así que, tras superar mi sorpresa inicial al saber que ya estaba dispuesto y convencido, lo animé a que se pusiera a escribir para relatar en primera persona sus vivencias. Le recomendé que lo hiciera a su estilo, y que valorara que si no hacía un cóctel en el que incluyera tanto los extraordinarios episodios de toda su vida de espía como los sentimientos que había albergado al afrontar cada uno de ellos, y lo mezclaba con sinceridad y verdad, nada tendría sentido.

Pero él ya sabía lo que quería y tenía que hacer, lo llevaba meditando durante muchos años, así que mis sugerencias le parecieron una obviedad y solo sirvieron para reafirmarle en que El Lobo iba a correr de nuevo dentro de un libro. Entonces me pidió que fuera yo quien lo escribiera; él me contaría sus recuerdos y yo les daría forma. Como punto de partida, pactamos una condición esencial: serían sus memorias en primera persona y yo no investigaría el contenido de los episodios.

Nunca había aceptado una oferta como esta, en la que mi papel fuera tan secundario; me habían ofrecido oportunidades similares en un par de ocasiones pero no me interesaron. Soy periodista de investigación y novelista, esos son mis terrenos y mis vocaciones. Pero llegamos a un acuerdo sin necesidad de pensármelo ni un segundo. En mi decisión fue determinante que Mikel fuera mi amigo, un gran amigo, pero no voy a negar que me ponía la piel de gallina conocer de primera mano las vicisitudes y los detalles de la trayectoria del mejor espía español de la historia.

14

Por lo tanto, esta es la historia de El Lobo, contada por él y basada en acontecimientos sucedidos, en algunos casos, hace 45 años, aunque otros son muy recientes. Es la odisea de un espía que va bastante más allá de su infiltración en ETA, aunque muchos españoles sigan creyendo hoy en día que fue lo único que hizo y que luego se retiró a llevar una vida cómoda y de lujo. Dos calificativos que, como comprobarás, son la antítesis de sus vivencias.

Yo había leído hace años con atención e interés el libro *Operación Lobo*, que publicó en 1999 Xavier Vinader, y también *Lobo. Un topo en las entrañas de ETA*, de Manuel Cerdán y Antonio Rubio, que vio la luz en 2003. A pesar de que me parecieron dos buenos textos, no he querido releerlos porque mi intención ha sido poner la mente en blanco y dejar que fluyeran los recuerdos de Mikel para dar forma a estas memorias, en las que yo soy un mero transcriptor, ordenador y corrector.

Y en efecto, ha sido la suya una narración tan sincera que a menudo me he quedado petrificado, sin saliva en la boca. Incluso tuve un ataque de lumbago que me duró varias semanas y para el que no encontraba remedio en los métodos tradicionales, y nuestra editora Blanca Rosa Roca interpretó que de algún modo estaba somatizando los duros relatos de El Lobo en los que estaba inmerso.

Mikel se ha guardado pocas cosas —de alguna, hay pistas en el libro—, pero cuando empezamos nuestras conversaciones jamás pensé que osara desnudarse hasta este punto, identificando situaciones cruciales en las que no le gustó nada lo que hizo, aunque la presión, la soledad y las subidas de adrenalina lo llevaran por ese camino. También narra episodios especialmente divertidos; hay muchos, pero uno de mis preferidos es ese en el que termina en los Pirineos vestido únicamente con unos calzoncillos largos, como los que llevaba John Wayne en las películas del Oeste.

Mikel ha estado ocultando hasta la publicación de *Yo confieso* una inmensa parte del contenido de sus vivencias. Por motivos de seguridad, por no mencionar a personas que trabajaban con él, por la dureza extrema de algunas operaciones o por ser demasiado recientes algunas de ellas, su silencio ha durado demasiado, al menos para mí. Y mi mayor recompensa es que ahora Mikel narra sin cortapisas lo que disfrutó y lo que padeció en cada momento. Estoy seguro de que te sobrecogerás como yo ante su sinceridad para confesar los sentimientos más íntimos y fuertes en situaciones tan extremas como las que ha protagonizado, esta vez en la vida real.

Lo conocí cuando, en la década pasada, yo era subdirector de *Interviú*. Mikel acudió a la redacción para hablar con mi apreciado director, Manolo Cerdán, que fue quien me lo presentó. Ya habíamos coincidido en varios programas de radio dedicados a comentar alguno de mis libros, pero él nunca estaba presente en el estudio. Con el trato y el paso de los años, intimamos hasta hacernos amigos sinceros, de esos que te cuentan y a los que les cuentas tus problemas. Así que muchas veces me había descrito sus vivencias personales, pero jamás me había abierto su corazón como lo hace en *Yo confieso*. Entonces comprendí mejor la queja, que Mikel me repetía una y otra vez, sobre que muchas de las cosas que se decían de él y la información que la opinión pública había recibido a lo largo de décadas no se correspondían con la realidad.

15

Estas memorias tienen el inmenso valor periodístico de enfrentarnos a una radiografía de la más reciente historia de España, pero sin esos viajes a lo íntimo que describe sin trabas sería imposible entender quién es y quién ha sido Mikel Lejarza. Incluso descubre el trágico periodo en el que sufrió una grave depresión, de la que salió sin la ayuda de su servicio secreto que, a pesar de tantos años de entrega, éxitos y sufrimiento, ni siquiera le proporcionó un sicólogo. Por suerte para él, allí estaba su mujer, que lo espoleó hasta hacerle ver la manera de liberarse de aquella tela de araña.

Otro de los valores añadidos de este libro reside en Mamen, la coprotagonista. Soportar 45 años dedicándose al espionaje es imposible casi para cualquier ser humano. Si Mikel lo ha conseguido, ha sido sin duda gracias a ella. El reflejo de este carácter y de su aportación al trabajo de su marido se plasma en cuatro epígrafes titulados «La mirada de Mamen».

Mikel me la presentó hace ocho años y lo primero que hizo ella fue echarme una bronca de narices. Yo había escrito sobre su marido algo que no le había gustado, y me dio una buena tunda sin esperar a mis explicaciones, aunque cuando pude dárselas, cambió totalmente su actitud y hoy mantenemos una amistad especial.

Mamen ya no tiene aquella melena rubia, pero mantiene intacta su belleza. Ella ha sido el torreón que ha enderezado a Mikel en muchos momentos, la compañera que lo devolvía a la realidad cuando pasaba demasiado tiempo en mundos imaginarios necesarios para su trabajo. También ha sido la tapadera perfecta o la espía para llegar a sitios en los que su sonrisa y ademanes suaves no despertaban las mismas sospechas que un hombre solitario y fuerte en un ambiente hostil.

Por eso me pareció una decisión valiente y apasionante cuando, ya iniciado el trabajo, Mikel me comunicó que había pensado que el libro quedaría completo si Mamen contara desde su perspectiva los hechos que han vivido juntos en el espionaje y fuera de él.

Así fui descubriendo que Mamen guarda recuerdos que Mikel no había almacenado en el disco duro de su memoria. Otros que vivió ella sola, como cuando en Barcelona metieron en la cárcel a su marido y tuvo que presionar al servicio para que consiguieran su liberación e, incluso, organizar su salida de prisión para que la prensa no lo fotografiara. Además, sus vivencias ayudan a situar a Mikel en el ámbito personal desde el que llevó a cabo tantos trabajos arriesgados y tantas decepciones y malos tragos.

Mamen es aplastantemente sincera, clara y rotunda. Siempre positiva a la hora de desenterrar dramáticos acontecimientos de su vida en común con entereza, incluso bromeando, y negándose a que los malos recuerdos la atrapen.

En mis reuniones con los dos, las explicaciones de Mamen hacían recordar a Mikel detalles que se le habían olvidado, y algunas veces no veían un determinado suceso de la misma forma, algo habitual en cualquier pareja, y muy enriquecedor para este libro: ella ofrece una segunda versión sorprendente de la historia de El Lobo.

A modo de anécdota: en mi última entrevista con Mamen, cuando Mikel no podía oírnos, ella me planteó: «Fer, me estoy dando cuenta de que me has hecho una pregunta muy trascendental que a él no se la has hecho». Se refería a que le había pedido que valorara si, después de estar juntos cuarenta años, se arrepentía de haber vivido con él. Mi contestación fue rotunda: «Ni me he planteado preguntárselo a él porque me ha repetido varias veces que, en cuanto te vio, supo que eras la mujer de su vida».

17

Humor, amor, pasión, engaños... Pero por encima de todo, este es un relato duro, sincero, apasionado, violento a veces, siempre lleno de tensión, que a nadie dejará indiferente. Es la historia de un hombre que se metió en el mundo de los servicios secretos desconociendo que iba a sufrir tantos abandonos, traiciones y agresiones. Y menos cuando el resultado de su trabajo siempre ha sido ampliamente satisfactorio para sus jefes.

Y quiero hacer un par de advertencias finales. El índice onomástico está lleno de nombres, pero Mikel no identifica a ninguna persona en activo o que necesite protección. Y que, para no interrumpir su relato, para que la fuerza de sus palabras no se vea ralentizada por explicaciones, en algunos casos necesarias, he dejado lo que Mikel cuenta tal y como él lo dice, pero he incluido notas al pie de página con algunos detallés que a muchos lectores les pueden interesar o que ayudan a contextualizar la narración. Me encanta haber participado en este proyecto, que no habría acabado sin el apoyo permanente de la luz que ilumina mi camino, mi mujer Alicia.

Pasen y lean las confesiones de Mikel Lejarza, El Lobo.

FERNANDO RUEDA

18

INTRODUCCIÓN

«Corre, Lobo, corre, que tu vida dependerá de tu instinto»

Este libro nunca iba a ver la luz, pero la idea comenzó a tener sentido durante una reunión en el despacho del secretario de Estado-director del CNI, Félix Sanz Roldán, cuando salió de él un comentario: «Mikel, deberías escribir un libro con tus sentimientos, tus momentos difíciles...». El hombre lo decía de todo corazón, una cualidad que lo distinguía de los anteriores directores. Para mí ha sido y es como un hermano, el más cercano y el más inteligente de todos los jefes que ha tenido el Centro a lo largo de mi carrera. Lo puedo simplificar en una frase: me ha hecho la vida más fácil. Su comentario, unido a la tenacidad y cercanía de Fernando Rueda, hizo que me planteara arrojar algo de luz y veracidad a mi trayectoria.

Se ha mal escrito tanto sobre mi trabajo que he llegado a la conclusión de que si la historia se relata «de oídas», con intereses ocultos o sin ellos, a mí no me interesa leerla y dejar que manipulen mi mente.

Mis momentos difíciles..., decía el director. ¿Cómo explicar en un libro tantos episodios conflictivos? Cada minuto ha sido trascendental en este juego de la vida o la muerte. No es posible contarlo todo, lo único que me parece factible es dejar una huella de la que fue mi realidad.

Mis sentimientos..., decía el director. Cómo explicar en un libro tu actitud ante una sucesión continua de situaciones límite. Es muy difícil de explicar qué he sentido, tantas veces como se me ha encogido el estómago y la saliva no me pasaba por la garganta. Perdí el sueño, perdí a mis amigos y a mi familia, lo perdí todo y comencé de cero, un cero de verdad. Y mis enemigos se multiplicaron, porque los tenía hasta en mis propias filas. Me decían: «Corre, Lobo, corre, que tu vida dependerá de tu instinto».

Lo más duro para mí no ha sido la persecución de ETA, eso ya lo tenía asumido. Lo peor es que mis propios compañeros, después de culminar una exitosa operación o varias, me hayan ninguneado, y otros de las Fuerzas de Seguridad del Estado —compañeros, al fin y al cabo— me odien y me hayan hecho pasar los peores ratos de mi vida.

Ahí sí que afloran sentimientos contradictorios y hacen que pasen muchos pensamientos extraños por mi mente. Esta ha sido la tónica de mis últimos 45 años. Cuando un agente especialista en infiltraciones realiza su trabajo a conciencia —créanme, es el trabajo más solitario, triste y nada agradecido—, pone todo su ser y entrega lo máximo de sí mismo. Por sus manos pasan informaciones de lo más variadas, informaciones que harían temblar a un país entero. Pero un buen agente le transmite todo a su oficial de caso[1] y de allí va al Centro de Análisis o, dependiendo de la importancia, hasta «arriba del todo». Y el agente nunca sabrá lo que van a hacer con ella. Luego, no espera gloria de ningún tipo, pero tampoco es de recibo que tan solo reciba las consecuencias de rencillas e incluso odios.

No voy a decir que sabía a lo que me arriesgaba, aunque algo intuía, pero lo que no imaginaba es a lo que me iba a exponer con los míos. Pensaba que si hacía bien las cosas sería uno más, pero ni siquiera sospeché al principio, luego ya lo fui viendo, que los míos también quisieran ir a por mí.

Cuando te lanzas a un trabajo de estos, en pos de algo que crees justo e importante, lo que menos puedes prever es que tu gente te va a quitar de en medio. Es lo que más me ha marcado: que los míos hayan callado, hayan enterrado las cosas, hayan dejado que me salpicaran mierdas, que incluso ellos las soltaran con la intención de que me quitara de todo lo que tuviera que ver con el servicio. Hasta el punto de que, con el paso de

1. El oficial de caso es el responsable dentro del servicio que lleva personalmente los asuntos de un agente, y el intermediario entre él y el servicio secreto. El Lobo ha tenido muchos oficiales de caso; los que siguen en activo no están citados con nombre y apellidos.

los años, cuando el servicio se ha ido haciendo más profesional, han debido de pensar: «Ya que este no se muere, pues vamos a darle un poco de canchita».

Lo más duro no es que ETA quiera matarme, que la gente etarra siga actuando, de hecho ya han vuelto a pedir el impuesto revolucionario… Tienen que pasar aún décadas, es muy difícil que los hábitos se olviden. Yo tengo asumido que un día puedan venir y me peguen dos tiros. Lo que no he podido asumir nunca, ni asumiré, es que me aborrezca la gente mía, que la gente mía me quiera hacer desaparecer, que la gente mía quiera echar tierra encima de mi historia. Al fin y al cabo, yo he realizado mi trabajo por los españoles, por España y, lógicamente, por mi servicio.

Por delante de todas las Fuerzas de Seguridad estaba mi servicio, pero yo he trabajado con todos ellos, con Policía y Guardia Civil. Como resultado, donde más enemigos he tenido siempre ha sido ahí. No tiene sentido. Como en una reunión en el Centro, con motivo de la llegada de los directivos jóvenes, a los que les daban unas charlas. Delante de ellos estaba sentado mi jefe de caso, con un puesto importante dentro del servicio, y a su lado un comandante. Estaban hablando de mi historia como ejemplo de algo, y dijo el comandante:

—Pero ese tío era un gilipollas. ¿Qué ha hecho, en realidad?

E intervino mi oficial de caso:

—¿Tú lo conoces?

—No, no lo conozco.

—Pues entonces cállate, que no tienes ni puñetera idea, y si lo conocieras, no hablarías así.

Quiero aclarar que en los relatos de mi vida, cuando me refiero a ciertos colectivos, no es mi intención generalizar. Tengo mis mejores amigos en la Guardia Civil, un cuerpo al que respeto encarecidamente. También soy afortunado por contar con muy buenos amigos en la Policía, que me han demostrado con creces que es una relación bilateral.

En lo que se refiere a mis compañeros del servicio, cuanto más grande se ha hecho con el paso de los años, como en todo colectivo hay odios, venganzas o desconocimiento simple sobre realidades ajenas. La verdad es que en los últimos años se me ha tratado exquisitamente, y aunque muchas veces te ignoren o te sienten lejos, El Lobo está siempre ahí. Todos los personajes que

21

se incluyen con su nombre auténtico aparecen así porque anteriormente han sido identificados públicamente.

Hay gente que ha sembrado que soy un loco. Incluso han permitido que se creyera que yo era un etarra, cuando en el momento de mi captación para infiltrarme yo no sabía ni lo que significaban las siglas ETA. La película de cine que se montaron sobre mí me hizo mucho daño, porque la verdad es que a mí fue a buscarme el servicio desde Madrid y me costó una barbaridad empezar, no sabía ni por dónde tirar al principio.

Yo he sido un agente negro[2] —«Vale, vale, está con nosotros, es nuestro»—, el que hace las cosas más jodidas, el que se juega las pelotas, pero como en un momento dado trascienda alguna cosa —como las que cuento en el libro— hay que dejarlo tirado, hay que abandonarlo, que se coma la mierda él solo, hay que preocuparse que no tenga nada que lo ligue con el servicio. Esa es la auténtica historia, por eso cada mes me pagan en efectivo. Es lo que te hace vivir en la cuerda floja porque cualquier día te dicen adiós. Solo con que haya un cambio de director, ya estás fastidiado. Nunca puedes sentirte seguro, y ellos tratan de tenerte bien agarrado de distintas formas.

Las valoraciones de los hechos que relato han sido vividos en primera persona, sufridos en primera persona. Los agentes negros callamos, nunca somos dueños de nuestras informaciones, ni sabemos qué ocurre con ellas cuando las entregamos. Debemos ser leales y obviar los secretos que afecten al Estado. El Lobo nunca ha hecho uso de nada, ni lo hará. Mi lealtad es total a España y a mi servicio. Hecho que ha quedado probado con el devenir de los tiempos, a pesar de que he vivido momentos muy críticos

Un buen agente de infiltración es aquel que nunca ha destacado en nada, el que pasa desapercibido, el que no llama la atención ni por su físico ni por cualquier otra característica. Pero sí tiene que ser leal, improvisador y consciente de que debe darlo todo y no va a recibir nada a cambio —difícil, ¿no?

---

2. El agente negro es aquel que trabaja para un servicio de inteligencia pero no aparece en la nómina oficial. Cobra en negro y realiza las misiones más complicadas y conflictivas. Si es descubierto, oficialmente se negará cualquier vínculo con él.

Otra de las cualidades que se requiere es la disciplina, que no ha sido una de mis virtudes, quizá porque creo que la disciplina es peligrosa mientras estás jugando con la muerte cada segundo. Después, cuando has cumplido con tu trabajo, te «sueltan al mundo» y te quedas con un enorme «vacío interno», una soledad aplastante, y sin pasado ni futuro.

Entonces es cuando tu vida pasa por tu mente y haces análisis de todo. Lo primero que valoras es «la gran mentira de ETA». Tantos asesinatos, tanta desgracia, y sin ningún fin para la organización —lo verán ustedes en el libro—, aunque siempre hay algo detrás: intereses políticos. Partidos a los cuales sus actividades les vienen de fábula, a costa de tantos muertos, tantas familias destrozadas, industrias hundidas, etcétera. Y estos fines políticos se aplican también al tratamiento de otros conflictos, de otros terrorismos o a las guerras de medios de comunicación.

Y es terrible cuando te das cuenta de que detrás de las apariencias y los discursos siempre hay otros objetivos no confesados, y detrás de estos, otros aún más grandes. Todo es manipulación, los ciudadanos somos simples títeres manejados por los grandes poderes, los cuales se van destruyendo unos a otros. Esta es una de las evidencias más crueles que he constatado a lo largo de mi trayectoria.

Me pregunto muchas veces: ¿Dónde están aquellos valores por los que trabajamos, por los que muchos han perdido la vida y a otros se la han destrozado? ¿Queda algún estadista auténtico, que piense en el ciudadano de a pie, que estudie fórmulas para que las generaciones venideras puedan tener una vida mínimamente digna?

A mí siempre se me ha tachado de ser de derechas porque la primera operación de El Lobo se hizo en vida de Franco, casi en sus estertores. Reconozco que me gusta ser conservador, pero nunca he participado en política ni me ha seducido una tendencia específica, mucho menos unas siglas de partido. Cuando estuvo la derecha en el poder con la UCD, me trataron bastante aceptablemente, lo que significa que me pagaban bien y me dejaban hacer, aunque no me plantearon ninguna opción para que tuviera una cierta estabilidad. Lo que hicieron es dejarme suelto: «Corre, Lobo, busca, olfatea».

Llegó el Partido Socialista, yo seguí haciendo mi trabajo y entonces me tacharon de ser de izquierdas, porque trabajaba estando ellos en el Gobierno. No se puede juzgar a un profesional cuando está haciendo un trabajo para el Estado, porque no lo está haciendo para un político o para un partido. Y al final, casi han sacado más la cara por mí los socialistas que los de derechas. Los políticos juegan para su propio beneficio, les da igual sacrificar a quien sea. Igual que tu propio servicio de inteligencia cuando vienen mal dadas: su primer movimiento es intentar apartarte de ellos, y yo entiendo que lo hagan. Eso sí, después te siguen manteniendo ahí, sin decir públicamente que tu trabajo estuvo bien hecho. A mí me lo han dicho personalmente, pero nunca a la prensa o a la sociedad. Por eso a veces tengo que decirlo yo, porque no me queda más remedio.

Este libro no es una historia de héroes y villanos, son las memorias de un muchacho que estaba muy lejos de imaginarse por dónde iba a ir su futuro. Ese muchacho que fui jamás había soñado que iba a formar parte de unos servicios de inteligencia, desde los que no solo lucharía contra el terrorismo, sino en diversas y muy peliagudas operaciones de todo tipo. Será, quizás, que nunca sabemos el animal que llevamos dentro, y son otros quienes lo tienen que intuir para activarlo —tras mi infiltración en ETA, yo tuve que hacer eso mismo con otros—.

En este balance, no solo veo sombras, identifico también algunas luces. Como la de Paco, un amigo policía —bueno, eran dos amigos—, que supo entrar dentro de mi mente y demostrar que era un gran policía, aquel al que en una película sobre mí hacen que lo maten en una bañera. No es verdad, Paco está vivo, él fue quien me presentó al servicio, que entonces era el SECED. Fue en 1974, y su jefe en la Policía era Sainz, el Gordo—que luego fue director de la Seguridad del Estado—. Sainz y otros miembros del SECED me convirtieron en inspector de Policía, después de firmar toda clase de documentos. Y poco después yo pedí que también Paco se integrara en el servicio, y allí se jubiló.

En los últimos años de la dictadura los militares tenían mucho mando, y cuando terminó mi primera operación con un éxito que nunca se imaginaron, el SECED se llevó todos los méritos. Sainz protestó: «Es nuestro, nosotros le hicimos inspector de Policía», y tuvo una fricción muy grande con el SECED, que finalmente se impuso y se quedó con El Lobo. El conflicto surgió porque no lo habían debatido al principio, ya que mi infiltración no tenía ninguna garantía de éxito. Esa fricción con la Policía me ha perseguido toda la vida, es como si creyeran que yo era uno de los suyos que me había pasado a otro Cuerpo por vaya a saber usted qué intereses o promesas, aunque yo nunca había sido policía. Solo había firmado un contrato en el que figuraba que lo era, para protegerme y evitar males mayores.

Si hasta el final de la infiltración, en cada minuto de mi rutina diaria, había estado en peligro de muerte —una muerte en la que nunca quise pensar, sobre todo después de lo que me contaron unos etarras de los tres pobres chicos gallegos a los que asesinaron con unas torturas increíbles—, luego tuve una vida clandestina en la sombra. Y es difícil explicar lo que se siente, porque ese estar al borde del precipicio es continuo y se convierte en tu modo de vida. Lo peor es que todos terminamos por tener una familia y la arrastramos a una situación muy difícil, y continua, que hace mella en los hijos y en la esposa. Ya no hablemos de padres y hermanos, porque de ellos hay que olvidarse.

En alguna ocasión me han preguntado: ¿Cómo se vive este trabajo desde la fe? Se vive gracias a ella. Yo siempre pedía a la Virgen de la Piedad que me cuidara, como me cuidó de niño, y que no tuviera que hacer uso de las armas. Que me guiara por un camino en el que no tuviera que recurrir a la violencia y que pudiera realizar mi trabajo con el menor daño. Siempre me sentí acompañado y seguro. Tristemente, a veces las decisiones de quienes ejercen el mando —no entro en ellas porque no es mi función— llegan a un equívoco tan grande que terminan por acrecentar el terror y el desastre.

Y, por mi parte, reconozco que si yo en un momento concreto hubiera sentido que mi vida corría peligro, si le hubiera tenido que cortar el cuello a un etarra, se lo habría cortado. Cuando estás metido entre ellos, tu adrenalina es tal que lo único que buscas es tu supervivencia y la forma de seguir adelante. Y yo era consciente de que si tenía que llevarme a alguien por delante, me lo llevaba. De hecho, más adelante,

25

me encontré en otra situación extrema en Argelia, en la que tuve que matar a otros para salvar mi vida.

Yo no creo en ese final de ETA que tanto se ha anunciado. Pienso que hemos pasado una página del terrorismo y sobre la mentira de la banda, pero sigo viendo el odio creciendo día a día. Eso no es un final, eso es un pequeño paso en el camino de ganarle la batalla policialmente. Tendremos —tendrán— que esperar varias generaciones para el auténtico final, siempre que se hagan bien las cosas y que no olvidemos a nuestros muertos y recordemos aquel Espíritu de Ermua que unió a la mayoría de los españoles.

Cuarenta y cinco años de mi vida han transcurrido tal y como los cuento en estas memorias, aunque por desgracia sin profundizar del todo —uno no es nadie ante el poder—. He aprendido tanto, he visto, oído y vivido tantas experiencias que hay momentos en los que, de una forma automática, casi inexplicable, intuyo que un riesgo está al acecho, o presiento lo que va a suceder, o identifico a alguien a quien no conozco de antemano, o sé a ciencia cierta que debo escapar de un sitio. Es lo que llaman la universidad de la vida; en mi caso, de una vida muy peligrosa.

Una última aclaración que puede parecer extraña o prepotente, pero que es tan verdadera como cada experiencia de este libro: como agente del servicio de inteligencia español, a mí nadie me enseñó nada. Todo lo aprendí por mi cuenta, solo, sobre el terreno, y mi satisfacción ha sido haber llegado a cotas de éxito y eficacia inimaginables. Pero este es el final de mi etapa, y ahora será una etapa pública.

MIKEL LEJARZA, EL LOBO

I

Infiltración de Gorka-El Lobo en ETA

Dos policías me manipulan para captarme

$\mathcal{M}$i historia arranca gracias a un acontecimiento que tardé mucho en descubrir. La Jefatura Superior de Policía de Bilbao, durante una reunión de varios de sus jefes, acordó a finales de 1972 buscar a alguien para infiltrarlo en ETA. Alguien en la veintena, como yo; políticamente limpio, como yo; sin relación alguna con el régimen, como yo; que hablara euskera, como yo; con un nivel cultural medio, como yo, y que los tuviera bien puestos. Mi tío Canuto Eguía, guarda jurado, me presentó en marzo de 1973 a un gran amigo suyo, que era inspector de Policía, José Antonio Linares. Al igual que con su jefe, Paco Gómez, conectamos muy bien. Empezamos a salir con frecuencia a tomar copas y a charlar, aparentemente como si fuéramos amigos. Desconocía que los dos habían asistido meses antes a esa reunión, aunque no tardé mucho tiempo en darme cuenta de que me estaban manipulando para convertirme en ese topo que buscaban ansiosamente.

Provengo de una familia católica, apolítica y de condición humilde. Mis padres fueron Marcos Lejarza y María Eguía. Nací en un caserío de Villaro, Vizcaya, pero en ese momento vivía en el barrio de Arcocha, al lado de Galdácano, en el que residían trabajadores de Explosivos Río Tinto, como era el caso de mi padre. Mi casa estaba pegada a un club parroquial, en el que disfrutaba de un grupo de amigos, que hoy en día lo siguen siendo. Lo malo es que apenas he podido verlos todo lo que habría querido. La mayor parte de sus familias habían emigrado desde Castilla-La Mancha, Galicia y Extremadura. Entre ellos había más gente cercana a ETA que en mi círculo de amigos vascos. Pasé una juventud feliz allí, junto a gente muy abierta, que pensaba en los demás, con una trayectoria vital bastante religiosa.

Esta fue una de las razones por la que yo entraba más fácilmente cuando en las frecuentes conversaciones con los dos policías me argumentaban que participar en la lucha contra ETA era hacer algo por los demás.

Paco Gómez y José Antonio Linares hoy siguen siendo mis amigos. Ellos perseguían algo en esos encuentros conmigo, aunque yo entonces no era nada espabilado en ese juego y no sospeché su interés. Al cabo de muchos meses, empezaron a picotear: «Mikel, cómo está esto de mal». Y me contaban acciones que habían realizado, entre ellas cómo habían cogido a Txikia[3] en Algorta en abril de ese año por un chivatazo procedente de la propia ETA. Los mismos etarras lo habían entregado comunicando a la Policía dónde iba a estar. Cómo lo encontraron en la estación, cómo había sido el tiroteo, cómo se lo cargaron allí mismo. Cuando empezaron con estas narraciones empecé a darme cuenta de lo que estaban buscando.

El único problema residía en que ellos eran inspectores de Policía. Eran momentos difíciles en los que la gente podía verlos paseando conmigo y reconocerlos, y eso me podía perjudicar. No obstante, nos veíamos mucho, pero siempre en lugares discretos, apartados de donde yo vivía, como Santurce, donde tomábamos sardinas, o Deusto, Algorta o Bilbao. Me hablaban de ETA, de los Comandos Autónomos Anticapitalistas, de los marxistas… Nuestra relación se fue haciendo más estrecha, hasta que llegó un momento en que me percaté de que me estaban pescando abiertamente. Reaccioné y les dije:

—Yo no puedo hacer nada.

—Hombre, tú eres vasco, hablas vasco, quizás nos podrías ayudar.

—No puedo, siempre seré amigo vuestro, pero no puedo trabajar con vosotros, colaborar con vosotros, porque en cuatro días me han mordido[4] y no se pueden hacer así las cosas. Si yo me entero alguna vez de algo que os pueda pasar, os lo entregaría encantado de la vida. Pero es que no tengo ningún tipo de relación con nadie, es que no conozco a nadie en ese mundo.

Estos dos policías solo hicieron el primer contacto. Cuando vieron que no entraba al trapo, buscaron otra manera de con-

3. Eustaquio Mendizábal.
4. Pillado, descubierto.

vencerme. Paco, el más mayor, estaba muy considerado en el Cuerpo, se dedicaba a la lucha contra los movimientos trotskistas, y terminó entrando en el servicio porque yo quería tenerlo cerca. Era el jefe de José Antonio y tenía por delante una gran carrera. Pasado un tiempo de aquella conversación, en el que habíamos seguido relacionándonos cada vez con más intensidad, Paco supo jugar su baza y me dijo:

—Mira, Mikel, hemos pensado una cosa, si no te importa. Tenemos unos amigos que son de un servicio muy especial. Si quieres, nosotros te los podemos presentar, podrían venir a verte desde Madrid. [Aunque la realidad es que estaban en una oficina en el País Vasco]. Pertenecen a un servicio muy importante del Estado, muy importante, te quieren hacer una propuesta, a ver si con ellos te animas, que son un servicio de inteligencia muy secreto, muy especial.

—Pues tengamos una reunión y hablamos.

Mi sentimiento hasta entonces era que estaba tratando con dos amigos, que en cierto momento empezaron a dirigirme —sobre todo, Paco Gómez— para ver si me captaban. Yo desconocía que él colaboraba con el SECED, el servicio secreto creado por el almirante Luis Carrero Blanco. Por alguna razón, Paco vio en mí un potencial de que podía hacer algo, pero no porque yo tuviera relaciones en ETA, porque no las tenía. Quizás lo que le llegó fuera que me gustaba el teatro —representaba obras en plan aficionado—, la forma de moverme por todas partes —me dedicaba a la decoración de locales—… La verdad es que no estoy seguro.

En enero de 1974 vinieron dos agentes del SECED, se presentaron como Pedro y Carlos.[5] No había pasado ni un mes desde que ETA había asesinado en Madrid al presidente del Gobierno, Carrero Blanco. Por supuesto, yo desconocía que el servicio estaba sufriendo una convulsión interna, que se hablaba incluso de cerrarlo. Necesitaban hacer algo importante y yo me convertí en una de sus bazas. Así que Pedro y Carlos me plantearon el tema de ETA de una manera diferente a la Policía: Euskadi iba a ser un caos, la situación caminaba a pa-

31

---

5. En aquel momento desconocía sus auténticos nombres: Ángel Merino y Emiliano Sánchez Mateo.

sos agigantados hacia el desastre, los tanques estacionados en Burgos terminarían saliendo hacia el norte y se iba a liar parda.

—A ver si pudieras trabajar con nosotros para frenar esto de alguna forma, porque si entran los militares…

Me río recordando que me hablaban así cuando el SECED era precisamente un servicio militar, algo que yo también desconocía. Me quedó claro que iban de amigos, aunque intuía cierta manipulación. Pero a mí, en el fondo, me llegó su mensaje y por primera vez me planteé si podía ayudar de alguna forma.

Apoyaron su oferta con algunas promesas para conseguir que diera un paso adelante en la lucha contra ETA.

—Te haremos inspector de Policía, te prepararemos toda la documentación para que sea oficial, hablaremos con el director general de la Seguridad del Estado, con el jefe superior de la Policía de Bilbao. Tú piénsatelo.

Les pedí tiempo para darle una vuelta antes de contestarles en firme. Carlos era un policía muy reputado, y a Pedro yo prefería llamarlo Zapatones. Estaban destinados en la base del servicio en Bilbao, pero se movían por toda la zona norte. El jefe del norte en los temas terroristas era Á. U., alias Ubieta, que tenía el rango de comandante. En aquella época un comandante mandaba mucho; de hecho, la Policía estaba dirigida por militares.

Ubieta dirigía la oficina principal, que estaba en Vitoria, su ciudad natal; el SECED tenía otra sede importante en Bilbao, con el agente M. P., alias Paso, al frente, y una más pequeña en San Sebastián.

Desde Madrid, A. T., alias Jaime Arrieta, era quien organizaba casi todos los movimientos, pues era el jefe de la División de Operaciones de todo el servicio. A Arrieta no lo conocí hasta terminada la Operación Lobo. Con quienes más trato tuve fue con Carlos y Zapatones; alguna que otra vez, con Paso. Y cuando el servicio fichó al policía Paco Gómez, también me relacioné mucho con él.

Los militares de aquella época eran diferentes a los de ahora, se les veía más señoritos, con más porte, más clase. Quizás influía el poder que tenían. Daban la imagen de más seriedad, se les tenía mucho respeto. Esa seguridad estaba acrecentada por pertenecer a un servicio tan importante.

Cómo superé mis miedos

Estuve pensándome la oferta y llegó un momento en el que la conciencia que me habían inculcado, esa conciencia religiosa, hizo que me entregara al tema. Muchas veces me han preguntado cuál fue el peor momento de mi primera infiltración, que duró una barbaridad o, al menos, a mí me lo pareció. Tras nueve meses relacionándome intensamente con el entorno de la organización, estuve infiltrado en ETA un año, desde septiembre de 1974 a septiembre de 1975. Decidir cuál fue mi peor situación es difícil, porque hubo muchas, pero siempre recordaré ese momento en el que dije que sí a los dos policías del SECED que habían venido a captarme.

Tras recibir con alegría mi respuesta, rápidamente me hicieron mucho papeleo, incluido un seguro de vida. No sé si todo era una pantomima, porque la verdad es que firmé donde me pidieron pero nunca me dieron una copia de los documentos. Cuando volví a casa, horas después de haberme comprometido a colaborar, pasé la noche más larga y oscura: «Joder, dónde me he metido». Me entraron unos miedos terribles y, para superarlos, decidí irme al campo.

Siempre he sido un poco miedosillo, no de las personas sino de determinadas situaciones. Fui un niño con terrores nocturnos, muy jodidos, siempre he tenido miedo a lo desconocido, mucho miedo. Cuando dije que sí, no pasó nada de inmediato, pero cuando llegué a casa pensé: «No tengo nada por donde empezar, dentro de un mes voy a decir que no tengo ni puta idea y no valgo para nada, no puedo hacer nada, no voy a quedar como un puto cobarde, voy a intentar hacer algo».

Me empezó a entrar un acojono por lo mal que iba a quedar: «¿Cómo he podido decir que sí?». Le empecé a dar vueltas a la cabeza y decidí ponerme en acción. Me fui a Valcarlos, un pueblo de Navarra, en cuyas montañas ha habido muchas batallas, como la de Roncesvalles, y muchas leyendas y hechos históricos, alguno protagonizado por Carlomagno. Me cogí un rifle del 22. Me metí en el monte sin rumbo, no era la primera vez que estaba allí ni fue la última. Es un bosque cerrado, perdido, con mucho esoterismo, que es lo que me da miedo. «A ver si soy capaz de quedarme aquí una noche.»

Me había llevado una mochila con agua, ropa y comida. Durante la noche empezó a caer una niebla de morirte, que no se disipó al día siguiente por la mañana, imaginé que era ya de día porque no se veía nada. Veía al demonio, veía caballos, a gente pegándose con las espadas…, mi mente me transmitía la sensación de que veía todo eso. Como en una película de terror, pues igual. Estuve tres noches, aunque quizás fueron dos, nunca lo tuve claro. Me encomendé a la Virgen. El tiempo se me hizo eterno.

Salí de allí hecho mierda, pues estuve todo el tiempo sentado junto a un árbol y no había manera de moverse, porque si te movías para un lado no sabías si te podías caer por un barranco. «Pues aquí me quedo.» El árbol era un haya grande, tenía una especie de pan de árbol, una seta grande que brota pegada al tronco. Está dura, pero la cortas con la navaja y por dentro está más blanda. Me comí un montón de setas de esas. Al final salí de allí habiendo perdido todos los miedos del mundo, con el ánimo alto, con fuerza interior, superando mis terrores nocturnos. Me dio una fuerza terrible. Vencí mis propios temores. «Si me he tragado esto, ya me lo trago todo.» Luego en la vida me pasarían cosas de las difíciles, pero he tenido el valor de afrontarlas.

Fueron dos momentos vitales para mi espíritu, ese y cuando más adelante viajé a Lourdes con varios etarras, de ambos salí fortalecido. Pero sobre todo en Valcarlos. «Si soy capaz de aguantar una noche —no una, aguanté más—, seguiré para adelante.»

Cuando contesté que sí, los responsables del servicio en el norte tuvieron una reunión en Madrid con los grandes jefes del SECED. Al mando estaba Juan Valverde, al que conocí tiempo después, era un personaje de buen trato. Y Andrés Cassinello, su segundo, lo llevaba muy bien. En Madrid,

Carlos lo dio todo, creía de lleno en mí y se entregó para que me aceptaran. Él era un agente de campo, y los motivos que tenía para confiar eran los mismos que tuve yo cuando años después recluté a otros infiltrados. Es una convicción que sientes dentro sobre que esa persona puede llevar a cabo la misión. Estoy seguro de que Carlos no tenía en su mente que la infiltración iba a ser tan importante, pero sí que podíamos conseguir algo que mereciera la pena. Los de Madrid no creían mucho en la propuesta y plantearon mucha pelea. Carlos mantuvo bastantes tiras y aflojas hasta que sus jefes cedieron: «Vamos a probar, vamos a ver cómo va la cosa».

Al principio fue muy despacio, y la presión que recibían los del servicio destinados en el norte era bestial, pues en Madrid estaban acostumbrados a que las cosas se hicieran de un día para otro, y en este caso eso no podía ser. No habían hecho nunca una infiltración así, y era difícil encontrar a una persona que de la noche a la mañana les salvara el pellejo tras el fracaso de no haber evitado el asesinato de su jefe político, Carrero Blanco.

Cuando Carlos y Zapatones volvieron de Madrid, tuve una reunión con ellos en la que me dijeron: «Empezamos ya a trabajar, piensa cómo tienes que arrancar los primeros movimientos, busca la manera de acercarte a esta gente». No me dieron muchas instrucciones porque tampoco sabían cómo tenía que hacerlo. Ellos estaban también a cero sobre ETA, desconocían por dónde podía empezar.

Me entregaron unos libros, a través del policía Paco Gómez, sobre Trotsky y Lenin, pero nunca los leí. Yo pensaba: «Si tengo que hacer algo, lo haré por mí mismo», pero a mí leerme un pedazo de libro la verdad es que no me apetecía. «Ya iré viendo poco a poco.» Me pareció una chorrada, pues si pensaban que esa era la forma de preparar a un agente, me río yo de semejante preparación.

Días después de esa reunión en la cumbre en Madrid, Carlos me dijo: «Te hemos puesto un apodo, te vamos a llamar Lobo, para que siempre que conectemos, a partir de ahora, nada del nombre verdadero, te identificas como El Lobo». Más adelante le pregunté el porqué de ese nombre operativo y me respondió: «Mikel, mira, si de verdad hacemos algo muy im-

35

portante, tienes que ser consciente de que tu vida va a cambiar totalmente, va a ser como la de un lobo, escondido, vas a tener que atacar cuando no te vean, viviendo en las sombras. La vida de un lobo estepario». Cuando uno no está más que empezando, que te describan lo que va a ser tu vida tan fríamente es un golpe impresionante, aunque me lo tomé bien.

En la película *El Lobo* contaron que yo ya estaba en ETA cuando me captaron, una de las cincuenta mil cosas que se inventaron. Yo no sabía ni lo que significaba ETA. Me enteré después de que era Euskadi Ta Askatasuna, Euskadi y Libertad. No conocía nada de ETA, y tampoco a nadie. No conocía siquiera a gente cercana a ETA. «¿Por dónde empiezo? —pensé—. He dicho que sí, y ahora soy yo el que tengo que organizarme todo esto.» Ese fue un momento clave para mí, a partir del cual empecé a dormir mal, y no he vuelto a recuperar el sueño. Tuve que empezar a buscar a alguien que hubiera tenido algún vínculo con la banda. Por eso elegí a los hermanos Iturbe, que habían nacido en mi pueblo y tenía más fácil el acercamiento.

Por algún sitio tenía que tirar. Me junté con Miguel Antonio Iturbe porque sabía que había estado detenido y lo habían soltado. Empecé a acercarme a él con tranquilidad. Lo metí a trabajar en mi empresa de decoración y me fui ganando su confianza. El problema fue que me di cuenta, poco a poco, de que ese no era un buen camino para entrar en la organización.

Lo descubrí cuando en septiembre de 1974, para intentar meterme en ETA, me monté la cobertura de que necesitaba el título internacional de decorador y se lo comenté a Iturbe. Me dijo: «Pues en Francia tengo un amigo que es de Basauri, que está en Dax, que se lleva muy bien con Argala[6] y es de la organización y te podría falsificar el título». Habló con el que estaba en Dax y aquel dio el visto bueno a que yo me fuera para allá.

Para no ir solo a esta primera inmersión en el mundo de ETA me pareció que sería mejor que me acompañara Edurne, la chica con la que salía —yo estaba separado—, lo que me permitió alegar ante los etarras que viajaba por el deseo de ale-

---

6. José Miguel Beñarán.

jarme de mis líos familiares. Quería transmitirles una imagen de rebeldía, de que estaba en contra de muchas de las normas sociales del franquismo.

En Dax nos instalamos en una comuna en la que había gente mezclada de la VI Asamblea y de los Comandos Autónomos. Edurne me vino genial porque se ocupaba de las tareas domésticas mientras los otros se iban a trabajar lejos. Cuando estaban fuera, yo me dedicaba a revisar todos sus papeles, la propaganda que pensaban distribuir. Entre los milis y los polimilis estaba tejiéndose la separación. Era el asunto crucial para mí: descubrir cuál de las facciones era la más importante, la que tendría más poder. Pude comprobar allí que la que más fuerza popular tenía era la ETA político-militar.

Los tres meses que pasé en la comuna se me hicieron pesados, monótonos. Me veía con Carlos en la estación de Burdeos, otras veces cambiábamos las citas a alguno de los bares cercanos, donde teníamos acordados unos horarios. Si un día fallaba la reunión, al día siguiente era una hora más tarde. Lo típico de los servicios de inteligencia.

Los avances en Dax eran mínimos, sobre todo una vez que descubrí cuál era la facción más influyente. Aproveché para ganarme el cariño de la gente y el prestigio de la implantación de mis ideas. A finales de año ya me di cuenta de que no iba a conseguir nada más concreto y fue cuando le dije a Carlos: «Creo que debo entrar para el interior y empezar desde allí». Con ese estado de ánimo es cuando me enteré en la comuna de que el que había sido mi contacto, Miguel Iturbe, no estaba bien visto dentro de la organización. Creían que cuando lo habían detenido en el 68 cantó más de lo debido y sospechaban que incluso pudo convertirse en confidente. Sin embargo, me contaron que quien estaba muy bien visto era su hermano, Juan Ignacio Iturbe, que estaba en la prisión de Segovia.

Cuando regresé a Bilbao antes de las fiestas de Navidad, lo primero que hice fue preparar una incursión a la cárcel de Segovia para hablar con el Iturbe preso. Su familia era de mi pueblo y les pareció lógico que quisiera ir a visitarlo. El hecho de ir hasta Segovia y llevarle un detalle fue muy bien visto, uno de los comportamientos sobre los que se corría la voz dentro de la organización. También descubrí que Juan Ignacio Iturbe tenía otro amigo que manejaba más lazos, mejores relaciones dentro de ETA, así que me tocó hacerme amigo de él.

Era Javier Zarrabeitia, al que llamaban Fanfa porque era un fanfarrón. Un día salía en nuestras conversaciones que era íntimo de no sé quién de la UPG —Unión do Povo Galego—. Con paciencia, lo fui llevando a mi terreno, nos pegamos varios viajes a Galicia para intimar y que confiara en mí. Miembro de la rama político-militar, confirmé que a través de él podía acercarme más a los etarras con influencia que estaba buscando.

Desde el principio yo les vendí bien la tapadera de que me dedicaba a la decoración y que estaba muy metido en el mundo de la arquitectura técnica y del diseño. Miguel Antonio Iturbe lo sabía pues lo había metido a trabajar conmigo, aunque luego él se montó su propia empresa. Así que repetí con Fanfa la estrategia, porque había previsto que me podían pillar en compañía de alguien cuya apariencia no les gustara. Los del servicio vestían muy bien, iban trajeados, todos con corbata. Daban el pego, podían pasar perfectamente por titulados de cualquier carrera. Además, le aseguré a Fanfa que mis amigos arquitectos estaban dispuestos a colaborar con la causa sin dar la cara y que podrían facilitarnos pisos en varias ciudades españolas.

38

¡Al fin conozco a Smith!, y me enseña su pipa

Conseguí por fin una promesa de avance en mi carrera dentro de ETA cuando Fanfa me prometió que me iba a presentar al jefe de los liberados de Vizcaya, José Ignacio Zuloaga Etxebeste, Smith. Este proceso llevó su tiempo y sus consiguientes esperas, que se me hicieron interminables. Mientras tanto, yo intentaba hacer méritos de cara a esa entrevista que me parecía tan crucial. Tenía claro desde el principio que no podía entrar en la organización de pistolero, pero para que me abrieran las puertas necesitaba ir de pistolero. Porque ser aceptado era muy difícil y tenías que apostar fuerte. Mi intención era vender mi imagen como la de un tipo duro al que no le importa coger el arma y, sin ningún problema, ir a cualquier sitio y hacer lo que hiciera falta. Pero al mismo tiempo tenía que mostrar la imagen de ser un personaje tranquilo, siempre yendo como que no tenía miedo de nada. Ahí empezó el teatro mío.

Hasta que a finales de enero de 1975 Fanfa me anunció:

—Mañana quedamos al lado del Ayuntamiento de Bilbao, en el bar La Tortilla, te voy a presentar a Smith, uno muy importante de ETA.

Fuimos los dos, y en cuanto apareció Smith, Fanfa se largó porque él era un simple correo. El jefe de los liberados de ETA, que era más joven que yo, me dijo: «Vamos a coger el funicular y nos vamos a Archanda». Se refería a uno de los montes que rodean Bilbao, un sitio apartado escogido por muchas parejas para pasar un rato de amor alejadas de miradas indiscretas, un lugar idóneo en un día laborable para hablar sin que nadie nos molestara. Me preguntó por todo lo que se le ocurrió y me enseñó su pipa —una Browning 9 mm Parabellum que conseguían en Bélgica— para que la tocara.

Él llevaba una trenca y yo una americana azul bastante buena —siempre he sido un poco chulito para la ropa—, y antes de despedirnos me dijo: «¿Por qué no cambiamos la trenca y la chaqueta?». Y nos las intercambiamos de recuerdo.

Yo jugaba un poco con la imagen de que iba de señorito, y durante nuestra entrevista en Archanda busqué el momento para reforzar la idea y comentárselo claramente: «Soy una persona que tengo amigos y clientes por todas partes, muchos son de fuera, de toda España, y bastantes se dedican a la arquitectura y la decoración». Puse mucho énfasis en este argumento desde el principio porque si investigaban mi pasado era lo que se iban a encontrar, y así sabrían que no les mentía. «Yo no estoy integrado en vuestro mundo, lo he seguido de alguna manera, siempre he tenido mis pequeñas dudas, mis sentimientos, pero me he movido en un círculo de otras relaciones de trabajo». Le repetí esta idea porque estaba obsesionado con que, por casualidad, antes o después, me iban a ver con un tipo elegante y se iban a mosquear creyendo que era un *txakurra*.[7] Estas explicaciones más adelante me valieron una barbaridad.

Tras el intercambio de nuestras prendas de vestir, lo último que Smith me dijo en Archanda fue: «Tú atento, porque te llamaremos por teléfono y quedamos». Y ese fue otro periodo complicado. Con ese «te llamaremos» se iniciaron las esperas de El Lobo y de Mikel, ahí empecé a saber lo que son las esperas en la vida. Pasó una semana y no hubo ninguna llamada, yo me ponía como loco. Segunda semana y no sonaba el teléfono de mi casa. Y los del servicio de Madrid, desesperados, no hacían más que llamar a los responsables del norte: «Pero ¿avanzáis o qué?».

El SECED estaba en decadencia, en caída libre después del asesinato de Carrero Blanco. A punto de deshacerse. Carlos, en Bilbao, y Jaime Arrieta, en Madrid, peleaban por mí porque creían que podía conseguir avances. Carlos, sobre todo, lo hacía ciegamente, defendiendo unos futuros progresos en los

40

---

7. *Txakurra* significa 'perro' en euskera, y es el término con el que se designa a los miembros de las Fuerzas y Cuerpos de Seguridad del Estado en el entorno *abertzale* radical.

que no creía ni yo mismo. Él y los demás me decían que mi misión fundamental debía ser pillar a Wilson,[8] que era el pez gordo, el jefe de los comandos especiales, y, especialmente, porque había sido uno de los asesinos de Carrero Blanco. Por el contrario, para mí lo importante, lo que estaba en mi mente, no era pillar a uno solo, sino acabar con ETA.

A mediados de febrero llegó la tan ansiada llamada y quedamos en La Tortilla, el mismo bar que la primera vez. Vino Smith y otro al que llamábamos Chao,[9] el jefe de la banda en Cantabria. Me comunicaron que, a partir de ese momento, «te vamos a llamar Gorka, será tu nombre en la organización». Y me anunciaron: «Vamos a hacer un atraco en un banco de Éibar, y tú, como conduces bien y tienes coche, vas a ir de chófer». Avisé al servicio y montaron un operativo para que el atraco fuese un fracaso, lo que me pareció una imbecilidad de tomo y lomo, porque no se podía empezar la infiltración frustrando una acción programada. Desde el SECED estaban haciendo todo lo posible para cargarse el trabajo y poner en peligro mi vida, pues con esa decisión dificultaban mi credibilidad dentro de la organización.

En mi primera intervención con ETA, Smith me dijo que me quedara en el coche aparcado esperándolos en un extremo de un túnel, mientras él y Chao lo atravesaban a pie para llevar a cabo el atraco al otro lado. En cuanto se fueron, descubrí el despliegue de los agentes del servicio: uno cerca de mí junto a la boca del túnel, un segundo al otro lado y los demás, apostados en distintos sitios de los alrededores. Intentaron el atraco sin que yo me enterara de nada, solo vi que Smith y Chao se dirigían hacia mí con las pistolas en las manos y a la carrera. En esa décima de segundo detecté al tonto del chico del servicio que no se había enterado de que estos venían y que se iba a cruzar con ellos. Salí pitando del coche, me dirigí al agente, le di un codazo y le grité: «¡Lárgate, lárgate corriendo!». Me miró como diciendo: «¿Cómo sabe este quién soy yo?». Desapareció, yo hice como que había salido a pasear, y al verme me gritaron: «¡Métete en el coche, vámonos!

41

8. Pedro Ignacio Pérez Beotegui.
9. Ignacio Villanueva.

Tira para arriba, para Icíar».[10] Comprobamos que no nos seguía nadie, subimos hacia la montaña y me llegó otro susto inesperado. Chao, que era un tío grande e iba sentado a mi lado en el coche, en el asiento del copiloto, me dijo:

—Gorka, bonito día para morir.

Se me subieron a la garganta, me quedé helado: «Acabo de empezar —pensé—, los del servicio casi me joden con impedir el atraco, casi pillan a uno de los míos y ahora esto». Intenté reaccionar.

—Creo que para morir no es bueno ningún día, no hay día bueno para morir.

Se rieron y me dijeron que las cosas había que tomárselas con buen humor.

—Esto es así, mañana no sabemos lo que puede pasar, hay que tirar para adelante.

Subimos a lo más alto, hasta un caserío en el que se escondían y donde guardaban armas en un zulo. Posteriormente pasé la información a los míos con la ubicación exacta, el primer escondite de armas que pillé. Fue el comienzo de la Operación Lobo.

A partir de ahí había que ir despacio, pero en Madrid no tenían paciencia, apretaban y apretaban:

—¿El chaval va a hacer algo? —preguntaban.

—Vamos por buen camino, necesitamos más tiempo —respondía mi controlador, que esperaba que los de ETA me hicieran nuevos encargos para seguir avanzado en la infiltración paso a paso.

42

10. Barrio de Deva, a poco más de 20 kilómetros por la autopista.

La maleta con los planes de Pertur

*A*finales de febrero de 1975, aún no llevaba mucho tiempo de relación con Smith, un día me citó en una cafetería cercana a la estación del Norte de Bilbao y me presentó a otro etarra que no me acuerdo cómo lo llamaban. Yo lo bauticé como el Gafitas porque iba con unas gafas que le hacían parecer el típico intelectualillo. Smith me dijo: «Gorka, nos gustaría que nos guardaras esta maleta hasta mañana». No sé si lo hicieron para probarme, pero ni lo dudé: cogí la maleta de viaje, grande y pesada. Cuando nos despedimos, la guardé en el maletero de mi coche, busqué una cabina y llamé al servicio, aún sin saber qué llevaba dentro.

—Vete hasta el aparcamiento que está en Labayru, al lado de la plaza de toros, que la recogemos ahora.

Acudí a la cita, cerca de la oficina que tenían en Bilbao, y se la entregué.

—Vamos a ver qué contiene. Si hay papeles, los fotocopiamos y fotografiamos. Y no te preocupes, que lo vamos a dejar de forma que nadie se va a dar cuenta de que hemos tocado nada ni de que la hemos abierto.

—Joder, que no se note, coño. —Yo tenía mis preocupaciones.

—Tranquilo, que para eso tenemos especialistas.

Al día siguiente por la tarde tenía que devolver la maleta, y los del servicio en Bilbao se pasaron toda la noche fotocopiando. Lo único que me desveló Carlos fue: «Está llena de documentación, y es documentación que ni entendemos, porque vienen nombres de partidos que han constituido la rama política de ETA, como EIA».[11] Me quedó claro que me habían

43

---

11. Euskal Iraultzarako Alderdia (Partido para la Revolución Vasca).

confiado papeles de muy alta importancia, pero Carlos no me comentó si también había armas.

Tiempo después de acabar mi infiltración, pude saber que el Gafitas transportaba los planes que tenía Pertur,[12] el etarra menos militar de todos, para convertir la organización, después de varias acciones importantes, en un partido político. La previsión que tenían con el final de Franco, lo que podían hacer para liberar a sus presos, un mitin impresionante que querían montar en Portugal... y llegar a un final en el que ETA se sumara al juego democrático.

La maleta fue el primer gran golpe, nada más empezar la Operación Lobo, que permitió al servicio comenzar a entender el funcionamiento interno de la organización. Conocieron cómo era la estructura de ETA, supieron los nombres de quiénes integraban sus cuadros, cuál era su jerarquía y mecanismos de acción. A partir de ahí noté que estaban más contentos.

Pero ese descubrimiento no cambió los deseos de los directivos del SECED de acelerar mi ingreso en la organización, que eran órdenes para los que estaban conmigo. Carlos pensó rápidamente y se le ocurrió aprovechar el atraco en el que yo había participado para hacer una redada y pillar a todos los que estaban en el grupo de Smith y Chao, aunque con estos dos ya no había nada que hacer pues habían escapado a Francia tras lo de Éibar.

Alrededor del 20 de febrero detuvieron a Fanfa y a otros con la intención de que me delataran. A Fanfa lo apretaron y cantó mi nombre enseguida: «Sí, hay uno nuevo, se llama Mikel Lejarza». Con todo lo que digan, los etarras cantaban rápido. De esa forma, ya tenía coartada para escaparme a Francia.

Carlos fue el que me lo contó: «Fanfa te ha cantado, la Policía te va a poner en busca y captura ya mismo». Me acababa de convertir en un etarra más. A los del servicio les pareció genial, pero yo les dije que, aunque podía huir a Francia, carecía de una conexión concreta allí con alguien de ETA. Todo había sido tan rápido que no daba tiempo a dejarles un mensaje en el buzón que teníamos pactado para comunicaciones secretas, un bar normal en Achuri que pertenecía a un etarra.

12. Eduardo Moreno Bergaretxe.

Por cierto, también disponía de otro buzón para contactar con el servicio, pero este estaba en un local de putas en Bilbao, en el comienzo de la calle San Francisco. Lo regentaba una rubia que era conocida de Zapatones. A ella le dejaban los sobres con el dinero o instrucciones, y ella me los entregaba personalmente y, a veces, me daba un repaso.

El viaje a Francia fue «estupendo», porque yo no tenía a nadie con quien ponerme en contacto cuando llegara. Así que me vestí con un traje muy elegante, cogí un maletín y le dije a mi padre, que en paz descanse, que no sabía nada de dónde estaba metido: «Aita, te pago un viaje a Barcelona, te estás allí un día conmigo y luego yo me tengo que ir a Francia a trabajar, que tengo asuntos importantes. Nos pegamos una comida y una cena buenas, y te voy a invitar a un coñac francés, que te gusta mucho». Él pensaba que eran asuntos relacionados con mi negocio de decoración. Me acompañó y esa fue la despedida de mi padre, no sabía si volvería a verlo.

Huyo a Francia con traje y corbata

En los primeros días de marzo de 1975 llegué a Francia tras dar una vuelta impresionante, porque nadie me había dicho nada de pasos de mugas.[13] Tenía que cruzar la frontera por mi cuenta y riesgo. Una vez cumplida la promesa hecha a mi aita, tomé el tren desde Barcelona, pasando por Portbou, hasta Hendaya. Allí aparecí con mi maletín, mi traje con corbata y me dije a mí mismo: «¿Adónde narices voy ahora?». Me busqué un hostal, pedí habitación, dejé mis cosas y guardé la ropa en el armario. Dándole vueltas a lo que debía hacer, pero sin encontrar una solución, me fui a dar una vuelta y, lo que es la vida, nada más salir a la calle me encontré de narices con Smith y Chao.

—Coño, Gorka, ¿qué haces aquí?

—Qué voy a hacer, cabrones, me está buscando la Policía. No sabía dónde meterme y me he tenido que largar.

—¡Qué chulo vas vestido!

—Cómo quieres que venga, yo no sé venir a Francia por la montaña. Me he arreglado y he cogido el tren.

—Qué señorito, qué bien se lo ha montado. Pero ¿dónde estás instalado?

—Aquí, en un hostal.

—Ve a recoger la ropa y te vienes con nosotros.

Me llevaron a un apartamento en la Rue Caneta, número 5, de Hendaya, donde pasé cerca de cuatro meses antes de que me cambiaran. Era un piso pequeño, con una cama espaciosa en el dormitorio y un salón donde se podía dormir en un sofá y en

13. Eran rutas a pie, por caminos y campo a través, que utilizaban los miembros de ETA para cruzar ilegalmente y en ambos sentidos la frontera entre España y Francia.

colchones. Los miembros de ETA en Francia estaban repartidos en diferentes pisos e iban metiéndose en uno u otro como podían, sin mucha planificación. El comité ejecutivo tenía sus casas aparte, pero a los que llevaban poco tiempo y a los nuevos los tenían distribuidos en viviendas alquiladas que estaban por lo general a nombre de una persona que trabajaba por la zona y que ya llevaba tiempo allí como refugiado.

El recibimiento que me hicieron fue muy bueno. El primer día: «Gorka, para ti la cama». Y me dejaron la única que había, una cama bien grande para mí solo en la habitación principal. Esa misma noche, cuando estaba acostado se me metió a un lado una tía en pelotas y, al rato, en el otro lado, otra tía en pelotas. Para colmo, la primera era la que tenía alquilado el piso y era novia de un etarra que estaba en la cárcel. Lo vi muy raro. La verdad es que no dormí nada. Porque era media vuelta, una teta en la cara; otra vuelta, y otra teta en la cara. Estaba acojonado: «Joder, estos me están probando para ver qué pasa aquí». Tuve que aguantar la noche como pude. Fuese una prueba o no, yo la pasé bien. Lo pasé mal, pero la pasé bien.

Comenzó una nueva etapa en la que nos hicimos nuestras risas, yo me movía mucho por el sur de Francia. Recuerdo una vez en la que yo iba en el Austin mío con cuatro de ellos a San Juan de Luz y en una curva reventó una rueda. Como conducía bien, salimos perfectamente del percance sin ningún tipo de estropicio. Todos iban cagados, porque la mayoría ni sabía conducir, muchos ni habían hecho la mili. Mi pericia al volante les debió parecer fenomenal. Eran cosillas que parecían que no servían para nada, pero iba ganando puntos entre los miembros de la organización.

En esa época iban muchos españoles al cine a Hendaya para ver películas prohibidas en nuestro país, y los etarras hacían un recorrido por los alrededores con ganzúas y se dedicaban a robar pasaportes o carnés de identidad, porque aunque ahora parezca extraño, muchos despreocupadamente los dejaban en la guantera del coche que habían aparcado en plena calle. La excusa de estos robos era que esas documentaciones luego le servían a ETA para fabricar las suyas falsificadas. La realidad era que, una vez que habían conseguido abrir un coche, se llevaban todo lo que pillaban. Una vez me pidieron que participara y me dieron una ganzúa. Yo estaba siempre alerta y, antes siquiera de intentar forzar el primer coche, empecé a ver sombras, presencias raras... Cogí la ganzúa y la tiré lo más lejos que pude. Acerté, pues se habían llenado las calles de policías franceses de paisano que aparecieron por sorpresa para pillar a los ladrones de coches. Mientras empezaba la redada, yo me hacía el loco. Pero se me acercaron dos gendarmes.

—Usted, pasaporte, ¿qué hace aquí?

—He venido al cine —aduje para salir de la situación.

—Perfecto, no se preocupe, buenas noches.

Detuvieron a todos los jefecillos de la banda y se pasaron toda la noche en comisaría. El único que se había librado era yo. Cuando los soltaron, me reí de ellos: «Qué idiotas, ¿es que no visteis cabezas por allí? Pues tiré la ganzúa y a vosotros os pillaron con ella en la mano, hay que aprender a mirar». Todos los días aparecían oportunidades para hacerme valer, yo iba sembrando mis cualidades.

La mayor parte de ellos era más jóvenes que yo, y procuraba hacer bromas para intentar que me vieran como a alguien superior. Un día pregunté:

—¿Y las armas?

—Las armas nos las dan cuando vamos para adentro. Aquí solo tienen armas el Zabala, que es el que está perseguido por la acción de la calle Correo,[14] y algunos de los principales dirigentes.

—Pues vamos a por un rifle del 22. Al menos, que probemos.

Lo compramos y me llevaba a los etarras para que practicaran. La mayoría de ellos no pegaba ni a Roma. Pero veían que yo tiraba muy bien, no porque hubiera dado cursos, sino porque tenía una habilidad innata.

A veces los novatos hacían pruebas conmigo. Un día estaba comiendo con ellos en el campo, fuera de un caserío, y en una mesa, como a cien metros, estaba uno de los dirigentes:

14. El 13 de septiembre de 1974 estalló una bomba en el interior de la cafetería Rolando, en el número 4 de la calle del Correo de Madrid, junto a la Puerta del Sol, causando trece muertos y unos setenta heridos. ETA reivindicó en un boletín interno este atentado en noviembre de 2018, 44 años después.

«¿A que no tienes cojones de tirarle a Txapu[15] y reventarle el vaso?». «¿Que no?», disparé con el rifle del 22 y me lo cargué. Txapu quejándose con un susto de narices, y mis compañeros: «Joder, este tío le ha pegado al vaso».

Otra vez nos fuimos al campo a tirar y me llevé a cuatro o cinco conmigo. Había un pluviómetro a doscientos metros: «Mira, allí hay un cacharro, ¿a que no le pegas un tiro?». Y yo, *pum*, el pluviómetro a tomar por saco. Resultó que el aparato pertenecía a un tío que vivía en una casa allí cerca. Salió el hombre corriendo detrás de nosotros: «¡Voy a llamar a la Policía!».

Gamberradillas típicas del aburrimiento. Yo procuraba de alguna manera sobresalir, demostrar que no era el tonto de turno calladito, que le echaba pelotas al tema. Era una información que corría entre todos los miembros de la organización. Y Smith me decía: «Joder, Gorka, menudos cojones que tienes».

15. Faustino Estanislao Villanueva.

De fiesta: cómo les sacaron los ojos
a unos chicos gallegos

A finales de junio fueron las fiestas de San Juan de Luz. Las recuerdo porque entonces me presentaron a Gurruchaga, que era el tesorero de los político-militares, y este a su vez me presentó a cuatro o cinco milis. A algunos ya los conocía de una boda a la que me habían invitado de uno que había estado en la comuna de Dax. Dos de los que me presentó fueron Peixoto[16] y Mamarru.[17] Ambos estaban en el grupo con el que me junté durante las fiestas, con otros dos que ya estaban contentos por el efecto de la bebida y que empezaron a tontear un poco en plan de presumir. Nunca pude imaginarme las palabras envenenadas que iban a salir de sus labios, como escupitajos.

—Nosotros pillamos a tres policías, que luego decían que no eran policías, pero bueno. Estaban en el bar Hendayais y los calamos al momento. Tuvimos un follón con ellos, venían de chulitos. Los cogimos a la salida del bar, nos los llevamos a la playa y después a un caserío en las afueras de Bayona. Ahí les metimos una paliza de la leche y, cómo no querían reconocer que eran *txakurras*, les sacamos los ojos en vivo.

Reían sin parar, bebían sin parar y se lo pasaban genial compartiendo las crueles torturas a las que habían sometido a unos pobres jóvenes estudiantes, sin relación ninguna con la Policía, que tuvieron la desgracia de cruzarse en su camino. Los escuchaba con la sangre helada que no corría por mis venas, sin ser capaz de articular palabra, sobre todo cuando veía a los demás del grupo cómo celebraban cada una de sus

16. José Manuel Pagoaga.
17. Isidro Garalde.

salvajadas y se descojonaban de risa. Pero el relato no había concluido.

—Cuando el Viejo[18] les estaba sacando los ojos con el destornillador chillaban como bestias. Y no veas, al final les decíamos: «A cantar, a cantar», y cantaban por peteneras.

Ese rato para mí fue un infierno que sentí que duraba una barbaridad. Se me revolvieron las tripas escuchando lo que les habían hecho a unos tíos totalmente inocentes, que habían ido a ver una película al sur de Francia, con los que simplemente habían tenido una bronquilla. Yo solo llevaba tres meses infiltrado y se me pusieron los pelos de punta: «Joder, si han hecho esto con esos chavales que no tienen nada que ver con este mundo, qué harían conmigo si descubrieran que soy un infiltrado». Pero es que encima narraban la tortura con una mofa, como si no fueran seres humanos, así que empecé a darme cuenta de que eran unos malnacidos que no sabían ni para qué estaban allí, y a los que solo les preocupaba hacer el mayor daño posible. Solo les divertía ser crueles. El Viejo se había hecho famoso por lo despiadado que era. Como él, en los milis había verdaderos carniceros, y en los polimilis también, aunque entre los primeros, más.

Eran crueles contando estas animaladas, pero no solo los de este grupo, sino todos los etarras, especialmente cuando describían lo que le harían a un guardia civil al que tuvieran a mano. Aquella conversación me marcó mucho, me dejó alucinado la forma sin escrúpulos en que me lo contaron: «Luego los echamos al agujero de los malditos». Me impactó todavía más cuando vi que terminaban su historia de machotes y seguían tomando cervezas como si nada.

Este tipo de comportamiento inhumano quedó demostrado tras el fin de mi infiltración, cuando solo una cuarta parte de los polimilis quedaron en libertad con la amnistía, carecían de una dirección y lógicamente se iban diluyendo. ¿Qué hicieron los que se escaparon, el Pakito Garmendia,[19] Apala[20] y los que huyeron de la redada en Madrid? Llegaron a Francia y se hi-

18. Tomás Pérez Revilla.
19. Francisco Múgica Garmendia.
20. Miguel Ángel Apalategui Ayerbe.

cieron los amos de lo que quedaba de ETA, los señores de la guerra. Adoptaron una actitud represiva cien por cien, contra todos, incluidos los integrantes de la banda, sus compañeros de lucha. Se inició la edad del tiro a diestro y siniestro para sembrar el miedo y el terror.

Pero volviendo a aquel verano del 75 yo me mostraba muy activo y daba rienda suelta a mi imaginación, lo que me sirvió para que empezaran a interesarse por mí en Francia. Otra de las cosas extrañas que hice fue organizar un viaje a Lourdes, en el que conseguí que me acompañaran varios etarras. Todos eran el colmo de ateos, pero yo soy creyente. Yo era yo, Gorka, pero también era Mikel Lejarza, y jugaba mis cartas todo lo que podía aprovechando mi forma de ser real. Yo le quería pedir apoyo a la Virgen y ellos entraron conmigo en la iglesia y me esperaron mirando. Luego nos fuimos a comer y yo notaba cómo, poco a poco, me apreciaban de una forma especial.

Durante mi estancia en Francia, también asistí a una reunión en la que, por casualidades de la vida, me topé con unos viejos conocidos. Antes de entrar en ETA, para costearme los estudios había estado trabajando de contable en una empresa y conocía a todo el personal, porque tenían que venir a verme para que les pagara. Además, todos me tenían identificado porque decían que era un ligón. Allí conocí a los hermanos Goitia Batiz: Vicente estaba de delineante encima de mi oficina y Emilio trabajaba en el taller.

—¡Pero Emilio!

—Mikel, ¿estás aquí?

—¿Y tú?

—Sí, llevo tiempo ya.

Me enteré después de que hacía varios años que aquel empleado del taller formaba parte de ETA como liberado, tenía muertes encima y trabajaba mucho con Chao. Al poco, apareció en la reunión su hermano Vicente.

—Coño, ¿tú también estás aquí? —lo saludé.

—Yo estoy de apoyo.

—¿Sigues trabajando en nuestra antigua empresa?

—Sí, yo sigo de delineante, vengo a ver a mi hermano y también soy de la organización. Lo que nunca pensé es encontrarte a ti, ¿cómo es posible? ¡El ligón aquí!

—La vida, chico, ya ves, todos lo llevamos callado.

Fue chocante encontrarme en esa movida a los que menos me esperaba. Lo bueno fue que en esa casualidad no había nada que me pudiera delatar, porque lo mejor para un agente de infiltración es ser tú mismo, no tener una historia oculta detrás. Mi pasado laboral y personal era de lo más normal del mundo y me aportaba credibilidad. Los hermanos Goitia pudieron confirmar lo que yo había contado a todo el que me interesaba: había estudiado Bellas Artes, estaba terminando Decoración de interiores y me movía en el mundillo de los arquitectos.

Esto explica lo que deben ser las infiltraciones, porque yo no termino de entender que los servicios de inteligencia no sepan utilizar a los que yo llamo «agentes naturales», frente a los «agentes artificiales». Una forma de expresarlo un tanto burda, pero que se entiende. El agente artificial es el policía, militar o guardia civil que ya tiene una formación, una biografía detrás, y que por eso en una situación determinada tiene sus manías, sus tics, su experiencia, que hacen que pueda meter la pata porque se le note. Si es un agente natural, actuará con naturalidad, no tiene un pasado que le pueda delatar, ningún tic que le pueda dejar en evidencia, es él mismo.

Y aparte de eso, lo que más cuenta es la improvisación y la paciencia. Si tienes eso, lo tienes todo. Pero los servicios no terminan de entenderlo y siempre van buscando al oficial de turno, al guardia civil de turno, al policía de turno. No se puede decir que no vayan a conseguir algo, pero nunca van a llegar muy lejos, porque antes o después van a fallar en algún detalle. Es aceptable reclutarlos para un trabajo puntual, puede ser. Ahí tenemos al famoso infiltrado José Antonio Anido, al que lo pillaron de la manera más tonta. Tampoco llegó demasiado alto, pero ser chófer era importante porque tenía acceso a mucha información. Los etarras ya sospechaban de él, por eso fueron a casa de sus padres y encontraron su foto vestido de guardia civil. El problema es que si tú tienes un pasado que ocultar, ese pasado te puede quemar. Es la pared con la que yo siempre me he encontrado.

Por sorpresa, en mitad de la espera para que me encargaran algo concreto que hacer, me enteré de que Wilson había tomado una decisión: «Tenemos que formar los nuevos comandos especiales». Y empezaron a elegir entre los meritorios. No sé si por intervención de Smith o porque yo había despuntado un poco, pero Wilson me llamó también a mí. Fuimos convocados en un local que tenían en San Juan de Luz, y Wilson empezó a dar sus charlas sobre que teníamos que prepararnos para ejecutar acciones en España. Me encuadraron en los comandos especiales, pero ese no era mi objetivo: «Me meten en un comando de estos y tengo que ir a pegar tiros, y esto no me lleva a ningún sitio. Podré avisar a los míos, pero no vamos a ir más allá de algunas detenciones». Como los míos habían montado la infiltración con el objetivo máximo de detener a Wilson, mi designación para trabajar a sus órdenes seguro que les parecía genial. No obstante, a partir de ese momento fui marcando posturas para ver si podía llegar al comité ejecutivo de los polimilis, un destino mucho mejor.

Sobre la formación de los etarras, que era bajo cero, recuerdo un día de los muchos que fuimos a Anai-Artea, la asociación de San Juan de Luz donde se reunía el comité ejecutivo, y los vi a todos en una mesa grande comiendo marisco. Entre otros, estaban Pertur, Ezkerra[21] y Montxo[22].

—Joder, tócate las narices —les dije—. Vosotros sois igual que todos los jefes, predicáis una cosa y hacéis otra, como los sacerdotes falsos.

Los miembros de la cúpula de ETA pararon de comer y se me quedaron mirando. Pertur me preguntó:

—¿Por qué dices eso?

—Pues porque nos tenéis a todos aquí comiendo alubias día sí, día también, hacinados en un piso de mala muerte, y venga alubias. Y vosotros, venga marisco. Vaya enseñanza.

Se quedaron de piedra. Empezaron a preguntarse entre ellos: «¿Este quién es?, ¿quién lo ha traído?». Entonces Pertur me pidió que me acercara.

—Y tú, ¿qué harías?

—Lo primero, enseñar a la gente, decirles por qué están aquí, darles cursos. Los concentraría en un caserío grande

54

21. José Ignacio Múgica Arregui.
22. José Ramón Martínez Antía.

y a todos los que sean operativos me los llevaría allí y los adoctrinaría.

—Pues ¿sabes?, es un buena idea, tenemos que hacerlo.

Acababa de conocer a Pertur, que terminaría siendo uno de mis valedores. Era un hombre contrario a la lucha armada. Lo habían convencido de que, hasta que se hicieran toda una serie de acciones que tenían planeadas, tenía que aguantar, luego ya llevarían a cabo su idea de crear un partido político.

Entonces decidieron hacer un curso de formación en los caseríos de Bidache y Bardot, a los que asistiríamos quienes habíamos sido seleccionados para formar parte de los nuevos comandos especiales de ETA que íbamos a actuar en España. Me mandaron a Bidache y, como cocinaba bien, me encargaron preparar la comida para todos los participantes. Allí compartí entrenamiento con gente como Apala, Santi Potros,[23] Baldo[24] y Erreka.[25] También había uno al que llamábamos Mendi, que era el que estaba de jefe de mi caserío.

El caserío era una construcción imponente de dos grandes plantas, con escasos muebles. La cocina estaba en la planta de abajo, y en la de arriba había un gran salón y varios dormitorios, que resultaban insuficientes para acoger a todos los que habíamos ido, por lo que tuvieron que colocar colchonetas en el suelo.

Mientras duraron esos cursos de formación asistí a la marcha de más de un comando para España. Siempre intentaba alertar al servicio, aunque en ocasiones no lo hacía para no dar el cante y que me descubrieran, porque me tenía que recorrer quince kilómetros andando para llegar a la cabina de teléfonos más cercana y poder llamar a Madrid. Me acuerdo de una vez que pude encontrar el pretexto para avisar sobre la entrada de Chao y Emilio Goitia. Los dos se ocupaban de Galicia y Santander. Avisé que iban para Galicia y que pasarían la frontera por el monte Larrún. Parece que a estos los siguieron y al llegar a tierras gallegas los detuvieron. Eran los que tenían la conexión con la UPG gallega, que los apoyaba y les daba cobertura.

55

23. Santiago Arrospide.
24. José Javier Zabaleta.
25. Javier Garayalde.

45 AÑOS SIN RASTRO DE TRES JÓVENES GALLEGOS
ASESINADOS POR ETA

El País, **24 de marzo de 2018.** Un día como hoy de 1973, tres jóvenes trabajadores coruñeses que residían en Irún (Gipuzkoa) pasaron a Francia para ver la película *El último tango en París*, prohibida en España. 45 años después, no se sabe qué fue de ellos. Nadie se ha responsabilizado de sus desapariciones. La principal hipótesis apunta a ETA como autora del secuestro, tortura y asesinato de José Humberto Fouz Escobero, de 29 años; Jorge Juan García Carneiro, de 23, y Fernando Quiroga Veiga, de 25. Sus familias siguen clamando a la banda terrorista para que desvele en qué fosa fueron enterrados sus cuerpos.

El extraño curso terrorista en Bidache

Al poco de llegar, ubiqué a los del servicio los dos caseríos donde hacíamos los cursos y vivíamos, y les informé de que los principales, Ezkerra, Montxo y Erreka, se acercaban a vernos periódicamente. Por Bidache también apareció a finales de primavera un comando paralelo de los paramilitares que actuaban entonces bajo las siglas de ATE, Anti Terrorismo ETA, o del Batallón Vasco Español. Se escondieron en un camino bastante alejado de donde nosotros vivíamos, pero por el que necesariamente debían pasar nuestros coches cuando salíamos del caserío. Al comando paralelo no se le ocurrió otra cosa que llevarse unos rifles de cazar elefantes y cuando vieron acercarse a los etarras les metieron unos cuantos tiros. Con un rifle como esos y el nerviosismo que debían estar pasando, no dieron a nadie. Eso sí, hicieron unos agujeros enormes en el coche que llevaban, un Dyane 6, lo dejaron como un colador. Los de ETA salieron corriendo un montón de kilómetros hasta llegar al caserío de Bidache: «Nos han tiroteado, nos han seguido». Es fácil imaginar cómo me quedé. Se quisieron cargar a unos tíos con un tipo de rifles con los que ni siquiera habían herido a uno. Y encima levantaban la liebre de que sabían dónde estábamos, teniendo en cuenta además que la idea de concentrarlos allí la había propuesto yo. Los del servicio hacían tonterías como esas. Menos mal que no me descubrieron.

Tiempo después me enteré de que habían programado una especie de asamblea entre los principales jefes de los dos sectores de ETA que había en ese momento, que vendrían de Bayona y San Juan de Luz. Me lo contaron con tiempo para que organizara una mesa grande en el campo y preparara la comida. En cuanto pude, con el pretexto de telefonear a mi familia, me recorrí andando los quince kilómetros por el monte para llamar a los del servicio. Les anuncié la reunión en la que iban a estar presentes todos los que pintaban algo en ETA y, como yo preparaba el menú, añadí: «Les puedo meter lo que queráis o podemos hacer lo que queráis». Me dijeron: «No, no y no». Lo achaqué al sentido cristiano de la época. Yo, que era el más creyente de todos, lo propuse, pero reconozco que ahí se me fue la olla.

Durante mi estancia en el caserío de Bidache fue cuando definitivamente dejé de dormir por las noches, no solo por las preocupaciones que me desbordaban, sino porque dormíamos todos en una misma planta muy juntos. Me asaltaba el recuerdo de mi madre cuando me contaba que yo soñaba en alto y me ponía a decir incongruencias. Así que, por si acaso metía la pata, prefería no dormir. Durante el día daba una cabezada contra un árbol o en la calle. Empecé a descontrolar el sueño totalmente…, hasta hoy.

Uno de los objetivos de la dirección de ETA para haber organizado ese curso en Bidache era adoctrinarnos y prepararnos para cometer atentados en el interior de España, pero el resultado fue nulo. En teoría, era lógico que pretendieran enseñarnos aunque fuera un poco a pegar tiros, pero tuve que ser yo el que diera clases con los rifles que teníamos. El resto del tiempo yo me dedicaba a cocinar, y la gente, a vivir.

Una mañana del mes de junio de 1975 me recorrí los pesados quince kilómetros que me separaban de una cabina para darle una noticia a Carlos, que había dejado el País Vasco y estaba en Madrid, donde habían centralizado el seguimiento de la Operación Lobo.

—Tengo que decirte una cosa. Me he reunido con Ezkerra, Montxo y Pertur, y me han dado un cargo decente dentro de la organización.

—¿Los comandos especiales?

—No, ahí ya sabes que está Wilson. Es otra cosa.

—Entonces, ¿qué?

—Me han nombrado jefe de la infraestructura de ETA.

Se le cayó el teléfono al suelo, yo lo noté.

—¿Qué dices?

—Lo que oyes.

—Y tú, ¿qué has dicho?

—Que me den tiempo para pensármelo.

—No jodas.

—Pero tú ¿qué quieres?, ¿que diga sí a la primera? No. Les he dicho: «Yo he venido aquí como vosotros, a luchar por una causa, y me estáis proponiendo un cargo como para que vaya de señorito». Y me han respondido: «Es que tú conoces bien España, es que te mueves muy bien, das el pego».

—Pues tú mañana diles que sí.

—Mañana... o pasado.

Dejé pasar unos días, pensando que me convenía hacerme el indeciso, y los de la cúpula de ETA vinieron a buscarme:

—Joder, Gorka, ¿lo has pensado?

—Lo he pensado. Muy a pesar mío, y porque creo, como decís vosotros, que es muy importante, voy a hacerlo.

—Pues te nombramos miembro del comité ejecutivo, en el que vas a estar con nosotros. Mañana vienes por Anai-Artea a una reunión y ya eres parte. Te vas a encargar de la infraestructura principal.

No figuraban entre mis competencias algunos pisos que se buscaban los propios comandos, pero casi podríamos tener acceso a todo. El servicio me iba a ayudar a montar toda la infraestructura que necesitaran y, si los agentes seguían a los miembros de los comandos tras encontrarse conmigo, también podrían descubrir y tener controlados los pisos que habían alquilado por su cuenta.

Ese fue el primer gran éxito que los del servicio nunca se imaginaron, ellos pensaron que este chaval llegaría a algo, que quizás conseguiría alguna cosa, pero nunca que iba a poder tener el control de toda la organización.

Estaba en un gran momento de la infiltración, mejor no se podía haber llevado. Aunque el gran paso adelante pudo quedar en nada poco después. Recuerdo que era el 6 de julio. Dos días después iba a regresar a España como jefe de Infraestructura y a los del servicio no se les ocurrió otra cosa que ponernos una bomba. Carlos me advirtió, como quien no quiere la cosa, que no estuviera de una a dos de la tarde en el edificio de la cooperativa Sokoa. Y yo, precisamente, tenía que estar, porque me habían convocado a una reunión de la ejecutiva.

59

—¿Vais a poner algo? —pregunté.

—No..., van a poner —matizó Carlos.

¿Cómo no iba a estar? Habrían notado mi ausencia y, si de verdad pasaba algo, se habrían mosqueado. La buena suerte fue que a esa hora los trabajadores de la cooperativa Sokoa, que ocupaban la primera planta, se habían ido a comer. En la segunda planta estábamos todos los de ETA. Le estuve dando vueltas al asunto: «¿Qué hago? —pensé una y otra vez, para concluir—: No puedo hacer nada». Miraba el reloj obsesivamente: *tictac, tictac*. Lo único que se me ocurrió fue coger del brazo al principal de los que estaban allí, Ezkerra, y me lo llevé debajo de una viga maestra de las más gordas junto al pilar principal, a ver si nos podíamos librar de lo más gordo. Y mi reloj: *tictac, tictac*. Lo que dicen en la película *El Lobo* de que yo quería salir a fumar es mentira, porque no fumaba ni he fumado hasta los 58 años, y después solo puros. Cuando hizo el *tac* último, aquello fue un pepinazo que ¡madre mía de mi vida! El segundo piso se desplomó entero, lo que provocó que algunos cayéramos a la planta de abajo, pero con tan buena suerte que no nos pasó nada. Heridillas y cosas de esas, pero nada grave.

La maleta con la bomba la habían colocado en el hueco de la escalera, dentro del portal, dos hombres. Uno de ellos, según me dijo Carlos, era el teniente a punto de ascender a capitán Cándido Acedo, que estaba vinculado con ATE. Para colmo, los dos se quedaron cerca de allí para ver los efectos, y el hermano de Ezkerra, Josean Múgica, que era puro nervio, salió con tres o cuatro a ver si los enganchaban. Pudieron escapar, pero de milagro no los pillaron antes de cruzar la frontera.

Esta fue una de las muchas muestras de que la Operación Lobo estuvo hecha a parches. Voy a decir una cosa que no me gusta, pero fue una operación que tuve que conducir yo porque los jefes del SECED no sabían cómo hacerlo. La dirigían a saltos, cambiando el rumbo a cada rato. ¿Cómo me iba a sentir después de aquella chapuza que no sirvió para nada y en la que casi me matan? Mis sentimientos eran inimaginables. Empecé a pensar: «¿Qué va a pasar mañana?, ¿qué locura se les puede ocurrir hacer a estos mañana?, ¿cómo voy a salir de cada estropicio que monten?». Era un continuo sinvivir. Había muchas veces que me desesperaba con los míos y pensaba: «Los del servicio ¿están conmigo o contra mí? Estamos haciendo una operación en la que hemos llegado a un momento perfecto para explotar la infiltración y no se les ocurre otra cosa que poner un pepinazo». No los entendía, era cosa de locos.

Con el corazón en la mano puedo afirmar que yo quería sentir, y a menudo me engañaba a mí mismo para creerlo, que estaba superrespaldado, muy controlado por los míos. Pero en el fondo sabía que les importaba un carajo, lo principal para ellos era coger lo que podían. Sabía que Carlos me apoyaría en lo que pudiera, pero no me engañaba, él no pintaba mucho, era un muñeco en manos del servicio. Yo mismo me inculcaba una idea, me decía que si llegaba un momento malo, muy malo: «Me va a tocar desaparecer, pero de todos, porque mis enemigos son todos».

Esas ideas me bullían en la cabeza cuando se acercaba el momento de pasar la muga desde Francia a España, formando parte de un comando liberado. Asimilé con claridad quiénes eran mis enemigos: los de ETA, las Fuerzas de Seguridad y los míos del servicio. No me podía fiar de ninguno. Las Fuerzas de Seguridad no sabían quién era yo, para ellos era un etarra más y me podían matar en cualquier enfrentamiento. Si los de ETA me mordían, me liquidarían en menos que canta un gallo. Y si estorbaba a los míos, me iban a quitar de en medio. Tenía que tener planeada una posible fuga, una escapatoria. Es un estrés tremendo, porque una infiltración es totalmente diferente a todo, sirves mientras estás dando resultados, luego dejas de ser útil. No es que dejes de servir en realidad, sino que para los que mandan te conviertes en un estorbo. Esto tienes que llevarlo siempre en la mente.

Propuesta de una etarra:
«Gorka, me gustaría dormir contigo»

El paso a España lo hicimos un pequeño grupo. Primero estuvimos en un chalé bastante bueno, situado cerca de Sokoa, que pertenecía a Beltza,[26] que era de los antiguos, uno de los miembros del comité ejecutivo más respetados, todo un personaje. Allí nos quedamos los cinco o seis que íbamos para el interior y éramos miembros de la ejecutiva, pues teníamos alojamientos mejores que los etarras de base.

Salimos a tomar algo y en el grupo había una chica, a la que llamábamos la Navarrica, que se pegó a mí. Por la tarde me dijo: «Gorka, me gustaría dormir contigo». ¡Con las ganas que teníamos allí!, que no hacíamos nada. Fue una noche loca. Nos cogimos una habitación enorme y, con los gritos que ella pegaba, el resto de etarras no pegó ojo. Al día siguiente la Navarrica empezó a decir delante de todos los dirigentes: «Jo, Gorka, cuando vuelvas nos vamos todos a París, vamos a pasar una semana». Yo pensé: «Sí sí, guapa, me vas a ver el pelo tú más». Nunca volví a saber de ella. La mujer en ETA estaba para lo que estaba en aquel momento: la utilizaban, no para pegar tiros; era el descanso del guerrero.

En Francia no nos comíamos una rosca con desconocidas porque podía significar un problema, solo podíamos ligar con las chicas de ETA. Se repetían las mismas situaciones. Por ejemplo, había una enfermera de San Sebastián guapísima que formaba parte de las chicas que iban los fines de semana. Estábamos dos Gorkas, Gorka Santuchu y yo, y los dos éramos de nivel y los dos íbamos de guaperas. Decía-

26. José Echeverría Sagastume.

mos: «A esta me la hago yo», «No, a esta me la hago yo». Y ninguno de los dos; fue el más pequeño, el más feo, el que estuvo con ella.

En otra ocasión, entré en un pub en San Juan de Luz que en realidad era un puticlub camuflado. En aquella época supongo que debían estar así de escondidos y tenían una pequeña habitación camuflada. Yo no entré pensando que era un puticlub, pero llevaba mucho tiempo de abstinencia y cuando vi a una francesita rubia que era una monada, llegué a un arreglo con ella, nos metimos en la habitación y rompimos la cama, ¡un ruido! La señora, a gritos: «¡Pero bueno, ya está bien!». Cuando salimos, la señora le dio una bandeja a la chica y se le cayó con el consiguiente estruendo. En ese momento descubrí que en un rincón estaban los principales dirigentes de los milis, que habían contemplado la escena y entre risas me dijeron: «Coño, Gorka, qué duro». Son momentos en los cuales cualquiera se acojona, «Joder, me han pillado, no sé como se lo van a tomar», pero yo me lo tomé a risa pensando que los que llevaban ya un tiempo por allí sabían de sobra lo que era aquel pub. «Y vosotros, ¿qué hacéis aquí? Creo que estamos todos a lo mismo.»

Ya en ruta hacia España, pasamos por Perpiñán y entramos en casa de una chica de apoyo a ETA, me parece que era catalana. Allí, entre otras cosas que hicimos para cambiar el aspecto, nos teñimos el pelo, yo me lo puse negro azabache. Llegó la noche y la chica eligió al fuertote y rubio del grupo.

Al día siguiente, 10 de julio, íbamos a pasar la muga por la zona de Puigcerdà y salimos por la iglesia de Perpiñán. Primero circulamos por la carretera, distribuidos en dos coches, y en una ocasión se paró el que nos precedía. Teníamos la instrucción de que si actuaba así era porque había aparecido la Policía francesa. Salimos del vehículo y nos escondimos en la cuneta. La Policía pasó sin descubrirnos y tiramos para adelante. Esa era una muga muy fácil de pasar, pero muy jodida. La Guardia Civil la conocía de otras ocasiones, pero los de ETA tenían el aviso de los amigos catalanes de que ese día no aparecerían. Pasamos a pie y lo de siempre, el tipo listo que juega con el nerviosismo de la gente: «Verás tú, nos ametrallan aquí, tenemos que pasar a tiros». Justo en ese momento

63

nos cruzamos en el camino con otros que huían de España: a uno que pertenecía al comité ejecutivo lo habían herido en un tiroteo, creo que se llamaba Andoni.

Algo me taponó la garganta durante el regreso a España. Era quizás mi debut en el miedo de verdad, el de morir sin conseguir nada. Si esto ocurría, ¿qué sería de mí? Quedaría como un etarra muerto, pero ¿se sabría que era un agente del SECED que no llegó a conseguir su objetivo? Aquel trayecto no era muy largo, pero se me hizo eterno, todo eran preguntas en mi interior, a las que no hallaba respuestas. ¿Confiaba mi gente en mí? ¿Confiaba yo en ellos? Todavía no había pruebas fehacientes que me llevaran a un sí rotundo en uno u otro sentido. Estaba totalmente en manos de mi gente del servicio, podrían hacer conmigo lo que fuera, porque corría los mismos peligros que los etarras que estaban pasando a España conmigo, o más bien el doble, pues yo corría peligro por ambos lados.

Llegamos a Puigcerdà y cogimos un tren que tardaba una barbaridad en llegar a Barcelona. Pasamos bastante desapercibidos junto a un grupo de *hippies* que iban cantando, tocando la guitarra. Yo había avisado al servicio del viaje y había un control de seguimiento. En la estación de Francia de Barcelona nos esperaba una chica que se llamaba Ana, una Sofía Loren a lo bestia, que era la que tenía el piso donde nos teníamos que resguardar.

Cenamos en una cafetería y cuando sonaba una sirena Ana comentaba: «Ya vienen a por nosotros». Era una cosa extraña. A mí me chocaba mucho este tipo de comentarios. Por la noche nos planteamos cómo repartirnos para dormir y los dos nos metimos juntos en la cama, la chica estaba buenísima. Al rato se nos sumó Txiki. Ana era imponente y empecé a meterle mano. Se hacía la durita. Yo iba empujando, empujando, y tiré a Txiki de la cama. Jugamos todo lo que quisimos, pero se me hizo la dura. Al día siguiente pasó a hacerse la cariñosa, la amorosa.

La historia que ella conocía era que yo tenía que coger el tren a Madrid para reunirme con Wilson y con Papi.[27] Me decía: «¿Por qué no me llevas contigo? Me encantaría conocer a Wilson, para mí sería lo más. Si me llevas...». Era por la tarde y viajábamos en tren, en litera, toda la noche. Vamos,

27. Félix Eguía Inchaurraga.

que se entregaba. Y yo le contesté: «Maja, el trabajo es el trabajo». Le vi demasiada intención, me mosqueó mucho. Se lo comenté más adelante a Carlos: «Si yo soy etarra y esa tía me hace eso, le pego dos tiros, porque cantaba demasiado». Él me contestó: «Es una infiltrada nuestra que trabaja en Firestone». No puedo asegurarlo, es lo que él me dijo. Sé que luego siguió relacionándose con la organización y terminó detenida. Cantaba demasiado, se le notaba mucho, era muy llamativa su insistencia por conocer a Wilson.

65

Me ayuda por amor y se convierte en espía

*L*a que también jugó el papel de ser de ETA, pero trabajaba para el servicio, fue Edurne. Empecé a salir con ella cuando los dos policías, Paco Gómez y José Antonio Linares, estaban comiéndome el coco con el tema de ETA en 1973. Era una chavala rubita, que llamaba la atención por lo mona que era, alegre, no quería sobresalir, sabía estar en su sitio. Cuando la infiltración empezó a avanzar, los del servicio la conocieron porque yo salía con ella y me recomendaron que la metiera para hacer de correo.

Fue la historia de amor bastante seria de una pareja en la que yo le abrí la puerta a una operación bastante complicada. Edurne empezó colaborando por amor y terminó convirtiéndose en espía. Es una trama muy novelesca. Lo hacía bien, era la típica agente natural, que pasaba desapercibida y se ganaba a la gente con mucha facilidad.

Ya he contado que utilicé a Edurne cuando me fui a Dax, en mi primer intento por acercarme al núcleo de ETA. Fue mi coartada perfecta porque estábamos haciendo una vida en común mal vista por el franquismo.

Meses después, cuando escapé a Francia tras la detención de Fanfa, Edurne siguió siendo mi correo. Los etarras la veían como mi pareja, lo que permitió que siguiera haciendo el mismo papel cuando regresé a España convertido en jefe de Infraestructura.

Rompí nuestra relación en 1978, antes de irme a vivir a Salamanca. Cuando me alejé de ella, siempre tuvo un comportamiento excepcional, fue muy profesional. Lo nuestro no pudo ser porque yo tenía mi trabajo y era muy duro. Pero mientras duró, fuimos la pareja ideal, e incluso en mitad del caos en que vivimos tuvimos un paréntesis para disfrutar a tope de unos días románticos en Benidorm.

Pasado el tiempo seguimos trabajando juntos porque ella tenía una casa en Bilbao, y cuando íbamos la utilizábamos como piso franco. Ella cobraba del servicio y lo que no tengo claro es si el servicio la siguió utilizando más adelante, porque tenía el carné operativo con otra identidad y, sin embargo, tuvo una hija con su identidad real. Me contaron que estuvo viviendo con uno de Barakaldo, que creo que era de ETA, y no sé si eso lo hizo como trabajo para el servicio.

Yo quise borrar el papel que había hecho en apoyo de El Lobo para que no la persiguieran. Nunca se han metido con ella y ahora no sé la vida que lleva.

Me reúno con Papi y pita la grabadora oculta

Después de mi extraña experiencia con Ana en Barcelona, el 10 de julio viajé a Madrid. Los de ETA me habían preguntado dónde quedábamos y yo elegí la cafetería Hontanares, en Avenida de América. Me la había señalado el servicio porque estaba al lado de la oficina principal camuflada en la que trabajaban todos, comandados por Jaime Arrieta y el policía Joaquín Domingo Martorell, que era su ayudante. Allí me reuní con los etarras al día siguiente por la mañana. Wilson me informó: «Papi se queda aquí, que es el que va a llevar todo lo de Madrid. Yo me voy con un comando a Barcelona para realizar varias acciones». No dijo cuáles, pero como los míos estaban controlando la reunión, cuando salió de la cafetería un grupo operativo lo siguió. Wilson y Papi se habían buscado sus propios pisos, pero después de esa reunión el servicio no tardó en localizar sus escondites.

Mi misión era instalar a todos los que habían venido con Papi. Eran los pisos que había solicitado al servicio con el dinero que me habían entregado en ETA, como jefe de Infraestructura. Les había pedido pisos y locales que por nada del mundo tuvieran portero físico, tal y como me habían indicado desde la cúpula etarra. Pues ni caso: me los cogieron todos con portero. Es que no hicieron nada bien, no sé cómo salí de aquello. Los de la organización me decían al ver al portero en su garita: «¡Joder!». Y yo: «Es que no hay manera de encontrar otra cosa, se lo he pedido a los arquitectos, pero como estos van a su bola y ellos viven como viven…». Yo siempre echaba la culpa a los arquitectos. Algún piso cogimos sin portero, y algún local, pero los principales eran con portero. No se les ocurrió otra cosa que alquilar uno en Doctor Fleming, justo donde vivían todas las prostitutas, peor no podía ser. Era increíble. Creo que ellos no pensaban que mi infiltración iba a avanzar como avanzaba, no creían en mí y reaccionaban sobre la marcha, esperando a que se confirmara lo que yo les anunciaba. «A ver si es verdad que tiene la reunión con Wilson... Hostia, que sí la ha tenido, pues a alquilar corriendo.»

Papi me convocó dos días después. Yo llevaba un Seat 133 blanco y me habían colocado en el bloque de dirección una de esas grabadoras pequeñas, que sabía que tenía el riesgo de que la cinta se acabara y pitara. Papi me dijo: «Tengo dos cosas para ti. —Y sacó una pistola—. Tú eres del comité ejecutivo y tienes que llevar dos armas». Yo ya llevaba una Browning 9 milímetros Parabellum y me dio una Firebird calibre 7,65 checa, que solo llevábamos los principales. «Y otra cosa —añadió—, te tengo que explicar lo que vamos a hacer y por qué necesitamos toda la infraestructura, y además te anuncio que tienes que ir a la frontera de Zamora para localizar los puntos más fáciles para pasar al otro lado.»

La razón de esa nueva misión era que habían preparado la fuga de todos los presos de la organización que estaban en la cárcel de Segovia y pretendían llevarlos a Portugal: «Lo tenemos todo totalmente hecho». Yo grabando la conversación y él sin parar de hablar. Íbamos por la puerta de Alcalá cogiendo ya hacia Cibeles y tuve la gran suerte de que había un mogollón de coches cuando la grabadora empezó a pitar, porque yo, en un acto reflejo, me puse a aporrear el claxon. Se había acabado la cinta. El pitido quedó silenciado, pero Papi se me quedó mirando con sorpresa por mi poca discreción y yo grité: «Me cago en los coches». Cuando lo dejé en el punto donde había quedado con otros, entregué la cinta a Carlos y en el servicio no tardaron en prepararme los planos de Zamora para que los presos huidos de ETA supieran por dónde llegar a Portugal.

Los aspectos técnicos de la infiltración fueron bastante cutres. Durante la primera etapa, el servicio no me dio ningún artilugio, tampoco mientras estuve en la comuna de Dax. Cuando la Operación Lobo empezó a moverse más en serio, tras volver de Francia formando ya parte de ETA, me entregaron unas grabadoras del tamaño de una caja de cerillas y unos

69

bolígrafos de tinta invisible, que los compaginaba con unos caramelos que siempre llevaba en el bolsillo. En el papel blanco del envoltorio del caramelo escribía un mensaje y, como sabía que tenía siempre detrás al equipo de seguimiento, lo tiraba al suelo despreocupadamente. Ese método lo utilicé en más de una ocasión, y en más de una ocasión vi cómo el mensaje se quedaba sin recoger y tuve que pararme a esperar, disimulando, y darle un golpe en el brazo al de seguimiento y decirle: «Coño, que acabo de tirar un papel ahí atrás, ¿de qué vas?».

Lo peor que le podía ocurrir al equipo de seguimiento es que los mordieras, y yo los tenía mordidos a todos. La reacción de ellos era siempre: «¿Qué dice, qué dice?». «No seas tonto y coge el papelito, coño.» Me acuerdo de una vez yendo al bar del teatro Arriaga, donde había quedado con dos polimilis, y en la parte izquierda de la explanada había una zona que tenía arena, y vi que había dos milis rubios que eran gemelos, liberados de los más duros, y dije: «Joder, cómo lo comunico». Rápidamente lo escribí en el papel de un caramelo para que alguien los controlara. Lo tiré al suelo, miré para atrás y el que me seguía no lo cogió y el siguiente tampoco. Esperé a uno en la esquina, le propiné un codazo y le dije: «Tío, coge el papel, me cago en la leche», porque no tenía otra forma de comunicarles que tenían allí un comando operativo. No sé lo que hicieron después, creo que los detuvieron. Pero a mí me cabreaban estas torpezas.

Mientras estuve infiltrado, el servicio no me dio ni una máquina para hacer fotos. Después sí, pero los aparatos eran arcaicos. Como la grabadora tamaño caja de cerillas, de la que descubrí que cuando se acababa la cinta a veces, no siempre, pitaba, así que andaba con un cuidado terrible para evitar que llegara al final y me delatara.

Lo que nunca permití es que me pusieran dispositivos en el cuerpo: «Tenéis los grupos operativos, que pueden grabarlo todo, pero a mí no me coloquéis nada porque me hacen un registro y se ha ido todo a la mierda». En una infiltración larga de este tipo era absurdo. El SECED tenía sus equipos de escuchas y se enteraban de todo. Yo era el guía que los llevaba a todos los etarras. Ellos debían encargarse del resto.

Papi disponía en Madrid de un arsenal de armas, entre

ellas un montón de metralletas y granadas, escondido en el
chalé donde vivían Pakito y Apala. Papi estaba intranquilo de
que estuvieran allí y las cambiamos al piso en el que estaba
Montxo conmigo, en la calle Juan Olías, 24. La idea era volver
a moverlas al piso de Doctor Fleming, no solo las armas sino a
la gente, pero a mí esa casa no me llenaba, creía que era mejor
el otro sitio. Estar rodeado de putas podía ser un camuflaje
para pasar desapercibido, pero sabía que no les iba a hacer
gracia a los de ETA.

71

Redada policial: «¿El Lobo? Allá él. Si cae, que caiga»

*E*l 31 de julio de 1975, Txepe,[28] Papi, Josean Múgica y yo acabábamos de comprar una multicopista en Madrid. Íbamos en dirección a la plaza de Castilla porque queríamos acercarnos a un chalé, al lado de unas oficinas que estaban en el barrio de Peñagrande, cerca de Mirasierra, donde luego supe que estaban Apala y Pakito para recoger algún material.

Íbamos en el coche tan tranquilos por el lateral del paseo de la Castellana, un pelín más arriba del estadio Santiago Bernabéu, y nos encontramos de frente a muchos vehículos de Policía con las sirenas encendidas que iban nerviosos en sentido contrario. En uno de ellos, un *gris* con medio cuerpo fuera observaba con detenimiento a los conductores de los coches que rebasaban. Empecé a pensar mal: «¡Ostras, aquí pasa algo!». Me sentí angustiado, de esas cosas que uno presiente: «Estos vienen a por nosotros y no tienen ni puta idea de quién soy yo... Soy El Lobo, uno de los suyos».

Le comenté a Papi.

—Oye, joder, aquí pasa algo. ¿Has visto a los policías que están venga a mirar los coches? A ver si nos han mordido en algún sitio.

Papi, que junto con Wilson eran los jefes de los comandos especiales, se mosqueó también y empezó a cavilar en voz alta:

—Wilson está en Barcelona, ayer iban a hacer un atraco, a ver si los han pillado.

Llevábamos el periódico encima y le dijo a Txepe:

—Mira a ver si hay alguna historia en Barcelona.

El otro buscó en la sección de Sucesos y leyó: «Tiroteo en Barcelona entre la Policía y dos delincuentes. El Lele y el Pi-

---

28. José María Lara Fernández.

rómano respondieron a tiros al serles requerida la documentación por los agentes del orden». Papi reaccionó de inmediato:

—Esto me huele mal, a ver si al que han detenido es a Wilson.

Yo no lo sabía en aquel momento, pero Papi había acertado de pleno. Wilson se había ido a Barcelona con el comando, entraron en un bar a tomar algo y se les olvidó la mochila en la que estaban las metralletas y las pistolas. Cuando el camarero se dio cuenta, la abrió y comprobó lo que contenía. Al volver los etarras para recogerla como si nada, se toparon con el dueño, terminaron a bofetadas y escaparon como pudieron. Cuando iban a hacer el atraco que tenían planeado, como la Policía estaba sobre aviso, y los del servicio también, los detuvieron. Y de ahí procedía la historia de por qué nosotros, que habíamos ido tranquilamente a comprar una multicopista para hacer los carnés de los presos de Segovia a los que pensábamos liberar para después llevarlos a Portugal, nos encontramos a toda la Policía en la Castellana.

Ajenos a lo que había pasado en Barcelona, para colmo de desgracias Josean Múgica, que era el que conducía el Mini en el que íbamos, soltó: «Demonios, casi no tengo gasolina». Abandonamos el Mini en medio de la Castellana y salimos disparados. Como pillaba cerca el piso de Doctor Fleming, 44, mi intención inmediata fue llevármelos para allí y se lo advertí para que me siguieran. En un primer momento los noté detrás de mí camino del piso franco, pero de repente aquello se infestó de dotaciones de Policía. Cuando nos descubrieron, se armó tal refriega que cada uno tiró por un lado.

Había *grises* por todas partes, el despliegue era impresionante. Cuando bajé por la calle Padre Damián, ya no supe dónde estaba ninguno de los tres. Me vi rodeado de *grises* disparándome y yo corriendo como un loco. Cuando oí la ensalada de tiros, pensé: «Esto se acabó». Mientras doblaba la calle en un intento desesperado de poner tierra de por medio pensé: «Tengo que ganar tiempo». Saqué mi pistola grande, la Browning, y disparé un cargador contra los policías que se acercaban, aunque sin intención de darles. Ante mi sorpresa, los *grises* que me seguían desaparecieron.

En mi cabeza vi representado el escenario que estaba viviendo: «Me he quedado solo, nadie sabe quién soy y me van a ma-

73

tar». Reaccioné: «Búscate la vida, Mikel». Lo primero que se me ocurrió fue meterme en un portal de la calle Rafael Salgado, subí hasta el último piso por las escaleras y toqué un timbre, pero no había nadie. Toqué a otra puerta, me abrió un hombre que dejó la cadenita de seguridad echada y le grité lo primero que se me ocurrió: «¡Policía!». Él contestó: «La placa», y entonces metí el pie en el hueco para que no cerrara mientras le apuntaba con la pistola y le conminaba a que abriera inmediatamente la puerta.

Una vez dentro me vi totalmente vendido. Todos mis pensamientos estaban centrados en: «Me han vendido o me han dejado tirado y estoy aquí perdido, a ver cómo salgo». El siguiente escenario apareció delante de mí: «Aquí tengo rehenes, pero todo el barrio está tomado por la Policía». Les pregunté y me dijeron que arriba había una azotea grande. Le daba vueltas a la cabeza a todas las ideas que se me ocurrían: «Pues quizás, si me pillan, puedo exigir un helicóptero para huir». Entonces telefoneé a la oficina del servicio y me saltó el contestador automático. Con mucho cabreo, di mi contraseña: «¡Soy Lobo!, ¡soy Lobo! ¿Dónde coño estáis?, me habéis dejado colgado. Estoy en un puto piso con un matrimonio, abajo están a tiro limpio. ¡Sacadme de aquí! Telefoneadme de inmediato».

Al margen de mis preocupaciones, el matrimonio iba a lo suyo: la mujer se desmayó, pues a echarla en el sofá y a darle una copita de coñac para reanimarla. En el límite de lo absurdo, me vi representando el papel de tener que calmarlos. Y para terminar de complicarlo todo, sonó el telefonillo, era la Policía: «¿Han visto algo?». Impartí instrucciones al señor para que dijera que no. Pero el esperpento no había acabado y un rato después sonó de nuevo el telefonillo, unos amigos que venían a verlos. «Pues que suban.» Aparecieron sonrientes con un ramo de flores y se encontraron a un tío con un pistolón.

Muchísimos años después, di una charla en un colegio mayor femenino y se me acercó una chica para que le firmara un libro y me dijo que era la nieta de aquel matrimonio: «Me contaron que usted se comportó de maravilla».

Durante una hora y media no tuve ninguna contestación de mi servicio. Se habían ido todos. Los principales mandos del SECED estaban reunidos, y a Carlos lo mandaron, ¡ojo!, a darse una vuelta para quitarlo de en medio. ¿Por qué le dijeron:

74

«Vete a dar un paseo»? Porque en un momento alguien preguntó: «¿Qué pasa con El Lobo?». Y uno de los jefes, no sabemos cuál, intervino: «¿El Lobo? Allá él. Si cae, que caiga». Los demás protestaron: «Joder, si es nuestro, cómo lo vamos a dejar tirado». Y un general que estaba en la reunión dijo: «Pues morirá como un etarra más. Fíjate lo que estamos pillando gracias a la operación». Me lo contaron tiempo después. El director Juan Valverde luego quiso enmendar el error —aunque él no fue el que se quiso desentender de mí— y me puso a huevo ganar un montón de dinero, aunque finalmente el asunto no salió.

Hora y media después de mi llamada, Carlos volvió al piso camuflado de la calle Francisco Silvela donde trabajaba, escuchó mi mensaje desesperado y dio la voz de alarma:

—Joder, que está tirado.

—Se ha librado —debió decir alguien.

—Pero por él mismo —matizó Carlos.

—Pues mandad a alguien.

Les importaba tres carajos que El Lobo siguiera vivo o que muriera allí. Carlos me llamó por teléfono: «¿Dónde estás? No te preocupes, que ahora van a por ti». Bajé a la calle, llevaba una mariconera en la que guardé la pistola grande montada y pegué la mano al gatillo. Todo estaba lleno de inspectores de Policía, y cerca de allí, un poco apartado, estaba un capitán del servicio, alto con pelo rizado, que ascendió al poco tiempo y se fue a un servicio muy especial dentro del Ejército en su sede de Vitrubio, en Madrid. En cuanto pisé la acera, la portera de un edificio próximo se puso a gritar: «¡Ese, ese es uno de ellos!». El portero del edificio del que salía le contestó: «Pero ¿qué dices?, si ese es el practicante». Me confundió con uno que debía ir de vez en cuando. Todo fue improvisación pura. Los policías se quedaron dudando y se me acercó el capitán para preguntarme: «¿Qué tal la niña?». Le dije: «Va mejor, le he puesto una inyección». Dos policías se dirigieron hacia nosotros y les increpé con cara de mal genio: «¿Qué pasa?». Y respondieron: «Nada nada, ustedes a lo suyo». El capitán me informó de que en la esquina estaba aparcado un 133: «Debajo de la alfombrilla tienes las llaves del piso de Sancho Dávila, también tienes dinero, enciérrate allí y no salgas en un par de días».

Seguí sus instrucciones, sentía un nerviosismo interior terrible. Para colmo, hacía un calor insoportable, de los días más calurosos que he pasado en Madrid. Fui a Sancho Dávila, me encerré en el piso y, del calor que tenía, sumado a los nervios, llené la bañera de agua fría, que siempre me ha desagradado enormemente, y me sumergí en ella. Una pistola cargada en una mano y la otra, la Firebird, en el suelo, cerca de mí. Cada vez que oía el ruido de una sirena, me sobresaltaba: «Vienen a por mí». Toda esa noche y al día siguiente estuve esperando a que alguien penetrara en la casa para liquidarme. Fue horrible. Encerrado, imaginaba la escena de cómo los policías entraban y me pegaban cuatro tiros. Durante toda la noche las sirenas sonaron en mi cabeza, también los tiros, parecían tan reales que mis palpitaciones subían. Se suponía que estaba en un lugar seguro, pero no entendía que hubiera saltado el contestador, que me hubieran dejado solo, abandonado. ¿Y si han decidido dejarme tirado? ¿Y si ya no aparecen y me tengo que buscar la vida y huir por mi cuenta como un etarra más? De nuevo mis pensamientos se interrumpían por el sonido de una sirena quizás real, quizás solo existente en mi cabeza. Los miedos internos que había desterrado antes de comenzar la misión habían aterrizado en mi mente. «¿A quién tienes miedo ahora, Mikel?» No lo sabía, no podía identificarlo.

Desconocía lo que había pasado, qué había sido de mis compañeros de la organización. Luego dijeron que habían recogido dos mil casquillos de bala que los *grises* dispararon como locos. Esos días se me hicieron eternos, era una situación excesivamente tensa. Tenía bien agarrada la pistola pensando que algo iba a pasar de un momento a otro. Es muy difícil describir lo que sentía por dentro, estaba destrozado. Por la imaginación ves pasar lo que has vivido y lo que no has vivido: «¿Qué he hecho?... Me han dejado tirado... ¿En qué momento he metido la pata?». A los dos días salí a la calle y llamé por teléfono a los del servicio. Vinieron, me tranquilizaron un poco: «Vámonos a tomar algo».

Lo que había ocurrido de verdad ese 31 de julio en Madrid me lo contó tiempo después uno de los jefes de entonces. La información de que estábamos en ese punto del paseo de la Castellana la dio el propio servicio. Agentes de la unidad operativa —los llamaban los Vencosa— nos estaban siguiendo y por radio iban comunicando nuestra posición: «Ahora van por tal calle, ahora por tal otra». Transmitían la información y el servicio se la enviaba a la Policía. Se pasaron por el arco del triunfo informar que entre los etarras iba un agente suyo, no lo quisieron decir. Si les preguntas ahora, explicarán: «No queríamos quemar al infiltrado». La realidad es que yo no les importaba nada. Creían que nos tenían bien marcados y de repente cada uno de los cuatro etarras salimos por un lado distinto del coche. Y los Vencosa ¿qué hicieron?: cuando vieron que se escapaba Papi, como la Policía se había ido detrás del resto, ellos lo siguieron, porque les debieron decir que no lo perdieran porque era el pez gordo, su principal objetivo, y el que para colmo parecía que se escapaba. Papi se subió a un autobús que iba al aeropuerto y aprovechó para romper papeles de la organización que llevaba encima. Lo pillaron en la calle Pradillo, disparó a sus perseguidores y le pegaron varios tiros, para detenerlo después. «Y los demás, a verlas venir. El Lobo, que se la busque.» Josean Múgica se enfrentó a la Policía y lo cosieron a balazos. A Txepe, que cayó herido, lo detuvieron sin que opusiera resistencia cerca de la calle donde yo me esfumé. Fui el único que me escapé, no porque alguien me ayudara, sino por mí mismo.

Después de aquellas cuarenta y ocho horas escalofriantes encerrado en un piso sin saber lo que iba a ser de mí, me convencí de que lo que yo magnificaba como un servicio de inteligencia importante era una chapuza: «Mikel, tienes que mirar por ti, no esperes que nadie se preocupe por lo que te pase. Eres tú y tienes que salir por ti mismo. No esperes que los angelitos vengan a ayudarte, los de arriba todavía, pero estos no».

Ahí empecé a darme cuenta de que el servicio era una institución distinta a lo que yo creía, se me cayó un poco el velo. Empecé a ver nítidamente sus fallos. No eran lo que pensaba. Yo tenía una misión que quería cumplir por encima de todo y a la que no renunciaba. Me reafirmé en la idea de que si no me mataban unos, me matarían otros: «Piensa en ti Mikel, tienes que mirar para adelante y resolver los problemas por ti mismo, no tienes un escudo protector».

Cuando se hizo esa redada, los míos pensaron que con ella ya habíamos terminado. Como no tenían fe en mí, vieron que podían detener a Wilson, a Papi y a etarras muy importantes, y se lanzaron a por ellos sin importarles tres narices que El Lobo cayera. Me habrían mandado a tomar por saco. No les cabía en la cabeza que después de ese gran éxito yo todavía pudiera traer a España al resto de la organización, a los comandos más importantes y a los jefes que quedaban libres.

Mi primera llamada a ETA tras los acontecimientos del 31 de julio no la hice hasta que llevaba cuatro días sin dar señales de vida. Me fui a una cabina telefónica en la calle Montera con Gran Vía y telefoneé a Ezkerra. Me acompañó Paco Gómez, el jefe de Policía de Bilbao, que era amigo mío y que, tras pedírselo a los mandos del SECED, se había sumado a la operación.

—Hostia, ¿qué pasa? —me dijo Ezkerra.

—La puta, me he quedado aquí tirado, qué cojones hago, estoy *enchopinado* aquí y he salido a llamar.

—Aguanta lo que puedas, que pronto nos vemos. Llama cada dos días.

Pasé una de las etapas más aburridas que me han tocado en la vida. Llamaba periódicamente a Ezkerra, pero nada de decirle que me quisiera ir a Francia. No me requerían para ninguna acción, solo me pedían que aguantara.

—Bueno, ¿qué?

—Tú tranquilo, espera, no te preocupes.

Mis primeras conversaciones fueron con Ezkerra mientras residía en Francia, pero cuando él empezó a preparar su paso a España me puso como contacto a Erreka, que era del comité ejecutivo y se quedaba como jefe. Los únicos que quedaron en Francia como jefes eran él y Pertur, que no pintaba tanto porque estaba en la parte política. Hablábamos asiduamente: «El Zurdo —como algunos llamaban a Ezkerra— está preparando cosas, ya verás, vamos a echar toda la carne en el asador. Van a ir todos, tú tranquilo, aguanta, aguanta». Muchas palabras, pero yo no tenía nada que hacer.

Ante mi sorpresa, Carlos se fue de vacaciones, ¡de va-ca-cio-nes! Esto funcionaba así, se había ocupado de lo de julio y se fue a descansar. Yo me quedé con Paco Gómez: «¿Qué hacemos?», y decidimos irnos al norte. Llamé a Iturbe, que se puso como loco de contento, porque yo me había convertido en un mando de ETA. Me contó que había dos que querían entrar en la organización y añadió: «Hay un chalé en Algorta que tiene un montón de armas y tienen miedo de que la Policía entre».

Decidí ir a por las armas y llevarme a uno de los que quería entrar, Marcelino Barandica, Machel lo llamaba yo. Lo monté en el coche conmigo, el tío encantado, y al poco me dijo: «Hay un coche que viene todo el tiempo detrás». Eran Paco y otros del servicio a los que el novato había mordido. Pensé: «Estos cantan como una almeja y verás tú». Saqué la Browning y le dije: «Toma, si ves algo raro, ¿sabes lo que hay que hacer?». Me respondió intentando aparentar seguridad: «Sí sí, claro». Yo creo que no sabía, pero lo hice a propósito para que se sintiera mejor. Paré antes de llegar al chalé donde estaban las armas y le dije: «Yo no voy a ir, ve tú. No quiero que me vean a mí». Yo sabía que los del servicio iban a *marcar*[29] la casa y que se encargarían más adelante de las armas. Eran las que luego fueron a Madrid y que tuvimos que mover de un sitio a otro: granadas, pistolas, metralletas, un montón. Tardamos mucho en llenar el coche. Más tarde detuvieron a los dueños del chalé. Dejé a Machel y le dije: «No te preocupes, ya te llamaremos». Lo mismo que habían hecho conmigo.

Aprovechamos el tiempo muerto sin que la cúpula de ETA me requiriera para seguir en el norte, señalando a gente y recogiendo más armas. Después se repitió la misma película con otro etarra que ya estaba encuadrándose y me comunicó que tenía guardadas armas en Ondárroa. Me fui allí, me presentó a uno de la organización, y Paco y otro del servicio me la volvieron a jugar porque de nuevo los mordieron. Los etarras me informaron:

—Hay unos policías.

—Pues vayámonos de aquí.

—Podemos picarlos.

—No hagáis el tonto, porque si hay dos policías, hay cuarenta. Vamos a largarnos de aquí.

Busqué la manera de huir de Ondárroa y más tarde les eché una bronca de narices a los policías.

Ante la falta de acción, estaba cansado. Telefoneé a Carlos al lugar donde estaba de vacaciones: «Tengo a mis padres en Salou». Y me dijo: «Pues vete a verlos una semana, deja las armas y estate unos días con ellos». Fue un error gra-

---

29. Localizar, ubicar.

ve porque me podía haber visto cualquiera, pero eso era el SECED, yo era joven y no tenía ni idea de lo que había que hacer. Como mis padres no sabían en lo que yo estaba metido, aparecí sin más. Les dije simplemente que tenía unos días de vacaciones. No les di explicaciones porque ellos sabían que yo trabajaba de decorador y me movía por todas partes, por lo que tampoco les mosqueaba, no estaba en su casa y vivía mi vida. Yo era un hijo bastante despegado, no hablábamos con mucha frecuencia, y cuando empecé mi trabajo pues tampoco les llamaba la atención que no los telefoneara. Alguna vez los llamé desde una cabina de Francia, lo que también me servía de coartada pues todos lo hacían, para saber si estaban bien, si les habían hecho algo.

A finales de agosto volví a Madrid, quedaba poco para que me llamaran los de ETA para actuar. En la primera semana de septiembre, me ordenaron viajar a Barcelona para recogerlos cuando llegaran de Francia. El 13 de septiembre, el día anterior a la cita que me habían programado, estaba paseando con Paco por el principio de las Ramblas, por la plaza de Cataluña, buscando una cabina para llamar a Francia, hablar con Erreka y que me diera la información de en qué bar de la Diagonal, qué día y a qué hora me reuniría con Ezkerra, Montxo y los principales. «Ahora vamos a echar toda la carne en el asador. Van todos para allá y vamos a por todas.»

Cuál fue mi sorpresa cuando nos dimos la vuelta hacia las Ramblas, observé el otro lado de la plaza y le dije a Paco:

—No mires, que por ahí va Ezkerra.

Lo conocí enseguida aunque se había teñido el pelo. No me hizo caso: la curiosidad de estos agentes era enorme y Paco no se podía quedar sin mirar y ver cómo era.

—Ya están por aquí. Alejémonos —añadí—, que no nos vea.

—Están aquí todos —dijo Paco entusiasmado, confirmando la gran operación que se avecinaba.

A partir de ahí se acabaron las vacaciones para todos y entraban en acción los que de verdad se querían llevar las medallitas.

El servicio me había sacado billetes para que fuéramos en avión a Madrid: «Estáis locos o qué, vienen llenos de armas y yo también las llevo, ¿cómo vamos a ir en avión?». Cambiaron los billetes por otros de tren: Barcelona-Valencia, dormir en Valencia y al día siguiente a Madrid. Me dieron los billetes y Ezkerra no tardó en reaccionar.

—¿Y esto?

—Estos tíos es que son la leche. —No me quedaba otra alternativa que culpar a los arquitectos.

—¿No había directo o qué?

—No debía de haber, si los han sacado así es que no había directo.

—Joder, qué putada.

Estaba claro que los del servicio lo hicieron a propósito para ver qué hacíamos en Valencia.

Cuando íbamos en el tren, Carlos y los otros agentes no paraban de pasar por delante de nosotros. Y venga a pasar, y venga a pasar. «La puta, se les va a notar.» Te sientes mal, iban con la baba en la boca de ver allí a Ezkerra y al otro y al otro, estaban como locos y a mí me ponían nervioso porque Ezkerra no era tonto, era más largo que la leche.

Llegamos a Valencia: «¿Qué coño hacemos aquí ahora?». Uno dijo que tenía unos amigos con un piso al lado del Marqués del Turia: «Vamos a ver si pasamos allí la noche, que ellos están con nosotros». Fuimos, tocó el timbre y no estaban, se habían ido de vacaciones. Ezkerra se pilló un cabreo terrible: «Pues vamos a coger un taxi y nos vamos a Madrid». Paramos a un taxista que era andaluz, Ezkerra se sentó delante y los demás detrás. El taxista, todo el camino: «Yo tengo un primo que es guardia civil... Y vosotros, a Madrid a pasarlo bien». Y estos, sin ganas de hablar, disgustados, y yo mirando disimuladamente a Ezkerra, que estaba con una cara de tremenda mala leche. Yo pensaba: «A este taxista se lo pican», lo matan. Y él siguió hablando de la Guardia Civil todo el trayecto, que entonces se tardaba mucho.

Cuando llegamos a Arganda, un control bestial de la Guardia Civil. Pensé: «Mikel, se acabó, esto está terminado. Aquí van a sacar estos las pistolas, van a empezar a tiro limpio y ¿qué hago yo? Si los mato a estos, a mí me va a matar la Guardia Civil, que no saben quién soy». El taxista paró y les dijo: «¿Qué tal, compañeros? Mi cuñado es guardia civil. Llevo a estos chavales, que van a comer churros a Madrid...». Y el guardia que estaba allí, con la metralleta apuntando, se debió cansar de todo el rollo que le estaba soltando el andaluz: «Pasen, pasen». Nos vino genial que fuera así. Cuando salimos del control no me lo podía creer.

Llegamos a Madrid temprano, me los llevé a tomar churros a la cafetería California 47. Ezkerra se puso muy nervioso: «Aquí fue donde pusimos la bomba». Yo le puntualicé: «Pues aquí es donde más seguros estáis, nadie va a pensar que vamos a volver aquí tras haber puesto una bomba. ¿Os conoce alguien?, pues tranquilos». Ese día también andábamos cerca de Claudio Coello, la calle en la que mataron a Carrero Blanco, y Ezkerra, que había participado, dijo: «No quiero pasar por aquí porque me da yuyo».

En el hotel Goya, que estaba cerca de allí, yo me había dejado un montón de documentación olvidada. Ocurrió la primera vez que volví a Madrid tras mi ingreso en ETA. En el servicio me dijeron que me fuera a ese hotel, donde me registré imaginándome que estaría todo controlado. Yo llevaba en mi maleta un montón de propaganda de la organización y, como tenía que dormir allí, la metí debajo del colchón. Con tan buena cabeza que cuando me tuve que ir corriendo me lo dejé todo. Después les avisé de lo que me había olvidado en el hotel. No sé lo que hicieron, pero parece que lo recuperaron.

Yo veía especialmente nervioso a Ezkerra: «Pones mañana a estos en los pisos y locales, y quedamos pasado mañana». De nuevo me echaron la bronca por los locales, porque los pisos tenían porteros y al entrar había que pasar por delante de ellos. Para colmo, llegamos a un piso y estaba tan sucio que encima de la mesa principal había tazas y vasos usados, que eran de los agentes operativos que habían estado durmiendo allí los días anteriores. Ezkerra me espetó:

—¿Qué tipo de gente tienes tú que te alquilan los pisos?

—Pues tíos que vienen aquí y alquilan, tíos a los que aquí conocen, son de confianza.

Eso fue lo que me salvó del desaguisado, que mis supuestos arquitectos eran gente normal, que pasaba desapercibida. Eso lo calmó bastante. Nos despedimos y los jefes se fueron a un piso que habían elegido ellos.

A los dos días quedamos en un bar en la zona paralela a la Gran Vía, cerca del barrio chino. Ahí empecé a confirmar que algo les pasaba a Ezkerra y a los demás. Habíamos quedado con otro etarra, uno de los que tenía metido en el piso de Sancho Dávila, con el que cambiaron impresiones y después se fue.

A continuación me dijeron: «Vamos a las afueras, tenemos que hablar contigo», e interpreté que todo se había terminado. Nunca se me olvidará, era el 16 de septiembre de 1975. Fuimos en un coche Ezkerra, Montxo y Jon.[30] Ellos estaban nerviosos, y yo mosqueado porque no sabía lo que se les pasaba por la cabeza. Querían que condujera yo, pero le dije a uno que lo hiciera él y me senté detrás, un sitio más seguro por si sucedía algo. Pensé: «Aquí terminamos a tiros, me llevo por delante a alguno, me pegarán a mí, pero no me quedaré quieto». Fuimos a la zona universitaria y les advertí que estaban de exámenes, lleno de policías, y no era buen sitio para quedarse. Los llevé a una terraza solitaria en el paseo del Pintor Rosales, junto al parque del Oeste, que entonces era un bosque. Ratifiqué su nerviosismo y decidí romper el hielo:

—¿Qué pasa?

Montxo empezó a hablar con Ezkerra:

—¿Le dices tú o le digo yo?

Ezkerra se arrancó:

—Una vez a mí me achacaron que era un agente de la CIA y tuve que demostrar que no.

—¿A qué viene esto?

—Sabemos por el movimiento catalán que han oído en las noticias de la BBC que tenemos un agente infiltrado de los servicios secretos españoles. Y ese agente eres tú y te llaman El Lobo.

De la forma en que me lo dijeron me salió una risa espontánea, me partía el culo de risa, nadie se lo puede imaginar.

—Gorka, estamos hablando en serio.

Yo seguía llorando de la risa.

—Ezkerra, ¿de verdad lo dices en serio?

—Sí sí, por eso te he contado lo mío.

—¿De verdad vas en serio? —repetí.

—Gorka, tómatelo en serio.

Yo llevaba mis dos pistolas, la Browning grande y la Firebird más pequeña. Las saqué y se las entregué.

83

---

30. Juan Cruz Unzurrunzaga Goikoetxea

—Te las metes por el culo, sois unos putos mierdas. Me tenéis aquí tres meses tirado esperando como un puto cabrón, escondido como un perro, y ahora venís y me acusáis de ser un agente secreto. Si soy un agente, ahora me voy y vosotros me pegáis un tiro.

Me alejé. Se quedaron fríos.

—Gorka, ven, ven, que todo se habla. Hay una forma de dejar bien las cosas. Una es que te vuelvas a Francia y te quedes allí, y la otra es que actúes con nosotros, que tenemos ahora un montón de cosas que hacer.

—Mira, a mí me da exactamente igual, pero yo empecé en la organización para hacer lo mismo que vosotros hacéis. Vosotros fuisteis los que me elegisteis para esto, para organizar la infraestructura, pero yo desde el principio dije que quería actuar con los comandos operativos.

. Mentira puñetera.

—Genial, pues así lo hacemos y ya está.

—Pero una cosa —continué—, ¿qué hacemos con los de Barcelona?, que los tengo a todos tirados.

—No no, tú te vas a Barcelona, los colocas a cada uno en los pisos que tengas, luego te vienes y actuamos.

—Vale, ahora el tonto se va a Barcelona.

Nos despedimos con grandes abrazos. Yo por dentro pensaba: «Hijos de puta, cabrones, habéis estado a punto de picarme».

A la vuelta, en la cafetería California, de Gran Vía, estaba esperándome Carlos. Lo vi con cara compungida, lo agarré y le lancé:

—Ahora dime que sabíais algo de que los de ETA me habían identificado.

—Lo sabíamos, porque la BBC dijo por la radio que había un infiltrado al que llaman El Lobo.

—¡Me cago en la leche!, lo que he tenido que pasar.

—¿Ves?, has podido con ello, porque si lo llegas a saber podría haber sido peor.

—¡El rato que he pasado!

—Pues esto se ha acabado.

—Pues no, porque primero tengo que ir a Barcelona para colocar a toda la gente en su sitio.

Los míos no se creían el resultado de mi encuentro. Hubo una reunión en el centro y decidieron que llevara a todos los etarras a los pisos de Barcelona y que por la noche detenían a todo quisqui. Me dijeron: «Y armamos la de San Quintín en España. A ti te encerramos en el hotel Colón mientras los detenemos a todos». Es la pesadilla del agente de inteligencia: cuando has pasado toda la información, te tienes que hacer a un lado para que otros ejecuten la operación. Pero me rebelé.

—¡Cómo vamos a acabar con esto! —le dije indignado a Carlos—. Cuando realicéis las detenciones lo que tenéis que hacer es detenerme a mí también, llevarme a un calabozo. Y montamos un plan para que yo me escape con alguno más, para que no parezca extraño. Cojo a un tío o dos de los normales, y nos escapamos. Durante la huida, en mitad de un forcejeo, me pegáis un tiro en el hombro, y yo me largo herido a Francia. Porque el número uno en Francia voy a ser yo.

Lo hablaron en el comité ejecutivo del SECED y decidieron que «por nada del mundo, que no, que no». Y luego, con el tiempo, Andrés Cassinello, que entonces era el número dos del SECED, me dijo: «Te libré de un tiro en el hombro». Yo le contesté: «Pero a lo mejor habríamos evitado muchísimas muertes con ese tiro». Es una de las cosas que ves: entre los momentos malos, hay algunos que perduran toda la vida. Son los momentos que te hacen sufrir de verdad. Yo valoro: «Me voy a llevar un tiro en el hombro y es doloroso, pero se cura. A cambio, voy a poder seguir en mi infiltración y marcharme a Francia para ser el número uno de ETA, pero la convierto en un movimiento exclusivamente político y lo que queda lo limpiamos de arriba abajo, porque ya los conocemos a todos».

Habríamos hecho lo que hubiéramos querido. Habríamos acabado con la organización de una forma pacífica y tranquila. Pero lo que es el egoísmo, el orgullo: me dicen que hemos hecho una operación de mil demonios y «Yo te libré de un tiro». La mente del servicio iba de una manera y yo de otra. En ese momento no sabía por dónde iba a tirar ETA, pero no tenía dudas de que iba a continuar para adelante. Pensé que si seguían y no los controlábamos desde dentro, por mucho que tuviéramos vigilados los pisos, los activistas y todo eso, íbamos a seguir sin acabar con los tiros. Y ese daño iría creciendo, algo

85

que comprobé personalmente en los años siguientes. Ese daño, esos sentimientos de sufrimiento, van aflorando más, porque te vas dando cuenta de que si yo hubiera seguido dentro de la organización quizás se hubieran podido impedir 800 muertes. Porque, además, no es cierto que los muertos de ETA hayan sido algo más de 800, son muchos más, más de 1200, pero bueno, los reconocidos son esos 800.

A mí nadie me quita esa idea de la cabeza. Y no son solo los muertos que podríamos haber evitado, sino los dramas familiares, la gente que ha quedado inútil, los heridos, el desastre que ha provocado en España el terrorismo. Todo eso son mis típicas luchas internas mientras le doy vueltas a la cabeza... cuando por las noches no puedo dormir.

TIROTEO EN BARCELONA ENTRE LA POLICÍA Y DOS DELINCUENTES

Abc, **31 de julio de 1975.** [...] Los detenidos, una vez trasladados a la dependencia de la Jefatura Superior de Policía, fueron identificados como los conocidos delincuentes habituales contra la propiedad, apodados el Lele y el Pirómano.

* * *

UN ACTIVISTA MUERTO Y OTRO HERIDO EN LAS ACCIONES POLICIALES EN MADRID

Abc, **1 de agosto de 1975.** Fruto de los servicios llevados a cabo por las Jefaturas Superiores de Madrid y Barcelona, ha sido la detención de sendos comandos constituidos por individuos al servicio de una organización terrorista determinada [...]. En el trascurso de las intervenciones habidas en Madrid, uno de los detenidos resultó herido a consecuencia de los disparos intercambiados con la fuerza pública. Otro activista, rodeado por los efectivos policiales, resultó muerto a consecuencia de los disparos que se efectuaron.

Gran golpe contra ETA:
«Ahora los míos me quitan de en medio»

$\mathcal{R}$egresé a Barcelona para colocar en pisos a todos los etarras que acababan de llegar de Francia. En la Diagonal tenía un apartamento, y otros diseminados por toda la ciudad, que como siempre me los había alquilado el servicio. Tuve una reunión con Apolonio,[31] el jefe de todos los etarras que estaban allí. Ellos tenían unas formas de quedar, pero yo lo hacía a mi bola, y les hacía gracia.

Tuvimos un encuentro chocante porque organizamos la infraestructura mientras recorríamos las salas del Museo de Cera. No era un sitio muy bueno para los de mi servicio si querían enterarse de lo que decíamos, pero para seguirnos sí estaba bien porque era el típico lugar para quedar entre la gente del servicio de inteligencia.

Yo sabía que los iban a detener a todos. La única sensación que tuve en ese momento fue que estaba cumpliendo con mi trabajo y que debía hacerlo lo mejor posible. Había superado un bache muy grande tras la amenazadora reunión en Pintor Rosales en la que me arrojaron a la cara la sospecha de que era un agente del Estado. Por suerte, había podido dar la vuelta a la situación, lo que me había permitido el control absoluto sobre los que habían llegado a Barcelona. Porque el control de los etarras fue absoluto, todos estaban señalados y vigilados en Madrid, Barcelona, Galicia y el País Vasco. Otra cosa distinta es que los cogieran, porque muchos se escaparon. Las Fuerzas de Seguridad no estaban preparadas para responder adecuadamente en una operación tan grande, y el servicio tampoco. Entre otras razones, porque nadie creía que

31. Francisco Javier Ruiz de Apodaca Landa.

esa operación iba a ser tan prometedora. Lo máximo que creyeron es que se podía detener a Wilson y a algún comando. Por ese motivo, tras el golpe tan importante de julio quedaron más que satisfechos, para ellos eso era increíble. Lo que no se imaginaron en la vida es que pocos meses después iban a tener controlada a toda ETA político-militar.

Pero en ese mes de septiembre de 1975, cuando yo dije que mi contacto de ETA en Francia me aseguraba que venían todos los dirigentes, hasta que no lo vieron no se lo creyeron. Todo cambió cuando Paco Gómez vio que Ezkerra estaba paseando por Las Ramblas y cuando yo tuve la posterior reunión en la Diagonal, en la cafetería La Oca, con los tres dirigentes: Ezkerra, Montxo y Jon. En la organización lo habían montado de tal manera que cargaron sobre Montxo la responsabilidad de ser el número uno, para quitársela a Ezkerra, que lo era de hecho.

El día 18 de septiembre el que estaba conmigo era Paco Gómez. Me anunció que en la madrugada del 19 llevarían a cabo la redada, que me habían cogido una habitación en el hotel Colón y me regaló unos tebeos del *Capitán Trueno*, como si yo estuviese para leer. Veía alrededor un montón de gente que se estaba preparando y mucha euforia por parte de Paco.

—Esta noche vamos a detener a todo el mundo, vamos a hacer la gran redada por toda España: Madrid, el norte, Galicia, Barcelona, en todos los sitios. Tú, ahí tranquilo.

Luego ya vino el momento triste, me encerré en la habitación y pensé: «¿Qué estará pasando? ¿Ahora todo el trabajo que he hecho se verá?, ¿acabarán con todo?, ¿cogerán a toda la gente?». Fue otra noche angustiosa después de la del tiroteo de Madrid, no tan dura, pero parecida, en la que volvieron a mi mente como un martillo los pensamientos negativos: «Ahora terminan, vendrán a por mí y me liquidarán». No dormí nada, lo pasé fatal y estuve toda la noche tumbado en la cama con la pistola en la mano.

Estaba solo en la habitación impersonal de un hotel mientras ellos estaban pensando en las medallas, en que ya iban a ser parte de un servicio de inteligencia en auge, que retomaba la fuerza que había tenido antes del atentado contra el almirante Carrero Blanco. ¿Qué suponía yo para ellos? Era un agente que les había hecho un trabajo genial, pero... «A partir de ahora, ¿qué hacemos con este chaval?» De alguna forma, te conviertes en el estorbo que ya he mencionado. El problema es que el servicio no tenía vistas hacia el futuro, si las hubiera tenido me habrían reciclado para otra cosa, me habrían enfocado a otro asunto. Un chaval joven, cuya experiencia única era esta operación y que salió como salió de bien, ya ha aprendido, y ahora lo dejan suelto por el mundo: «Y luego te utilizamos, ahora te vas al norte a ver qué pillamos por allí, y ahora te vas a otro sitio». Te conviertes en el muñeco que hace gracias, porque «mira nos ha hecho una operación muy buena», y los que han estado a tu alrededor te tienen como un juguetito, sin más.

Cuando al final aparecieron en el hotel Colón, no había soltado la pistola en ningún momento esperándolos obsesionado con la idea de que «ahora me quitan de en medio a mí». Vinieron tres a recogerme. Carlos se sorprendió al verme de esa guisa:

—¿Qué haces con la pistola?

—¿Cómo sé yo que venís con buenas intenciones?

—No veas el éxito que hemos tenido —me calmó—, la leche. Hemos detenido a todos, está cayendo todo el mundo. Cómo puedes pensar eso, guarda la pistola.

Había una comitiva abajo y nos fuimos al aeropuerto. Llegamos a un avión en el que solo viajábamos los cuatro del servicio que venían a Madrid y yo. En el camino me dijeron:

—Las pistolas.

—¿Qué? —respondí sorprendido.

—Las pistolas, ya nos las quedamos nosotros.

Me las cogieron y las guardaron. Perdí la sensación de seguridad. Empecé a darle vueltas a la razón por la que me quitaban las armas y a lo extraño del viaje: «Un DC9 solo para nosotros para llevarnos a Madrid, vaya movida». Durante el vuelo no pararon de hablar entre ellos sobre las grandezas de la operación. Yo iba un poco obnubilado, perdido. Tras aterrizar me llevaron a unos apartamentos en la calle Alcalá, de esos que se alquilaban por semanas, y me comentaron: «Tú, tranquilo ahí, no salgas prácticamente nada, ya te llevamos lo que necesites. Y luego te vas a ir de vacaciones».

Una semana encerrado, horrible, sin saber qué pasaba, sin la compañía de mis armas, empecé a sentirme vacío: «Me dejan aquí tirado, yo qué sé la que se ha liado, si queda algún etarra libre por aquí». Siete días hecho una mierda.

Tardé en enterarme de que, durante la redada, cuando fueron a por Montxo se armó la marimorena. En su piso es donde estaban todas las armas, metralletas y granadas de mano, que recogí yo en el norte y las transportó la gente del servicio a Madrid para meterlas en el piso de la calle Juan Olías. Armas que los de ETA ya no querían tener en el chalé de Algorta porque el comando que las había dejado no había vuelto a por ellas. La intención inicial era llevarlas a Peñagrande y cambiarlas más tarde a otro chalé, pero no pudo ejecutarse. Esas armas daban para retener el asalto de la Policía durante bastante tiempo, especialmente para ganar tiempo y evitar que cogieran la importante documentación que guardaban de la organización. También podía haber entrado el servicio en el piso cuando no estábamos y haberse llevado los papeles, era más sencillo y fácil, pero como ya tenían prevista la redada no lo hicieron.

Me pareció extraño que Montxo apareciera muerto en el cuarto de baño, suena un poco a montaje. Yo me imagino que él dispararía y le dispararían, que hubo un trasiego de tiros. Digo que me imagino, tampoco lo sé, porque nadie sacó una fotografía del cuarto de baño. La única imagen que apareció más tarde fue la de la bañera llena de sangre. La lógica te dice que una persona que se va a suicidar es posible que se meta en la bañera, pero si te suicidas no es lo lógico que se llene toda la bañera de sangre. Te pegas un tiro, habrá salpicadura en el suelo y habrá algo de sangre en la bañera. Para mí, la lógica es que posiblemente lo frieran a tiros y contaran que se suicidó. En aquella época no se andaban con chiquitas. Que intentó quemar los papeles y luego se metió en la bañera es la versión oficial, no la mía. Yo sí creo que lo primero que haría sería intentar quemar todos los papeles y, para que le diera tiempo, intentó defenderse, que tampoco sé si disparó o no, pero una persona que se suicida no aparece en la bañera de esa manera. Esa fue una versión que tenían que dar.

Siempre ha habido individuos, como Patxi Zabaleta, que me acusaron de haber matado a Montxo cuando yo estaba en Barcelona. Pero eso era porque no podían digerir el buen trabajo que hice. Quedan mucho mejor diciendo: «El Lobo nos ha traicionado». Es más duro reconocer la realidad de que nos han metido un agente sin que hayamos sido capaces de detectarlo y nos ha hecho polvo, porque así es el Estado español el que les da leña a ellos.

No fui responsable ni de la muerte de Montxo ni de la de nadie. Yo fui el que pasaba la información, que era mi trabajo, pero no tengo responsabilidad sobre las muertes porque mi objetivo era que no hubiera muertos ni por un lado ni por el otro. Cuando entré a trabajar como espía sabía que podía haber consecuencias, que iba a haber detenidos, pero no te puedes mentalizar porque te vas a comer el coco, aunque en el fondo lo sabes. Mi intención era que no tuviera que participar en ningún operativo y, a ser posible, hacer el trabajo previamente para evitar muertes, así es mejor. Mi objetivo era que ETA se redujera a ser una organización política, porque no era lo mismo eso a que fuera una banda militar.

Horas después de la redada, pasó bastante desapercibida la operación policial de parar el expreso que iba de Madrid a San Sebastián, casi a la altura de Burgos, para detener a un alférez que estaba haciendo la mili en Madrid y tenía a Ezkerra y a Jon en su piso. Vivía en la Gran Vía, en una calle pequeña, cerca de donde estaba la comisaría de Policía. Yo no sé si cantó Ezkerra, lo único que sé es que cuando entraron en su piso, el militar no estaba. Manos arriba, en calzoncillos, tuvo que cantar.

La operación se escapó a todas las previsiones que tenía el servicio. Les quedó muy grande. Este hecho, y que supiesen dónde vivían y por dónde se movían los etarras que habían quedado libres, les permitió vender éxitos continuos durante mucho tiempo gracias a sucesivas caídas de etarras que, en contra de lo que debió ser, los condujeron a una total relajación. Permitieron que se creara un monstruo más peligroso, un grupo de delincuentes sin norte ni orientación, violento al cien por cien, que empezaron a ejecutar todas las barbaridades del mundo. Por desgracia, ETA cayó en manos de sus miembros de a pie, los carniceros, los que no tenían ninguna intención de permitir que se cumplieran los planes de la rama política.

Nadie tenía la mentalidad de creer que podíamos acabar con ETA. Era un momento en el que la organización terrorista era dura, culturalmente preparada, con gente con metralletas que no se achicaba. Pero tenía una facción que eran los políticos, encabezados por Pertur, que era el responsable de la elaboración de toda la documentación que estaba en la maleta que me dieron para guardar en Bilbao y que mi servicio había copiado, en la que planeaban un futuro lejos de las armas.

Pertur no se movía de Francia, yo hablé con él antes de venir a España. Sabía que yo me iba a dedicar a la infraestructura y sus últimas palabras fueron: «Gorka, duro, con cuidado, pero haciendo bien las cosas, con calma». En plan bien. Se le veía que era un pez gordo dentro de la organización, pero que mandaban más los otros, tenían más fuerza los militares.

Mantuve poca relación con él. Tuve esa percepción de cuando conoces a una persona y notas algo positivo, de piel, que dices: «Joder, este no es como los demás, este es diferente, no es un tío malo». Yo lo veía como el perfecto politiquillo listo e inteligente que no estaba por las armas. Era consciente de que no le quedaba otra que acatar lo que le ordenaran. Enfrente tenía a los de la rama militar, a los que no les interesaba nada la paz, que defendían la idea de seguir peleando. Hubo un *feeling* especial conmigo, él a mí me veía más o menos como a él. Fue una sensación a primera vista, pero lo notas. También lo noté con otros, muchachos como Medio Millón —así llamábamos al primo de uno de los principales de ETA—, que me cogió tal aprecio que poco tiempo después de mi salida, por cosas que te enteras, cuando el asunto se puso caliente se entregó a las Fuerzas de Seguridad en la frontera española pensando que iba a poder reencontrarse conmigo porque yo pertenecía a los servicios secretos. Creyó que lo pondrían en contacto conmigo, que podríamos hablar. Nada más lejos de la realidad. Cuando lo detuvieron lo único que querían era sacarle toda la información posible y no le iban a dejar verme ni soñando.

92

En 1975, la dirección de ETA había puesto en marcha la operación diseñada por Pertur en la que echaron toda la carne en el asador. Él apostaba por un plan que teníamos que desarrollar los que entrábamos en España. Debíamos materializar una serie de operaciones que concluiría con una acción espectacular que fuera el último golpe de la organización.

Algunas de esas acciones incluían secuestrar a gente importante, como el conde de Godó padre o Antonio Garrigues y Díaz Cañabate. A eso le querían sumar la fuga de los presos que tenían en la cárcel de Segovia, en la que mi misión habría sido llevarlos por la frontera de Zamora y trasladarlos a Portugal. Yo estuve recorriendo durante varios días la frontera para familiarizarme con el escenario. El servicio me había dado previamente los planos de los mejores lugares por dónde pasar, en los que si se producía el caso, estarían esperándolos para detenerlos.

Si el plan se hubiera cumplido y los presos hubieran llegado a Portugal, la organización habría montado un mitin a lo bestia, con gran repercusión a nivel internacional para echar un órdago al Estado. Lo primero que querían conseguir era la salida de todos los presos políticos, no solo los de Segovia, a cambio de liberar a los secuestrados. La acción estaba muy bien pensada: «Si el Gobierno entra por el aro, decimos que nos convertimos en un partido político».

Si ETA hace eso, si llega a un acuerdo con el Gobierno, quizás habría comenzado a funcionar como partido político. Cuando remachamos mi infiltración con tantísimas detenciones, todo el plan de Pertur se vino abajo, pero nunca sabremos lo que podría haber pasado de la otra manera. Me lo he preguntado muchas veces. Era un chantaje, pero igual habríamos evitado muchos muertos. Más tarde, los descerebrados de Apala y Pakito, que se escaparon delante de los morros de la Policía, fueron los que tiraron para adelante con la actividad terrorista y armaron un buen guirigay.

Desconozco todo lo que ETA tenía montado. Cuando interrogaron a los detenidos, cantaron lo que iban a hacer y toda la información se la quedó la Policía, algo que a mí nunca me desvelaron. Más tarde me enteré de que en los interrogatorios los policías les decían a los etarras: «Lo sabemos todo, si os

93

hemos tenido controlados», y les enseñaban mi fotografía asegurándoles que habían tenido infiltrado a un agente. Las cosas mal hechas de siempre.

Ha sido una constante que la Policía y los míos siempre se quedaran con la información y yo me tuviera que enterar con el paso del tiempo por otras fuentes. Esa es la pesadilla del infiltrado: lo da todo, pero luego no sabe lo que ha conseguido. Es una faena para uno mismo. Tú haces un trabajo, lo haces lo mejor posible, fallan en muchas cosas, se escapa un grupo importante, no te dejan seguir, no te cuentan lo que se ha conseguido, aunque haya sido lo que no se esperaban ni soñando. Es duro. Esto afecta a los sentimientos y a la moral de los agentes. Yo entiendo que tú no puedes estar en los interrogatorios, pero que por lo menos te expliquen lo que han hecho. Lo único que me dijeron es: «Ahora somos nosotros, somos los amos, lo sabemos todo, lo tenemos controlado. Ahora a ver quién tiene los cojones de romper el servicio, ahora nos necesitan». Se crecieron. Un par de años más tarde unieron el SECED con la inteligencia militar: «Y ahora a ver quién prescinde de nosotros».

Creamos la estructura de un servicio de inteligencia. La Operación Lobo creó escuela, porque hasta ese momento no se conocía la forma en que había que luchar contra ETA. Permitió que la Transición fuera más suave.

OPERACIÓN ANTITERRORISTA

Ya (portada), **20 de septiembre de 1975.** Mediante una operación conjunta, en la que han participado coordinadamente y de forma simultánea fuerzas de la Policía Gubernativa de las Jefaturas Superiores de Madrid, Barcelona y Bilbao, se ha realizado la desarticulación de un importante «comando» constituido por miembros de la organización ilegal ETA, de carácter terrorista, que proyectaba efectuar una serie de atentados, secuestros y sabotajes en las dos capitales citadas en principio.

[*Acompañando al texto aparece un gran despliegue de fotografías con los siguientes pies: José Ignacio Múgica Arregui, Juan Cruz Unzurrunzaga Goicoechea, Pablo Gabicagogeascoa Galletebeitia, Mariano Ibarguren Azcúe, José Ramón Martínez Andía, suicidado; José Ramón Martínez de la Fuente Inchaurregui, Antonio González Terrón, Antonio Campillo Alcorta, muerto; Francisco Javier Ruiz de Apodaca Landa*].

* * *

LOS OCHO GOLPES POLICIALES QUE ACABARON CON ETA:
LA PRIMERA DENTELLADA DE EL LOBO

El País, **2 de mayo de 2018.** El primer gran golpe a ETA se produjo en el verano de 1975 y tuvo como protagonista a Mikel Lejarza, El Lobo, un joven vasco al que los servicios de información habían infiltrado dos años antes en la organización terrorista. El ascenso de El Lobo en la estructura de la banda le permitió contactar con sus máximos responsables y conocer los detalles del despliegue que habían preparado en Madrid y Barcelona para cometer atentados. Tras sendos tiroteos, que causaron la muerte de un etarra y un policía, además del arresto de otros cuatro miembros de la banda, los servicios antiterroristas desarrollaron en los siguientes meses varias operaciones en Galicia, Madrid y Barcelona que concluyen con el arresto de 158 etarras, entre ellos siete de los diez integrantes de la cúpula etarra. «La banda pecaba entonces de cierta ingenuidad para captar a sus integrantes. Aquel fue el primer gran golpe y afectó a su estructura fuera del País Vasco», destaca un experto antiterrorista.

95

Solo me dan dos de los quince millones de incentivo

*L*os jefes que me controlaban en el País Vasco y los que estaban en Madrid me contaron al principio de la Operación Lobo que al concluir me enviarían de vacaciones a Hawái y que habría un dinero que saldría del sobrante de la operación: «Y a ti te corresponderán quince millones». El dinero no fue un gancho para que yo entrara a colaborar, porque yo no lo hice por eso, y de hecho nunca más volvimos a hablar del tema. Fueron ellos los que me hablaron de ese incentivo.

Tiempo después de acabar la Operación Lobo, cuando encontré el momento oportuno y antes de comenzar mi nueva vida, le pregunté a Jaime Arrieta:

—¿Lo del dinero?

—Hay dos millones.

—¿Y los quince?

—¿Qué quince? Hay dos millones.

—Yo dos millones ya los he perdido durante la infiltración con el coche que se quedó en Francia, el piso que tenía en Basauri y otras cosas de menor importancia.

—Pues hay dos millones y te apañas para comprarte algo.

Y eso es lo que me dieron. A partir de ese momento el servicio empezó a pagarme en negro. Yo era un *negro*, pues me pagaban en negro. Hasta el año 80 lo hicieron muy bien. En 1975, 150.000 pesetas al mes y otras 150.000 que ganaba en el hospital de la Fe, en Valencia. En los cuatro años desde 1976 a 1979 ya empecé a moverme por el norte llevando operaciones y me pagaban 300.000 pesetas y gastos para el operativo. En 1979 me comentaron: «Estás ganando más que el director y te bajamos a 250.000», y después a 200.000. Después vino lo de México y me hicieron una jugada que cuento más adelante.

No me dieron los quince millones porque se los repartieron entre ellos. El servicio era como una casa de putas, si no largaba uno, largaba el otro. No les dieron lo mismo a todos, y al que le dieron menos estaba cabreado, venía y me contaba: «A fulanito le han dado al que más de dinero, a Menganito le han dado una medalla». Dos de los principales de la operación, no los altos jefes sino los jefes operativos, se compraron unos chalés increíbles. Luego estuve en el chalé de uno de ellos.

La cuestión clave del tema monetario de la operación estuvo en que no costó un céntimo al Estado. Por mi parte nada, porque el dinero para los alquileres de los pisos me lo daba ETA como jefe de Infraestructura. Durante la Operación Lobo, yo le decía al que llevaba las finanzas de la organización: «Necesito 300.000 pesetas». Me traía el dinero y yo se lo entregaba a Carlos, del servicio. Solo me quedaba con el dinero que ETA me daba para mis gastos, siempre de una partida diferente a la que me daban para alquilar los pisos. ETA pagó la Operación Lobo entera y el servicio fue quien se quedó con el dinero. Hay que buscar mucho para encontrar otra operación en la que un servicio haya hecho una infiltración con dinero del grupo con el que quieres acabar.

Cuando se finiquitó la Operación Lobo —no sé por qué se trabajó más con la Policía, en ese momento eran los *grises,* que con la Guardia Civil—, el SECED no estaba suficientemente preparado, a pesar de lo cual cogimos a 325 miembros de ETA, de los cuales 178 quedaron encarcelados. En esta misma operación y debido a los contactos entre ellos, fueron detenidos más de cincuenta integrantes de los FRAP, lo que supuso que esa organización fue totalmente desarticulada. Por las mismas circunstancias se desmanteló la UPG gallega y se detuvo a los afines a ETA en grupos independentistas catalanes. No obstante, se podía haber hecho mucho más.

El fallo de esta operación, a pesar de ser tan exitosa, fue no creer en que yo podía conseguir que fuera tan buena. Pensaban: «Es un chaval joven, sin preparación sin nada». No depositaron su confianza en mí. Yo no era policía, ni militar ni guardia civil. Era un servicio tan incipiente que no sabían cómo funcionaban los asuntos de inteligencia. Una cosa es la inteligencia y otra son los Rambos. Podían tener Rambos, pero no tenían agentes de inteligencia o espías, como los queramos llamar. La función del espía es llegar al fondo de çada cuestión. Ellos no pensaban así, pensaban policialmente. Soñaban con detenciones, no en entrar como un gusano hasta dentro de la organización y deshacer todo lo que se pudiera. Mi pensamiento era este, no el policial de las detenciones.

Yo, por mi parte, saqué tres conclusiones:

1. El SECED no tenía ni puñetera idea de lo que era ETA.

2. Solo querían pillar a la gente importante, que es lo que les salvaba el culo de cara a sus jefes.

3. La Operación Lobo fue un éxito, pero lo podía haber sido más. Yo hubiera preferido haber seguido para adelante.

II

Cazador de etarras

Operación de cirugía estética

$\mathcal{M}$e mandaron de vacaciones, no a las Bahamas como contaron en muchos ambientes, sino a la isla de Gran Canaria. Al llegar, Carlos me acompañó al hotel donde me habían buscado alojamiento. Hicimos los trámites necesarios y se despidió de mí. Algo me olía mal, me mosqueé y decidí seguirlo sin que se enterara. Terminó en otro hotel, mucho mejor que el mío, al que se había llevado a su mujer, sin decírmelo, para pasar también unos días de descanso, pero con más lujo. También descubrí, después de dos años trabajando juntos, su auténtica identidad: Emiliano Sánchez Mateo; aunque pueda parecer extraño, hasta entonces solo conocía su nombre operativo. Fue un fallo de seguridad personal de un agente con experiencia. Cuando regresó a la Península y me quedé solo, era tal la incertidumbre que yo llevaba encima, sumada a que me habían dejado en un hotel muy malo, que decidí irme, con el dinero que me habían dado, a un adosadito pequeño en Maspalomas, en la otra punta de donde me habían colocado. Playa y relax.

Los dos meses escasos que estuve en Canarias supusieron para mí estar apartado de lo que ocurría en el SECED. Para que no me enterara de nada montaron un silencio incomprensible alrededor mío: «Vamos a quitar a este de en medio una temporadita para que no se entere de cómo nos repartimos los méritos». Consiguieron distribuirse sin problema las medallas por la Operación Lobo y dejarme a oscuras sobre la primera reacción de ETA a mi infiltración, plasmada en el comunicado que distribuyeron el 27 de septiembre anunciando la realización de una investigación interna para encontrar las causas que habían llevado a tantísimas detenciones. El texto que hicieron público se reproduce al final de este capítulo, igual que el siguiente, que me afectaba mucho más directamente.

En Canarias estuve mejor de lo que los del SECED pensaron porque me busqué la vida y Edurne vino a hacerme compañía para que no estuviera solo. Para que no nos descubrieran, ella llegó por su cuenta y se alojó en un apartamento distinto al mío. Ella ya tenía carné operativo y trabajaba para el servicio, era una *negra*, como yo. En Gran Canaria, pero también durante un tiempo en mi siguiente destino, nos veíamos a escondidas y quedábamos como dos agentes que íbamos con cuidado. En el servicio les parecía mal que yo me viera con ella, pero hacíamos lo que estaba en nuestras manos para que no nos sorprendieran juntos. Aun así, desconozco si llegaron a enterarse.

La muerte de Franco no me supuso ningún cambio de estatus, no afectó en nada a mi relación con el servicio, ni a la vida que llevaba. Un par de semanas después, a principios de diciembre de 1975, cuando más a gusto empezaba a sentirme en Canarias, me anunciaron que venían a buscarme de una manera urgente para regresar, sin darme ninguna explicación. Al aterrizar en Madrid esperaba algún tipo de recibimiento. No vino a buscarme nadie y tampoco me dieron una medalla. Eso sí, siguieron hablándome de sus grandezas y de las medallas que ellos habían recibido. ¿Alguien se dignó a felicitarme? Nadie, ni el jefe del SECED, que por aquel entonces era el comandante Juan Valverde. Ni su segundo, Andrés Cassinello, al que los gobiernos posteriores lo dejaron llegar a la cumbre, fue teniente general. Yo empecé a tratarlo más tarde por algunas operaciones concretas. Tampoco supe nada del jefe de la lucha contra ETA en el País Vasco, Ubieta, que terminó su carrera como general de brigada.

Yo tenía relación con el director de Operaciones, Jaime Arrieta, que a mí me quería mucho. Otro de los que participó activamente, Paso, terminó siendo destinado a París, y la Policía francesa lo pilló junto a un suboficial cuando se les cayó en un cine una metralleta Ingram que unos mercenarios habían utilizado en un atentado. Los detuvieron y, tras la intervención del embajador español, los expulsaron de Francia. Con el paso de los años terminó trabajando para el empre-

102

sario Luis Olarra y fue director de seguridad del Banco de Bilbao. La verdad es que pocos de los que trabajaron conmigo llegaron a generales.

En Madrid me instalaron en unos apartamentos en la calle Galileo y de ahí me llevaron al Hospital Angloamericano, que después se convertiría en el Anatómico Forense: «Te vamos a hacer la cirugía». El recibimiento del personal sanitario fue muy cariñoso, pero no las tenía todas conmigo. La habitación, en la que solo dejaban entrar a una enfermera, era pequeña pero bastante cálida. Era invierno y a través de la ventana se dibujaba una imagen funesta con un parque lleno de árboles pelados cubiertos por la niebla. El doctor Mayoral, el cirujano, me explicó muy bien los cambios que iban a realizar en mi cara y me dijo que utilizarían solo anestesia parcial para que la curación fuera más rápida.

En el quirófano había una potente luz que proyectaron sobre mi cara mientras estuve tumbado. La anestesia parcial me permitió asistir sin dolor a la operación, lo cual me produjo una sensación muy extraña. Veía el esmeril trabajando sobre mi cara, noté varios cortes y sentí fluir la sangre, cómo me corría por la cara, la notaba fresca. Oía los ruidos y era terrible notar los golpes en la nariz. Lo sentía todo, no era doloroso pero sí muy desagradable. En poco más de dos horas ya habían terminado y cuando me llevaron a la habitación tenía el aspecto de una momia.

Los primeros días los pasé muy molesto, pero intrigado por mi cambio de aspecto. Hasta que llegó el día en que me quitaron las vendas y tuve que enfrentarme a mi nuevo rostro. Estaba bastante nervioso, pero cuando el cirujano me examinó y dijo que todo había salido satisfactoriamente me tranquilicé. Acto seguido me pusieron delante de un espejo y me encontré con una persona bastante distinta. El cambio no me pareció nada malo.

En ese momento me enteré por el doctor Mayoral, que era comandante de Aviación, del comunicado que ETA había sacado dos meses antes, en el que anunciaban sus sospechas sobre mi infiltración como causa del golpe que habían recibido.

No tardé mucho en descubrir, a pesar de que el servicio oficialmente no me lo comunicó, que ETA me había condena-

103

do a muerte «como traidor a la lucha del pueblo vasco» y que habían empapelado las calles del País Vasco con pasquines de mi cara y un cartel de «Se busca» que remataban con la frase: «Tarde o temprano, la justicia revolucionaria vasca acabará imponiéndose». En Francia, ETA me había hecho un carné falso antes de regresar a España para que pudiera empezar a trabajar, y me tuvieron que hacer una foto para ese documento falsificado. Esa imagen, la única que tenían de mí, fue la que utilizaron para los carteles en los que anunciaban mi sentencia de muerte, sin límite en el tiempo para aplicármela.

Ya faltaba poco para las fiestas de Navidad cuando me anunciaron que me iban a dar el alta. Me acababan de quitar el vendaje de la cara cuando apareció mi madre sin que nadie me avisara. No porque mis jefes quisieran darme una sorpresa agradable, sino porque querían comprobar la efectividad de la cirugía: «Si la madre no lo reconoce, entonces podremos decir que el cambio de imagen ha sido un éxito». Fue una marranada, porque una operación de estética de aquella época tampoco era tan bestial, es más drástico lo que uno mismo hacía para cambiar de aspecto, como dejarte barba cuando nunca antes la habías llevado.

Fueron dos tíos enormes a buscarla al País Vasco para llevarla a Madrid, y en cuanto los vieron, mis padres se lo imaginaron. Hasta hacía poco ellos no sabían nada de lo que yo estaba haciendo, pero se habían enterado por el comunicado de ETA. La pobre viajó en un avión fletado solo para ella y los dos gorilas, creo que era la primera vez que mi madre volaba. La llevaron exclusivamente para sentarla en el saloncito de espera del hospital. Salí y me la encontré llorando como una magdalena. Estuve un rato corto con ella y, sin explicaciones de ningún tipo, se la volvieron a llevar. Me reconoció enseguida, yo creo que hasta se lo había imaginado cuando la metieron en un hospital. Nunca he sabido la razón por la que no llevaron también a mi padre, aunque tampoco lo pregunté. Creo que pensaban que las madres tienen más afinidad con sus descendientes. Una madre a un hijo lo va a conocer al instante, le basta con mirarlo a los ojos y ya está.

Fue un disgusto para mi madre, se dio cuenta de que me habían hecho una operación para que nadie me reconociera y que ya no iba a poder ir a verla. Me sinceré con ella: «Voy a cambiar de nombre cada seis meses, de película de la vida». Me operaron con el nombre falso de Ángel García, y cuando poco después me enviaron a Valencia, pasé a convertirme en José Miguel Casas Ferrer. Fue el inicio de una pesadilla que supuso para mí tener que cambiar continuamente de identidad. Te hacemos ahora un nombre, te aprendes un poco la historia. Dentro de unos meses otro nombre y otra historia…Y al final, resulta que no eres nadie, todos tus datos son falsos, no tienes nada en regla, no puedes ni ir de caza. Reconozco que alguna vez he regresado de una misión, he pasado un tiempo de aburrimiento y me he ido a cazar sin licencia, furtivamente, porque no había manera de que me la concedieran, porque como carecí durante mucho tiempo de una identidad legal no podía tener acceso a permisos. ¿Cómo te iban a dar un permiso de caza para una identidad que duraba seis meses? Me decían: «Tú caza lo que quieras y que no te cojan. Y si te cogen, pues nada, llamas». Pues sí, lógicamente he hecho algunas judiadas. Eran otros tiempos, desde hace años soy el más legal del mundo.

105

Yo sabía que para llegar a la meta que me había propuesto iba a tener que recorrer un camino de mil curvas. Líneas rectas no hay en esta vida para llegar a esos destinos. Caminos con muchas curvas, baches, tropiezos, y al final he llegado. Que he tenido algunos fallos en algunas cosas, pues sí. Dentro de nuestro trabajo, ciertas indisciplinas y demás, pues sí las he tenido.

COMUNICADOS DE ETA TRAS LA OPERACIÓN LOBO

El comité ejecutivo de ETA distribuyó el 27 de septiembre de 1975 la siguiente nota de urgencia:

Ante las detenciones de militantes de ETA en Madrid y Barcelona:
El pasado 18 de septiembre y tras varios enfrentamientos fueron detenidos en Madrid nuestros militantes José Ignacio Múgica Arregui, Ezkerra, Juan Cruz Unzurrunzaga Goikoetxea, Jon, Pablo Gabikagogeaskoa Gallabeitia, Neruda, y Mariano Ibarguren Azkue, Mariano, y en Barcelona, José Ramón Martínez de la

Fuente Intxaurregi, Karmelo, Antonio González Terrón, Antxon, y Francisco Xabier Ruiz de Apodaca Landa, Mario. En dichos enfrentamientos fueron asesinados José Ramón Martínez Antía, Montxo, en Madrid, Antonio Campillo Alkorta, Andoni, en Barcelona. Tres de los detenidos, Ezkerra, Mariano y Mario pueden ser condenados a muerte y asesinados en breve plazo.

Estamos haciendo una investigación sobre las causas que han motivado dichas caídas. Aunque aún faltan algunos cabos por atar, podemos afirmar que nos encontramos sobre pistas bastantes sólidas. Lo que ya está fuera de dudas es que esta cadena de éxitos policiales no obedecen a la casualidad, a pesar de que esta ha jugado un cierto papel.

El Estado Español, a través de la Prensa y los medios de información, ha querido presentar esta operación policial como un golpe mortal a nuestra Organización. Debemos reconocer que entre los militantes caídos había cuadros de extraordinaria valía y de gran experiencia; debemos reconocer también que nuestra capacidad de respuesta y nuestra actual potencia de fuego se han visto sensiblemente mermadas.

Pero ello no es ni mucho menos destruir ETA. Es asestarnos un duro golpe, tanto más duro cuanto que el momento político exigía de nosotros el tener toda nuestra capacidad ofensiva intacta. Pero de ahí, de una derrota parcial a la liquidación de nuestra Organización hay un abismo que solo puede franquearse exterminando a todo el Pueblo de Euskadi. La lucha sigue.

En estos momentos verdaderamente cruciales para nuestro Pueblo, es cuando debemos golpear con más fuerza que nunca. Todo es válido ahora para enfrentarnos al fascismo: las protestas legales, las manifestaciones, las huelgas; hasta la forma más elevada de lucha: el combate armado. El Régimen no va a detenerse ante nada; nosotros tampoco. La Revolución Vasca está en marcha: ¡Adelante hasta la victoria final!

El texto del comunicado de ETA hecho público el día 15 de diciembre de 1975 fue el siguiente:

Mikel Lejarza Eguía (a: Gorka o El Lobo). Responsable de las muertes de Kepa, Andoni y Montxo. Responsable de las capturas de Félix, Wilson, Ezkerra, Mario, Antxon y sus compañeros en Madrid y Barcelona. Responsable del fracaso de la fuga proyectada en Segovia. Condenado a muerte por ETA como traidor a la lucha del Pueblo Vasco.

ETA ha sufrido, por primera vez en su historia, una traición importante. Hace tiempo ya —en realidad desde que empezamos nuestra actividad organizativa— que nos planteamos la eventualidad de una infiltración policial o de una traición interna. Pensábamos, desde luego, que en una organización salida de un Pueblo con el grado de concienciación sobre su opresión nacional y su explotación de clase como es Euskadi, era difícil que la Policía pudiera infiltrar un elemento. Pensábamos además que la marginación social de las fuerzas represivas en Euskadi hacía prácticamente imposible tal maniobra. Pero no cabe duda de que la eventualidad de una infiltración policial, a pesar de todo, debe tenerse en cuenta. Y por ello, hoy más que nunca, esa eventualidad está presente en la mente de ETA.

Como está presente, y aun con mayor atención, la posibilidad de una traición. No es fácil, desde luego, que un militante de ETA que, por su trayectoria personal de lucha y de entrega anterior, ha accedido a algún puesto de responsabilidad organizativa que le permita conocer y poder localizar a otros militantes, llegue, como consecuencia de una crisis personal o presión y ambición económica, al punto de vender a esos hasta entonces compañeros, cargando sobre sus espaldas incluso con la muerte de alguno de ellos. No es fácil, desde luego, pero es una posibilidad real.

Lo es porque el interés policial en destruir una organización es tanto mayor cuanto más peligrosidad (esto es: cuanto más certeramente golpea, cuanto más apoyo tiene en el Pueblo) presenta. Lo es también porque un alto nivel de lucha genera una mayor persecución policial, y por lo tanto una búsqueda más interesada de un posible traidor. Lo es también porque una mayor ligazón popular, al conllevar una mayor amplitud organizativa, un más acelerado crecimiento en función de las cada vez mayores necesidades, hace más fácil el intento de infiltración o, en su defecto, la existencia de algún militante no suficientemente entero, susceptible de convertirse, en un momento dado, en un delator, en un traidor a la Organización y a su propio Pueblo. Este es el caso del Partido Bolchevique, este es el caso de los social-revolucionarios del Imperio Zarista, este es el caso del ERP y de los Tupamaros, del IRA y de casi todas las Organizaciones Revolucionarias que por su presencia y radicalidad han llegado a suponer algún peligro grave para la burguesía. Este es el caso, en definitiva, de ETA.

107

En un cartel de «Se busca», bajo la fotografía de Mikel Lejarza, la dirección de ETA escribió:

Miguel Lejarza Egia. Edad: 23 o 25 años, según dos diferentes documentos personales; natural de Villaro (Bizkaia). Residente en Basauri. Decorador. Altura: 1,73 m. aproximadamente. Peso: 65 kilos. Pelo castaño. Señas personales: lunar en la mejilla. Complexión física: normal.

ETA hace un llamamiento: toda persona que pueda aportar algún dato sobre su actual paradero debe, por los medios que pueda, hacérnoslo llegar.

TARDE O TEMPRANO, LA JUSTICIA REVOLUCIONARIA VASCA ACABARÁ IMPONIÉNDOSE.

Con este pasquín y los carteles de
«Se busca», ETA empapeló las calles
del País Vasco en 1975.

Valencia. Arma sin papeles y al calabozo por saltarme un semáforo

En vísperas de las Navidades de 1975 me trasladaron a Valencia, que fue un destino obligado: «Tienes que irte allí». Me cogieron un piso, al lado del puerto, pordiosero no, lo siguiente. Me llevaron a la delegación, que estaba en la calle San Vicente, y me presentaron al delegado, que era el comandante Alonso: «Tú vas por nuestra oficina local, ya te dirán lo que tienes que hacer». Emiliano se despidió, regresó a Madrid y me quedé solo. De inmediato adopté una medida de seguridad personal: alquilé por mi cuenta un apartamento en la pedanía de El Saler.

Las instrucciones que me habían dado era muy claras: no hables con nadie de nada serio, procura distanciarte de la gente en general, ni una chica que dure más de un día —Edurne no tardó en venir a verme clandestinamente—, nunca te metas en un follón de ningún tipo. O sea, sé un robot perfecto, pero ahí te quedas, que los demás tenemos familias, cosa que tú no puedes, tampoco te eches amigos, porque los amigos hacen preguntas.

Lo primero que hice al día siguiente fue pasarme por la oficina del servicio para ver qué tenían para mí.

—Ya hablaremos más adelante —me dijo mi nuevo jefe.

—Me daréis un arma, ¿no?

—¿Arma? —me preguntó sorprendido.

Me vino con un pistolón, una Star del 9 largo.

—Toma, no te preocupes de nada, de momento ve con esta.

—¿Qué hago yo con esto tan enorme?

Enorme y sin papeles, porque yo no tenía permiso de armas. Ante mi presión para legalizar esa situación tan chocante, me hizo un carné como somatén, que era un civil bajo el amparo de la Guardia Civil al que, si esta necesitaba ayuda por cualquier motivo, podían recurrir. Mi jefe del servicio me informó orgulloso de que con ese carné me correspondía tener un arma corta y una larga, un Cetme, que tenía depositado a mi nombre en el cuartel de la Guardia Civil.

Con el carné en la mano, que llevaba una bandera de España y se lo daban a cientos de personas, tuve que contenerme para no echarme a reír. Esa era la mentalidad de los servicios de inteligencia de la época, al menos con los agentes *negros*, participas en una operación y si pasa algo pueden afirmar tranquilamente: «Con nosotros no estaba». ¿Cuáles son los agentes a los que dan más trabajos?: los *negros*... siempre.

Alonso me contó que me habían buscado un trabajo en el hospital de la Fe como director de Estadística para investigar conflictos laborales de tres al cuarto, comisiones cobradas ilegalmente y problemas internos. Cuando fui a tomar posesión de mi puesto tapadera, me encontré con que tenía derecho a un despacho en la Escuela de Enfermeras. Con la pistola en el cinto, me dediqué a dar vueltas por el hospital. Más de un día, cuando regresaba a mi despacho, me encontraba notitas en la mesa que me ponían las enfermeras. No hice caso a ninguna.

Mientras estaba en Valencia, Emiliano vino a despedirse porque se iba a trabajar a la vida privada, junto a Paso, para el empresario Olarra. Tras su salida del servicio, yo solo dependía en Valencia de Alonso como oficial de caso, aunque me seguía relacionando en Madrid con Jaime Arrieta.

Para tener más libertad de movimiento, me compré una moto que no me matricularon en el concesionario por no sé qué líos y me dijeron que me la llevara para probarla. Debajo de la casa que me había agenciado en El Saler decidí colocarle las matrículas de mi coche para que no llamara la atención mientras la probaba, con tan mala suerte de que alguien desde alguna ventana me vio hacer el cambio y llamó a la Guardia Civil. Llegaron, me arrestaron y me trasladaron a la comandancia de Valencia, donde conocería al entonces comandante Quintiliano, amigo de mis jefes del SECED.

Cuando les aclaré quién era y el porqué de aquellas placas que ni siquiera llegué a instalar, un sargento y un número me llevaron a casa, después de decirme quién me había delatado, una de las vecinas con quien parecía tener más confianza. En la comandancia se hicieron sus risitas y aquella fue mi primera mancha en la ficha del servicio. En esta nueva etapa de mi vida, en mi ficha solo anotaron los fallos, curiosamente no anotaron los logros.

Al mismo tiempo comenzó la operación desprestigio del agente. Ya se había filtrado por todas partes que me habían dado cien millones de pesetas y había desaparecido en Sudamérica, al principio decían que en Chile, para hacerlo más creíble. Cuando me enteré, me enfadé mucho y lo único que me contestaron fue que para mí era mucho mejor así, ya que ETA no daría conmigo. Sin embargo, en los meses y años siguientes me mandaron a otras misiones que no casaban con lo que ellos definían como mi seguridad personal.

Tuve un episodio en Valencia que puede parecer tonto pero que me marcó. Al poco de llegar, una madrugada, sobre las tres, iba en el coche camino del apartamento que me había asignado el SECED en la calle Justo y Pastor. En la avenida Peris y Valero me salté un semáforo en rojo, pero iba despacio y no había nada de tráfico. Enseguida noté que me seguía un Renault 12 matrícula de Bilbao. Como es lógico, yo, que tenía muy reciente la infiltración en ETA, al ver que en el coche iban tres tíos, tiré para adelante y en lugar de entrar en mi calle, me metí por otra. Di una vuelta, y ellos detrás de mí. Di otra vuelta y seguía teniéndolos pegados. Visto que no los iba a despistar, aparqué de mala manera, me bajé y me escondí en una esquina. Saqué la pistola y decidí esperarlos. Cuando vi a los tíos venir hacia mí con las pistolas en la mano, les grité:

—¡Quietos! ¡Si os movéis, os pego un tiro!

—¡Policía! —me respondieron.

—Tiradme las placas.

Las miré, pero dudé.

—Se nota que son falsas, ¿cómo sé yo que sois policías de verdad? ¡Aquí no se mueve nadie!

Uno de ellos me tiró el carné, porque aparte de la placa cada agente de la Policía tiene un carné. Y los otros dos hicieron lo mismo. Comprobé que no podía ser una casualidad tanta placa y carné juntos.

—Vamos a ver, si sois inspectores de Policía, ¿por qué me seguís?

111

—Es que te has saltado un semáforo en rojo.

—¿Que me salte un semáforo en rojo quiere decir que me persigáis vosotros? No es posible.

Guardé la pistola, se acercaron.

—Te tenemos que llevar detenido.

—¿Por qué?

—Porque tienes un arma.

—Aquí tenéis los permisos de todo.

—Te tenemos que llevar a la comisaría.

Y me detuvieron, hasta me metieron en un calabozo, cuando lo lógico habría sido que me hubieran preguntado y yo les habría contestado: «Pues llamar a este teléfono a Presidencia del Gobierno, a Alonso». Porque el SECED aparecía en muchos documentos oficiales como SDPG, Servicio de Documentación de Presidencia de Gobierno.

—Por la mañana vendrá el jefe superior —me informaron displicentes y se fueron.

Me tuvieron puteado ahí esa noche y toda la mañana siguiente, hasta mediodía no me hicieron ni caso. Cuando por fin me condujeron a la planta de arriba, el comisario, creo que se llamaba Blanco, me dijo:

—Presidencia de Gobierno, ¿eh?

—Pues sí.

—Ya vas a esperar —se cachondeó.

—Le estoy diciendo que llamen ustedes a la delegación de Valencia o a Madrid.

—Pues te esperas.

Me tuvo encerrado y puteado hasta el día siguiente, cuando vino Alonso y me sacó. El cabrón del comisario se despidió:

—Bueno, disculpa, pero no te saltes más semáforos en rojo.

—Me cago en la leche, eso será cuestión de la Policía Local, os habéis pasado veinte pueblos. Sabiendo ahora quién soy, ¿os parece raro que hiciera lo que hice?

Fue una humillación terrible a manos de la Policía, que habían ido a por mí en plan cabrón, con despotismo y malas formas. Nunca pude entender por qué hicieron aquello, excepto que tuvieran un motivo oculto.

El servicio me había mandado a Valencia para quitarme de en medio. Creo que con esa detención, que pudo ser una casualidad, me quisieron dar una lección, me quisieron hacer pasar un mal rato. Yo tenía un número de teléfono de Presidencia y, cada vez que tuve que recurrir a él, quienquiera que fuese que me había causado un contratiempo siempre llamaba al instante, porque es muy raro que alguien en apuros pida que le comuniquen su situación a la Presidencia del Gobierno. Pero en la delegación el SECED de Valencia creo que dijeron: «No sea que este se vaya a creer alguien y no es más que un patata. Vamos a darle una lección».

113

Me escapo a Francia en busca de Pakito

Supongo que para algunos el tipo de vida que llevaba en Valencia habría sido estupenda: «Ganas bien y a vivir como un señorito». Con la central del servicio en Madrid tenía contacto de vez en cuando, pero quien me llevaba era el comandante Alonso. También trataba con los de la oficina local, en la que había un inspector de Policía. No quería estar allí, me faltaba marcha y empecé a escaparme con una moto de gran cilindrada, una Benelli de 750 c. c., escondido bajo el traje y el casco, equipo común de la máquina nada sospechoso. Aguanté una parte del año 1976, pero dando saltos a otros sitios para pillar etarras, aunque nadie me lo había encargado.

Esas escapadas comenzaron un día que me dio un momento de locura: «Tengo que saber fijo si estos hijos de puta me reconocen tras la operación de estética». También me movió que no me cabía en la cabeza que Pakito, que se había escapado de la gran redada contra la organización, y para mí era un patata, se hubiera convertido en uno de los jefes de ETA y en el causante de tanta violencia. Yo, que sabía cómo era, me había obsesionado con la idea de pillarlo en algún sitio.

Me reté a mí mismo: «Voy a ver si yo, que he tenido que irme de allí, que estoy amenazado de muerte, tengo los suficientes cojones de estar en los sitios donde se mueven ellos por el sur de Francia». Me puse el traje y el casco y me subí a la moto. Me di un palizón de kilómetros, porque nunca he sido motero. Pero allí me presenté. La adrenalina que llevaba encima era tan grande que no se me ha quedado bien reflejada en la memoria la película completa, solo me queda una escena que ahora intento reconstruir.

Me fui al bar Hendayais de San Juan de Luz para comprobar si me reconocían o no. Lo del Hendayais tenía una dosis de nostalgia porque yo estuve residiendo en la Rue Caneta, número 5, que estaba casi pegada, lo conocía muy bien, era donde se reunían algunos etarras. Sabía quiénes de ellos iban por allí y tenía grabado en la cabeza que era el bar donde habían visto a los pobres chicos gallegos a los que asesinaron. Quise convencerme de que era una iniciativa para mi propia tranquilidad, pero fue una locura porque iba armado, me podrían haber reconocido y haber tenido una buena enganchada.

En el Hendayais entré vestido con el traje de motorista y con el casco en la mano. Mi infiltración estaba reciente, no habían pasado más que unos meses, y yo me repetía que me habían hecho la cirugía estética, que estaba muy cambiado porque además me había modificado el pelo y me había dejado crecer la barba. Pero claro, uno mismo no asimila que está diferente, en el fondo tu mente sigue viéndote igual, es difícil que cambie la percepción de tu propia fisonomía.

No tenía por qué darse la casualidad de que encontrara a ninguno de los que fueron mis compañeros, pero vi a dos etarras a los que sí conocía algo, y me quedé frío, entonces fui consciente de que si me identificaban se iba a liar porque los etarras habían empezado a ir más armados que en la época de mi infiltración. Me acerqué a la barra, pedí en euskera un chato, se me quedaron mirando, pero nadie hizo ningún movimiento.

Precavido, me fui al baño. Por seguridad, tenía la costumbre de no llevar las pistolas montadas, y lo digo en plural porque llevaba dos. Las monté y las guardé, con la ventaja de que con el traje de motorista las tenía bastante a mano. Salí del baño y me tomé el vino. No voy a negar que por dentro estaba nervioso, pero tuve que aguantar el tipo y hacer de tripas corazón.

También tenía cierta preocupación con el tabernero, pues me había visto muchas veces. Cuando había estado viviendo en el piso de al lado bajaba allí para llamar a la familia, aunque en realidad lo que hacía era hablar con el servicio simulando charlar con mi madre. Pero el tabernero no me reconoció, incluso se dirigió a mí y cruzamos algunas palabras:

—¿De dónde eres?

Me inventé lo primero que se me ocurrió y le mencioné un pueblo de Vizcaya.

—Voy a hacer un recorrido en moto por todo el sur de Francia, quizás luego tire para arriba.

No hubo más preguntas, la situación transcurrió normal, parece que mi afición a la moto me hizo pasar desapercibido. También influyó que hablaba en euskera y que lo hacía de una manera sosegada. Así que me animé a sentarme en una mesa e invité a una ronda a los dos etarras que me conocían, pero no quisieron porque ya se iban. También había unos viejos allí de toda la vida, pero no me acordaba de ellos.

Tras comprobar que en el Hendayais nadie me reconocía, me fui a Ascain a por Pakito. Uno de los motivos principales de esta temeridad fue por la tortura de los gallegos, y también porque me fastidiaba que el mierdecilla se hubiera convertido en el carnicero número uno de la organización. Quería dejarle claro que si se metían con alguien de mi entorno habría represalias. Ese fue el mensaje: en lugar de mandárselo en un papelito, se lo di en persona, de viva voz.

Ahora que lo recuerdo, reconozco que fue muy duro, muy impresionante, muy complicado. Pillé a Pakito en un momento en el que estaba sin su chófer, que era también su escolta. Coger a un tío, más a ese tío, y tumbarlo en el suelo con el pie en su cabeza fue dramático. Cuando lo tuve inmovilizado, le metí la pistola en la boca.

—La cara no me la vas a ver, pero la voz me la conoces, ¿verdad?

—Sí sí.

—Te digo una cosa: como te metas con alguien de mi familia, un amigo o alguien de mi servicio, ten cuidado porque os pasamos por el cuchillo a vosotros, a vuestras familias, a vuestros amigos y a los amigos de vuestros amigos. ¿Ves lo fácil que es pegarte un tiro?

Pakito temblaba. Le di un leñazo y me fui.

Estaba en terreno hostil, no solo por los etarras, sino porque la Policía francesa en aquella época nos perseguía a todos, y si me hubieran pillado me habrían metido un paquete grande. Fue una irresponsabilidad total, por eso no se me ocurrió contarle nada al servicio. Muchísimos años más tarde sí lo hemos hablado. Tiempo después lo analicé y me dije: «¡Qué bravuconada!, qué tontería más grande hiciste». Pero mis padres y mis hermanas vivían en Basauri y los de ETA nunca se metieron con ellos, nunca tuvieron una mala palabra. El objetivo lo fijaron en mí, y a los míos los dejaron totalmente al margen, en mi caso respetaron a la familia y lo tengo que decir. Sobre todo, la organización, porque es probable que algunos simpatizantes los miraran mal. Solo una vez me han transmitido que una del pueblo le soltó a mi hermana unas palabras mal dichas, pero punto. No sé si el enfrentamiento con Pakito sirvió para algo, ni lo sabré nunca. Pero a mí me sirvió para mi tranquilidad y para confirmar que no me daba miedo ir a Francia ni a ningún sitio.

Seguí moviéndome por España, por mi cuenta, a la búsqueda de etarras. A veces pillaba a uno de los liberados y llamaba por teléfono al servicio. «¿Tú qué haces ahí?», me preguntaba mi oficial de caso. Pero como había detectado un comando me lo perdonaban y mandaban gente para detenerlos.

Hasta que en el servicio se dieron cuenta de que no tenía nada que hacer en Valencia y carecía de sentido tenerme alejado de la lucha antiterrorista, a la que yo había vuelto un poco sin que nadie me lo pidiese. Jaime Arrieta me ordenó que estuviera un tiempo con un grupo operativo buscando etarras por Madrid. Para este trabajo tuve que regresar de forma puntual a la capital y me cogí una casita en Torrelodones. No obstante, mantuve mi casa en Valencia y vivía con un pie en cada una de las dos ciudades, entre otros motivos porque había comenzado a diseñar mi propio equipo, con gente seleccionada por mí, para que en el futuro me ayudaran en los trabajos que vendrían. Fue un proceso a espaldas del servicio. Preferí hacerlo en secreto y más adelante buscar el momento para proponerlo oficialmente.

En Valencia, compré un apartamento con los dos millones de pesetas que me habían dado, en la zona de la playa, frente a Les Gavines, donde estaba viviendo de alquilada Raffaella Carrà. El que me lo vendió, Paco Zurriaga, no tenía nada de calvo, pero como se le caía el pelo yo le apodé el Calvo. Me cayó muy bien, nos hicimos amigos y le vi aptitudes muy buenas como agente operativo, aunque no para infiltraciones. Era inteligente, astuto y decidido, todos los ingredientes que yo buscaba. Terminaría confiando en él más que en cualquier otra persona

117

MIKEL LEJARZA-FERNANDO RUEDA

que pudiera haberme puesto el servicio, a pesar de que trabajaba para una marca de cosméticos. La compenetración que tendríamos sería tan grande que con solo mirarnos sabríamos reaccionar en cada trance. Nunca olvidaré los momentos que vivimos juntos, ni creo que él tampoco, la añoranza es grande a veces, porque entre situaciones muy difíciles hubo muy buenos ratos en los que nos divertimos mucho.

Él me presentó a Laura Alamar. La prepararíamos tan a fondo que la convertimos en un elemento perfecto, aunque tenía un problema: no creía en sí misma. Con ella y otra amiga francesa me iba a la playa y de cachondeo. No tardé en darme cuenta de lo buena que era Laura como agente, valía una barbaridad.

Era tal la admiración que sentía por mí que siempre estaba dispuesta a hacer lo que fuera. Me presentó a una chica que se llamaba Carmen, rubia, ojos azules, casi un metro ochenta y cuerpo escultural, que quizás se convirtió en el preludio de lo que más tarde encontraría en la mujer de mi vida. Fue tan misteriosa esta relación con Carmen que a los dos días de conocerla desapareció y nunca supe más de ella, a pesar de todos los medios que pude emplear para localizarla. Nunca más supe de ella y me dejó fastidiado, me quedé con la miel en la boca. Seguí mi relación de amistad y profesional con Laura, que como agente era muy buena.

Gracias al Calvo conocí también a otro chaval, Eduardo Rodríguez, que tenía potencial, aunque era muy bruto y muy burro. Era muy joven, y entre el Calvo y yo le enseñaríamos concienzudamente, yo creo que hasta nos pasamos, preparamos una máquina sin freno. También conocimos a otro, Alfonso, que era amigo del Calvo y nos serviría para algunos trabajos.

En octubre de 1977 una decisión del Gobierno me hizo sentirme, no sé cuál es la palabra más suave, digamos que ridículo. Concedieron la amnistía general a los presos etarras. No me habían dejado terminar la infiltración, porque mi idea era seguir, haberme ido a Francia, posiblemente Pertur no habría muerto, porque habríamos seguido sus ideas políticas y habríamos acabado con el terrorismo. No me dejaron hacerlo y al poco tiempo los soltaron a todos. En ese momento pensé: «¿Para qué me he jugado la vida?».

Ezkerra y los dirigentes principales se montaron sus negocios, y los demás, los que no tenían medios, se convirtieron en dirigentes de la organización y se dedicaron a meter más caña que nunca. Son cosas que te joden, y mucho.

Me fastidió tanto como que en 1979 ETA no reconociera que ellos habían provocado el incendio del hotel Corona de Aragón. Más tarde lo asumieron de alguna manera, pero los distintos gobiernos que se sucedieron no lo aceptaron, creo, por minimizar los actos terroristas. También me molestó que los etarras no quisieran reconocer en 1985 que el avión estrellado en el monte Oiz lo derribaron ellos con un lanzacohetes casero, pues el avión pasaba por allí casi a ras de suelo y en la caja negra el comandante más experimentado de todos los de Iberia decía: «¡Nos derriban, que nos derriban!». Para decir esto me baso en los compañeros del servicio que vieron la caja negra y escucharon sus grabaciones. ETA no lo reivindicó. ¿Quién narices lo va a derribar? Entonces no estaban los yihadistas. Como también me duele que haya por ahí cuatrocientos muertos y pico que no quieren reconocer los gobiernos. Ya sabemos que hablar de 800 o de casi 1300 muertos es una barbaridad, el daño ya está hecho, pero no es lo mismo. Estamos cansados del recuento de los muertos, pero no de los muchos mutilados y heridos, de las familias destrozadas y de la cantidad de chavales jóvenes de la Guardia Civil y de otros Cuerpos que se suicidaron porque los mandaban de críos allí arriba y los presionaban tanto que no lo soportaban. No se ha hablado nunca de ese tema, se tiene callado, pues no hay que callar.

Hay algo más de 1200 muertos, pero también hay desaparecidos. Estoy a favor de que se declare los que ha matado ETA y también los que han matado los de la guerra sucia. Porque no es lo mismo que la Policía o la Guardia Civil maten a terroristas durante un tiroteo que hacerlo como los GAL, sin ninguna justificación. Hay que reconocer que ha habido víctimas que no tenían ninguna culpa y se las han cargado. Son víctimas igual. Por desgracia, se han hecho muchas guarradas.

He vivido situaciones increíbles, que hay que recordar, como aquella vez en la que detecté a dos liberados en la parte vieja de Vitoria, en la zona de los vinos. Cuando vieron el movimiento policial que se montó para darles caza, la gente

119

los arropó para que pudieran escapar y salieron corriendo. Por suerte, la Guardia Civil puso controles en las carreteras y los detuvieron. Nunca se me olvidará, porque yo asistí alucinado al espectáculo de cómo cientos de personas los protegieron. Años después, iba en coche y acababa de pasar Zaragoza a más velocidad de la debida cuando un sargento de la Guardia Civil me pilló y me paró. Cuando me reconoció, cambió su gesto serio: «¿No se acuerda usted de mí? Yo era un cabo que estaba en Vitoria cuando usted identificó a dos etarras que casi se nos escapan». Se comportó conmigo de una forma superagradable.

Argelia. Freí a tiros a nueve soldados

*E*n el año 1977 me reuní con el jefe de Operaciones, Jaime Arrieta, porque en el servicio habían decidido encargarme una nueva misión. Sentados en el hotel Cuzco de Madrid, enfrente del estadio Santiago Bernabéu, mi jefe decidió que debía utilizar un nuevo alias y que cada vez que comenzara una operación lo cambiaría. Como estábamos tomando café en una sala llamada Pizarro, se le ocurrió que empezara a adoptar nombres de conquistadores. Se estaba gestando una operación, pero no en España, sino en Argelia.

Y la peculiaridad añadida es que estaba diseñada para que me picaran, es algo de lo que estoy convencido. Los peores etarras ya estaban viviendo allí escondidos, y si me hubieran dicho que mi misión era marcarlos, habría tenido un sentido, aunque mandarme a mí solo era una locura. Pero lo que me contaron no incluía esa información relevante. Cuando pedí los detalles de lo que tenía que hacer no me concretaron nada: «Tú te vas allí y a ver en Argelia la gente que hay de ETA». ¿Qué operación me estaban encargando en realidad?

Lo primero que debía hacer para crear mi tapadera era alistarme en la Legión en Fuerteventura y aguantar allí tres meses, para luego desertar y largarme a Argelia. Me inscribí en esa fuerza militar con un nombre falso, que no voy a desvelar porque todavía estarán buscando al supuesto legionario. Fue una experiencia excesivamente dura. Había un sargento desgraciado que me tenía asfixiado. Así que me cansé y decidí tomar la iniciativa: «Pues empiezo ya mismo la misión». No estuve el tiempo que me habían ordenado, me fui mucho antes. Lo reconozco, no fui disciplinado, pero era absurdo quedarme tres meses soportando aquello.

Yo había hecho, cuando me correspondía, los tres primeros meses de la mili en Araca, Vitoria. El campamento fue muy duro, un frío de narices en pleno invierno, aunque luego el resto del servicio militar lo pasé cómodamente. Y tras esa experiencia deciden enviarme a la Legión. Aún tengo sueños hoy en día con que estoy haciendo la mili dos veces. En las pesadillas incluso vuelvo a hacer la mili de mayor.

En Argelia ocurrió años después la muerte de Txomin,[32] en un supuesto accidente. En ETA ha habido muchos accidentes, aunque en este caso pudieron ser los propios miembros de la organización quienes lo provocaron. Al PNV le interesaba que estuviera Ezkerra de número uno. «Pues vamos a quitar a este» era una práctica habitual en ETA. Ellos mismos se chivaban de dónde estaba uno de sus compañeros para que la Policía lo pudiera quitar de en medio. Existían guerras de poder internas de la organización y guerras de poder manejadas por el PNV. Los del PNV controlaban a ETA, no desde el principio, pero en cuanto empezó a funcionar sí.

En Fuerteventura me hice amigo de un francés y de un judío que no sé de dónde era. Estaban pirados, algo normal en ese cuerpo en aquellos tiempos. Me hice con ellos enseguida, tal y como me habían sugerido en el servicio: «Cógete a un par de legionarios».

Les empecé a meter en el coco un rollo manipulador: «Ahora nos vamos, ya veréis cómo nos va a ir genial, tendremos dinero y os meteré en un tema mucho mejor». Los engañé un poco, era mi obligación. Yo no esperaba que durante el trabajo que íbamos a realizar pasara nada grave, porque si lo hubiera creído, no habría ido.

Había alquilado en Las Palmas, en el barrio de las putas, dos pisos pequeños de mala muerte en los que guardaba algo de ropa. Al igual que había hecho cuando llegué a Valencia, no me pareció seguro tener un solo refugio y, como medida de precaución, cogí dos. Iba a dormir al clandestino y de día estaba en el oficial. No me fiaba de ETA, pero no terminaba de fiarme de los míos, porque su reacción después de terminar la infiltración en la organización fue demasiado rara. No es lógico

32. Domingo Iturbe Abasolo.

que acabes una misión histórica, impresionante, aunque sea feo que lo diga yo, y no tengan contigo un trato especial sino que, por el contrario, te escondan y arrinconen. ¿Les dio vergüenza porque la Operación Lobo comenzó en vida de Franco? Eso me mosqueó mucho: «Me tienen tirado, pero ¿qué pasa, me quieren quitar de en medio?».

Mis dos compañeros de la Legión y yo desertamos, y el 28 de marzo de 1977 nos fuimos en un pesquero a Tan-Tan, un pueblo de Marruecos muy al sur. Una vez en tierra, teníamos que ir hacia arriba a ver si nos topábamos con el Ejército argelino. Era difícil saber cómo podíamos viajar desde allí hasta Argelia. Cogimos a un morito, le dimos dinero y nos subimos en una camioneta de mala muerte. Nos transportó hasta que, en efecto, apareció una patrulla del Ejército argelino. Nos vieron vestidos de legionarios españoles y nos ordenaron salir. «Desertores, vamos, vamos», nos dijeron en francés mientras nos apuntaban con el cañón de sus armas casi tocándonos la frente.

Nos llevaron a un campamento que debía estar lejísimos de Argel, una especie de poblado grande. A cada uno de los tres nos encerraron en un sitio diferente. A mí me metieron en una chabola circular de adobe sin techo y pusieron a un tipo con ametralladora en la puerta. Pasaron las horas y yo, con ganas de planear cuál debía ser mi siguiente paso, trepé por la pared de mi celda para otear el panorama: había soldados por allí a punta pala. Y de repente se produjo tal estruendo que me caí del susto. Volví a encaramarme y divisé unos aviones Phantom, que son los mejores para lanzar napalm. Volaban muy bajo, casi a ras del suelo. Los soldados del campamento ardían como teas. «Mikel, si no sales de aquí, mal asunto.» Los aviones eran franceses, y los argelinos decían que los pilotos eran marroquíes, aunque viendo cómo pilotaban, las maniobras impresionantes que hacían, siempre he pensado que eran franceses.

Ese ataque aéreo para mí fue entrar en la guerra a lo bruto. No sentí nada, aunque en mi vida nunca había visto personas ardiendo. Lo único que se me ocurrió fue salir corriendo. Salté sobre el tío que custodiaba mi chabola y le golpeé junto a la columna. Cuando oí un *crac*, pensé: «A este me lo he cargado». Le quité la pistola, la ametralladora, el cuchillo,

123

todo lo que pude. No actué como en las películas, que se llevan lo primero que pillan, yo lo cogí todo. Había un camión, un Willys pequeño, los americanos los utilizaban mucho en la guerra de Vietnam. Me monté en él, tenía las llaves en el contacto, y tiré para adelante. Sabía que en aquella época no se utilizaba gasoil, que los vehículos iban todos a gasolina. Ni me preocupé de lo que había sido de mis dos colegas, estaba aquello como para acordarse de nadie.

Cuando ya me había alejado bastante, vi por el retrovisor que se levantaba una polvareda: «Creo que me siguen». Miré y miré hasta identificar un Land Rover de los largos, de esos abiertos por detrás, con una patrulla de militares, yo creo recordar que vi siete en la parte trasera y dos en la cabina. Seguí conduciendo mucho tiempo. Calculé que si me pillaban me iban a freír. Yo no he sido Rambo nunca, un agente de inteligencia no tiene por qué serlo. Frené el Willys y lo saqué de la carretera, como si hubiera derrapado en la arena: «Estos cabrones van a ver el camión en el arcén y van a venir por este lado». Me enterré casi totalmente en la arena con un fusil ametrallador Thompson con muchas balas y dejé muy cerca otro cargador. Según estaban llegando, no se me ocurrió dispararles a ellos. Me acordé del efecto que tiene en las películas tirar al depósito de gasolina, y el Land Rover tenía uno muy grande. Le metí un rafagazo y explotó antes de que bajaran los soldados, para que no me jodieran. «Ahora es la mía», pensé. Los freí a tiros. Estaban jodidos porque, tras la explosión, la mayoría ya había quedado fatal, y además llevaban granadas, que también explotaron. No sé si alguno seguía vivo, pero yo los ametrallé a todos.

No me ha quedado el menor remordimiento, me confesé con un cura que me dijo: «En la guerra, el que puede sale, y el que no, no puede salir». Cuando me vi solo en aquella carretera de arena, cogí más pistolas del convoy argelino, me subí al camión y me largué como alma que lleva el diablo. Intentaba llegar al mismo puerto desde donde habíamos comenzado la aventura, pero creí que no lo conseguiría porque se me estaba acabando la gasolina. Iba cagado, alucinando, el trayecto se me hacía eterno. Pude llegar a Tan-Tan y en la entrada del pueblo me encontré con un pescador que estaba solo junto a una barca de pesca con capacidad para doce personas. Le apunté con el fusil ametrallador y le dije: «Canarias». Tras un día entero de travesía, desembarqué en una playa de Las Palmas, paré un taxi y le dije: «Por favor, no tengo nada para pagarle, pero ¿me puede llevar al aeropuerto?». No se me ocurrió pasarme antes por uno de los pisos donde tenía mis cosas, estaba tan jodido que solo quería regresar a Madrid lo antes posible.

En el aeropuerto de Las Palmas me encontré con un piloto de Iberia y le dije: «Tengo un problema gordísimo, vengo de una misión jodidísima, ¿me podrías llevar a Madrid?, porque encima no tengo nada de dinero». Con tan buena suerte que el comandante me llevó en la cabina del avión y al llegar a Barajas hasta me dio dinero. Casualidades de la vida, había sido piloto militar; luego ha sido amigo mío y seguimos teniendo relación. Era Jesús Guimerá, el que se hizo famoso por estar relacionado con Paesa.

El servicio tenía su sede central en el paseo de la Castellana, 5. Los guardias de seguridad de la entrada no me dejaban pasar sin documentación, me cabreé y al final lo conseguí. Fui a hablar de inmediato con Jaime Arrieta, que me vio y soltó:

—¡Un fantasma, un fantasma!

Lo agarré fuerte del cuello.

—¿Fantasma? Hijoputa, me habéis querido matar, me cago en la madre que os parió a todos.

En ese momento fue cuando me cogieron respeto, el incidente clave para que me miraran de otra forma. Porque dijeron: «Este sale de todas, no lo podemos matar tan fácil». Y no es que no lo intentaran más veces, pero bueno.

Hoy todavía no sé cuál era la misión concreta para la que me enviaron a Argelia. Supuestamente, que me hiciera querer por los etarras refugiados allí y descubrir qué hacía Cubillo con el MPAIAC. [33] Así que, supuestamente también, era una misión informativa, porque más tarde mandaron a un tipo para matar a Cubillo. Pero es de locura enviar a un tío que acaba de terminar una misión de infiltración como la mía para recabar información en un país donde había etarras y los del MPAIAC

125

33. Movimiento para la Autodeterminación e Independencia del Archipiélago Canario, fundado por Antonio Cubillo en 1964 en Argelia.

se llevaban genial con ellos. Yo conocía esta relación porque cuando estuve en Canarias conocí a un guanche auténtico que era del MPAIAC y que se relacionaba con Iturbe.

No he dejado de preguntarme a qué me mandaron en realidad allí, posiblemente «a que me jodieran», otra cosa no podía ser. O es que pensaron que yo podía obtener una información buenísima allí, pues no me lo creo. La coyuntura era pésima: Marruecos y Argelia estaban prácticamente en guerra, y Francia tenía una implicación total. Puede que el CESID creyera que mi tapadera era buena, pero sobre el terreno, si me cogían los del Ejército argelino y yo les quería hacer creer que era un desertor del Ejército español, me habrían tenido que someter a un interrogatorio fino, porque no es de sentido común que les cantes una información así a la primera.

Esta operación me dejó tocado, aunque la tengo olvidada, no me ha marcado. Tengo las pesadillas con la mili, pero no con lo que hice, que fue como un accidente más. Salió bien para mí, y podía haber salido mal. Como tantas veces, gracias al apoyo divino pude salir. Pero me quedó el mal sabor de boca por no saber para qué me habían mandado realmente. Fue absurdo.

Un comando de ETA nos sigue

$\mathcal{T}$ras regresar de Argelia, en mayo de 1977 me fui a mi casa de Valencia a descansar y a olvidarme de todo con Maribel, una chica muy mona que había sido Miss Andalucía. La había conocido de una manera tonta, en la tienda de perros en la que trabajaba. Era una niña guapa, se me daba bien ligar y nos liamos enseguida. Estábamos superenrollados el uno con el otro, era el sexo por el sexo. No era enamoramiento, era pasión.

Me pareció que era hora de plantearle a Jaime Arrieta la idea que llevaba elaborando algún tiempo y en la que ya había estado trabajando: crear mi propio grupo. Aceptó: «Te damos un millón de pesetas para gastos y os dedicáis a identificar etarras». Entonces me di a conocer ante el Calvo, Laura, Eduardo y Alfonso; les propuse que comenzaran a colaborar conmigo desde la clandestinidad y aceptaron. Hasta ese momento había ido solo y a partir de ahí iría con todos ellos, o con algunos en misiones puntuales. Los empezaron a llamar los Lobillos.

Comenzamos una vida frenética de viajes, nos recorrimos todo el País Vasco en busca de comandos. Dejé de tener residencia fija en Valencia a los pocos meses, luego iba y venía a Madrid, pues seguía teniendo la casa enfrente de Les Gavines. Los Lobillos mantuvieron su casa en Valencia, pero en Madrid teníamos un apartamento y otro en Bilbao. El dinero para gastos que me daba el servicio era, entre otras cosas, para esta infraestructura.

A lo largo de 1977 tuvimos algunos sustos inesperados. Mi equipo y yo viajábamos con frecuencia al norte, y la Policía, en lugar de parar a los etarras en los controles, nos paraban a nosotros. Yo me quejaba ante el servicio de lo desprotegidos que estábamos e incluso les propuse que nos acompañara Carlos, un joven sargento de la Guardia Civil adscrito a la AOME[34] que siempre me decía: «Llévame a mí», para que se identificara cuando nos pararan en los controles. Al principio no me hicieron caso, pensaban que eran paranoias nuestras.

Un día iba por Madrid con el equipo por la parte trasera de la Gran Vía a comprar pan en una panadería que estaba en la calle Libertad y descubrí a dos tíos actuando de una forma extraña. Siempre, estuviera donde estuviera, me fijaba mucho en las vestimentas y en cómo se comportaba la gente. Me sorprendió que esos dos hombres se paraban en los escaparates y miraban para un lado y para otro: «Este es un comando de ETA». Pasé la información, como tantas otras veces, pero me quedé sin saber si habían hecho algo.

Los reconocía con facilidad: la forma de controlar, de mirar, era típica de los miembros de ETA. Luego la Policía y la Guardia Civil hicieron lo mismo, comenzaron a cambiar la forma de vestir para parecerse a ellos, pero no se camuflaban bien, los olías enseguida. Yo tenía cierta facilidad para detectar a los etarras, quizás por haber estado tanto tiempo y tan intensamente en sus filas. Ya desde el principio, cuando íbamos a Bilbao, a San Sebastián, marcamos a muchos de los que había conocido en Francia y avisaba a la Guardia Civil. Así detuvieron a bastantes grupos.

En Lekeitio estábamos comiendo en un restaurante popular y me di cuenta de que a uno de mis hombres se le veía la punta del revólver. Enseguida detecté que una señora salía a la calle. La experiencia que llevaba encima hacía que interpretara hasta la expresión de las caras, y la de la señora era total. Les advertí a todos los de mi equipo: «Ahora, cuando nos vayamos, cuidado, que lo mismo tenemos que liarnos a tiros». Salimos con las manos en las pistolas y nos encontramos a cerca de doscientas personas cerrándonos el paso. Disparé un tiro al aire y les dije en vasco que se quitaran de en medio. Supongo que por la sorpresa se quedaron quietos, pero finalmente nos abrieron un camino. En esos segundos de tensión, vi cómo cuatro tíos se montaban en un coche. Paco el Calvo conducía muy bien, había participado en ralis, y le dije: «Tira hacia Bermeo». No tardé en comprobar que nos seguían y le informé: «Estamos escapando

---

34. Agrupación Operativa de Misiones Especiales.

de un comando de ETA». Yo, con una sonrisa, no necesité decirle qué debía hacer pues con mirarnos ya bastaba para entendernos. Hizo un trompo y nos fuimos derechos a por ellos. Pararon el coche, se bajaron a la cuneta y se quedaron juntos en grupo con sus metralletas, en lugar de apostarse cada uno en un sitio distinto. Nosotros nos desplegamos y los inmovilizamos. Llamamos vía radio a la Guardia Civil y se los llevaron detenidos.

En aquella época capté a gente que el servicio necesitaba para misiones concretas —también lo hice años después muchas veces—. Uno de esos agentes fue mi amiga Maribel, a quien tenía aparte de los Lobillos. Hasta que en el CESID me comentaron que les vendría bien que ella los ayudara. Habían conseguido acceder a un puesto de trabajo en Air France, algo que no era fácil, para una agente que hiciera la labor de correo. Maribel hablaba perfectamente francés y había vivido en Francia. Aunque trabajaba de dependienta en una tienda de venta de animales, estaba preparada intelectualmente. Valía para esa misión y yo le comí el coco. A los dos nos molestó separarnos, pero se la llevaron y se acabó nuestra relación.

También tenía un amigo que era gay, Salva, un tío mayor muy majo, muy colega del Calvo, que vivía con un chico guapo y joven. Cuando el servicio me dijo que para Canarias les haría falta un tío así, procedí a convencerle de lo bien que podía hacerlo y todas las ventajas que le reportaría. Se lo llevaron.

Como yo andaba por muchos sitios, al servicio le venía genial. En mis viajes al norte visitaba a antiguos amigos míos, uno de los cuales tenía una empresa floreciente para pintar y empapelar casas con la que se movía por las provincias vascas donde había una destacada presencia de etarras. Un tío normal, lo conocían todos por allí y sabían que se dedicaba a eso, por lo que tenía cierta facilidad para entrar sin problemas en cualquier hogar. Se lo pasé al servicio después de estar un tiempo trabajándomelo y lo utilizaron mucho.

Otro de mis captados era un amigo de juventud, no sabía nada de mí desde que desaparecí. Un día estábamos en un bar del País Vasco, yo con mis chavales, y lo vi. Me acerqué, no me reconoció, le toqué en el brazo: «Fulanito, no me conoces, soy Mikel, coño». Empezamos a hablar. En mis siguientes viajes, poco a poco me lo fui ganando. «Te voy a poner en contacto con

129

una gente que te puede echar una mano», y le presenté a Luis González Hidalgo, alias Heredia, del servicio.

No sé lo que harían con él, su nombre no ha salido nunca por ahí, por eso prefiero no darlo. A veces lo que buscaban era una acción puntual: «Este me sirve para meter un canario en la casa de fulano». Y le decían: «Contigo vamos a mandar a dos de los nuestros, tú te dedicas a lo tuyo y ellos hacen un agujero e instalan un canario en la pared». Cuando actuaban así, el colaborador se iba a tomar por saco, porque si un día aparecía el micrófono, que entraba dentro de lo posible, los dueños del piso atarían cabos y ya lo habían quemado. No sabían llevar a los colaboradores o les importaba tres pimientos que los pillaran. Era mi eterna lucha.

Mientras llevábamos a cabo la misión de señalamiento de etarras, el SECED desapareció y se creó un nuevo servicio, el CESID. Se debieron producir cambios internos, pero a mí y a mi gente no nos afectaron, apenas nos enteramos, seguimos haciendo el mismo trabajo.

A principios de 1978 Jaime Arrieta me informó de que me tenía que ir a Salamanca. Yo estaba a gusto en Madrid, tenía un piso alquilado en Sor Ángela de la Cruz, tras dejar la casita de Torrelodones.

—¿Qué se me ha perdido a mí en Salamanca?

—Tienes que ir allí.

Como me conocía y notó que no tenía ningunas ganas de hacerle caso, me dijo:

—Mañana por la mañana estate aquí, que te acompaño yo a Salamanca.

Y me llevó él en persona.

—Te voy a presentar al jefe de Castilla-León y vas a ver qué a gusto estás. Allí tenemos una Operación Escoba, con un tema importante de estudiantes vascos y etarras.

Y ya el primer día en Salamanca conocí al teniente coronel A. V. S., al que llamábamos Saura. El trato fue impresionante. Conmigo era majísimo, buena gente.

Me alquilaron un coche y, en el hotel Regio, que era bueno, me cogieron una habitación. Pero yo por la noche me fui a dormir a Madrid. «Mañana vuelvo otra vez.» La verdad es que en el servicio empezaron a tratarme mejor, me pagaban bien y además me sufragaban los gastos. La misión consistía en identificar a estudiantes que escondían a etarras. Decidí llevarme a los Lobillos a Salamanca y empezamos a controlar la situación.

A Eduardo, que era vasco, lo metí en los ambientes estudiantiles. No tardamos mucho en descubrir a un grupo que estaba bastante liado con ETA. Nosotros los seguíamos desde Salamanca hasta el norte y allí veíamos lo que hacían. Nos enteramos de que, desde un piso de Salamanca, estaban haciendo un túnel hasta el Gobierno Militar. Lo tenían muy avanzado. El servicio pasó la información a la Policía y mandaron a unos agentes, cerca de la edad de jubilación, que no tenían ni idea de la banda terrorista. No se les ocurrió otra cosa que llamar a la puerta y preguntar: «¿Son ustedes de ETA?». Increíble, de risa, pero cierto. Por suerte, fueron cuando los etarras no estaban y les abrieron la puerta sus compañeros de piso. Descubrieron el túnel y terminamos de pillar a varios etarras, pero las detenciones se efectuaron en el norte para que no supieran que los habíamos controlado en Salamanca.

Casi a la par de la Operación Escoba, surgió la Operación Comuna, para ver si había relación entre ETA, los GRAPO y grupos anarquistas. Los encargos que me hacían eran de esa manera, inconcretos, luego alegaban que yo era un poco rebelde. El CESID conocía que había comunas de ácratas en la localidad leonesa de Ponferrada y en Burguillos del Cerro, que pertenece a Badajoz. Hicimos un recorrido por varias de esas comunas y vimos que la más asentada era la de Burguillos del Cerro. En esa época los miembros de ETA se desplazaban mucho hacia Andalucía y, de camino, paraban allí para tener cobijo. Al principio metí al marido de mi cuñada, pero no consiguió nada, y luego infiltré un tiempo a Laura, que se ganaba a todo el mundo.

Se metió en la comuna, se involucró de lleno con sus habitantes y se dio a valer. Era una chica mona, muy libre y les daba cachondeo. Iban al pueblo en un descapotable y cuando se cruzaban con coches de frente se levantaba la camiseta y se quedaba con las tetas al aire. Los anarquistas la querían mucho, algunos estaban especialmente encantados con ella, que sabía perfectamente cómo tenía que hacer su papel, era muy sutil y estaba dispuesta a todo.

—¿Qué has conseguido, Laura?

131

—Poca cosa, viene mucha gente por aquí.

—Pero ¿tienes algo?

—He apuntado los carnés de todos los que han pasado —decía como reconociendo de antemano su fracaso—. Y este y este siguen por ahí.

—Joder, pues ya sabemos quiénes han estado y si alguno ha utilizado un carné falso.

Con esa información, yo avisaba a los del servicio, les ponían una baliza en el coche y luego los pillaban en el País Vasco. Laura hizo un buen trabajo, aunque siguió sin darle importancia a los datos que obtenía ni a las personas a las que identificaba. En la comuna conoció a un navarro simpatizante de ETA, cuyo hermano estaba dentro de la organización y era uno de los encargados de las mugas, Pérez de Obanos. Mantuvo una relación profunda con él, lo que nos abrió la puerta a relacionarnos con el hermano.

El padre llevaba una cantera en la que habían robado 3500 kilos de explosivos. Por eso organicé un viaje a Navarra, en el que me acompañó Alfonso, porque existía la sospecha de que los responsables del robo habían sido los hermanos.

Cuando aparecimos Alfonso y yo en su casa estaban los dos hermanos, Francisco y Anastasio. El objetivo era sacarles información haciéndonos pasar por amigos de Laura, para lo que contaba con la ventaja de que una de las veces que había ido a visitarla a la comuna el menor de los Pérez de Obanos me vio. Mi idea era que nos acogieran en su casa, y lo conseguimos.

Salimos de vinos los cuatro y volvimos tarde a casa. Apenas nos acabábamos de separar para ir cada uno a su habitación cuando Alfonso, que llevaba una borrachera terrible, en lugar de echarse a dormir la mona tuvo una reacción sorprendente: se puso a hacer comentarios a gritos contra ETA. Cuando le escuché decir esas tonterías, me preocupé porque no sabía si nuestros anfitriones tenían armas, y aunque no las tuvieran, pensé: «Nos van a descubrir, este nos hunde, aquí vamos a terminar mal». Le di un leñazo en la nuca, cayó al suelo, casi se quedó sin sentido, apareció uno de los hermanos y me ayudó a meterlo en la cama mientras me decía: «Estaba diciendo algo contra la organización, contra ETA». Y yo inventando: «No, qué va, todo lo contrario. Estaba gritando "Gora ETA" y esas cosas».

Francisco y Anastasio se fueron a la cama y yo no pude pegar ojo. Cuando calculé que ya estarían dormidos, me levanté con el máximo cuidado y rebusqué entre los papeles que encontré por la casa. Tuve la suerte de dar con los planos de los pasos de muga de ETA y fotografié todos los que pude. Lo hice con una cámara fotográfica pequeña, creo que el servicio las traía de Estados Unidos. No es que hiciera unas fotos buenas pero valían para copiar los documentos.

La información que conseguí en esa casa, sumada a la que ya tenía de la época en que había estado en ETA y a la que me habían enseñado sus propios miembros, fue lo que me llevó más adelante a hacer un estudio para señalar los pasos de fronteras que utilizaban. Además, a partir de ese momento Francisco y Anastasio Pérez de Obanos fueron controlados por la Policía y tiempo después, cuando ya no podían sospechar quiénes éramos realmente nosotros y lo que habíamos copiado, fueron detenidos.

Al regresar de esta Operación Comuna, comuniqué al servicio que no quería tener a Alfonso conmigo y lo siguiente que supe es que lo habían mandado a París. Su cobertura fue ser empleado de una joyería y su auténtico objetivo era controlar la infraestructura etarra en Francia que yo había descubierto. Como en el resto de los casos, cuando el servicio pasaba a controlarlos directamente yo ya no volvía a ver nunca a los agentes que había reclutado.

La investigación del apoyo de las comunas a los miembros de ETA fue un tema bien resuelto: supimos qué actividades escondían y que había que controlarlas. Nosotros entregamos la información y pasamos a otra misión. Después de nuestro trabajo, la Guardia Civil se quedó encargada del control.

Una de las veces que fui a visitar a Laura a la comuna, como nuestro grupo era pequeño, solo fui acompañado por el Calvo, que se quedó a cierta distancia con un rifle de mira telescópica por si pasaba algo. Yo me metí una pistola pequeña en una de las botas camperas que llevaba.

La comuna estaba en el campo, alejada de la población. Yo andaba por los alrededores cuando oí *pum, pum*. Pero uno de los anarquistas me tranquilizó: «Son los vascos, que están ahí pegando unos tiros». Laura me dijo, sin conocer la relevancia del personaje: «Uno de ellos es Francisco Múgica Garmendia,

Pakito». Menuda coincidencia, y menos mal que no me vio la cara cuando le metí la pistola en la boca, esperaba que no me reconociera. Subí la guardia e intenté sacar la pistola que había escondido en la bota, pero se había enganchado, no había forma y en el intento me hice daño y rozaduras en el tobillo. Estuve cagado: «Ahora vienen estos y a ver cómo salgo de aquí». Busqué la manera de irme sin llamar mucho la atención. No llegamos a ver a Pakito, ni quisimos, porque no sabíamos quiénes lo acompañaban y no habíamos avisado al servicio de dónde estábamos.

La reacción a estos malos tragos, porque vivíamos a tope, era gastarnos bromas, y nos pasaron anécdotas graciosas. Ese día, tras escapar de la comuna y dejar atrás una situación de máxima tensión, llegué hasta donde estaba el Calvo, lo tiré hacia una zona del campo que estaba llena de mierda, luego él a mí, y terminamos media hora después lavándonos en pelotas en la fuente del pueblo más cercano.

Más adelante, cuando estábamos haciendo la impermeabilización de las fronteras, marcando las mugas que usaba ETA en los planos militares, las bromas a veces eran macabras. En una ocasión, con 24 grados bajo cero, íbamos el Calvo y yo con unos rifles nuestros, porque el servicio no nos daba material, buscando algo que cazar. Él se había dejado una gran barba y no se me ocurrió otra cosa que pegarle un tirón; me quedé alucinado y con la mitad de la barba en la mano, que se le había cristalizado del frío, y cuando se congela, de un manotazo se va.

La labor de comprobar las mugas sobre el terreno nos exigió vivir en condiciones muy duras, al límite. Alguna vez nos quedábamos en una tienda de campaña, en mitad de los Pirineos. Si veíamos una oveja, la matábamos. Si teníamos oportunidad de bajar a un pueblo en un Citroën cochambroso, hacíamos algo de compra. En uno llegamos a la carnicería y cuando nos llegó el turno pedimos:

—Chistorra.

—¿Cuánta?

—Cuatro metros.

—¿Cómo que cuatro metros?

Cogió Eduardo, que era muy burro, y cuando nos la dieron se lo puso alrededor del cuello. Por lo menos, ese día seguro que no pasamos hambre.

DETENIDOS CUATRO PRESUNTOS MIEMBROS DE ETA-M

El País, **7 de noviembre de 1980.** Cuatro jóvenes han sido detenidos por inspectores del Cuerpo Superior de Policía durante la madrugada de ayer, en Pamplona, acusados de formar parte de comandos de ETA militar. Los detenidos permanecen incomunicados en los calabozos de la comisaría de Policía de la capital navarra. Los cuatro detenidos son Fernando Ilundain, María de la Paz Herze y los hermanos Francisco y Anastasio Pérez de Obanos Basterrechea.

135

Mis jefes se cagan de miedo en un pueblo proetarra

Andrés Cassinello fue durante un tiempo director del SE-CED, pero al crearse el CESID lo dejó y pasó a ser el teniente coronel jefe de los servicios operativos de la Guardia Civil. Un día de 1978 se celebró una reunión en Durango a la que, además de él, asistieron los tenientes coroneles Mena, que estaba en Santander; Campos, en Bilbao, y Quintiliano, en San Sebastián. Los cuatro ascendieron luego a lo máximo en la Guardia Civil, a tenientes generales. Yo acudí con F. D., alias Bastarreche, mi oficial de caso.

Mantuvimos una reunión muy afable para hablar de los comandos de ETA, de la situación de la organización en ese momento. Todos eran tenientes coroneles pero mandaba Cassinello. En mi etapa de Valencia, ya había estado con Quintiliano, cuando aún era comandante, y ahora conocí al resto.

Yo asistí como si fuera un asesor y aporté una información, que ellos ya conocían, de que se iba a celebrar un mitin en Bilbao a favor de ETA. Les especifiqué que disponía de datos de que iban a acudir liberados y les propuse colocar un control en la entrada de la autopista de Durango, donde estaba el peaje: «Cuando regresen del mitin vamos a pillar a algunos». Sobre la marcha se decidió poner el control con presencia de oficiales de la Guardia Civil.

Bastarreche y yo también participamos. Él fue con una pistola pequeñita y me entregó otra similar, pues a mí me daban armas cuando querían: «¿Dónde vamos con esto?». Nos integramos en el puesto de control. Los guardias civiles estaban con metralletas y nosotros, vestidos de paisano, claro, con dos pistolitas del 6,35. Vamos, que mejor haber ido con tirachinas.

Apareció primero uno que se saltó la barrera, pero era un borracho. Vino otro coche que prácticamente se estampó contra nosotros, no supe qué pasó. Llevaban pelucas y cosas así en el maletero, pero desconozco lo que les pillaron, se los llevaron detenidos. Es lo de siempre: yo controlaba el tramo en el que participaba, pero luego no me contaban exactamente lo que habían encontrado.

Llegó otro coche, un Dyane 6, no se me olvidará nunca, que cuando vio el control se metió rápidamente por una carreterita, casi por el campo, hacia Durango. Corrimos un teniente y yo detrás del vehículo, y él me dijo: «¿Le ametrallo?, ¿le ametrallo?», y le contesté: «Ahora no, no vamos a empezar a tiros cuando ni siquiera los hemos identificado». Sé que hubo algún resultado, aunque tampoco me lo contaron.

Tampoco se me olvida el día que íbamos el Calvo y yo buscando etarras y digo: «Hostia, Smith, me cago en la leche». Smith, que fue el que me metió a mí en ETA, seguía siendo un liberado, jefe de zona, e iba conduciendo un Mini. Lo seguimos en Tolosa, subió a una clínica, esperamos a que saliera, cuando volvió a aparecer se quedó un rato parado mirando para un lado y para otro, mientras nosotros permanecíamos escondidos en unos matorrales. Bastante cerca de él, el Calvo con su pistola Magnum 357 apuntándole:

—Le metemos un leñazo y se queda aquí ya.

—Paco, en frío no podemos tirar así, vamos a seguirlo.

En eso consistía nuestra misión, no en disparar. Lo seguimos y se bajó del coche junto a unos pisos que había encima del asador Patxi, donde no tardamos en descubrir que allí tenía al comando escondido. Llamamos a mi oficial de caso, Saura, del que dependía desde que tenía mi centro de operaciones en Salamanca:

—Tenemos a Smith.

—No jodas, coño.

—Lo tenemos centrado en un piso, que venga la Guardia Civil.

—Tranquilos, que va enseguida.

Ni *pa* Dios. Espera que te espera, llegó el día siguiente y sin noticias de la Guardia Civil. Volví a llamar.

—Coño, que no ha venido nadie y nos están mordiendo ya.

137

A ver si se van a liar a tiros con nosotros.

Estábamos más vistos por allí que el tebeo.

—Nada, tranquilos, ahora sí. Retiraos, que en un ratito están ahí.

El ratito duró dos o tres horas. Los etarras se fueron y solo cogieron a los del comando de apoyo. Al día siguiente Smith y su gente colocaron una bomba en el Gobierno Militar de San Sebastián. A Smith nunca lo pillaron, no sé por qué, si no se le quiso pillar, no sé.

Otra situación inolvidable es aquella en que estábamos en el País Vasco Bastarreche, Pedro, el policía que había captado en Bilbao, y yo. A Bastarreche se le ocurrió la idea de ir a curiosear al pueblo guipuzcoano de Ataun, que era el de Pakito y uno de los más jodidos de toda la zona del Goierri. «Vamos a pasar por ahí», dijo mi oficial de caso en plan experimento. Mi oficial de caso llevaba un traje a medida y el policía, de un metro noventa, chaqueta de vestir, mientras yo iba vestido normal, como siempre, en plan calle, operativo. «¡Madre mía de mi vida, la que vamos a liar!», les advertí sin que me hicieran caso.

138

Entramos en un bar a tomar un vino y había un grupo que, en cuanto se fijaron en las pintas de mis acompañantes, empezaron a acercarse. Pensé: «Vamos a tener la de Dios». Encima ni el militar ni el policía iban armados, el único que llevaba pistola era yo. Era una forma de hacer las cosas dentro del servicio, los jefes eran muy poco de armas, decían que el espía no debe llevarlas…, y el espía debe llevar armas cuando debe llevar armas, con lógica. Hay ocasiones, como en la que estábamos, que había que llevarlas porque si no, te van a picar el billete enseguida. El bar no era muy grande y cada vez los teníamos más cerca, yo me coloqué en el lado por donde venían y les hablé en vasco:

—¿Tenéis algún problema?, ¿qué pasa?

—No, joder, estos ¿qué?, de Madrid, estos gilipollas.

—Son de Madrid, pero son buena gente, son amigos míos.

—¿De dónde eres?

—De dónde voy a ser, de Euskadi.

—¿Euskaldún?

—Sí.

—¿Bilbaíno?

—Vizcaíno, que somos más refinados y tenemos amigos que ya veis, son elegantes.

Una broma aprovechando que siempre ha existido mucho pique entre Vizcaya y Guipúzcoa. Al final, terminaron invitándonos a un vino. Pero Bastarreche y Pedro, por hacerse los listillos, estuvieron cagados de miedo un rato.

—Espero —les dije después— que no se os vuelva a ocurrir meteros en un sitio así más veces, porque vosotros estáis muy bien en los despachitos, que desde allí se manda muy bien, pero el trabajo de campo es muy diferente, y meterse en los agujeros estos es un suicidio, a ver si vais aprendiendo.

Fue una lección. Había veces que estos pensaban que podían ir por donde fuera y no se podía; además, estamos hablando de los peores años, en los que había muertos día sí y día no. Y lo hicieron por un capricho. A Bastarreche, no sé si decir que era un poco inconsciente, le gustaba ver el panorama *in situ*.

Obligo a los médicos a que atiendan al Calvo a punta de pistola

*E*n 1978 nos mandaron a Paco el Calvo y a mí una temporada a Mallorca porque se habían asentado en la isla muchos del Frente Polisario y querían que los controláramos. Ya sobre el terreno, nos llegó una información de que también campaba un etarra por allí, y no tardamos en descubrir a Apala, que había sido con Pakito de los más importantes de ETA. Lo comuniqué de inmediato a Madrid.

—Nada nada, ves fantasmas.

—Pero si lo conozco como si lo hubiera parido.

—Que ves muchos fantasmas.

Y nunca más apareció. Para mí que lo compraron y lo mandaron a algún sitio. O lo cogieron, yo qué sé. No volvió a aparecer, y mira que se sabía dónde estaban muchos.

Durante nuestra misión en Mallorca, una tarde me dijo el Calvo: «Me voy a echar una siesta», y le contesté que yo no estaba cansado. Yo había cogido unas balas del rifle, las había vaciado, rellenado con papel y metido en mi pistola. Simulé que salía de la habitación para dejarle dormir, di un portazo y, sin hacer ruido, me quedé en una esquina y me puse una capucha y un buzo negro. Dejé pasar un rato hasta que estuve seguro de que se había dormido y entonces le pegué una patada a la puerta. Paco, en pelotas encima de la cama, se llevó un sobresalto de narices y yo hice *ratatá* con la pistola. La pólvora te quema un poco, y a él se le quemaron los pelos del pecho: «¡Me han disparado, me han disparado!». Vi que se ponía fatal.

—Paco, que soy yo, coño.

—¡Me has matado, me has matado!

—Joder que no, que es pólvora solamente.

Se empezó a poner enfermo, llamé al médico por teléfono y me dijo que lo llevara a Urgencias, que tenía un amago de infarto. Salimos de inmediato. Llegamos al hospital y nos acercamos a recepción.

—Cartilla —nos pidieron nada más vernos.

—¿Qué cartilla?, no tenemos.

—Pues llévele a este otro hospital.

Lo llevé obedientemente al que me indicaron.

—Cartilla —volvieron a exigirnos.

—Que no tenemos cartilla, coño, que el hombre viene con un infarto.

—Pues tiene que llevarle a otro hospital para que le atiendan.

Al llegar al tercer hospital pensé: «Me cago en diez, como me pidan la cartilla no sé lo que hago». Y volvió a pasar lo mismo. No aguanté más: saqué la pistola y se la puse en la cabeza al primer doctor que apareció:

—Me cago en tu puta madre, lo atiendes echando hostias, me cago en la leche.

Al momento llamó al equipo médico, vinieron todos corriendo, me dieron una bata y yo, con la pistola en la mano, les repetí:

—A cuidarlo como si fuera el rey, ya mismo.

—No se preocupe de nada.

Tras comprobar que todo iba bien, me fui a sentar a un sofá de la sala de espera y pensé de inmediato: «Ahora vendrá la Policía». Vinieron un montón de tíos de paisano buscando a alguien y los llamé:

—Eh, me venís a buscar a mí. Os han llamado por uno que ha sacado una pistola.

—Sí sí.

—Es que soy yo.

—Tienes que acompañarnos a comisaría.

De camino, el jefe de grupo me preguntó qué había pasado.

—Vamos a ver, si tú vas con un compañero tuyo y le pasa una cosa de estas, tú ¿qué harías?

—Lo mismo.

—Pues eso es lo que he hecho yo, ¿qué querías, que lo dejara morir?

141

En comisaría hablé con el jefe superior de Baleares, un tío alto y chulo, que estaba acompañado por el comisario segundo. Les conté lo que había pasado y me contestó:

—Y tú, ¿quién eres para hacer eso?

—Yo no soy nadie, pero si tiene algún problema conmigo, llame usted a Presidencia del Gobierno y ya le dirán lo que tiene usted que hacer.

—¿Por qué no me cuentas una de vaqueros y de indios?

—¿De John Wayne o de quién?

—¡Al calabozo! ¡Metedlo ya en el calabozo! —gritó cabreadísimo.

Cuando ya estaba encerrado, escuché en la celda de al lado a un tío diciéndole a una tía: «Tú no digas nada». Vino el comisario segundo y le pregunté qué habían hecho los de esa celda.

—Han secuestrado a uno y no quieren decir dónde lo tienen escondido.

—Métemelo conmigo en la celda.

Me hizo caso después de un rato intentando convencerlo. Y le comí el coco total.

—¿Tú por qué estás aquí? —me preguntó el secuestrador al poco de llegar.

—Me he cargado a dos tíos, y el tercero estoy pensando que sea el comisario cuando venga a verme.

—Hostias, no jodas.

—Los he rajado de arriba abajo. Y tú, ¿qué?

—He secuestrado a un tío, lo tenemos escondido, pero es que está jodido.

—No jodas, eres gilipollas o qué. Si se te muere, te van a meter un paquete que te cagas, porque ahora todavía no tienes nada, pero si se te muere, te hundes en la miseria.

—¿Y si no lo encuentran?

—¿Cómo no lo van a encontrar? ¿Dónde lo tenéis?

Y me dijo el sitio casi llorando.

Pasó el comisario, le guiñé el ojo y volvieron a trasladar al secuestrador con su compinche. Le dije: «El tío lo tenéis en tal sitio». Fueron y lo rescataron. El comisario le dijo al jefe superior: «Jefe, yo creo que debía usted aclarar quién es este». Me subieron a su despacho.

142

—Voy a llamar a Presidencia —me anunció el jefe superior—, ¿por quién pregunto?

—Por el señor Arrieta.

Marcó el número que le di.

—El señor Arrieta, por favor, de parte del jefe superior de Baleares.

Mi jefe no tardó en ponerse al teléfono.

—Tengo aquí a un muchacho que dice...

—¿Cómo se llama? (...) ¿Miguel? En menos de dos horas estoy allí.

El jefe superior se cagó. Arrieta se fue en avión a Mallorca, directo a la comisaría, y le conté lo que había pasado.

—¿Y tú qué ibas a hacer? Que se muriera el tío, me cago en su puta madre, a este lo jodo vivo.

Arrieta consiguió que suspendieran al jefe superior de Baleares. Al llegar Emilio Alonso Manglano a la dirección del CESID, castigó a Jaime Arrieta por su carrera en el SECED evitando su ascenso a general, cuando habría podido llegar a lo más alto. Antes de abandonar el servicio, Arrieta me dijo: «Ahora que me voy, me voy a aburrir una barbaridad». Jaime Arrieta murió hace unos años.

Hay un principio de la doctrina de los servicios de inteligencia que dice: «Deja libre y que trabaje a su aire a un agente que te estorba, que verás cómo cae por sí mismo».

143

La Guardia Civil no para a Txomin, pero a mí sí

*L*a mayor parte de las operaciones han salido, aunque ha habido alguna que no al cien por cien, básicamente porque no acudieron a tiempo las Fuerzas de Seguridad. Nosotros fijar, siempre hemos fijado bien los objetivos.

Nos movíamos por Euskadi a la buena de Dios, sin las garantías mínimas imprescindibles. Yo cambiaba de nombre cada dos por tres, con carnés falsos que normalmente daban por buenos y un permiso de armas elaborado de aquella manera. Los muchachos que me acompañaban tampoco llevaban ningún tipo de identificación oficial. Esto nos hacía el trabajo bastante complicado porque, como he contado, cada vez que yo iba con mi equipo en los controles de seguridad en las carreteras nos paraban siempre a nosotros, no sé por qué, era como si fuera una obsesión de la Policía, siempre a por nosotros.

Las ocasiones en que nos pararon fueron infinitas. Un día, cerca de la frontera, Eduardo, el Calvo y yo íbamos persiguiendo a unos de ETA. Me había dado cuenta de que en un Mini viajaban Txomin y otros tres, los principales de ETA militar, y empezamos a seguirlos con un Seat 127. Había pensado que a la primera oportunidad cruzáramos el coche por delante de ellos, aunque no sé lo que habría pasado, seguro que habríamos salido a tiros.

Antes de llegar a Behobia nos topamos con un control enorme de la Guardia Civil, incluso con pinchos. Vi el cielo abierto: «Los pararán, aquí salgo yo y ya está». Pero, ante nuestra sorpresa, vimos que el sargento le hizo un gesto al Mini para que pasasen y nos dio el alto a nosotros. Salí como una fiera, es que los teníamos ya, y cogí por el cuello al sargento.

—Me cago en la leche, somos del CESID, estamos detrás del principal comando de ETA militar.

Siento haber actuado así, pero eran momentos muy duros.

Nos dejaron ir. Salimos detrás a toda leche, pero ya estaban cruzando el río Bidasoa, que, como iba seco la mayor parte de las veces, desde allí pasaban fácilmente a Hendaya. Cuando estaban en mitad del río, el sargento y los demás con las metralletas me gritaban:

—¡Les tiramos, les tiramos!

—Pues no, ¿cómo les vamos a tirar ahora? Los dejan pasar y ahora les vamos a tirar en el río para que luego nos vengan los franceses a decir que se armó la marimorena y con heridos en su lado —respondí con una mala leche impresionante.

Otra de las ocasiones en que tuvimos que sufrir líos con las Fuerzas de Seguridad ocurrió al poco tiempo, cuando viajamos al norte para el control de las mugas. Bastarreche, mi oficial de caso, venía con nosotros, aunque ya me estaba pasando a J. G., alias Guillermo. Cuando llegamos a Vitoria, nos dijo al Calvo y a mí:

—Vamos a pasar por la comandancia de la Guardia Civil, que voy a ver al coronel. Me esperáis aquí un momento.

—No, Bastarreche —le dije—. Si hacemos lo que dices, en cinco minutos tenemos aquí a toda la Policía.

—Anda, qué va.

—Estoy cansado de decirte lo que nos pasa, ya verás.

—No os preocupéis de nada, coño. Son cinco minutos, leches.

—Bueno, pues cuando acabes, ven a buscarnos a la comisaría, allí nos vemos.

Subió a la comandancia y no habían pasado más de cinco minutos cuando nos vimos rodeados de policías, no sé la cantidad de policías que había allí, ¡madre mía de mi vida!, de uniforme y de paisano.

—¡Manos arriba! ¡Las manos en el coche! ¡A ver, abran el capó!

Allí llevábamos las armas porque íbamos a la montaña, a identificar las mugas de ETA. Había escopetas, rifles, esas cosas, no solo para nosotros sino también para el resto del equipo.

—¿Ves, ves? —se dijeron unos a otros por haber confirmado sus sospechas.

—Venga, a ese coche, que el vuestro ya lo llevamos nosotros —ordenó el que parecía estar al mando.

Nos metieron en los asientos de atrás de un coche patrulla, pero sin esposarnos. Nos trasladaron a comisaría y nos sentaron en unos bancos de la entrada: «Aquí quietos». Luego nos pidieron los carnés de identidad y cuando se los entregaron al comisario Joaquín Domingo Martorell, vio el mío y dijo: «¡Hostias, pero si este carné lo he hecho yo! A ver dónde está». Vino a verme, me dio un abrazo: «Joder, Mikel, ¿cómo estás?». Era muy afable, muy dicharachero, y nos llevábamos muy bien.

—¿Qué te parece? Mis hombres son muy efectivos.

—Mucho, terriblemente efectivos —le contesté con sarcasmo.

Llamé al Calvo y le pedí que se abriera la chamarra y le enseñara una Magnum 357 y toda la canana llena de balas. Me abrí yo la mía: llevaba una pistola Browning con tres cargadores.

—¡Joder! —comentó el comisario sorprendido.

—Domingo, si llegamos a ser etarras, tus agentes se van a tomar por culo y nos piramos.

—¿Dónde está el inspector que ha hecho las detenciones? —gritó el comisario mientras se largaba para echarle una bronca impresionante.

En la sede central en Madrid, Bastarreche contó que Mikel tenía razón con sus quejas y el servicio empezó a tomar conciencia de nuestros riesgos y a considerar ponernos un agente de apoyo documentado, que terminó siendo el sargento Carlos de la AOME. Aunque todavía tuvimos que pasar por situaciones similares.

Amenazo a un juez y me manda a la cárcel

*D*esde Salamanca viajábamos al norte a trabajar Eduardo y yo para la función que hacíamos de centrar etarras o sacar información de gente cercana a ETA. En uno de esos desplazamientos, en 1980, nos quedamos en un piso franco que teníamos en la ría de Bilbao.

Yo portaba un arma con licencia y Eduardo no llevaba. Para subir al País Vasco, como yo además disponía de un Astra del 9 largo, que me había entregado Andrés Cassinello, se la dejé como defensa a Eduardo. Aquello era tragicómico. Íbamos al norte, a enfrentarnos a lo peor, y te daban un arma de aquella manera, parecíamos Mortadelo y Filemón.

Eduardo se puso a jugar en el piso con el Astra Puro, una reliquia. Le había metido balas de Parabellum, pues la pistola las disparaba igual que las del nueve largo, que eran más fuertes y más largas. Vi que estaba descargándola y me quedé con la idea de que se había dejado una.

—Eduardo, hay una bala en la recámara.

—Que no, mira, mira.

Empezó a mover la corredera. Y, claro, la bala era más pequeña, bailaba en su hueco y no se caía.

—No hay, no hay —insistía cabezón.

—Que tienes una bala en la recámara —le repetí.

—¡Que no, joder!

Y apuntó para abajo, hacia su rodilla. Disparó y la bala le traspasó de parte a parte. Le hizo un agujero perfecto, y otro en el suelo. Lo primero que se me ocurrió fue hacerle de inmediato un torniquete y lo bajé al coche a hombros. Le di no sé qué para morder porque sabía que le iba a doler. En caliente un disparo no molesta, notas un pinchazo, una quemazón de nada, pero en frío le iba a doler una barbaridad. En el trayecto hasta el hospital de Cruces fue chillando. Cuando llegamos y vieron a un chico con un disparo llamaron a la Policía. Yo telefoneé al servicio, a uno que era inspector.

En Cruces no tardó en aparecer la Policía: «Vamos a comisaría». Allí ya nos estaban esperando dos inspectores de los míos, de los del servicio. Primero metimos un rollo, no quise que pareciera que Eduardo se había disparado a sí mismo. Al final, conté la verdad. Y, claro, no entraba en la cabeza de nadie que el tío se hubiera pegado un tiro de esa manera.

—A ver cómo presentamos esto ahora —dijo uno de los míos.

Otro inspector intervino:

—Yo soy abogado, esto tiene una fácil solución. Vamos al juez y le contamos, como tú tienes permiso de armas y no tienes ningún problema, que al bajar del coche se te ha enganchado tu revólver, se te ha disparado y le has pegado un tiro al otro.

—¿Y el juez va a creerse que con mi revólver le he hecho un agujerito limpio que solo hacen las balas de la pistola? Porque normalmente un revólver te destroza la rodilla y no pasa limpio.

—Que sí, que sí —insistió—, que estos no entienden de armas, ya verás como no pasa nada.

Me llevaron al juez sin esposar unos policías de paisano del servicio. Me puse delante de él, lo llamaban Pedro el Cruel. De inmediato saltó, sabiendo que yo era del CESID y que estaba acompañado por dos policías que eran compañeros:

—Si ustedes dejaran las armas en Madrid, no tendrían por qué pasar estas cosas. —Y añadió dirigiéndose a los policías—: ¿Por qué no le traen esposado?

—Es un compañero.

—Pues hay que traerle esposado, que no se repita nunca más. —Y volvió a la misma cantinela—: Si ustedes dejaran sus armas en Madrid, aquí no pasarían muchas de las cosas que pasan.

Reaccioné como un resorte: le cogí la pipa a uno de los compañeros y se la metí en la boca. El tipo, llorando debajo de la mesa, y yo más encendido:

—Te mato, cabrón, me cago en tu puta madre.

Los policías intentaron calmarme.

—Mikel, que te pierdes, quieto.

Al final me convencieron y solté el arma.

—¡A la cárcel de Basauri!, ¡a la cárcel de Basauri de inmediato! —gritó el juez descontrolado.

Comprendo que aquello fue una animalada, pero vivíamos con la muerte en los talones.

Alfonso, un compañero inspector de Policía que estaba destinado en Bilbao, llamó al jefe, el jefe llamó al director de la cárcel de Basauri y, cuando llegué, este me recibió especialmente amable:

—Has hecho bien a ese hijo de puta de mierda. Tienes ahí mi despacho, con televisión, para que te quedes. Van a venir los tuyos echando hostias.

—Estoy tan cansado que con tener una cama me basta.

—Tienes ahí el sofá.

—No quiero un sofá, necesito una cama, una celda, coño.

—¿Cómo te voy a poner en una celda?

—Una que esté aparte, y me dais una pastilla para dormir.

Me asignaron celda, y un funcionario me trajo una pastilla y me dijo: «Me ha dicho el director que se tome solo una cuarta parte». Me la tomé entera. Al día siguiente fueron a buscarme y yo dormido como un tronco. Me metieron en el coche y me llevaron a un DC-9 que estaba esperando en el aeropuerto para trasladarme a mí y a los compañeros a Madrid. No me enteré de nada. El jefe de la Guardia Civil que estaba en el aeropuerto, al ver el despliegue de medios, decía: «Como en las películas americanas de la CIA».

Aterrizamos en Barajas y yo seguía grogui perdido por culpa del calmante. En la capital estaba reunido todo el comité ejecutivo del Centro. Yo sin enterarme de nada y uno de los policías intentando justificarme: «Se ha tomado una pastilla». Y Jaime Arrieta: «Metedle en una bañera con agua fría». Me metieron y me dieron Coca-Colas hasta que me despejé.

—A ver, ¿qué te dijo ese hijo de puta de juez? —me preguntó Arrieta.

—Que si dejáramos las armas en Madrid no pasarían estas cosas.

—Pero será hijo de puta, se va a enterar ese cabrón.

149

Así era el CESID en 1980, pero pronto empezó a morir en ese aspecto. Hasta ahí, fantástico, después empezó a cambiar.

Mientras todo esto ocurría, a Eduardo lo habían ingresado con la rodilla perforada en el hospital de Cruces y hubo que sacarlo para que no constara nada del incidente. Los agentes del servicio se tuvieron que vestir de enfermeros, lo sacaron a escondidas, lo metieron en una ambulancia y se lo llevaron hasta Madrid. Lo ingresaron en la clínica de Loreto, donde trataban al rey entonces, y le hicieron varias operaciones importantes.

Conozco a Mamen, la mujer de mi vida

*A*l mismo tiempo que buscábamos etarras, en 1978 habíamos contactado en Salamanca con unos mercenarios portugueses que habían estado en Angola. Establecí relación con ellos y resultó que estaban esperando un camión que venía de Portugal y transportaba armas para pasarlas a Francia. Comuniqué al servicio que había que seguirlos y los controlamos. Los menciono, más que por ellos, por lo que sucedió una noche que estábamos juntos en el pub Rojo y Negro, el más conocido de la ciudad. Me gustaba una chica que se llamaba Mamen, desde el momento en que me crucé con ella sentí el flechazo del amor. Yo estaba con estos pájaros, pasó ella y, ante el comentario ordinario que la hizo uno de los mercenarios, lo agarré por el cuello, lo levanté y le dije: «A esta tía no la vuelves ni a mirar, esta es para mí». Ella no se debió fijar en mi declaración de amor y debió creerse que yo también era un mercenario. Por suerte, seguimos coincidiendo mi grupo de amigos y su grupo de amigas.

Al principio Mamen no me podía ni ver. Había tenido novio, un hombre muy potente, de mucho dinero, que era quince años mayor que ella, no se casó nunca y ya está muerto. Conducía Ferraris, Rolls Royces, pero a Mamen el dinero no le importaba. Se enfadó con él y aparecí yo. La primera noche que nos vimos en una discoteca, yo estaba con una chica de Valencia y empezaron a hablar entre ellas. Yo no la hacía caso, y a Mamen es lo que más la fastidiaba, pues llamaba mucho la atención y tenía un montón de pretendientes detrás. Al día siguiente hablé con la agente que estaba conmigo: «Tú te vuelves a Valencia». Destinado por obligación en Salamanca, seguimos viéndonos, y recuerdo que ella tenía varios amigos muy guapetes, pero que eran simplemente amigos.

Empezamos a conocernos mejor después del tiro que Eduardo se pegó en la rodilla, cuando ya lo dejé bajo cuidado médico en la clínica de Madrid. Me la encontré con una amiga sentada en la plaza Mayor de Salamanca y se puso de cachondeo: «Hola, mira por dónde. ¿Por qué no tomas un vino con nosotras?». Yo veía que estaban de juerga y me puse serio: «No te rías porque tú vas a ser mía, pero ya, muy pronto». Se rio muchísimo, pero empezamos a salir a los pocos días.

El dueño de la tienda de ropa en la que trabajaba me tenía una manía increíble, porque se dio cuenta de que Mamen conmigo iba en serio: «Este cabrón se la va a llevar y me la va a quitar de aquí». Tenía toda la razón: cuando Mamen dejó de trabajar, no tardaron en cerrar. La primera vez que fui desde Madrid a recogerla a la boutique —la más importante de Salamanca—, el tipo ya me miró malencarado porque en anteriores visitas, en las que todavía no estábamos juntos, la había hecho probarse ropa para estar más tiempo con ella. Ese día me encontré en la acera de la tienda una increíble colección de coches de lujo, mientras yo iba con mi vulgar 124. Aparqué, salí, todos me miraron, yo los observé un momento con desprecio y me metí en la tienda. Al rato salió Mamen conmigo y dije: «Todos esperando, ¿eh?», y ella añadió más bajito: «Estos mamones son unos babosos».

Yo me movía de Madrid a Salamanca todos los días para verla. Pasaba temporadas allí, en el hotel Regio, pero mantenía mi apartamento en la capital, en la calle Sor Ángela de la Cruz. A los pocos meses le dije: «Deja de trabajar ahí y vente conmigo». Y empezó a acompañarme a casi todas partes y en agosto de 1978 nos fuimos a vivir juntos a Madrid.

En alguna ocasión me la llevé de viaje de trabajo y pudo comprobar lo complicado que era. Un día me acompañó a una reunión en Bilbao, en el hotel Nervión, con gente del servicio. Vino con nosotros Bastarreche, mi oficial de caso en Madrid, que hizo buenas migas con Mamen, había una relación muy familiar, era una época diferente a la actual.

En el viaje de regreso volvimos los tres y paramos en una heladería que había en una especie de centro comercial pequeño, justo cuando vas a salir de la autopista. Mamen se había encaprichado de un helado y nosotros también queríamos tomar algo. Ella se fija mucho en las cosas, es increíblemente perspicaz, y mientras estaba tomándose el helado, me comentó solo a mí, como quien no quiere la cosa:

—Allí hay uno que está leyendo el periódico al revés.

Controlé a uno que miraba por encima del periódico, que efectivamente estaba al revés.

—Madre mía, Bastarreche, que ya nos siguen —le dije a Bastarreche.

—Ya estás con tus neuras.

—Ya verás cómo nos siguen, ¿no ves al tipo aquel?

Mi oficial de caso se fijó por primera vez y se quedó también un poco mosca.

—Qué cosa más extraña.

—Ya verás cómo en algún punto de la carretera nos paran.

—A ver si va a ser verdad lo que dices.

—En el servicio no os lo creéis pero es cierto, nos paran por todos lados.

Enfilamos la autopista hacia Vitoria y paramos en la cabina de peaje, cogimos el tique y al poco nos topamos con un control de la Policía. Vinieron hacia nosotros varios inspectores; entre ellos, distinguí al que estaba con el periódico.

—Salgan del coche. —Y al poco rato—: Usted, monte —me dicen a mí—. Y usted a su lado —le dicen a Bastarreche.

En la parte de atrás se sentaron dos inspectores, uno a cada lado de Mamen. Sin darnos ningún tipo de explicaciones de por qué nos retenían, arrancamos: «Vamos a la comisaría de Vitoria». Iniciado el trayecto, rompí el silencio para darles una información escueta:

—Que sepan que llevo una pistola en la guantera.

—¿Cómo dice? —se extrañó uno de los policías.

—Que llevo una pistola en la guantera.

—Ostras, ¿y eso cómo?

El policía le dijo a Bastarreche que pusiera las manos en el salpicadero y me mandó parar el coche en el arcén, mientras su compañero nos apuntaba.

—Joder, vaya pistola. Vaya pistola buena que lleva el tío.

—Eh, con permiso. —Les enseñé la licencia, que como toda mi documentación era falsa.

—Bueno, esto hay que comprobar.

153

Seguí conduciendo hacia la comisaría con tranquilidad hasta que Bastarreche se volvió hacia ellos.

—¿Vosotros, qué? ¿Estáis con Joaquín Domingo Martorell? Está de comisario ahí.

—Sí, claro, ¿usted le conoce?

—Sí, somos muy amigos.

Como un resorte, los dos guardaron las pistolas que llevaban en las manos, y cuando lo vio Bastarreche, que se estaba cabreando, les dijo:

—Oigan, esto mismo que les he dicho yo se lo puede decir cualquier etarra.

Y sacaron otras vez las pistolas, esta vez apuntándonos a nosotros.

—¿Quieren apuntar para abajo? —les reproché—. Siendo policías, ¿no saben que no se puede andar con las pistolas así, coño? Que aquí nosotros vamos tranquilitos y nadie les va a hacer nada, un poco de cabeza.

—Ustedes cállense —me reprendió uno de ellos—. Y ahora en comisaría vamos a ver.

Ni palabra hasta que llegamos. Allí nos cogieron los carnés y los papeles a los tres, y empezaron a comprobar. Mamen me miraba preocupada porque sabía que su documentación y la de Bastarreche eran auténticas, pero que la mía era toda falsa. Además, Bastarreche, que tenía un aspecto muy juvenil, muy dandi, no sacó para nada el carné del CESID y entregó el carné militar de comandante de Infantería de Marina. Los policías empezaron a mosquearse:

—Mira, este dice que es comandante —Y se reían—. ¡Anda ya, va a ser comandante!

Después miraron los papeles de Mamen:

—Y esta dice que es dependienta, fíjate. —Y se reían aún más.

Al rato vinieron y me comentaron: «Ya hemos mirado lo suyo y todo está correcto, está perfecto», cuando mis papeles eran los únicos en los que todo era falso: el carné operativo y la licencia de armas estaban puestos a un nombre inventado y legalmente no servían para nada. Me devolvieron la pistola y me puse a esperar a ver qué pasaba con mis acompañantes.

—Bastarreche, o sacas el carné del CESID o te quedas aquí —le dije a mi oficial de caso con una sonrisa.

Cabreado, terminó reaccionando:

—¿Dónde está Domingo Martorell?

—Está enfermo, con gripe.

—Que se levante inmediatamente, lo quiero ver aquí pero inmediatamente.

—Pero ¿cómo…? —le plantó cara, dubitativo, un inspector.

—Dígale que está aquí Bastarreche.

El inspector se quedó con el broncazo, pero Bastarreche no sacaba el carné del CESID porque era muy especial. Por fin llamaron a Joaquín, el pobre llegó hecho una mierda, y ya nos dejaron partir.

Para mí lo de Mamen fue amor a primera vista: «Hasta aquí he llegado, esta para mí». Cuando por primera vez la vi, despampanante con un vestido rojo con lunares negros que nunca se me olvidará, sentí un *flash* total. Había ojeado a otras mujeres que me llevaban a pensar «qué buena está», pero con ella tuve claro desde el primer momento que quería ir más lejos. No se trataba de ligármela, quería que fuera la mujer de mi vida, y sabía que lo iba a conseguir. El destino ya me lo había marcado Arrieta cuando no quería ir a trabajar a Salamanca por nada del mundo y él se empeñó: «Ya verás como tú allí vas a tener algo importante».

155

Cómo lo ayudé a localizar a Argala

Cuando nos conocimos, Miguel me cayó fatal, el típico chulo de piscina. Estaba con un grupo de amigos que me parecieron unos energúmenos, iban de sobrados siendo muy mediocres. No tenían nada que ver con la gente con la que yo me relacionaba en Salamanca. Me movía en ambientes distinguidos, mi novio tenía dinero y mi grupo era gente bien de Salamanca. Pero no era porque tuvieran dinero, porque yo no he sido nunca clasista, de hecho salía con mis compañeras de trabajo, que eran currantas como yo.

Los del grupo de Miguel venían como que «soy lo más», pero ¡cómo iban vestidos!, ¡cómo se relacionaban!, ¡cómo hablaban! Cuando conocí a Miguel, estaba con una chica que había tenido un accidente y tenía la cara cortada. Nada más conocerme, la tía empezó a contarme:

—Es que no sabes cómo hace el amor.

—Y a mí qué me importa. —Yo aguantando a la tonta esa—. Niña, ¿qué me estás contando? Yo tengo a mi novio.

Al principio el que me tiraba los tejos era su amigo Alfonso, que trabajaba para él. Era pesadísimo, un llorón, que para colmo les contó a su grupito que yo había aceptado ser su novia. Una noche yo estaba con una amiga, que también se llamaba Mamen, en el Puerto de Chus, un local típico de copas de Salamanca, cuyos dueños eran amigos míos. Aparecieron los de este grupo, se sentaron con nosotras, pedimos unos *gin-tonics* y Miguel se pidió una menta con leche, una mierda de bebida que allí no tomaba nadie. Cuando nos íbamos a ir me dijo: «Te invito», y yo le contesté: «Me pago lo mío, no necesito que me invite nadie».

Otro día Miguel me soltó:

—Porque tu novio…

—¿Qué has dicho?

—Sí, tu novio Alfonso.

—Ah, ¿es mi novio?, pues ahora me entero. Perdona, pero yo tengo novio desde hace seis años y no tiene nada que ver con ese señor.

Otro día fuimos a la discoteca Titos, cuyo dueño era socio de mi jefe y me llevaba bien con él. El pesado de Alfonso no paraba de tirarme los tejos a su manera llorica: «Yo he estado muy enamorado de una chica y me dejó». Yo le contestaba desesperada: «Mira, me voy a tomar una copa y me voy a casa, que no aguanto más». Mientras, en la pista Miguel bailando pegado a la otra y yo pensando: «Qué bien».

Otro de los del grupo que trabajaba para él era Paco el Calvo, que siempre estaba tocando las narices. Una mañana llegó a la tienda en la que yo trabajaba con una de sus amantes de turno para impresionarla comprándole ropa de las mejores marcas. Me vino con pantalones de jugar al tenis y una camiseta, de verdad era de irrisión y más en Salamanca, que al tenis jugaban cuatro y no iban con esas pintas. Yo, educada, pero en mi sitio. Me dijo: «¿Nos harás un buen descuento?», y yo: «Perdona, pero nos lo tienen prohibido». Yo podía hacer el descuento que quisiera, pero no me dio la gana, era un chulo. No sé cuantas cosas le compró a la chica. Yo con ella, normal, porque era una cliente.

—Es que me ha dicho Miguel que va a venir a verte —me dijo el Calvo.

—¿A mí?, ¿por qué? ¿Es que yo le he pedido el número de teléfono o algo? No me interesa para nada.

Otro día me llamó Miguel: «Oye, Mamen, voy a ir este fin de semana, ¿nos podríamos ver?». Quedé con él a tomar una copa, bajé porque ya era la hora a la que habíamos quedado en la pastelería del Chuchi, y lo vi con dos portugueses, Lanza y Rui, uno a cada lado. Eran dos mercenarios que habían estado en varias guerras, y en Salamanca se sabía que se dedicaban al negocio de la prostitución con chicas de varios países. A mí me tiraron los tejos, pero yo de tonta, lo justito, porque sabía de qué iban. Así que pensé: «Ya sé a qué se dedica este

157

mamón, trata de blancas, más de lo mismo». En aquel momento desconocía lo que Miguel me contaría tiempo después: los estaba investigando porque sospechaba que iban a hacer un transporte de armas.

Decidí irme y cuando estaba subiendo por las escaleras, Lanza me dijo: «Guapa, a esta me la tiro yo». Yo le respondí: «Qué más quisieras tú, cretino. He tenido un novio seis años con dinero para aburrir y no me he acostado con él, y me voy a acostar con un chulo de putas». Al mismo tiempo que le contestaba, Miguel lo cogió del cuello por lo que me había dicho.

Me quité de en medio pensando: «Yo con estos tíos no voy ni en broma». Seguí mi camino y me encontré con Glen, un estudiante americano que estaba haciendo un curso de verano de español en Salamanca, cuyo padre tenía petroleras, y estaba enamorado de mí hasta la médula. Nunca le había hecho caso pero me agarré a él y le dije: «Vamos a cenar». Me llevó a un sitio estupendo y carísimo.

Pocos días después estábamos sentadas en la plaza Mayor mi amiga Mamen y yo, y apareció Miguel. Le dije en plan de coña: «Eh, mi novio, vamos a tomarnos unos vinos». Estuve incordiándole y Miguel, cabreado como una mona: «Otro vino, novio». Mi amiga dándome por debajo de la mesa: «Te estás pasando». Aquella noche empezamos a hablar y me dijo: «Tú vas a ser mi mujer», y le contesté: «Pero ¿qué estás diciendo? ¡Qué ambiciones!». Es que yo iba de sobrada. El caso es que empezamos ya bien los dos, hablamos, conectamos bastante y empecé a pensar que era buena gente.

Unas semanas después vinieron a Salamanca Eduardo, Laura y Miguel. Me llamó Eduardo para decirme que Miguel no podía salir y él, que era un criajo, me invitaba a cenar.

—Que sepas que está casado —me dijo sin asomo de duda— y no está separado de su mujer.

—No es lo que me ha contado él.

—Viene a tomarte el pelo. ¿Sabes con quién está en estos momentos? Con Laura. —Aunque más tarde me enteré de que era el propio Eduardo quien estaba con ella.

—Pues que disfrute.

—Que sepas también que tiene dos hijos, y su mujer vive en el País Vasco.

Pensé *tururú*, yo no quería una relación complicada. Hablé con Miguel.

—Eduardo me ha contado estas cosas, me caes muy bien, pero hasta aquí hemos llegado.

—Estoy separado de mi mujer —me contestó—, hace tanto tiempo que no la veo...

También me negó que se dedicara a la trata de blancas y, hablando con él, le creí, pero seguía con algunas dudas, me mostraba reticente. El caso es que terminó convenciéndome y empezamos a salir juntos. En el inicio de la relación no sabía quién era en realidad porque Miguel estaba buscando el momento apropiado para contármelo. Un día yo fui a la peluquería de Cristian en la calle José Antonio, cerca de donde mi tienda. Era un peluquero francés al que iban mucho Miguel y su gente para sus frecuentes cambios de apariencia.

Me vino a buscar a la peluquería y fuimos a la plaza Mayor. Se acercó al quiosco, compró la revista *Blanco y Negro*, buscó un reportaje de cuatro páginas en el que aparecía su foto de siempre en blanco y negro —que yo entonces no había visto— y me lanzó: «Este soy yo».

Me quedé mirándolo: «No te lo crees ni tú». Me empezó a contar un poco por encima la historia de su infiltración en ETA. Llegué a casa y llamé a mi hermano, que estaba de policía en el País Vasco.

—Te voy a hacer una pregunta: ¿tú conoces a El Lobo?

—Sí, mujer, es el que estuvo infiltrado en ETA...

—Es que lo conozco.

—¿Cómo vas tú a conocerlo? Pero si este vete tú a saber por dónde está.

—Medio sale conmigo, está intentando ligarme.

—Estás mal de la cabeza, hermana.

—Te digo, Piti, que este señor me ha dicho que es él y me ha enseñado una revista donde sale.

Mi hermano empezó a explicarme un poco, él sabía mucho de ETA y tenía buenos amigos implicados en el asunto. Yo era una joven dedicada al mundo de la moda y a los temas que me interesaban, y desconocía todo lo referente al mundo del terrorismo.

Después sucedió algo curioso con un señor que venía todos

159

los días a la tienda donde trabajaba y se paseaba de un lado para otro: «Quería comprar algo para mi mujer», y yo intentaba venderle de todo. El señor me pareció raro, ¿a qué iba tanto por allí? Sabía que se llamaba Saura y había intuido que era militar, pero nada más. Mis compañeras me decían: «Este está enamorado». Hasta que un día vi a Miguel con él y resultó que era el jefe del servicio de toda el área de Salamanca.

Nos fuimos juntos a Madrid porque había ocurrido lo del tiro que se había pegado Eduardo en la rodilla en Bilbao y estaba convaleciente de una de las operaciones en una clínica madrileña, pues tuvieron que hacerle cuatro o cinco para arreglárselo. Nos quedamos en casa de Miguel, donde tenía una perra pastor alemán, Lady, que a veces se la llevaban cuando iban a la montaña a hacer la muga, con la que congenié de inmediato. Él iba a tener una reunión importante con Jaime Arrieta, un pez gordo de su servicio. Me contó que la visita no podía saber que había una mujer en casa, así que me metí con Lady en un cuarto. «Callada, que viene un señor muy importante», le dije mientras la acariciaba, aunque no hizo falta, era muy inteligente. Ninguna de las dos hicimos ni un ruido hasta que Arrieta se marchó, y desde entonces fuimos grandes amigas.

Yo llevaba saliendo con Pedro seis años, aunque la relación ya no iba por buen camino cuando conocí a Miguel. Mi novio estaba muy relacionado con Alianza Popular e íbamos a los mítines de Fraga Iribarne. El dinero nunca me ha importado, pero él no se daba por enterado:

—Mamen, les cojo a tus padres un piso por aquí...

—Perdona, si mis padres se van a otro piso es porque se lo habremos comprado los hijos. Tú no les compras nada.

Pedro se acababa de marchar de vacaciones con su madre a Incosol, en Marbella. Otros años los había acompañado y mientras él adelgazaba, su madre y yo estábamos en plan externo porque éramos dos sílfides. Nos lo pasábamos genial comiendo de todo y paseando por Puerto Banús. El resto de las vacaciones íbamos a Santander con su hermana Pili.

Pero llevaba un tiempo enfadada, no le cogía el teléfono y mi madre me decía: «Te ha llamado cincuenta veces». A mí me daba igual, yo era muy burra. Habló con mi cuñado

Manolo, el marido de mi hermana, que vivían en casa de mis padres: «Ha llamado Pedro, que quiere hablar contigo para planificar lo de la boda». Me sentó fatal, porque siempre me preguntaba: «¿Te quieres casar?», y sin inmutarme le contestaba: «Yo no». Era como que me estuviera haciendo un favor. «El favor te lo hago yo a ti, que soy un bombón, tú eres una birria.» Estaba acostumbrado a que todo el mundo le pusiera alfombras y yo le decía: «Soy más guapa que tú, más alta que tú, tienes un ojo de cada color, eres bajito, con alzas en los zapatos, no tienes nada para enamorarme». Se cabreaba, pero tenía sentido del humor. Me contó que había hablado con su madre para casarnos. O sea, que habla con su madre para casarse conmigo, anda y que le den. En esa situación fue cuando empezó mi relación con Miguel.

Yo era más clara que el agua. Le había dicho a Miguel: «Oye, que yo tengo novio, que no voy a tener relaciones contigo». Luego ya me enamoré, ese momento en el cual te cambia el chip.

A mi padre ya le había dado un ataque al corazón, y es fácil imaginar que si llego a casa y le digo que estoy liada con un señor que ya ha estado casado, en su época buena me habría echado de casa.

161

Miguel estaba en Madrid y venía todos los días a Salamanca. Yo salía de trabajar, nos íbamos a cenar, terminábamos a las tantas y a las seis de la mañana se iba para Madrid. Y volvía al día siguiente.

Hasta que no pude retrasar más el presentarlo en mi casa. Mi madre estaba muy enfadada pero me dijo: «Lo que tú quieras». Mi padre tenía muy mala leche y a mí me trataba como a una reina, aunque tenía su toque protector. Como un día, cuando iba paseando con mi anterior novio rico, que nos lo encontramos de frente por la plaza Mayor.

—Por favor —le dijo—, tráigame a mi hija a sus horas a casa, que viene muy tarde.

—Perdón, señor, le agradezco que me lo diga, pero yo estoy en Salamanca viernes, sábado, domingo y lunes, el resto de los días llamo a su casa y la niña no está.

—Pero estoy en la discoteca, papá —intervine—, que me ve todo el mundo.

Mi padre tenía mucho temperamento, era muy como yo; para él era su favorita. Primero se te tiraba a la yugular y luego te preguntaba. No perdió energías a pesar de haber tenido un ictus y tener que ir a rehabilitación con un logopeda. Conoció a Miguel y le cayó muy bien, aunque uno de los días le cantó las cuarenta incluso con sus problemas de habla: «A mi hija, ¿cuándo casar a mi hija?». Eso tardaría, ¿cómo íbamos a casarnos? Si cambiaba de nombre cada seis meses, ¿con quién iba a casarme?

Mi padre terminó queriéndolo mucho: «Daniel, Daniel», lo llamaba porque no le salía Miguel, y le gustaba irse de caza con él. Murió con nosotros. La ilusión de mi padre era ver el mar antes de morir, porque él se había criado en Almazora, Castellón, y nos lo llevamos a Almería. Aprovechamos para sumar a la hermana de Miguel, que había roto con su novio. Allí mi padre se dedicaba a buscarle chicos guapos.

Empecé a ir de vez en cuando con Miguel a alguna operación, y para mi sorpresa no pasaba tensión ni miedo. Fui más consciente de los riesgos de su trabajo cuando tuve a los niños, a partir de entonces estaba muy pendiente.

La primera vez que lo acompañé de ayudante fue a San Fernando, en Cádiz, con Ramón, al que llamábamos Zapico, un comandante que era el segundo de la zona. Habían recibido una información sobre la posibilidad de que hubiera un atentado de ETA durante una reunión de almirantes. Miguel quería que nadie sospechara de él por ser un hombre solo. En ese viaje nosotros nos quedamos en una tienda de campaña; a los demás los mandó a un hotel. Para pasar aún más desapercibidos nos acompañó Teresita, la hija pequeña de una amiga, que dormía con nosotros en el camping.

Casualidades de la vida, al día siguiente de llegar me fui a llevar a la niña al baño. Al salir del edificio de los sanitarios, me fijé en un grupo de *hipiosos* en una tienda de campaña cercana y los oí hablar en vasco. Me aproximé con Teresita, que tenía tres años: «Mi niña, quietecita». Debieron creer que era mi hija y no tomaron conciencia de que podía estar pendiente de lo que hablaban. Me fui acercando más para escuchar bien y oí dos nombres que a mí me sonaron a chino, porque yo no tenía ni idea de los nombres vascos. Luego ya empezaron a charlar en castellano porque una de las chicas con las que estaban no hablaba vasco.

Se lo dije a Miguel en cuanto nos encontramos:

—He oído hablar en vasco y uno le llamaba al otro Argala.

—¿Qué dices, Mamen? —me dijo sorprendido.

—Sí, ha dicho Argala.

—No puede ser.

—Han hablado de un atentado, de cargarse a unos almirantes.

Miguel se puso en funcionamiento, se fue corriendo a una cabina para llamar al servicio, porque entonces no había teléfonos móviles. Yo me quedé pendiente de tomar el número de las matrículas y descubrir qué coches utilizaban. Teresita me vino genial, porque con ella podía sentarme en el suelo cerca de ellos: «Piedrecita, piedrecita» y «Niña que te adoro, que te como». Ellos debían pensar: «Esta boba no se entera». Cuando llegaron los guardias civiles, tuvieron tan mala fortuna que cogieron a varios y los más importantes se escaparon, pero pudo ser una operación bestial.

163

Los Pitufos anticipan un atentado y no les hacen caso

*E*n 1979 cambié otra vez de nombre y pasé a ser José Miguel Torres Suárez. El CESID me metió a hacer unos cursos con mi equipo, organizados por la CIA y el Mosad, pero impartidos por gente nuestra. Se celebraban en unos locales que tenía el servicio en el Multicentro de la calle Princesa, en Madrid. Aprendimos a mandar mensajes cifrados, algunas técnicas de seguimiento y contraseguimiento, y algo de temas de inteligencia. Nuestra participación la decidió uno de los jefes básicamente para formar a los miembros de mi equipo. Fue un curso bastante ligero, el único que he hecho, a mí los cursos importantes me los ha dado la vida.

164

Ese año también capté por mi cuenta a Antxón y a Íñigo, a los que llamamos los Pitufos. Siempre ha sido cosa mía buscar a alguien para meter cerca de ETA. Igual que el servicio siempre ha tenido un tío para los temas del rey, yo he tenido siempre a quien me informe, y a esos infiltrados nunca se los he dado al servicio. Lo que hacía era entregarles las informaciones que ellos me pasaban, que eran muy buenas.

Antxón e Íñigo eran amigos míos de la juventud, fueron los primeros que capté para infiltrar en ETA. Vivían en el País Vasco, tenían la ventaja de que allí conocían a mucha gente y a ellos los conocía todo el mundo. Entre ellos no se conocían, y los mandé al sur de Francia. Con los dos tuve mis buenas charlas, en plan lavado de cerebro. Eran de la misma formación que yo, estaban en contra del terrorismo etarra. Uno hablaba euskera perfectamente y el otro peor, pero se defendía. Les dije: «Vosotros alegáis que os habéis ido a Hendaya o a San Juan de Luz porque aquí os están puteando. Cada dos por tres os están parando por la calle, la Policía os fastidia y os han metido varias veces en el calabozo por nada. Estáis hasta las pelotas y vais a buscar trabajo allí, sin olvidaros de pasar por el bar Hendayais».

Más que el dinero, les motivó que querían hacer como yo, era su objetivo principal, querían adoptar una figura como la mía, obtener resultados importantes. Fue lo que les inculqué, el idealismo de hacer un servicio perfecto. Les dije: «Os voy a llevar yo, pero en el servicio van a intentar quitarme a mí de en medio», como era típico. Cuando se los presenté a la gente del servicio, los Pitufos especificaron: «Solo queremos trabajar con Mikel». Yo tenía que presentar a cada uno de mis colaboradores a los responsables del servicio y ellos siempre intentaban quedárselos, aunque yo me las apañaba para que les pagara la Casa pero dependieran de mí.

Yo había acumulado más experiencia, les dije que si parecía necesario que yo fuera a Francia, iría: «Si no, os mando un contacto». Había un primo de uno de ellos que también estaba dispuesto a trabajar, pero él no quería irse a vivir a Francia, solo ayudar; me servía de correo y lo hizo muy bien; todavía hoy es un buen amigo.

Los Pitufos fueron metiendo el morro, no eran de los que estaban totalmente dentro, pero se enteraban. Uno estuvo en Hendaya y el otro en San Juan de Luz, más tarde en Ascain, y terminó recorriéndose todo el sur francés. Unas veces se buscaban la vida trabajando de camareros y otras eran los etarras los que les buscaban trabajo de cualquier cosa. Yo siempre les dije que procuraran no entrar en comandos, que fueran simpatizantes, pero sin dar pasos dentro de la organización. Se mantuvieron así años y pasaron buenas informaciones. Los míos siempre estaban intentando quitármelos. Pero cuando yo decía que no, era que no.

Mi máxima, mi forma de pensar, era otra, no la cuadriculada militar o de los servicios de inteligencia. Yo siempre les dije a mis colaboradores: «Mira ante todo por tu vida, y si en un momento dado no ves salida, te conviertes en etarra, que yo ya me encargaré de sacarte de ahí». Esa era la única manera de darles una inyección de moral y de tranquilidad. Inculcarles que iban a estar superapoyados y que si se enfrentaban a una situación crítica, debían cambiar el escenario, convertirse en etarras y olvidarse de todo.

165

Lo de los Pitufos fue bastante más rápido que lo mío, pero tardaron en conseguir lo primeros datos buenos. Pasaron media docena de informaciones, unas se aprovecharon y otras no. Informaron de que pretendían volar a un comando del Grupo de Acción Rápida de la Guardia Civil en Guernica. Posteriormente nos contaron que pillaron a un tío que era cojo justo en el momento en que estaba poniendo la bomba.

También pasaron el plan para asesinar al general Lorenzo González-Vallés, que era el gobernador militar de San Sebastián. Transmitieron todos los datos de cómo se lo querían cargar: la fecha, la hora, al salir de misa, en el paseo de la Concha. Quisieron ponerle escolta, no sé si el servicio se lo tomó muy en serio, no se la pusieron y lo mataron.

La información que yo recibía de los Pitufos era tan detallada, y yo confiaba tanto en sus dotes, que para mí era totalmente veraz. Me contaron que en Zarauz, a la hora de la comida, Txapela[35] y otros etarras se iban a cargar a unos guardias civiles. Se lo conté a los policías —en esos momentos trabajaba con el grupo de inspectores dirigido por los comisarios Ballesteros y Domingo Martorell— y estos me dijeron que tenían una información distinta:

—Txapela viene en el Topo [el tren subterráneo entre Hendaya e Irún], y cuando llegue lo vamos a pillar.

—Coño, que la información mía es buena.

—La nuestra también.

—Pues vamos al Topo y si no viene, que no va a venir, nos vamos con las sirenas puestas a Zarauz —dije yo por no buscar un enfrentamiento.

Llegamos al Topo y nada. Salimos a toda leche para Zarauz, que queda a cuarenta kilómetros por la autopista, y por cinco minutos no pudimos evitar que se cepillaran a cuatro guardias civiles y dejaran herido a otro. Me cabreé mucho, pero no pude hacer nada, aunque le canté las cuarenta al policía con el que trabajaba, el Rubio.

Asistí con mi grupo a los funerales, que se hicieron en el Gobierno Civil de San Sebastián, por los guardias asesinados. Estaba lleno de policías y guardias civiles, entre ellos A. C.,

166

35. Miguel Antonio Goikoetxea Elorriaga.

que era el jefe de Operaciones de la Guardia Civil. Todos los entierros de aquellos años se hacían lo más callados posible, con miedo, muy oscuros.

Entre aquella multitud, me fijé en que había dos tíos que estaban haciendo que un grupo de personas profirieran gritos a favor de ETA y de la muerte de la Guardia Civil. Y comprobé que Cassinello se enfurecía. Fijándome, vi que uno de ellos llevaba un bulto en la barriga, que es donde muchos guardaban la pistola. Llamé al Rubio y le alerté: «Aquellos dos son etarras liberados». Los pillaron, llevaban armas y los identificaron. Los llevaron al Gobierno Civil, y puedo decir que en los interrogatorios a los que yo he asistido no les ponían la mano encima a ninguno, a pesar de que ellos tenían la consigna de decir que los habían torturado.

Para mí fue bestial aquel drama de Zarauz, y ver después a estos dando gritos a favor de ETA delante de las familias destrozadas. No se amedrentaron y cuando los detuvimos nos gritaban: «¡Hijos de puta, perros, os vamos a matar a todos!». Tenía todavía caliente en mi mente el momento en que llegamos a Zarauz y vimos el cuadro de cuerpos destrozados que había allí, era increíble. Les dispararon delante de sus mujeres y sus hijos, y encima los remataron. Eran unos años muy difíciles, con una crispación terrible y una actitud de abandono deplorable hacia la Guardia Civil. Aquello fue muy duro, una de las circunstancias más duras que he vivido. He visto atentados, pero nada como aquello.

167

A los dos etarras detenidos los metieron en el sótano del Gobierno Civil, los ataron y con unas toallas húmedas les dieron de leches. Estaba tan fuera de mí que ese día yo mismo les di unas cuentas hostias a los dos, porque de verdad no se podía aguantar aquello; que encima se te reían en la cara, eso te crispa.

A veces se obvia la historia negra de ETA. Quieren que olvidemos la época en que se enterraba a sus víctimas a escondidas. La Guardia Civil fue la que más sufrió, a los guardias en el País Vasco los enterraban sin hacer ruido. Este fue uno de los pocos funerales que se celebró abierto y público, por lo grave que había sido y la forma de producirse.

Y eso si conseguías que el cura quisiera oficiar el funeral, que muchos se negaban. La Iglesia en el País Vasco tuvo una incidencia terrible sobre la actuación de ETA porque el PNV era un partido muy de derechas, conservador, muy católico, y la Iglesia siempre apoyó al PNV, que había sido el artífice de todo lo que estaba pasando. Arzalluz ya sabemos cómo era y cómo lo manipulaba todo, también había otros, pero él era el cerebro.

La Iglesia estuvo muy comprometida; de hecho, ETA nació en los sacramentinos de Villaro, justo en la casa de enfrente de donde vivía mi familia. Los curas de esa congregación venían a mi casa y mi madre les daba de merendar. Yo era un crío y jugaba allí con ellos. De la noche a la mañana, empezamos a ver que desaparecían algunos a los que más frecuentábamos: «Es que ha huido a Francia». No entendíamos. La actitud de la Iglesia tuvo una incidencia muy grande en el País Vasco. Durante mi infiltración no traté directamente con ningún sacerdote; el hermano de Ezkerra, Josean Múgica, había sido cura. Yo sé que muchos sacerdotes estaban apoyando a ETA, les daban refugio en muchas iglesias.

168

Volviendo a Zarauz, ese pueblo guipuzcoano también fue escenario de otra información importante que me pasaron los Lobillos: Txapela estaba viviendo allí en un piso y lo tenían localizado. Fuimos para allá y los policías montaron el cordón. Lo único que recuerdo es que la escalera estaba llena de inspectores de Policía; en la calle no sé lo que había porque no vi a ningún agente de uniforme. Mandaron por delante a una inspectora joven, María José García, que gritó: «Abra, Policía». Abrió la puerta Txapela y le metió un tiro en la cabeza. Eso creó una confusión tan grande, el cuadro era terrible, que al etarra le dio tiempo a escapar por la ventana y se piró. No se había montado bien el cordón. Más tarde, a Txapela lo mataron los GAL cuando ya le habían detectado un cáncer terminal.

Había ciertas informaciones que, dependiendo por dónde venían, en la Policía no se las tomaban en serio. Si la información partía de nosotros, no se la creían mucho; si partía de ellos, la respaldaban aunque luego no resultara cierta. En el escenario que he descrito, si te lo tomas en serio, formas un cordón como es debido, porque Txapela era el más buscado en ese momento, era un terrorista que había hecho de todo. Tienes que organizar un cordón alrededor de toda la manzana, y lo vas a pillar porque tienes que planificar la posibilidad de que intente escaparse. Si vas a entrar en un piso, tendrás que prever que lo más probable es que tenga ventanas, y tendrás que saber adónde dan. Era triste, pero se trabajaba a golpe del momento.

Otro episodio lamentable sucedió cuando pasé la información de que había un grupo de etarras en un bar de la Parte Vieja de San Sebastián. Montamos un despliegue, conmigo a la cabeza; entré en el bar, miré para atrás y se habían largado todos los policías. Me habían dejado solo. Me acerqué a la barra y el que estaba junto a mí me dio en el brazo sin querer: «Perdona, perdona». ¡Era Ezkerra!, mi antiguo compañero del comité ejecutivo de ETA. Me acababan de servir el vino, no quería que se fijara en mí y pensé: «Me lo tomo tranquilo, porque si me lo tomo rápido, a ver si se va a mosquear». Estuve un rato de los nervios, porque Ezkerra me conocía perfectamente…, antes de mi cambio de apariencia. No sé ni cómo me bebí aquel vino, salí a la calle, miré para un sitio y para otro, y no encontré a los que habían ido conmigo. Esos policías trabajaban muy guarramente. Cogían, sacaban a los detenidos a las tres de la madrugada, los llevaban al cementerio y «cantaban lo que no sabían».

Cuando más tarde me fui a México dejé a los Pitufos a su aire en Francia. Uno se fue a trabajar a París y dejó la infiltración, y el otro también terminó abandonando. Les dije que lo mejor era que se perdieran, que cuando yo pudiera retomar mi trabajo con ellos ya nos veríamos. Pero a mi regreso de México todo se convirtió en una calamidad. Los míos no supieron aprovecharlos, y además les pagaban una mierda, 50.000 pesetas.

He ido perdiendo la conexión con ellos, llevamos mucho tiempo sin vernos. Uno de los Pitufos ha regresado a su tierra, se casó y está bien. Del otro sé más o menos por dónde anda, mantengo una relación indirecta. Es un tío de los que ha seguido en la línea batasunera para no levantar sospechas. Los Pitufos salvaron muchas vidas con sus informaciones, sin mirar jamás a la birria del dinero que les pagaba el CESID.

169

CUATRO GUARDIAS CIVILES ASESINADOS Y SEIS PERSONAS HERIDAS EN UN ATENTADO EN ZARAUZ

El País, **4 de noviembre de 1980.** Cuatro guardias civiles de Tráfico fueron asesinados, a las 23:50 horas de ayer, en la localidad guipuzcoana de Zarauz, cuando se encontraban, francos de servicio y de paisano, tomando unas copas en el bar Aizea, situado en el casco urbano del pueblo. Los guardias civiles fueron ametrallados por dos individuos que entraron en el bar y realizaron al menos 35 disparos. En el atentado resultaron heridos otro guardia civil y cinco vecinos del pueblo.

* * *

EL GENERAL GONZÁLEZ-VALLÉS FUE ABATIDO DE UN SOLO TIRO EN LA SIEN

El País, **25 de septiembre de 1979.** [...] Sin incidentes destacables, salvo los protagonizados al término del acto por un centenar de personas de paisano, se celebró en la basílica Santa María, de San Sebastián, el funeral corpore insepulto en memoria del gobernador militar de Guipúzcoa, general de brigada Lorenzo González-Vallés, abatido de un tiro en la cabeza a mediodía del domingo, cuando paseaba en compañía de su esposa por el paseo de La Concha.

* * *

ETA ASESINA A LA PRIMERA MUJER POLICÍA

Libertad Digital, **16 de junio de 2011.** El 16 de junio de 1981 la banda terrorista ETA asesinaba de un tiro a quemarropa, en la localidad guipuzcoana de Zarauz, a la inspectora de Policía María José García Sánchez. Fue la primera agente de Policía muerta en acto de servicio en un atentado terrorista. La inspectora participaba en un operativo antiterrorista en Zaráuz junto a varios miembros de la Brigada Central de Información a la que pertenecía.

* * *

EL TERRORISTA DE ETA-M TXAPELA,
CLÍNICAMENTE MUERTO POR UN ATENTADO

El País, **29 de diciembre de 1983.** El miembro de ETA militar Miguel Antonio Goikoetxea, Txapela, uno de los activistas más destacados de esa organización terrorista, resultó herido de extrema gravedad ayer en la localidad francesa de San Juan de Luz a consecuencia de un atentado perpetrado por unos desconocidos. A primera hora de la madrugada de hoy se encontraba «clínicamente muerto». Goikoetxea está considerado como uno de los activistas más destacados de los comandos ilegales de la organización. El Gobierno había pedido a Francia en dos ocasiones su extradición. Los Grupos Antiterroristas de Liberación (GAL) asumieron anoche la autoría del hecho.

171

Me hago pasar por etarra ante la prensa belga

*E*n 1979 había unos apartahoteles al lado de los Nuevos Ministerios, en una plazoleta que había bajando la calle de Ríos Rosas, en Madrid, y ahí organizamos una campaña que jamás se había desarrollado en España. Bastarreche, jefe del Área de Antiterrorismo, me informó de que iba a ser una cosa nuestra, y yo siempre he pensado que fue así. Me dijo: «Que no se entere nadie, que nos van a meter un palo».

Montamos una escenificación simulando que yo era un etarra arrepentido, y Bastarreche llamó a la televisión belga y a otros medios como un agente de los servicios secretos españoles que les pasaba una exclusiva.

Delante de una pared pusimos una bandera de Euskadi enorme y yo me coloqué a un lado con traje negro y capucha negra, hablando en euskera y en español. Me hicieron una entrevista en la que queríamos hacer ver que ETA se entrenaba en campos belgas gracias a los apoyos con que contaban en ese país, una realidad que conocíamos perfectamente, pero que nadie se atrevía a denunciar. Nadie tomaba cartas en el asunto, ni siquiera el propio Gobierno español. El reportaje tuvo mucha repercusión en Bélgica.

Se armó un follón impresionante. Nuestro Gobierno pidió explicaciones al belga, que no sabía por dónde salir. A raíz de eso, el Ejecutivo belga empezó a tomar posturas diferentes y se acabó el rollo que tenían allí los etarras para hacer lo que quisieran en sus campos de entrenamiento.

1979 fue un año de mucho plomo, y ante el vacío informativo montamos esa historia. Teóricamente, el CESID nunca supo quién lo había hecho. Bastarreche me decía: «Si se entera el director, nos funde». Era mi oficial de caso y había una simbiosis muy buena entre los dos, nos llevábamos muy bien. Fue una época en la que íbamos juntos a muchas partes. Él era el típico señorito, un *lord* inglés. Nos veíamos en casa, nos emborrachamos más de una vez. Discutíamos bastante, pero éramos amigos.

Esa campaña hizo mella. Lo que hicimos fue el comienzo de la guerra sicológica, yo estaba loco por llevarla a cabo, era mi obsesión. A partir de ahí empezó el CESID a utilizar esta estrategia. Yo siempre tuve en mente que era muy importante: había que ir más allá de la infiltración, había que hacer ver a los etarras y mentalizarlos de que aquel Lobo que habían tenido dentro les había dejado metidos más *lobos*. Y que tuvieran siempre el temor, el miedo, de que podían estar agujereados.

En 1980 los polimilis hicieron la declaración de que abandonaban la lucha armada. ETA político-militar desapareció entonces, aunque los que huyeron de la última redada que yo propicié —Pakito, Argala...— fueron los que se integraron después en ETA militar y se hicieron los amos. Antes acabaron con Pertur y su empeño de convertir ETA en un partido político.

Realmente ETA-pm murió con la amnistía, luego ya era la ETA delictiva. Siguieron durante un tiempo con el nombre de «político-militar» porque eso les daba pie para muchas cosas. Hubo muchos polimilis que estaban perdidos por ahí y se entregaron a la Policía, entre ellos algunos de los que conocía yo.

Los que quedaron eran borregos, no era la gente intelectualmente preparada de antes, eran asesinos crueles. Lo que más temían era estar agujereados, no poder fiarse los unos de los otros, esta sospecha les hacía pasar miedo. No se fiaban del que tenían al lado por si era un infiltrado o un chivato. En su estructura interna, el temor era terrible. Esta guerra sicológica les hacía más daño que las detenciones. Había muchos miembros de ETA que querían abandonar la organización y no podían por el miedo que tenían a las represalias de los suyos. A partir de ahí empezaron los arrepentidos, y sus excompañeros reaccionaron matándolos.

La obsesión de mi padre: «Hijo, ¿vas armado?»

*M*antener la relación con mi familia siempre ha sido una tarea muy complicada. No quería ponerlos en peligro, así que debía mostrar una actitud distante buscando la mayor seguridad. Me había ocurrido una anécdota curiosa unos años antes, en 1976, cuando me desplacé al País Vasco pocos meses después del final de mi infiltración. Me acerqué solo a Bilbao, las típicas cosas que hacía y no debía, porque me gustaba moverme por sus calles para medir hasta dónde podía llegar en mi trabajo. Dejé el coche aparcado cerca de Las Cortes, que entonces era el Barrio Chino, bajé hacia el teatro Arriaga y, mientras cruzaba un puente sobre la ría, me tropecé con mi tía, que era como mi segunda madre. Ni siquiera tras el pequeño contacto me reconoció. Me dolió mucho no poderle decir nada, ni siquiera darle el beso más rápido del mundo. Pero fue el momento en que me sentí más seguro con mi nueva caracterización física.

Ese día, por cierto, seguí caminando hasta el bar del teatro Arriaga y allí me encontré con el Fanfa, que estaba con otros dos tíos. Fanfa me conocía muy bien, me había impulsado para entrar en ETA. Tú eres consciente de que te han cambiado la apariencia, pero no estás mentalizado, entre otras cosas porque la cirugía estética era todavía demasiado reciente. Yo llevaba la pistola sin preparar, me fui al baño y monté la Luger. «Hostia, aquí voy a salir mal.» Estuve tomando algo en la barra, y cerca de mí Fanfa hablaba, reía, miraba a su alrededor y no pareció identificarme. Salí a la calle con mucha precaución, mirando a un lado y a otro, sin fiarme de que no me hubiera reconocido. Cuando llegué al coche, miré por debajo para comprobar que no me habían adosado una bomba y solo entonces respiré profundamente.

Mis experiencias con algunos familiares ya me habían demostrado que no siempre te puedes fiar de las personas a las que crees cercanas. Unos meses más tarde me quedé a dormir en casa de un primo por parte de la mujer con la que estuve casado muy poco tiempo en mi juventud, y dejé el coche una calle más arriba. A las tres de la madrugada no sé lo que pasó pero pensé: «Miguel, lárgate de aquí». Con la pistola preparada en la mano, cogí el coche y, tras mirar los bajos, me largué a toda velocidad hacia Burgos. Luego me contaron que al cuarto de hora apareció allí un comando de ETA: mi exfamilia política había cantado mi paradero.

Años después me salté una norma casi sagrada y aparecí en casa de mis padres, en Basauri, acompañado de Eduardo. Les di una alegría enorme, estuvimos felices, y a los diez minutos, de repente, me inundó una sensación extraña: «Vámonos, estamos en una zona caliente». Casualidades de la vida, los del bar de al lado ya habían avisado de mi avistamiento. Al cabo de una hora apareció un grupo de etarras dispuestos a ejecutar la sentencia que la dirección de ETA había dejado escrita en las paredes del País Vasco.

Con mis padres tuve momentos. Cuando más los vi fue a mediados de los 80 porque me los llevé para compartir unas vacaciones en Almería. Luego estuve mucho tiempo sin verlos. Con mi madre estuve en 1993 en Bilbao, 18 años antes de morirse, un día que quedamos a comer en Archanda. Fue la última vez que pude disfrutar de ella.

Yo procuraba transmitirles la mayor normalidad a mis padres, aunque nunca lo conseguí y mi madre no hacía más que llorar. Sufrieron mucho. La obsesión de mi padre era: «Hijo, ¿vas armado?, ¿vas armado?». A mi padre lo vi un año antes de morir, porque pasé por el hospital de Santa Marina, en la parte alta de Bilbao, en el monte, donde estuvo ingresado un par de días por nada especialmente grave.

Para visitarlo, me trasladé con Mamen desde Madrid. Nos acompañó un matrimonio, y mi amigo iba armado, como yo. Nos llevó hasta el hospital mi cuñado Txema. Entré en la habitación de mi padre y lo primero que me dijo cuando me vio fue: «Hijo, ¡qué viejo estás!». Y lo segundo: «¿Vas armado?». Le enseñé el 45 que llevaba en la cintura y se quedó tranquilo. Después me preguntó si mi amigo también, y le pedí que le enseñara su pistola, y mi padre: «Bien, bien». Se conservaba per-

175

fectamente, manteníamos el cariño y la preocupación uno por otro, pero yo era el hijo perdido, no teníamos contacto casi y era una relación más fría. Por primera vez en mi vida cogí a mi padre en brazos y sentí una ternura especial, y sé que él también. Nunca lo había acariciado, nos queríamos mucho pero ninguno éramos demasiado efusivos. Fue una sensación reconfortante que me quedó para siempre. Estuvimos un rato charlando:

—¿Y Mamen?, ¿y Mamen?

—Tranquilo, está abajo. Vamos por partes, ahora me voy yo y viene ella.

Subió Mamen con la mujer de mi amigo y se pegaron un rato de charla. Nosotros bajamos, nos quedamos hablando con Txema, el marido de una de mis hermanas, que era un vasco de pro de Llodio y militaba en Herri Batasuna, pero que conmigo era uña y carne; murió de cáncer de colon hace unos años.

La relación con mis padres después de meterme en ETA fue mínima. Ni siquiera me pude acercar a sus entierros, a ningún acto relacionado con ellos, ni a las bodas de mis hermanas. Para mí fue un gran sufrimiento. A mis hermanas las he visto muy poco, compartimos una comida en Valencia hace cuatro años y hacía una barbaridad que no estaba con ellas. Ahora están con ganas de recuperar el contacto, justo cuando yo comienzo a extremar las precauciones porque ahora que la organización ha anunciado su final, me dan más miedo. Bueno, miedo no he tenido nunca, lo que siento es temor de no saber quién puede traicionarme. Me puede traicionar cualquiera, no alguien de allí, del norte, sino alguien de la Policía o la Guardia Civil, de los míos o del mismo Gobierno. Pueden llegar a pactar que hay que matar a El Lobo. Me da más miedo eso. Una vez le dije a mi oficial de caso: «Ya podéis cuidarme entre algodones, porque si mi muerte es en extrañas circunstancias o con la mínima duda, saldrá todo y reventará todo, pese a mi gran lealtad. Si me pasa algo, tengo quien saque las cintas grabadas».

El comandante que se inventó que me conocía

*E*n el año 1980, cuando estaba Rodríguez Sahagún de ministro de Defensa, me ocurrió una anécdota muy representativa sobre lo que la opinión pública pensaba que había sido del infiltrado en ETA llamado El Lobo. El ministro había planeado veranear en Almería, en el hotel Golf Almerimar, que era como un pequeño oasis en mitad de un desierto de plástico de invernaderos, desde el que si bajabas un desnivel te encontrabas la playa, con un puerto y un hotel.

A Rodríguez Sahagún le gustaba ese hotel porque tenía un campo de golf y era un sitio sencillo, como era él. Me mandaron un mes antes para controlar la zona, por si detectaba a alguien extraño. ¿Qué hacíamos nosotros en estos casos? Muchas veces mandábamos a mis chicos a hoteles buenos y Mamen y yo buscábamos un camping y allí nos instalábamos sin llamar la atención. Mi mujer tuvo que pasar de poder vivir en la opulencia a dormir en tiendas de campaña.

Aprovechando que llevaba mucho tiempo sin ver a nadie de mi familia, les propuse que se vinieran de vacaciones a mi hermana Mari Luz y a su marido batasuno, Txema, al que yo quería mucho y nos llevábamos fantásticamente bien. Quedamos con ellos en Madrid y en mi coche, un CX que tenía entonces, nos fuimos juntos a Almería.

Cuando íbamos por la zona de Úbeda nos topamos con un control importante de la Guardia Civil. Nos pararon y pidieron la documentación. Como yo ya me conocía el percal de tantas veces que me sucedía lo mismo en el norte, les dimos todo y añadí:

—Llevo un arma en la guantera.

—Ah, ¿cómo es eso?

—La llevo con la correspondiente licencia.

El que me hablaba era un comandante, algo poco habitual.

—Esto está bien, pero claro, yo tengo que confirmarlo.

Imagino que también influyó que mi hermana y mi cuñado eran vascos, pero su confirmación entrañaba el pesado problema de que eran las cuatro de la madrugada, porque a mí siempre me ha gustado mucho viajar de noche. Había al lado un restaurante de carretera abierto 24 horas, y el comandante nos propuso: «Pues vamos a tomar un café mientras se hace de día», para lo que aún faltaban cuatro horas.

Estábamos tomando los cafés y el hombre se puso a contarnos su vida y salió el tema del País Vasco.

—Yo estuve en el norte destinado, en Marquina de capitán, y luego ya de comandante me trajeron para esta zona. En Marquina hice muy buenos trabajos contra ETA; de hecho, conocí allí a un personaje que ha trabajado muy bien en ese tema, era muy amigo mío.

Intenté hacer memoria: yo había estado por la zona de Marquina y Lekeitio, y por todas partes cincuenta mil veces, pero no me acordaba de este hombre para nada. Un año antes había estado por allí coordinando equipos de la Policía y la Guardia Civil, y tampoco él se acordaba de mí. Hasta que se lanzó:

—Yo conocí allí a uno al que llaman El Lobo.

—Ah, ¿sí? —dije sorprendido.

—Sí sí, me llevaba muy bien con él, hicimos un montón de cosas. Le dieron cien millones de pesetas, se fue a Sudamérica y está viviendo ahora allí de una manera inimaginable. Allí tiene lo que quiere, trabajando, con dinero, viviendo de puta madre.

Yo estaba como una cerilla a punto de encenderse. Y el tío seguía y seguía largando. Poniéndome muy serio, le dije:

—Comandante, ¿tú sabes con quién coño estás hablando?

—¿Cómo?, ¿por qué?

—Estás hablando con la persona que estás diciendo.

—¿Qué?

—Sí, ¿no has visto que mi hermana se llama Mari Luz Lejarza? ¿Y quién era Lejarza? Porque yo llevo alias de trabajo, mis nombres son operativos, pero ella es mi hermana.

—Ostras, oye, pues perdona. Podéis seguir, no hace falta que llamemos a ningún sitio.

—Sí hace falta, ahora sí que vamos a llamar. Tantos amigos que nos has contado que tienes por ahí, que conoces a todo el mundo, pues ahora yo quiero que llamemos.

Nos tomamos cuatrocientos cafés ahí, desesperados porque teníamos que llegar al camping.

—A las ocho de la mañana voy a llamar a tu director y al mío también.

—¿Para qué? No hace falta.

Cuando dieron las ocho llamé a mi jefe y el mío llamó al suyo. Su director le echó tal bronca que se puso ahí mismo firme y dio un taconazo.

—Si vienes por mi despacho, te doy un montón de información que quizás te venga bien.

—No necesito ninguna información, tengo que llegar donde tengo que llegar.

—Pues te pongo dos motos que te escolten.

—Que no necesito nada, ¿no entiendes que quiero pasar desapercibido? Encantado, adiós.

Anécdotas como esta se han repetido multitud de veces. Yo era amigo de fulano, yo estuve con él..., y no los conoces de nada. Se han aprovechado de mi nombre más de uno y de dos. Algunos se han hecho pasar por mí o han contado que trabajaban para mí, lo que me ha producido hartazgo, y algunas veces me han entrado ganas de decirles que tengan cuidado, no vaya a ir contra ellos la bala que me tiene preparada ETA.

La creencia de que tras la Operación Lobo me fui a vivir como un pachá a Sudamérica creo que fue un bulo que extendió mi propio servicio por dos motivos. O bien dijeron: «Le hemos pagado mucho dinero, ya no está con nosotros y adiós muy buenas». O bien, y esto es lo que yo preferiría pensar, lo hicieron por mí, para que los que quieran matarme me pierdan la pista. Nada más lejos de la realidad, pues ya he contado cómo volví a trabajar al norte tras mi infiltración casi de inmediato.

179

Haciendo la muga en calzoncillos largos

*E*n 1980, cuando mi oficial de caso era Bastarreche, me llamó Andrés Cassinello, recientemente nombrado subdirector del Mando Único Contraterrorista. Él le había pedido al CESID que me nombraran coordinador y llegaron a un acuerdo. Me fui a trabajar con él, junto a los comisarios de Policía Ballesteros, Domingo Martorell y varios inspectores.

Cassinello siempre ha confiado en mí, aunque en su etapa como número dos del SECED no me vio nunca. Muchos años después, cuando estuvo de capitán general en Burgos, me hizo un reconocimiento increíble, se portó muy bien: cuando fui a visitarlo, me formó la guardia para que me rindiera honores. Siempre ha tenido conmigo buenas atenciones, especialmente cuando tuvimos graves problemas médicos y él puso todos los medios para atendernos.

En 1981 tuvo lugar la Operación Chubasquero, dedicada a la impermeabilización de las fronteras, en la que estuvimos tres o cuatro meses, en pleno invierno, con un frío de narices. La intención era marcar en los planos catastrales del Ejército los pasos de muga para que pudieran controlar a la gente de ETA que pasaba ilegalmente de un lado a otro. Además, encontramos por la zona muchos zulos con documentación y armas. Más tarde, también hice ese mismo trabajo para la Guardia Civil acompañado de uno de sus oficiales.

La Operación Chubasquero la ejecuté con mi grupo. Curiosamente, el teniente coronel en la zona de Burguete era Emilio Alonso Manglano, que al poco tiempo fue nombrado director del CESID. Durante la misión, entrábamos en Francia para revisar algunos caseríos de arriba abajo. Un día, en uno nos encontramos dentro a un grupo de etarras. Habíamos llevado unos cartuchos de gas de esos que se usan en Sudáfrica, que son muy potentes y no te dejan respirar. Los disparamos al interior de la casa y saltaban por las ventanas como monos en estampida. El problema es que no les ibas a tirar a ellos, porque estábamos en territorio francés. Lo único que apuntamos es que aquel caserío era un refugio de ETA. Yo siempre he sido muy leal, pero un agente infiltrado como yo no puede ser disciplinado y en determinadas situaciones, como la que he narrado, actúas por impulsos.

Otro episodio que recuerdo es cuando nos siguieron ellos a nosotros, eran un grupo bastante mayor que el nuestro, y corrimos hacia la frontera española. Cuando llegamos, nos parapetamos: «Como pasen la línea hacia España, sí que tiramos». Yo tenía a uno apuntado con el objetivo de mi rifle, pero se detuvo en territorio francés. Si hubiéramos sido como ellos, ¡qué fácil lo habríamos tenido! Pero nuestra misión era buscar, mirar y centrar.

Nos establecimos el Calvo, Eduardo, el sargento Carlos y yo en la zona de Burguete, en cuya montaña montamos la tienda de campaña. Por la noche encendíamos un fuego, estábamos allí calentándonos y luego rápido al saco a dormir. Cuando nos levantábamos, la nieve cubría la tienda hasta la mitad y teníamos que apartarla para salir.

Llegamos a pasar un frío difícil de imaginar si no lo has vivido, con temperaturas de hasta menos 21 grados. Entonces no había ropa especial como ahora, y llevábamos por dentro calzoncillos largos como los de John Wayne en las películas del oeste, ropa de abrigo de lana, cazadoras, qué sé yo. Íbamos superabrigados por la montaña, empezó a pegar el sol y de repente pasamos del frío extremo a un calor insoportable. Los cuatro que estábamos de misión empezamos a quitarnos ropa y a meterla en la mochila. Nos quedamos todos con los calzoncillos largos y las botas, la mochila repleta, la canana con un revólver, yo con el rifle, otro con una escopeta y el sargento con una metralleta. Armas que no nos había dado el servicio. Los agentes operativos sí que tenían sus equipos, pero nosotros teníamos que procurárnoslo todo.

De esa guisa un tanto ridícula seguíamos andando cuando vimos a lo lejos a un montón de leñadores con unas pintas de proetarras a morir. Nos detectaron y se quedaron obnubilados, unos tíos por la montaña en calzoncillos largos.

—¿Qué pasa? —gritaron.

—¿Qué tal? —contesté yo.

—De cacería, ¿o qué?

—Eso no se puede decir. —Cerca de allí estaba el mayor coto de caza de la zona, el Quinto Real.

Echaron unas carcajadas y nos invitaron a tomar vino con un poquito de queso. Cuando nos despedimos, salimos corriendo pensando que esos cabrones avisarían a los de ETA, y es que tampoco dábamos la pinta de cazadores furtivos, porque éramos cuatro tíos que, entre otras armas, llevábamos revólveres y hasta una metralleta, que se salían del repertorio normal en un coto de caza. Nunca se me olvidarán las pintas que llevábamos, eran increíbles.

Durante esta misión, recibí la información de los Pitufos, obtenida de una fuente fiable, de que el 23 de febrero de 1981 iban a pasar los principales dirigentes de ETA desde Francia a España. Mi equipo y yo nos metimos en una borda, que es donde guardan las ovejas, que estaba vacía. Allí pasamos toda la noche y la verdad es que no durmió nadie, porque estábamos atentos y tensos a ver si pasaban. Durante la espera, conversamos sobre el hecho de que nos habían mandado que los siguiéramos y los centráramos: «Sabéis que nosotros hacemos nuestro trabajo, pero luego siempre se escapan». Decidimos improvisar un referéndum: «A ver, papelito y que cada uno diga qué hacemos cuando pasen: "guerra o seguimos"». En todos los papelitos ponía «guerra». Los cuatro coincidimos. Daba igual si ellos eran siete u ocho, nosotros éramos suficientes para enfrentarnos a ellos.

El caso es que en vez de ver a los etarras pasar a España, lo que ocurrió nos dejó desconcertados: veíamos gente a punta pala dirigirse hacia Francia: «Pero ¿cómo nos ha pasado la información esta gente? Qué cosa más rara». Por la mañana bajamos al pueblecillo más cercano y en el bar tenían la televisión puesta: «Golpe de Estado...». Llamé desde la primera cabina de teléfonos a Madrid y me dijeron: «Vosotros, a la base de Logroño, rápido, y llamar desde allí». Lo que llamaban de una forma tan rimbombante «la base» era simplemente la casa de uno de los chicos. Nos fuimos allí y me dijeron: «Nada, todo controlado, no hay ningún problema. Tranquilos, seguir a lo vuestro». Y continuamos con la identificación de las mugas.

Aquel año ocurrió un hecho que dejó patente lo complicada que era mi vida sin una identidad de calidad. Me había mudado con mi mujer a vivir una temporada a Burgos para desde allí viajar al norte con más facilidad. Yo llevaba la pistola en la mariconera y un desgraciado nos pilló desprevenidos y nos la robó. Cuando descubrió que había una pistola dentro del bolso, lo tiró cerca de la puerta de la comisaría. El comisario buscó en el interior el carné de identidad —en ese momento mi nombre era Julio Forcada Serrano—, buscó en la base de datos y llamó a un teléfono de Priego, Córdoba. Respondió una mujer con la voz madura.

—Tengo aquí la pistola de su marido.

—Oiga, a mí no me tome el pelo, mi marido hace mucho que ha muerto.

—No no, que tenemos aquí la documentación, el arma y todo.

—Que le digo que mi marido está muerto desde hace mucho tiempo.

El comisario se mosqueó un poquito y se preguntó: «¿Quién suele utilizar aquí nombres de muertos?», y se puso en contacto con el CESID. Poco después me llamaron del servicio para que fuera a recoger la mariconera. A raíz de este incidente, pensaron en la posibilidad de darme un nombre fijo, algo que conseguiría pasado un año y medio.

183

III

Mirando a España —y a los GAL— desde México

El precio para matar etarras

*E*n el año 1982, meses antes de que el PSOE ganara por primera vez unas elecciones generales, de la noche a la mañana, me llamó mi oficial de caso, Bastarreche, para decirme:

—Ponte el mejor traje que tengas, coge un maletín y te vas al hotel Meliá, te encontrarás allí un grupo de gente, unos son italianos, hay un argelino. Tú vas como empresario vasco, limítate a escuchar las cifras que te digan de por tal etarra de tal categoría tanto. Llévate una grabadora.

La reunión transcurrió según lo que me había adelantado Bastarreche. Entre el grupo destacaba uno que era cojo y llevaba la voz cantante. Empezaron a decirme: fulano de tal tanto, mengano tanto. Recibí diversas ofertas según el tipo de personas, su importancia y los precios que les correspondían. Hablando en clave, me marcaron cantidades de dinero por las cabezas de los etarras.

—Ok, ya hablaréis con quien tengáis que hablar —concluí antes de irme.

Cuando vi a Bastarreche le lancé:

—¿Qué hostias estáis haciendo?

—Es porque estamos controlando un tema.

Al poco tiempo comenzó toda la historia de los GAL. Yo me di cuenta perfectamente de lo que estaban montando. Sumé a lo vivido en esa reunión algo de lo que me enteré tiempo antes sin proponérmelo. Había viajado a Bilbao con Bastarreche y Luis, que eran los que llevaban todo lo referente a Interior en el CESID, y en el camino recuerdo que charlamos sobre temas del servicio como la entrada de civiles y mujeres, pero también sobre cómo se podía acabar con ETA. Cuando llegamos, me dejaron en el hotel Nervión y se fueron a ver a Cassinello y varios jefes de la Policía.

Ese encuentro fue la antesala de lo que yo vi unos meses después cuando regresé a Bilbao y aparecí en el Gobierno Civil. Uno de los guardias civiles de la puerta me preguntó:

—¿Adónde va?

—Voy a ver a Andrés.

—¿A Andrés Cassinello?

—Sí, claro, he quedado con él.

Sin más trámites, me dejaron pasar, subí a la planta donde estaba su despacho, pero se había ido. Buscándolo por el edificio, abrí la puerta de un salón grande y lo encontré con el capitán que creó los GEO, más policías y guardias civiles, una mezcla de todos los cuerpos reunidos para hablar de cómo atacar a ETA. Todos se quedaron pasmados por mi interrupción, aunque no se movió ninguno. Andrés, que era muy amable, me presentó al capitán de los GEO, que luego murió en un accidente, y a varios de los asistentes. Después me dijo:

—¿Cómo has entrado?

—Por la puerta —respondí sonriendo.

—Pero ¿no te han parado ni te han pedido nada? Es que tú te filtras por cualquier sitio, eres la leche.

Casé esta convocatoria con la mía en el hotel Meliá y pensé: «Madre mía, madre mía». También me acordé de que unos meses antes en el servicio me habían presentado al Gordo, un destacado agente del espionaje de Argentina, que durante una reunión se había reído de nuestros métodos en la lucha terrorista: «Vosotros sois unos maricones, nosotros a los malos los montamos en un helicóptero y les damos la opción de hablar o los tiramos al vacío». Poco tiempo después el CESID, donde debían pensar, con acierto, que yo sabía más de lo debido, me mandó a México. Su argumento fue que destinarme tan lejos acabaría con la pesadilla de estar cambiando continuamente de identidad porque podría adquirir una sólida y estable.

Antes de irme me pidieron si podía pasar a Eduardo a la Guardia Civil. Se lo comenté y preparamos una reunión en la cafetería Manila, de la calle Génova, con el teniente coronel Ostos y el entonces capitán Félix Hernando. Lo convencieron y se fue a trabajar con ellos. Durante un tiempo dejé de saber de Eduardo, hasta que en marzo de 1984 recibí una llamada de teléfono y me contó: «Mañana pon la televisión, que va a salir una noticia en Biarritz».

Habían pegado allí un bombazo tremendo, por la zona del bar Hendayais. Murió el mercenario francés Jean-Pierre Cherid. Al momento supe que era un operativo relacionado con los GAL. Un día, tiempo después, me encontré con Eduardo y me lo contó todo: «Nos dieron los explosivos sudados y le reventaron en los morros a Cherid, estaban en malas condiciones».

Cuando vi que Eduardo estaba metido en los GAL, corté con él. Más tarde me enteré por su mujer que lo habían metido en prisión, un follón porque él a su vez había metido a un amigo suyo en esa iniciativa antiterrorista, y sé que los dos terminaron encarcelados, pero no supe ni por qué, ni cómo, ni nada. Después de salir de prisión, me lo volví a encontrar años más tarde en Barcelona y estaba muy cabreado: «Voy a tirar de la manta, voy a sacarlo todo, porque estos hijos de puta nos han utilizado de mala manera, no nos han pagado lo que nos dijeron».

No he sabido de él nunca más. Me di cuenta en ese momento de que en los GAL estaban metidos los míos, los otros y los otros. Aunque yo siempre he pensado que de los míos no es que estuviera metido el servicio, sino algunos a título personal. A mí me quitaron de en medio, por eso me mandaron a México.

189

CHERID FUE EL HILO CONDUCTOR DE LOS ATENTADOS
CONTRA ETA DESDE EL FRANQUISMO A LOS SOCIALISTAS

El País, **5 de septiembre de 1998.** El 19 de marzo de 1984, la explosión de un automóvil sacudió el centro de Biarritz. A 60 metros del lugar donde reventó el Renault 18 de matrícula falsa se encontró una cabeza. Los restos del cuerpo aparecían diseminados en medio kilómetro. La policía francesa tardó varios días en identificar el cadáver. Se trataba de Jean-Pierre Cherid, de 40 años, francés nacido en Argelia, fichado como exmilitante de la OAS, la organización ultranacionalista francesa que puso en jaque a De Gaulle. Pero Cherid no era un mercenario jubilado. Murió en plena acción. Su verdadero empleo era otro. O así lo entendió su viuda, que tras la muerte de Cherid reclamó una pensión al Ministerio del Interior español. Naturalmente, por fallecimiento en acto de servicio. Siempre trabajó, sostenía ella, para los mismos patronos, aunque a lo largo de su carrera utilizase distintos nombres: Antiterrorismo ETA (ATE), Batallón Vasco Español (BVE) y Grupos Antiterroristas de Liberación (GAL). Jean-Pierre Cherid fue todo un rey de las cloacas desde 1974 a 1984.

Las fotos de la masacre de guatemaltecos

*E*n la primavera de 1983 me mandaron a México para hacerme un cambio de identidad, una nueva y supuestamente bien hecha, que la podíamos haber construido perfectamente en España, pero bueno. Cuando me fui, yo era Julio Forcada y regresaría de México siendo Miguel Ruiz Martínez. Para colmo, la gestión se podía haber resuelto en tres días y me tuvieron allí siete meses.

De entrada, en el servicio me dijeron que viajara a Miami y allí me cogiera un avión de esos del Ejército mexicano que recogía en esa ciudad a refugiados que estaban tirados. Que entrara de esa forma en el país. «Y como vas sin identidad, apareces allí.» Yo dije que ni en broma: fui a Miami pero me alojé en un hotel normal y saqué billete en un vuelo normal. Soy rebelde, pero con una justificación: ¿cómo me voy a meter yo en un avión militar con mexicanos que han tenido problemas en Estados Unidos y los devolvían a su país? ¿Para qué querían que viajara en esas condiciones?

En cuanto llegué a México, me dediqué a montarme una nueva identidad que fuera totalmente real. Me bastó una gestión rapidísima que hice con un juez de allí, creo que con permiso del Gobierno mexicano y en conexión con la embajada española, en la que el hombre del CESID era O. G. V. La única faena es que ubicaron mi nacimiento en Michoacán, localidad en la que años después se concentrarían muchas familias mafiosas. Después me hice el carné de conducir con el jefe de la Policía mexicana, lo que me costó un esfuerzo tremendo: una botella de coñac.

Los siete meses de mi estancia se me hicieron eternos porque tampoco tenía muchas cosas que hacer. Había llegado en un avión de Mexicana de Aviación que estaba bien, pero volar por el interior del país en esa compañía era de locura porque la mayor parte de las veces los pilotos iban bebidos. Pasé un miedo terrible durante un viaje a Oaxaca. Durante la maniobra de aterrizaje yo veía las chumberas en las orejas, el aparato pegaba unos botes tremendos. Por fin tomó tierra y se quedó en una explanada grande, aunque el aeropuerto era pequeño. No esperaba lo que me iba a encontrar, pero ya empezaba a sentirme como en las películas mexicanas de antes.

Me subí a un taxi y me dirigí al conductor: «Lléveme al mejor hotel de la ciudad». Condujo hasta el destino sin dudarlo, me acerqué a la recepción para firmar el registro y en el mostrador me encontré una gallina. Me quedé alucinado: «Esto es el Oeste».

El CESID me pidió que viajara por todo el país para ver si descubría la presencia de etarras. Ellos ya tenían conocimiento de algunos y me indicaron varios sitios concretos. Los etarras estaban diseminados, había como docena o docena y media, que yo pudiera comprobar, aunque quizás fueran más. El primer lugar al que me desplacé fue a Querétaro —allí centré a varios— y luego a Oaxaca —donde al parecer vivían varios, pero solo vi a uno—. Me acerqué a Montalbán y me fui a dar una vuelta por la ciudad para intentar descubrir a algunos de los elementos que me habían indicado. En los días siguientes descubrí que estaban metidos en una especie de casas de campo bastante aisladas del centro urbano.

En México no llegaron a morderme los de ETA en ningún momento, hubo suerte. Conocí a personas afines a la organización, vascos que regentaban negocios como librerías. Yo entablaba relaciones con ellos que me servían para ir obteniendo información.

—Y tú, ¿qué haces? —me preguntaban.

—Estoy aquí a ver si me cogen de administrativo en la embajada.

—¿Vas a trabajar en ese nido de víboras? Está lleno de hijos de puta.

—No jodas.

—Piénsatelo bien, tío, son unos mierdas.

—Gracias por decírmelo, tendré que pensármelo.

—¿Y de dónde eres?

—Soy de aquí, de México.

—¿Cómo vas a ser de México si tienes acento vasco?

—Ya sabes que los vascos nacemos donde queremos. —Yo, muerto de la risa—. Circunstancias de la vida, nací aquí por mis padres.

También entablé relación con un americano al que yo llamaba Willy, su nombre era Williams pero no me acuerdo del apellido. Había sido piloto en la guerra de Vietnam y había pasado por mil peripecias. En una de nuestras charlas me contó todo el problema que había en San Cristóbal de las Casas (México) con los guatemaltecos que estaban huyendo de las matanzas impresionantes de Ríos Montt y se encontraban con que en México también los disparaban. Llegué a un acuerdo con Willy porque tenía una avioneta con una máquina de fotos instalada especialmente para captar imágenes de calidad desde el aire. Creo que trabajaba para alguien porque no era lógico que tuviera una avioneta destinada a ese fin. Era pequeña, pero muy rápida.

«Pues nada, vamos a hacer unas pasadas.» Hicimos un montón de fotos, yo vomité dos veces, el tío hacía unas piruetas impresionantes. En una de esas pasadas, le metieron dos tiros en la carlinga.

—¡Hostia, que eso es un disparo! —grité sorprendido.

—Sí, claro, ¿qué pasa?

—¡Joder, que nos están ametrallando!

—No pasa nada.

—¿Cómo que no pasa nada?

Aquí está la diferencia entre el espía y el Rambo, que no se asustaba de nada. Yo estaba acojonado verdaderamente.

—¡Que nos fríen!

—Que no, que no —me respondía mientras se disponía a dar otra pasada.

Las fotos que obtuvimos probaban que en Guatemala la dictadura de Ríos Montt acribillaba a la gente. Los guatemaltecos entraban en territorio mexicano y los acribillaban también. No tenían escapatoria. Las matanzas eran terribles.

El siguiente paso fue planear cómo podía filtrar adecuadamente esas fotos. Tenía un amigo que era físico nuclear, Aníbal, en la UNAM, la Universidad Nacional Autónoma de México.

Aníbal tenía origen español, había vivido en Guatemala, donde le habían matado a parte de su familia, y estaba muy vinculado con los de ACNUR. Le di las fotos para que se las pasara a Pilar Jaime, de ACNUR, con la idea de que hicieran con ellas lo que creyeran conveniente. La sorpresa fue que cuando regresé a México unos meses después, en mi segundo destino en aquel país, en 1984, Pilar me entregó un álbum enorme con todas las fotografías. Las remití en un envío urgente al servicio, a nombre del director, y me dijeron que lo llevó al palacio de la Moncloa, era un drama bastante serio.

Además, realicé otras labores típicas de agentes en el extranjero, como colaborar en operaciones ligadas a asuntos políticos. Una de las más importantes en las que intervine fue el litigio entre Inglaterra, Alemania, Italia, Francia y España para la venta y construcción de aviones de carga para el Ejército. La pelea final quedó entre el modelo alemán y el Aviocar español, y era importante conocer los entresijos del avión alemán, sus características y su precio. O. G. V. me había presentado a nuestro colega alemán, Juan Strodheim, que había estado agregado en su embajada en Madrid, y con el que me llevaba muy bien y conseguí tener bastante confianza. Cumpliendo con mi misión de espía, aproveché una invitación que me hizo a su oficina camuflada y robé los planos del modelo alemán. Tiempo después me lo echó en cara, gajes del oficio. Construcciones Aeronáuticas creó una planta de construcción de Aviocares, que salían más baratos y cuya eficacia era bien reconocida. El agente de inteligencia también hace espionaje industrial, y en este caso fue a favor de una empresa estatal española. Son misiones propias también de un espía, y en las que tiene que emplear toda su astucia.

194

En la embajada agarro a mi jefe por el cuello

$\mathcal{T}$ras esa estancia en México, antes de las Navidades de 1983 volví a España para regresar unos meses después, pero ya de una manera oficial. Así que esta vez me instalé en el país con Mamen. La idea inicial que me explicaron en el CESID era que me destinaban a México durante más tiempo para más tarde quedarme allí como jefe del servicio de una zona más amplia que incluía Costa Rica.

Los meses que estuve en España, mientras me confirmaban el nuevo destino, residía en Salamanca aunque acudía con frecuencia a la sede del servicio en Madrid, en Castellana 5, donde conocí a mucha gente, entre ellos a las jovencitas que muchos años después llegaron a ocupar puestos de secretaria general. A principios de marzo de 1984, pasé una mala racha personal porque tenía problemas para dormir y me tenía que tomar pastillas. Un día me convocaron en la escuela del CESID, que estaba en Castellana 16, para someterme a unos test, paso previo para meterme oficilmente en el servicio. Me dejaron solo en un aula y me salieron fatal. Basándose en esa prueba, me pusieron como categoría la de especialista, supuestamente en infiltraciones, lo que conllevaba un sueldo de mierda.

Cuando llegó el momento de destinarme a México no cumplieron su palabra. Me enviaron como segundo de P. M., al que acababan de destinar allí como jefe. P. M. me dejó claro desde el principio que, además de hacer yo todo el trabajo, porque él no hacía otra cosa que estar encerrado en el despacho, también le tenía que hacer de recadero y llevar a su hijo al colegio.

Llevaba muy pocos días en ese puesto tan frustrante cuando decidí acudir al teniente coronel Carmelo Medrano, que era el agregado militar español.

MIKEL LEJARZA-FERNANDO RUEDA

—¿Cuándo me vais a asignar las armas?

—Aquí no tenemos armas, el único que lleva es el guardia de la garita, que es mexicano, pero no tiene balas en el revólver.

Me apañé, busqué quiénes las vendían en la capital y encontré a un cirujano de origen español al que de joven le habían pegado una paliza de muerte y se había hecho con un arsenal. Le compré un revólver cómodo para llevar siempre encima, y cuando se enteraron en la embajada, todo el mundo vino a pedirme que les suministrara otros parecidos.

A nosotros nos pagaban en dólares y teníamos que cambiarlos a pesos. Me busqué unos contactos que cambiaban muy bien, más alto que en la mayor parte de los establecimientos. Todo el personal de la embajada: «Cámbiame a mí». Hasta que un día un gilipollas dijo: «Miguel se está ganando un montón de dinero a nuestra costa». Se acabó, ya no cambié un céntimo más, porque lo hacía como un favor y no ganaba nada.

En México la OLP convocaba muchas reuniones a las que también asistían etarras. Yo acudía a las convocatorias y me sentaba en la fila de los etarras que estaban huidos y que habían sido muy activos durante mi época de infiltración. Tomaba nota de quiénes iban, aunque tampoco tenía material para fotografiarlos. Así que convencí a un amigo que no tenía nada que ver con el asunto y me lo llevaba para que hiciera fotografías a los asistentes.

Vivimos situaciones extrañas, como por ejemplo comprobar cómo actuaban los policías con los robos. El comandante de la Policía mexicana, que a mí me trataba muy bien, se pasó por casa después de que denunciáramos que nos habían robado y prometió protegernos. Cogieron al chaval que había entrado y le hicieron perrerías. Yo fui a verlo muy cabreado y le dije: «Estas cosas no, ¿eh?».

También le robaron en casa a una amiga, me fui con mi pistola para que estuviera tranquila y me pasé con ella toda la noche. No volvió a entrar nadie y terminaron cogiendo a la ladrona. Me la encontré en la comisaría colgada cabeza abajo, lo que provocó que volviera a cabrearme con los policías.

En México nos rodeamos de un grupo de personas muy influyentes. Me introduje en el corazón de México, que es lo que tiene que hacer un espía. Yo no había estado nunca en una carrera de caballos y un día tuve la oportunidad de acudir con nuestro amigo Máximo, íntimo de Salinas de Gortari, que entonces era ministro y luego fue presidente. Nada más llegar al hipódromo, Máximo me preguntó:

—Miguel, ¿tienes mil dólares?

—Pues sí, por casualidad, porque normalmente no llevo tanto dinero.

—Trae, que vamos a apostar.

Yo no sabía que la visita a las carreras incluía hacer apuestas y me quedé preocupado porque si perdía ese dinero me hacía pupa. Máximo apareció al cabo de un rato: «Ganamos», y me entregó veinte mil dólares. Era un tipo influyente, que se había arruinado cuatro veces y siempre se había recuperado. En México todo lo tenían controlado, amañado. No volvimos más al hipódromo.

Mamen estuvo muy bien en México, tenía una amiga íntima con la que iba a jugar al billar, y que de vez en cuando venía en un coche a recoger a mi mujer y se iban las dos a jugar a los bolos. También se acercaban a un tianguis, un gran mercado, a unos cien kilómetros de distancia, para comprar el pescado fresco que vendían al por mayor, y se volvían con unas jaibas, más grandes que las nécoras de aquí, o con unos huachinangos, lo más parecido al besugo. Un día las acompañé y curioseando me encontré a un señor que estaba haciendo consomé en un bidón de gasolina. Me acerqué y vi que era una especie de caldo de color verde. Él metió la mano y sacó la cara de un carnero, con todos los dientes y con los ojos blancos de tanta cocción. Me puse malísimo solo de verlo, me entró una diarrea terrible y no sabía adónde ir. Lo primero que encontré fue un taller mecánico. Era asqueroso lo que vendían y comían allí en algunas calles.

Mamen vivió bien, el que vivió mal fui yo. Iba a trabajar a la diez de la mañana y a la una P. M. me decía: «Vámonos». Un día, fiesta en la embajada; otro día, fiesta en no sé dónde; actos que no iban conmigo, yo había ido a currar.

Así que cuando por fin tuvimos una charla, le hablé con claridad:

—Aquí hemos venido como espías, no como señoritos, y tenemos que meter la cabeza donde haya que meterla.

—Mira, nosotros aquí, a vivir la vida. Vivimos bien, leemos los periódicos, hacemos nuestros escritos para contar más o menos cómo está la cosa, mandamos los informes y punto.

Para su suerte, nos llegaban semanalmente los informes del resto de las embajadas que lo facilitaban todo. Esta actitud era la típica en aquella época entre los delegados del servicio de inteligencia en otros países. Para muestra, la película *El sastre de Panamá*.

—Recortamos las noticias más importantes —siguió diciéndome—, yo redacto el informe, tú lo escribes y lo mandas.

No aguanté más y me cabreé.

—Yo no he venido aquí ni para hacer de chófer de tu hijo ni de mozo tuyo. He venido a meter el morro, a hacer mi trabajo de espía.

Algo incompatible con su forma de entender el trabajo del servicio en el extranjero. Porque P. M., nada más llegar al país, se había acercado a la sede de nuestros colegas mexicanos para contar que éramos espías y hasta les enseñó su carné del CESID.

—Aquí se hace lo que digo yo —se me puso farruco.

Ya no pude más y lo agarré por el cuello.

—Si te meto una hostia, te mato.

Sé que me pasé. En ese momento bajó el canciller Zabala, vio que lo tenía enganchado y gritó: «¡Dale al policía Chino!», que es como lo llamaban en la embajada. No caía bien a nadie, mientras que yo me llevaba bien con todos.

Además, tuve un problema médico por el mal de altura y me daban unas arritmias tremendas. Mi jefe se lo tomaba a cachondeo, le importaba tres carajos lo que a mí me pasara. Una cosa unida a otras hizo que el tema se pusiera bastante serio.

Antes de irme a México, yo había tenido mi carné operativo a nombre del que utilizaba un agente, Juan Rando, porque en ese momento el mío no valía. Cuando me iba a marchar a México, Rando me dijo: «Menudo hijoputa que te ha tocado». ¡Qué razón tenía! A P. M. lo destinaron a la embajada en México como premio por haber sido jefe del equipo que llevó a cabo la exitosa investigación del intento de golpe de Estado de los coroneles. Yo fui obligado, pero él, como premio. Menudo pájaro.

P. M. me utilizaba continuamente para chorradas y yo no aguantaba más. El tío era un patata, no hacía otra cosa que vender coches de Estados Unidos y leer el periódico para sacar noticias que enviar a España. Un día me dijo:

—Nos vendría bien tener los estatutos del partido de izquierda.

Y yo, con dos narices, me fui a la sede del partido y me hice pasar por miembro del Partido Socialista Navarro, que no sabía ni si existía. Me metí allí, me hice amigo de ellos, me dieron libros, los estatutos, de todo. Cuando llegué a la embajada, le entregué a Pedro el material que me había solicitado y más.

—¡Madre mía de mi vida!, ¿cómo lo has conseguido?

—Como se consiguen las cosas, para eso estamos… Y tengo una invitación para ir a ver a Daniel Ortega.

—A eso voy yo, voy yo.

—Pues vete tú si te da la gana, pero, chico, la invitación es para mí.

En el mes de noviembre de 1984 hubo una explosión tremenda en San Juanico, que era donde estaban todos los depósitos de gas, con una burrada de muertos, casi seiscientos. Una misión de los agentes de inteligencia que trabajan en las embajadas es descubrir las causas o lo que haya detrás de sucesos como ese. Me puse a mirar y al final conseguí enterarme de que un general del Ejército poseía en esa zona de la sierra de Guadalupe una finca enorme por la que pasaban los conductos del gas. Cuando los descubrió, no se le ocurrió otra cosa que meter una pipa y vender camiones de gas para su propio beneficio. Lo pillaron, se le acabó el chollo y ese día pegó un petardazo. Nosotros vivíamos lejos de allí y sentimos la explosión. Se hicieron fotos aéreas y con ellas quedó claro que los depósitos estaban comprimidos de tal manera que la explosión no pudo ser fortuita, sino provocada. Hicimos el parte del incidente y empezamos a comprender la realidad de México. Una de las razones por las que yo me marché —la principal fue mi enfrentamiento con P. M.— estuvo en que tuve la sensación de que iba a ocurrir algo muy gordo.

Primero me enteré, tenía buena información por gente de allí, de que el peso podía devaluarse de una forma tremenda. Hablé con los españoles: «Ojo, que va a haber una devaluación

199

por lo menos del 200 por 100. Intentad hacer algo con el dinero». No fue del 200, sino del 1000 por 100. Los que me hicieron caso, bien; los que no, terminaron fatal.

Al mismo tiempo yo le decía a Mamen que notaba el ambiente enrarecido, al margen de que se había agudizado mi enfrentamiento con P. M.: «Aquí estoy haciendo el tonto, lo que había que hacer ya está hecho, vámonos para España». Regresamos y en septiembre se produjo el famoso terremoto de 1985, en el que murió tanta gente, incluso un amigo nuestro.

Poco antes de regresar a España me llegó una oportunidad que desaproveché sin pensármelo dos veces. Don Antonino Fernández Rodríguez, que ya murió el pobre, era uno de los dueños de la fábrica de cervezas que en España conocemos como Coronita y uno de los mayores millonarios de México, y había nacido en León. Todas las semanas nos mandaba cajas de cerveza que no nos cabían dentro de casa y las teníamos acumuladas en el patio. Un día me puso el talonario delante:

—Si te quedas con nosotros, pon tú la cantidad que quieres ganar.

Ya trabajaba con él Camilo García Marcos, uno que había sido brigada del Ejército español y fue destinado en México como ayudante del agregado militar. Camilo, que era muy válido y llegó a ser el consejero delegado del Grupo Modelo, fue el que preparó el ofrecimiento.

—Ni por todo el oro del mundo me quedo en México.

La Policía me dio una Magnum: «Si entra alguien en su casa, usted le dispara»

Cuando lo conocí, en 1978, se llamaba José Miguel Casas Ferrer, el primero de un sinfín de identidades que tuvo en los siguientes años. Con cada una que llegaba, me tenía que aprender los nuevos nombres de su padre y de su madre, y también del resto de sus familiares ficticios. Todo se complicó cuando nació nuestro hijo en 1981, pues no le pude dar de alta con el nombre falso de Miguel, en ese momento Julio Forcada Serrano. Así que al nacer figuró en el registro como hijo de madre soltera, con mis apellidos, y se los cambiamos una vez que nos casamos.

Durante su estancia en México de 1983, Miguel apuntó su nuevo nombre en un libro de registro de familia, aprovechando el espacio en blanco que había entre los hijos que había tenido una mujer llamada Guadalupe, que sin saberlo pasó a ser su madre. Lo hizo todo bien sellado, perfecto. La pega es que tú sabes que eso no es real. Cuando Miguel consiguió una identidad permanente, volvió de México y me dijo: «Ya podemos actuar».

Mi madre había contado a sus vecinas que estábamos casados desde hacía mil años. Lo pasaba mal porque era de la escuela antigua, y cuando finalmente celebramos la boda se puso la mar de contenta. «Aunque sea civil, hija, pero sentir que estás casada», me decía la pobre. Yo siempre he sido muy pegada a la realidad y el tener que fingir e inventar tanto, contando historias que no tenía por qué, me fastidiaba.

Como en Salamanca pensaban que ya estábamos casados, celebramos la boda de tapadillo en agosto. Miguel llevaba un traje color hueso, casi blanco, y el mío era negro, palabra de honor, entallado de tul negro, por encima de la rodilla, con las sandalias y guantes negros, y el tocado con una flor roja. El juez era un mandado, todo estaba organizado. Nos dieron el libro de familia, metimos al niño y más tarde, cuando nació, también a la niña. Invitamos a los agentes del servicio de Salamanca y a los de Madrid —los testigos fueron Luis González Hidalgo y Bastarreche—, y a toda mi familia, excepto mi padre, que murió mientras yo estaba embarazada, y a su entierro asistieron todos los del servicio.

Poco después de la boda empezó el curso escolar. Nuestro hijo iba al colegio de Santa Marta, cerca de la casa de mi madre, y el primer día mi amiga Carmen le preguntó: «¿Qué habéis hecho este verano?». Y él, tan pancho: «He estado en la boda de mis papás». A Carmen le faltó tiempo para soltármelo: «Qué gracia, Mamen, lo que me ha dicho tu hijo, que ha estado en la boda de sus papás». Y yo, como si nada: «¡Es que el niño tiene una imaginación!». Muchos años después, cuando ya lo supo todo, mi amiga me lo recordaba: «Mira que yo me creí que el niño se lo había inventado», y yo excusándome: «Lo que pasa es que yo no podía decir nada de nada».

La nulidad del matrimonio de Miguel la conseguimos años después a través de Pilar Urbano. Podíamos habernos casado por la Iglesia, pero era como engañarme a mí misma y por eso lo hicimos por lo civil. Cuando gestionó la nulidad, yo lo acompañé a hablar con don Pedro Heredia, el máximo responsable de la Rota en España, que tenía sus oficinas en Madrid, al lado de la catedral. Con nosotros no fue encantador sino lo siguiente. Mi ilusión siempre fue casarme por la Iglesia porque yo soy creyente, aunque fuera en una ceremonia a la que asistieran cuatro personas.

Yo con la gente del servicio he tenido todo tipo de relaciones. Con Bastarreche me llevaba muy bien; con Guillermo, es que era bobo, era corto. Con J. L. alias Lemos, muy bien. Con Cassinello muy bien, fue un encanto. Con Félix Sanz muy bien. Y con Enrique muy bien, aunque tuve una enganchada con él por Miguel. Tenían sus amores y odios el uno con el otro y el otro con el uno. Luis González me pareció un falso, se aprovechó todo lo que pudo de mi familia, estuvo de vacaciones con nosotros, teníamos un amigo común que era el general Ángel Centeno, que tenía una finca por La Fregeneda, en Salamanca. Fue un traidor. Mi hermana ya se había separado del marido y antes de irnos a México le dijimos: «Mi hermana está mal, que no sea una carga para mi madre, a ver si le puedes buscar algo», y contestó en plan solícito: «No os preocupéis». Ya en México, yo veía a Miguel tan mal en la embajada que le pedí a mi hermana que telefoneara a Luis González: «Dile que el cretino de P. M. tiene a Miguel para ir a buscar a los niños al colegio y que además nos manga dinero de la caja fuerte, de un fondo común». Se lo transmitió y Luis le contestó: «Pues para eso ha ido». Como profesional dejaba mucho que desear.

En 1984 nos trasladamos a México con el niño, que durante el vuelo no paró de vomitar, y en la escala que hicimos en Canadá le tuve que comprar ropa nueva porque la del viaje la había ensuciado toda. Cuando aterrizamos en el D. F. de madrugada, como unos turistas más —porque Miguel me dijo que teníamos que pasar desapercibidos—, nada más bajar las escaleras estaba esperándonos Zabala, que era el canciller de la embajada, un asturiano encantador que había sido jugador de fútbol al que no tardé en adorar, igual que a su mujer. También nos recibió en el aeropuerto P. M., el que iba a ser el jefe de Miguel. Muy amables, nos llevaron al hotel.

A pesar del cambio horario y del agotamiento que llevábamos en el cuerpo, a primera hora de la mañana llamó P. M. a la habitación para anunciarnos que había ido al hotel con su mujer para que desayunáramos juntos. Me puse un pantaloncito corto y una camiseta de tirantes, y nada más verme la mujer me dijo: «Así te van a violar, te van a secuestrar». Me metió tanto miedo que le dije a Miguel: «¿Dónde me has traído? Mañana cogemos el avión y nos vamos, que al niño no le hagan nada». Ese fue el desayuno que me dio la esposa de P. M., una retaco que no podía disimular su envidia. Todas las secretarias de la embajada eran amigas mías, la conocían y tampoco podían con ella. Un día hubo un evento, una película española que estrenaron, y nos fuimos todos. Apareció P. M. y vino derecho a darme dos besos, y su mujer se puso a darle bolsazos en la cabeza, todos alucinando en colores.

Nuestra casa era como la Casa Pepe, una fonda. Mi madre

no tardó mucho en venirse con nosotros y, como no salíamos mucho fuera porque había problemas de seguridad, estaba todo el día haciendo croquetas, unas empanadillas que te mueres o espaguetis. Enloquecía a todo el mundo con su comida española. Nos lo pasábamos genial, porque era gente normal, menos P. M. y su mujer.

Miguel quería volver a España, pero yo no. Teníamos muchos amigos, como Máximo, que estaba montando en el dólar, y su hermana, que era con la que jugaba al boliche lunes, miércoles y viernes, y con la que iba de compras y hacía múltiples planes. Tenían familia en Zamora y tiempo después coincidimos en España.

Me confundían mucho con una americana. El jardinero me decía: «Hola, gringa, si las españolas son bajitas, gorditas y con pañuelo». Era un tipo curioso: después de cobrar, estaba varios días sin aparecer, hasta que se le acababa el dinero.

Vivíamos en una zona en la que también residía la hermana del presidente De la Madrid, que había puesto seguridad para que vigilaran su casa. Un día nos fuimos a misa a las 12:30, a plena luz del día, y al regresar nos encontramos abierta la puerta, ¡horror! Nos faltaban cosas como máquinas de fotos, rifles, dinero y ropa interior mía.

Miguel llamó a la Policía. Yo me fui a casa de una vecina y, al regresar con el niño, vi a dos tíos negros como el carbón y me asusté. Apareció Miguel y me explicó que eran el jefe de Policía de la zona, que empezó a hablar de inmediato, y uno de sus hombres.

—Mi niña, ¿cómo está? Ya me enteré lo que les pasó, a su disposición, a sus pies.

Me senté en un sillón junto a Miguel y al jefe, que siguió hablando sin parar:

—Doñita, ¿usted cree que yo tengo futuro en España como cantante?

Y en esa situación tan agobiante para mí se lanzó a cantarme una ranchera. No daba crédito y pensaba: «¿Esto está pasando?».

—Sí, tiene muy buena voz. —¿Qué iba a decirle? Y volví al tema que me preocupaba—: Mire, es que yo tengo un hijo pequeño y no quiero que le pase nada.

—Ay, doñita, no le va a pasar nada, que nos va a tener a nosotros. Yo, a usted y a su señor esposo, lo que haga falta.

—Dígame, los asaltantes ¿eran profesionales?

—Ay, no eran. Si hubieran sido profesionales, habrían matado.

—¿Y a qué hora actúan los profesionales?

—Ay, cuando el sueño es más profundo.

—Y eso, ¿cuándo es?

—Una y media, dos y media de la mañana, cómo no, entonces, niñita, es cuando pasa. Ándele, doñita, que no le va a pasar a usted nada, que yo me voy a ocupar de su familia.

Me dejó una pistola Magnum 44, llena de óxido de no haberla limpiado en la vida, para que yo me defendiera. Miguel le dijo que ya me había traído él una, pero insistió.

—Si viene alguien, usted le dispara. Y si está fuera de la casa, lo arrastra para adentro y usted, doñita, me avisa y yo vengo a recogerlo.

Me obsesionó pensar: «Pues a mí no me pillan en la cama», y me ponía a ver en el canal americano películas del año la polca, en blanco y negro. Una noche oí un ruido en el piso de encima de donde teníamos los dormitorios. Subiendo una escalera estaba el cuarto para el servicio, pero no lo teníamos ocupado porque la chica no estaba interna sino que iba y venía todos los días, y ese espacio lo aprovechaba para tender la ropa. Además, yo estaba mosqueada porque nos habían robado el perro, Dingo, un maltés enano que nos regalaron nada más llegar. Subí con un camisón corto y en una mano la pistola: «Yo mato a quien sea, a mi niño no le hacen nada». Resultó que el ruido procedía de una caldera que teníamos. Menos mal que no disparé, porque entonces no tenía ni idea de que con el retroceso que tenía el arma me podía haber caído para atrás por la escalera.

Después del robo, coincidimos con un guatemalteco que tenía una empresa junto a nuestra casa y ambas se comunicaban por los tejadillos. «Ay, doñita, qué linda que está hoy», me decía muchas veces al pasar y no paraba de preguntarme por la raza del perrillo o de dónde veníamos. Yo siempre le contaba unas milongas tremendas: «Mi marido es abogado y está trabajando para una empresa privada muy grande». Y luego le decía a Miguel: «Este tío es muy raro, fíjate que yo creo que han sido estos los que nos han robado».

Pasó una semana, cuando me levanté una mañana, me duché, bañé al niño para irnos a buscar el pan a una tienda cercana y me encontré en el mueble de la entrada, en el que teníamos una foto del rey Juan Carlos, un cartelón donde habían escrito con letras grandes: «Te estoy vigilando, ya caerás». Llamé a la embajada:

—¡Miguel, Miguel, nos están vigilando! Ya caeremos, han puesto.

—Mamen, que lo he dejado yo por si entran otra vez.

Pero a mí no me había avisado y además lo había escrito con letras mayúsculas que no permitían reconocer de quién era la letra.

Entre las actividades sociales de las que disfrutábamos, recuerdo especialmente cuando nos invitaron a una puesta de largo en el hotel Sheraton, lo más de lo más. Estábamos en una mesa con la gente más importante de México. Llevaba puesto un colgante de morirse que me había dejado una amiga, hasta el punto de que Miguel se llevó la pistola porque pensó lo que podía pasar si nos lo robaban: «Nos toca quedarnos en México pagando toda la vida». Cenamos, empezó el baile y un señor muy mayor me pidió bailar y acepté. Miguel estaba con un abogado al que le comentó: «Este pobre hombre», y el otro le informó: «Todos los barcos de petróleo que salen de México son de él, no sabe el dinero que tiene. Este le llevó las cuentas a la mafia». Y el viejecito venerable no paraba de decirme: «Ay, qué bien, cómo baila, señora». Le terminé pidiendo a la orquesta que tocaran algo de flamenco, y el señor, enamorado; es que Miguel nunca ha querido bailar conmigo.

IV

Rompo con el CESID
y planeamos secuestrar al jefe de ETA

A mis mandos del servicio secreto: «¡Iros todos a la mierda!»

*L*legó un momento en México en que P. M. me tenía como si fuese no sé qué, el ayudante, el tontainas. Se lo anuncié abiertamente con tiempo: «Yo no he venido para eso y prefiero volverme a España». Y el tío preparó su estrategia de defensa, que se convirtió en un gran ataque: se largó de México unos días antes que yo para contar su versión en La Casa. Fue a ver a E. U., alias El Marqués, el director de Exteriores, y los dos fueron después a hablar con Manglano, el director.

Cuando llegué a Madrid, me reuní con el secretario general y con El Marqués. Me montaron una parafernalia defendiendo la historia que P. M. les había contado. No podía creérmelo, me cabreé y les dejé claro lo que pensaba de ellos:

—Iros todos a la mierda.

—¿Cómo?

—Iros todos a la mierda y ya está. Algún día os daréis cuenta de que es un hijo de puta. No hace nada allí, el que lo ha hecho he sido yo, y yo he ido para trabajar, no para tocarme los cojones. Para eso me habría quedado aquí. Y os vais a la mierda. Hacedme la cuenta, que me voy.

Así murió el tema. Luego con el tiempo me dieron la razón, lógicamente. Tardaron un poco en darse cuenta de que P. M. era un bluf, se lo trajeron para España, lo dejaron apartado en un rincón y se terminó jubilando.

El tesorero del servicio me preparó el finiquito, y el importe era una birria, 800.000 pesetas de 1986: «Si estáis pensando que me voy a ir con esta mierda, ni soñando». Me calcularon ese dinero porque oficialmente llevaba trabajando para ellos año y medio. No habían tenido en cuenta todos los años anteriores desde que me habían captado en 1974.

El secretario general y El Marqués se pasaron por el despacho del director a transmitirle lo que yo había dicho, y Emilio Alonso Manglano ordenó que llenaran un maletín con cinco millones de pesetas y me lo entregaran. Me estaba despidiendo fríamente de ellos cuando apareció Manglano, que solo quería lanzarme un: «Ya volverás, ya volverás». Tenía mi mala hostia y me largué. Y volví, claro que volví, pero antes tendría que transcurrir una larga temporada.

Me fui a vivir con mi familia a Salamanca. Allí me metí en el mundo de los caballos con Piti Gay, un conocido de Mamen que se dedicaba a ese negocio. Gran parte del dinero que recibí del CESID lo empleé en comprar un pura sangre española para entrar en serio en el negocio con Piti, que me pidió que le prestara dinero para un par de caballos. De la noche a la mañana cambió radicalmente mi vida y me dediqué a trabajar en el campo.

Piti tenía un domador gitano, Paco, que era muy bueno y a mí me tenía un gran cariño. Hicimos los dos un viaje por Andalucía para comprar caballos y acabamos en Granada con una señora que tenía una mansión enorme protegida por gitanos armados. Allí no entraba la Policía. «Tú ven conmigo, que no pasa nada.» Entramos y Paco le dijo a la señora: «Este ha estado trabajando para el Estado, pero ahora se dedica a los caballos». Y como comprobó la señora que le decía la verdad, hicimos buenas migas. «¿Qué tomáis? Whisky, tengo el mejor.»

No solo fue el whisky, como pude comprobar todo lo que tenía aquella señora era lo mejor de lo mejor. Recuerdo con claridad su imagen abriendo un armario enorme y dejando que aparecieran ante mis ojos metralletas, pistolas… Me entró un acojono terrible: «Paco, ¿dónde estamos?», y él: «Tú tranquilo». Fue increíble, nos trataron de forma inmejorable. Salí de allí sorprendido de haber terminado mi periplo para comprar caballos en una mansión llena de armas. Me dieron ganas de avisar: «He estado en tal sitio», pero también pensaba: «Esto tiene que saberlo de sobra la Policía».

Con Paco, que había estado de domador en la escuela alemana y era un fenómeno, me recorrí las mejores hípicas, me metí bastante en ese mundo, estuve algún tiempo cargando fardos de paja haciendo las labores típicas del campo. Para mi desgracia, el tipo al que le presté el dinero no me lo devolvió nunca y el resto de los ahorros se fue enseguida.

Así que empecé a estar agobiado, pero otro acontecimiento más grave lo relativizó todo. Mi mujer estaba embarazada de mi hija, y a los nueve meses no podía nacer todavía porque no tenía los pulmones desarrollados.

El médico que la atendía en la clínica Belén era amigo nuestro, el coronel Julio López Casares. Y se sinceró conmigo: «Mikel, si quieres sacar adelante a la niña, tiene que ser en el hospital militar Gómez Ulla, donde yo también trabajo. Es el único sitio donde tenemos cirugía nuclear, los mejores médicos, los mejores equipos, en los que yo confío, pero esto lo tienes que mover tú, nadie mejor que tú».

A mí no se me ocurrió otra alternativa que pedir ayuda a Andrés Cassinello, que ya era el general jefe del Estado Mayor de la Guardia Civil. Fui a verlo y le comenté lo que pasaba. «No te preocupes de nada, déjalo en mis manos.» Andrés mandó al teniente Carlos N., que ahora es coronel, con un ramo de flores y un coche oficial para recoger a Mamen, y la llevó al Gómez Ulla. Nos dieron una habitación que estaba destinada a las mujeres de los generales y pusieron una cama más para mí. Tuvo que estar un mes ingresada mientras la sometían a mil pruebas. Yo estaba algunos días con ella y otros me iba a Salamanca. La niña nació en mayo del 86 felizmente bien.

211

Quieren colgar a Pakito de un gancho de carnicero

Yo se lo agradecí mucho a Cassinello, quien un día de 1987 me presentó a uno de sus hombres de confianza, el jefe de operaciones de la Guardia Civil, el teniente coronel Cándido Acedo. Me lo presentó como si ambos no nos conociéramos, aunque yo me di cuenta de que él sabía perfectamente quién era yo, pero me hice el loco, nunca dije nada. Estaba muy cambiado, pero era el mismo Acedo que, estando con nosotros en el servicio y actuando para el Batallón Vasco Español, cuando yo estaba infiltrado en ETA y me acababan de nombrar para la cúpula, me había puesto la bomba en Sokoa, según me contaron los míos.

Cassinello me dijo: «Hombre, podías hacer asuntos con ellos», refiriéndose a la Guardia Civil. Acedo no tardó en empezar a pedirme cosas: «Habría que infiltrar a una persona con objeto de que llegue al comité ejecutivo de ETA, lo hemos intentado pero sin resultado. Pero también al que habría que cazar como fuera es a Francisco Múgica Garmendia. Podríais controlar a Pakito, nosotros lo tenemos centrado en un piso de San Juan de Luz».

En un primer momento, concretó esos deseos pidiéndome que mandara a alguien a una reunión de etarras en el sudoeste de Francia. Estudié el tema y decidí que Laura Alamar lo podía hacer muy bien. Pensé: «Si tienen localizado a Pakito más o menos, pues vamos a mover a Laura, a ver si la meto en su cama». Los de la Guardia Civil se entusiasmaron de inmediato, sobre todo tras conocer que Laura había funcionado muy bien en operaciones de infiltración anteriores.

Fui a visitarla a Valencia acompañado por un capitán del cuerpo. Se alegró al verme de nuevo por allí y, como llevaba varios meses sin hacer nada, accedió enseguida a trabajar para la Guardia Civil infiltrándose en ETA. Lo primero que hice, como me habían pedido, fue mandarla a una concentración de refugiados etarras en Saint-Pée-sur-Nivelle. Hizo bien su trabajo, regresó con muy buena información y los guardias civiles la recibieron con un ramo de flores.

Los de la Guardia Civil estaban obsesionados con capturar a Pakito y en las reuniones que teníamos empezamos a hablar de la posibilidad de secuestrarlo y traerlo a España, sin olvidarnos de que tenía su chófer escolta.

Dieron prioridad a esta misión y durante una reunión en abril de 1987, Cándido Acedo vino con un sobre que contenía un millón de pesetas para cubrir los primeros gastos y anunció que nos mandaría un paquete con armas. También nos aseguró que sus superiores habían dado luz verde al proyecto con la condición de que no armáramos ningún follón en Francia, pues el momento político era delicado.

Empezamos con la infiltración de Laura. Tenía que jugar el papel de una especie de loca de la vida que se ofrecía a colaborar con ETA en lo que hiciera falta. Utilizaría los nombres de sus viejos conocidos como coartada, con la misión de acercarse el máximo posible a los dirigentes. La Guardia Civil nos facilitó información y algunas direcciones por donde se movían los responsables etarras, entre ellas estaba la casa de la cuñada de Pakito. Laura estuvo allí y también en Anai-Artea. Dejó su número de teléfono y poco después la convocaron en un bar de San Juan de Luz. Se encontró con un etarra apodado Quinito y otra persona que se presentó como un adjunto de Pakito. Les soltó la película que habíamos inventado y los otros tragaron. Les facilitó todos sus datos abiertamente, como si no tuviera nada que ocultar, y actuó de una manera tan decidida que les rompió todos los esquemas. Sus contactos le comentaron las dificultades económicas de la organización y le dijeron que iban a estudiar su caso. Quedaron en que la llamarían en quince días y que luego a lo mejor tendría que trasladarse un par de meses al sur de Francia para asistir a un cursillo preparatorio.

Laura se fue a vivir al sur de Francia y no tardó en hacerse amiga de la hermana de Pakito, algo que no me extrañó porque Laura siempre caía bien. Eso sí, seguía sin dar el valor que tenía

213

a la información de calidad que conseguía: «Sé que cuando va Pakito a su casa hay una toalla en la ventana. Eso significa que está. Cuando no está, no hay toalla».

Nosotros conocíamos mucho a Pedro Ortiz Lang, un cuñado dentista de Piti Gay, nuestro amigo de los caballos de Salamanca, que había arreglado la boca a mi mujer y cuya esposa era amiga de la mía. El dentista me confesó que había recibido una carta amenazadora de ETA en la que le pedían doscientos millones de pesetas, y me la enseñó. Ortiz Lang también me contó que un colega suyo, con el que tenía buena relación, trabajaba en Ascain y estaba atendiendo al jefe de ETA.

Analicé con los guardias civiles la situación. Vimos que a Ortiz Lang había una manera de librarle del impuesto revolucionario y aprovechar la situación para infiltrar bien a Laura. Decidimos encargarle a ella que hablara con sus contactos de la organización, montara un tinglado para convencerles de que conocía a un amenazado que no podía pagar más de 250.000 pesetas, que era imposible que pudiera desembolsar más, y que ella podía llevarles esa cantidad. Hablé con Ortiz Lang y le planteé que íbamos a intentar librarlo del problema con ETA, aunque tendría que desembolsar una pequeña cantidad. Eso sí, necesitábamos su ayuda: que hablara con el dentista francés y le convenciera de que una de las veces que Pakito acudiera a su consulta le pusiera una anestesia fuerte y lo durmiera totalmente.

Activado el plan, nos encontramos con que el dentista francés solo aceptaba decirnos el día y la hora de cuándo tenía cita con él Pakito, pero no quería meterle la anestesia, por lo que quedamos con Ortiz Lang en que nos preparara una buena dosis, como para dejarlo dormido unas horas, el tiempo necesario para meterlo en una furgoneta y trasladarlo por el monte hasta la línea fronteriza, donde estaría esperando una ambulancia, que ya tenía preparada la Guardia Civil, y llevarlo a España para interrogarlo.

Estudiamos con detalle la operación. La Guardia Civil hizo sus aportaciones y confirmó que era factible. Yo llevé a los agentes que iban a participar a una finca, entre Ávila y Salamanca, que pertenecía a Andrés de la Peña, casado con otra hermana de Piti Gay. Allí estuvimos entrenando y haciendo

214

prácticas de tiro. Ellos me señalaron que tenían otra finca mucho más cerca, por la zona de Soria, aunque nunca la visité.

En el transcurso de una reunión con Cándido Acedo para concretar detalles, le sugerí que lleváramos a Pakito a la finca que yo había encontrado, pero él dijo que prefería llevarlo a la suya, que allí hablaría mucho mejor: «Porque a un tío como este etarra lo traes desde fuera y canta por soleares». Yo defendí que tras traerlo a España y sacarle todo lo que supiera, debíamos abandonarlo en su pueblo natal, para que después del susto que habría pasado deambulara por ahí como alma en pena:

—Los suyos van a desconfiar de él —concluí.

Cándido Acedo saltó inmediatamente:

—No, ni soñando, tenemos unos ganchos de carnicero y este termina colgado de ellos.

—Si vas por ese camino, conmigo no cuentes.

—Pues no va a ser de otra manera.

Me negué en redondo y discutimos muy fuerte porque yo ya sabía que Acedo había estado con las historias de los GAL. El asunto dejó de gustarme, estaba claro que su objetivo no era solo interrogarlo para obtener información, en ningún momento había pensado soltarlo posteriormente y, según decía, sí darle una muerte cruel. Pero no abandoné la operación porque tenía a Laura en pleno proceso de infiltración, aunque empecé a diseñar una estrategia alternativa sobre la captura de Pakito que no comenté con nadie.

Laura se había hecho amiga de Quinito, el miembro de ETA con el que había contactado y con el que más se relacionaba, para comunicarle la iniciativa que supuestamente había preparado como gesto de buena voluntad para entrar en la organización.

—Conocemos a un dentista de Bilbao que tiene que pagar y anda de puta pena de dinero. Puede traernos algo, pero no sé cuánto.

—Lo importante es que traiga algo —le contestó Quinito—. Tienes que hacer que venga y que lo entregue.

—¿Te parece que venga con 250.000 pesetas?

—Está bien, que las lleve a la estación de Hendaya y queda arreglado el tema. Con ese dinero todo se acaba.

En la plaza del centro de Irún, Enrique Gacho, uno de mis hombres en esa operación, y yo estábamos esperando noticias sobre lo que ocurría. El plan establecido era que Laura resolvía en Hendaya el pago a ETA de Ortiz Lang: el dinero que él traía pasaba a manos de Laura y luego a las de Quinito, de forma que el dentista se libraba de la presión y a cambio nos hacía la gestión con su colega francés. Estaba todo en marcha. El arreglo convenía a todas las partes: «Qué bien, porque Laura queda de puta madre para nuestro objetivo y el tío se quita el problema que tanto le agobia».

Pero la operación no resultó como esperábamos, algunos aspectos salieron fatal, y en general fue un fiasco. Quinito estaba celoso porque él no tenía acceso a Pakito, mientras que Laura, una meritoria al fin y al cabo, pero joven y guapa, lo había conocido en San Juan de Luz y se lo estaba ganando con mucho menos esfuerzo que él. Además, nosotros pensábamos que Quinito era un etarra más, pero desconocíamos que era confidente del subcomisario de la Policía José Amedo, al que informó de lo que estaba montando Laura.

Para colmo, Ortiz Lang había dado parte previamente a la Policía de la carta que había recibido de ETA y tenía relación con un inspector jefe de Bilbao, que me tenía una inquina terrible, al que le contó que «una tal Laura» lo estaba chantajeando para que pagara el impuesto revolucionario, cuando sabía perfectamente que la chica trabajaba con nosotros. Además, sorprendentemente, les largó todos los detalles de la operación que le habíamos desvelado para secuestrar a Pakito.

La Policía montó una operación con sus colegas franceses aduciendo que unos delincuentes iban a chantajear a un dentista español para sacarle dinero. El día señalado, el 1 de julio de 1987, en el que Ortiz Lang debía viajar en tren hasta la estación de Hendaya para pagar el impuesto revolucionario reducido, Laura llegó un poco antes de la hora convenida. La intermediaria había acudido acompañada de Quinito, aunque el etarra-confidente policial se quedó escondido en un rincón. Él ni se acercó, se quedó observando, y Laura le echó narices y se fue al andén. ¿Qué ocurrió? No llegó nadie con el dinero en el tren, pero sí aparecieron los gendarmes franceses, que se echaron encima de ella y se la llevaron detenida. Mientras,

Quinito se largó a toda velocidad, porque ya le habían adverti-
do que desapareciera en cuanto la cogieran a ella.

Desde la plaza de Irún donde esperábamos, me olí algo
a distancia. Le dije a Enrique: «Todo esto está lleno de policías, estamos rodeados. Ha pasado algo extraño en Francia, en
nada van a venir a por nosotros». No me equivoqué, aunque
no nos podíamos imaginar lo mal que había salido la operación. La Policía española nos detuvo y nos llevó a la comisaría
de Irún.

Me metieron rápido en la sala de interrogatorios. Estaban
el comisario y los inspectores que habían ido desde Bilbao. Estos debían de ser amigos de Amedo, que no sé por qué, pero
tenía ganas de fastidiarme.

—Bueno, Lobito, ¿qué? ¿Dónde está tu gente?

—¿Qué gente?

—¿Dónde está la Guardia Civil? Si estás trabajando para la
Guardia Civil, ¿por qué no vienen a ayudarte?, ¿dónde están
los tuyos?, ¿por qué no vienen ahora? —dijo el comisario intentando demostrarme que estaba solo, sin apoyo de nadie, que
estaba en sus manos.

—Yo no trabajo para nadie.

—Interponiéndoos aquí en cosas nuestras, metiendo la nariz en asuntos en los que no os tenéis que meter, siempre por
medio, ¡a ver quién coño te viene ahora a rescatar! Venga, venga, ponte en pelotas.

Habían empezado a humillarme de mala manera.

—Que venga fulanita —ordenó el comisario.

Llamaron a una inspectora, que había pocas, me la pusieron
delante y repitieron la orden.

—¡Que te pongas en pelotas! —me ordenó a gritos el comisario.

—No me voy a poner en pelotas. La ropa vas a tener que
quitármela tú.

—Pues te la vamos a quitar.

Me arrancaron la ropa sin que yo opusiera resistencia.

—Y ahora te agachas, que vamos a ver si escondes droga en
algún sitio, te vamos a mirar el culo.

—¡A mí me mete el dedo por el culo tu puta madre! Me
vais a humillar todo lo que queráis, me da igual, pero desde

217

luego no me pienso agachar, no me da la gana y no lo vais a conseguir. Para eso me tenéis que matar.

No me lo hicieron, solo querían humillarme delante de la chavala. Todo fue una vejación continua. Aguanté como pude, pensando: «Aquí ha pasado algo raro, pero de alguna manera se arreglará».

—Bueno bueno, míralo, a ver dónde está tu gente, dónde está la Guardia Civil —repetía y repetía el comisario de Irún—. Te vamos a joder vivo.

—Tú y unos cuantos de aquí sí que os vais a ir a la mierda.

—¿Nosotros? Aquí mandamos nosotros.

—Ahora. Pero tranquilo, a todos nos llega nuestro momento, no te preocupes.

—Si no nos cuentas toda la historia de lo que estabas haciendo con los guardias civiles, te mandaremos a la cárcel con tu verdadera identidad.

—Allá vosotros.

—¿Sabes dónde vas a ir? A la prisión de Martutene, que es donde te va a mandar el juez.

A medianoche apareció una abogada enviada por la Guardia Civil. Nos indicó a Enrique y a mí que no habláramos de la operación de infiltración de Laura, y mucho menos de lo de Pakito. Debíamos contar que todo había sido una tentativa de extorsión porque andábamos mal de dinero. Que sería mucho mejor para todos que no apareciera mencionada la Guardia Civil. Yo probablemente habría mantenido el silencio ante el juez de la misma forma que lo había hecho ante los policías, porque tal y como soy siempre me como la mierda yo solo.

Al día siguiente, el juez de San Sebastián me dijo:

—Este tema corresponde al juez de Bilbao, no me corresponde a mí. Se le acusa de extorsión a un dentista… Hay una señorita detenida en Francia, pero ¿ustedes qué tienen que ver?

—Esto es una cosa que yo he montado —respondí asumiendo la acusación por extorsión.

Por nada del mundo iba a permitir que me sacara a colación a la Guardia Civil y contando eso lo daba por zanjado. Me había dado cuenta el día anterior en comisaría de que la Policía iba contra la Benemérita, porque había pique entre ambas Fuerzas de Seguridad, ya estaba de por medio la guerra entre el GAL verde y el GAL marrón. Así que asumí que no se supiera que íbamos a secuestrar a Pakito, ni que le querían meter un gancho.

—Pero ¿por qué se autoinculpa usted? —me preguntó el juez extrañado—. Vamos a ver, aquí hasta ahora no hay nada, porque la mujer detenida en Francia no ha hecho nada tampoco, supuestamente iba a por un dinero, pero cuando la han cogido no llevaba nada.

—Señoría, porque tengo que hacerlo.

—Si usted tiene que hacerlo —concluyó el juez—, a mí no me queda más remedio que mandarle a Martutene hasta que regrese el juez de Bilbao, que es el que le corresponde.

—Pues que sea así.

Más tarde me enteré de cómo el comisario y algunos otros policías que me interrogaron de aquella manera habían acabado en prisión por delitos de narcotráfico.

219

Me meten en las entrañas de ETA (de nuevo)

*E*n la prisión de Martutene se complicó el tema, porque de alguna manera creo que la Policía filtró no quién era yo, porque me habrían matado, pero que éramos guardias civiles. Lo descubrí al poco de ingresar: mientras estaba en el patio común me llamaron para que fuera al locutorio porque tenía una visita, y el funcionario me gritó a distancia para que lo oyeran todos los reclusos: «Ahí tienes a tres capitanes de la Guardia Civil, tres compañeros tuyos». Y cerró la puerta del patio dejándome totalmente a merced de los etarras que estaban allí.

Según pasaba por delante de ellos para intentar salir, empezaron a reunirse y a insultarme: «*Txakurra, txakurra!*».

Entré en el locutorio, en el que se colaron conmigo varios presos, y me dirigí a ellos en vasco: «Creo que os estáis equivocando». Pero los cabrones se pusieron a escuchar lo que hablaba con mis visitantes. Entre ellos, había ido un teniente, Edu, al que le guiñé el ojo y procuramos hablar medio en clave, como si no fueran de la Guardia Civil: «Ya tenemos una abogada por ahí, a ver si puede hacer algo en tu tema, tranquilo, ahí estás entre amigos». ¡Joder, entre amigos! Los dos capitanes de la Guardia Civil y el tercero, que era capitán de la Policía, cambiaron un poquito el discurso, pero la situación también los pilló en fuera de juego.

Es fácil imaginar el disgusto que tenía mientras estuve en la cárcel. Por callarme los planes de Acedo y encubrir a la Guardia Civil frente a la Policía, me encerraban en Martutene y pregonaban que venían guardias civiles a visitarme: «Estos hijos de puta me matan en cuanto salga del locutorio».

La tensión en el patio era tremenda cuando reaparecí. Me enfrenté a un grupo de etarras a los que les hablé en vasco: «Ojo, que a lo mejor os equivocáis, a ver lo que hacéis». Y a esperar. Podían matarme, pero antes yo me llevaría por delante a un par de ellos. Estuve frío; la confianza en uno mismo, dar la vuelta a la tortilla, sembrar la duda de que están metiendo la pata... Empezaron a recular un poco y ya pude salir de allí.

Luego en el comedor empezaron a lanzarme chuscos de pan, un tenedor, un cuchillo... Vinieron los funcionarios corriendo: «Vamos vamos, que os quieren matar». Nos encerraron en una celda de aislamiento y un rato después vino a verme el cura.

—Oye, si queréis una televisión, os la traigo, pero ¿de dónde sois?, ¿qué habéis hecho para estar aquí?

Aquel hijoputa creía que nos iba a sonsacar información.

—Pues no sé, estamos por una tontería, porque no está el juez de Bilbao.

—Parece que ha venido la Guardia Civil a verte.

—Joder, a apretarme las tuercas. —Por supuesto, le dije lo contrario de la verdad.

—Ah, que vienen a apretarte.

—Joder, pues claro, no veas tú cómo son. Me aprietan las tuercas de mala manera. —Yo dando la vuelta a la tortilla.

Aparte de la milonga de las competencias judiciales, no tenía claro por qué estaba en la cárcel, qué era lo que había pasado a mis espaldas. Yo no había contado nada, pero entonces comprendí que, tras escuchar los planes de Cándido Acedo de colgar al etarra de unos ganchos de carnicero, en mi cabeza se había producido un giro en la operación: había seguido con lo planeado, pero en vez de volcarme en llevar a Pakito a España, mi intención era meter a Laura en su cama, algo que ya estaba conseguido prácticamente cuando se frustró el pago en Hendaya. Había pensado que si Laura lo conseguía, «les dan por culo a estos salvajes y luego paso el tema al servicio».

Yo no sé, y aún tengo la duda, si solo me jodieron los policías o de alguna manera también tuvo que ver Cándido Acedo, porque desde que le dije que no al gancho de carnicero, se convirtió en mi principal enemigo. Es tanto su odio que después de llevar mucho tiempo jubilado todavía va diciendo a todos los oficiales de la Guardia Civil que yo soy un cabrón, me ha puesto mal por todas partes. Ha sido el grano en el culo que he tenido siempre. Primero, según mi gente, me quiso matar con la bomba en Sokoa; después con esto. Ha sido terrible. No ascendió a general porque, claro, estaba metido en los GAL hasta

221

el fondo, y se le quedó clavado eso, y en el fondo cree que yo tengo alguna culpa. Para colmo, todos los que estaban a su lado y debajo de él ascendieron.

Veo claramente que el dentista Ortiz Lang habló por una razón: vio el cielo abierto para solucionar su vida personal, pensaría «Joder, esta es la mía». Y le salió redondo, porque no tuvo que pagar nada a ETA. Además, supe que estaba como loco por separarse de su mujer, la hermana de mi exsocio en Salamanca, y creó esta situación para romper con ella e irse a vivir con su querida. Nosotros conocíamos mucho a su mujer, siempre la apoyamos, pero también nos llevábamos bien con él. Ortiz Lang se aprovechó del plan para contarle a la Policía la historia que le dio la gana, que: la familia de su mujer lo estaba jodiendo: «Me están amenazando, me quieren sacar el dinero, me han dicho que tengo que ir a Francia con 250.000 pesetas». Echó por tierra la operación de pedir ayuda al dentista francés de Pakito y nosotros no lo supimos a tiempo. Él fue quien lo lio todo en beneficio propio.

La Policía, con su denuncia más las informaciones obtenidas del confidente etarra Quinito y del subcomisario Amedo, nos preparó un número que quedó en nada. Enrique Gacho y yo pasamos quince días encarcelados en San Sebastián que pudieron ser mortales para mí, fue horrible. Pero cuando nos trasladaron a Bilbao, a la cárcel de Basauri, se armó una sublevación.

La Policía hizo nuestro traslado en un furgón, y de casualidad participó mi cuñado, que estaba destinado en el control de la cárcel de Basauri. Por aquella época, de una cárcel a otra, los de ETA tenían montado un buen sistema de comunicación, yo no sabía cómo lo hacían. Pero les habían informado de que iban para allá varios *txakurras*.

Nos metieron en una de esas celdas de tránsito, pero ya había corrido la voz sobre nuestra presencia y se armó una revuelta descomunal, parecía la guerra. Pensamos que iban a llegar a donde estábamos encerrados y cogí la pata de hierro de la cama y le dije a Quique: «Cógela tú también y, si vienen, nos defendemos a hostia limpia».

Los funcionarios se asustaron y llamaron a los antidisturbios. Nos sacaron por un camino seguro y nos trasladaron a un recinto apartado del resto de los presos, que eran las celdas de castigo, donde había gente amenazada, y nos quedamos completamente aislados. Salíamos nada más que una hora al patio. Todo esto ocurrió «simplemente» porque pensaban que yo era guardia civil, que si llegan a descubrir que soy El Lobo no sé lo que habría pasado, me matan a mordiscos, no habría durado ni cinco minutos. Fue un episodio muy fuerte.

Estuvimos en Basauri catorce días, que fue lo que tardó el juez de Bilbao en llamarnos a declarar. Cuanto todavía no habían pasado más que nueve o diez días, estábamos en el patio, había un preso con la radio puesta y cuando pasaba por su lado con Enrique pude oír: «La dama negra de los GAL, Laura Alamar Porte; Miguel Ruiz Martínez, el jefe de los GAL, y Enrique Gacho...». Le dije a Quique: «Nos han jodido, nos la están liando, le están dando la vuelta, los mismos con los que estábamos haciendo el trabajo van a por nosotros». Encerrado de mala manera, sin saber cómo actuar, con Quique acojonado, me preocupé. Le di muchas vueltas a la cabeza y llegué a pensar en la posibilidad de que hubiera sido un montaje entre unos y otros para quitarse el muerto de los GAL y cargármelo a mí. Es que era mucha casualidad que pasaran cosas tan raras. En la vida hay casualidades y causalidades.

Compartí con Quique mi interpretación de los hechos: «Todos estos hijos de puta que estaban metidos de verdad, el Acedo y todos los demás, han aprovechado a ver si nos cargan los GAL a nosotros tres. Yo, gracias a Dios, cuando realizaron esas acciones estaba en México. Estos han hecho toda la movida para cargarnos el mochuelo y a la pobre Laura la han bautizado como "la dama negra de los GAL"».

Cuando nos llamó finalmente el juez de Bilbao, solo nos preguntó por Laura, que estaba encerrada en la cárcel de Pau, donde estaban todas las etarras detenidas en Francia. A nosotros dos nos dejó en libertad sin fianza, pero nos hizo acudir a firmar cada mes en un juzgado. Laura estuvo encarcelada nueve meses, la dejaron tirada, aunque consiguió hacerse amiga de las etarras y llevarlas al huerto. No convenía que yo fuera a verla, aunque más tarde nos reunimos y la relación entre nosotros quedó bien. Ella comprendió que era una misión más y aguantó estoicamente.

Volvimos a Madrid. Cándido Acedo se portó de una manera nefasta. Rompimos con él porque a través de sus oficiales

223

nos había mandado un mensaje: «No os preocupéis, cuando lleguéis a Madrid se os va a ayudar». No lo hizo, al contrario que los oficiales que fueron a visitarme a la cárcel, aunque ellos tampoco podían hacer nada. A raíz de esto me dejaron sin permiso de armas durante siete años. La Guardia Civil se lavó las manos, dijo que no querían saber nada y terminamos mal. De hecho, a los oficiales que fueron a Martutene no los volvimos a ver porque ellos tenían que seguir su carrera y yo no quise interferir. Tengo buenos recuerdos de ellos, especialmente de Edu, el teniente con el que había ido a marcar las mugas los dos solos y habíamos pasado ratos inolvidables.

Como aquel día que nos hospedamos en un hostal, los dos de incógnito, y en cuanto lo vio la encargada, le dijo: «Tú eres guardia». Toda la noche sin dormir, estuvo acojonado. Transpiramos más de lo que nos gustaría, transmitimos una información que en determinados ambientes aparentamos que vamos de otra cosa y nos descubren.

Cuando lo llevé a las mugas, Edu había estado por alguna zona de las que recorrimos debido a que pertenecía al Grupo de Acción Rápida, y en una de las rutas visitamos algunos caseríos por donde se quedaban los etarras. Yo llevaba la pistola preparada por si pasaba algo y descubrí que él la llevaba desmontada y envuelta en un papel. Me resultó sorprendente en un teniente de la Guardia Civil al que le faltaba poco para ascender a capitán. Procedían de la nueva escuela, poca arma y mucha información, muchos colaboradores que te informen, mucha moqueta. En estas promociones les enseñaban más a ser señoritos, no a comportarse en las operaciones en las que había que actuar, sin entender que tenía que haber de todo, no todos los agentes y oficiales podían chupar moqueta.

Poco a poco se disipó la acusación que nos implicaba a Quique, a Laura y a mí en los GAL, vieron que no colaba, porque sabían perfectamente que yo no podía saber nada de ese montaje. En represalia, otro oficial de la Guardia Civil filtró al periodista Melchor Miralles la información sobre el zulo de los GAL, y esto creo que no lo sabe todavía ni Melchor Miralles. Pero lo conocía un capitán de la Guardia Civil y dijo: «Vamos a joderlos». Ahí estaba la prueba de la guerra que sostenían la Policía y la Guardia Civil.

LOS TESTIGOS NO RECONOCEN A LAURA ALAMAR
COMO LA RUBIA DE LOS GAL

Agencia Efe, **2 de septiembre de 1987.** Laura Alamar Porte, natural de Valencia, no es la Rubia de los Grupos Antiterroristas de Liberación (GAL), presunta autora de varios asesinatos en el país vasco-francés. Media docena de testigos convocados por la Policía Judicial francesa no reconocieron las fotos de la joven que les fueron presentadas. El pasado 28 de julio, el periódico francés *Liberation* publicó un artículo sobre Laura Alamar Porte y su hipotética identificación como la mujer rubia que en 1985 mató a varios militantes etarras en Francia. El diario recordaba que en septiembre de 1985 la misteriosa rubia desapareció tras cinco meses de actuación, «con seis atentados y varias víctimas en su activo».

Alamar Porte, de 34 años, fue detenida el 1 de julio, en Biarritz, cuando recogía un dinero que le entregaba un dentista de Bilbao. En un primer momento se pensó que la joven podía ser una etarra que realizaba una extorsión, y después se examinó la hipótesis de que fuese la Rubia de los GAL.

225

V

Destapo a unos «inventores de amenazas» y la prensa me delata a mí

Las falsas amenazas contra el dueño de Prodiecu

Con Acedo haciéndome la guerra, en agosto de 1987 volví a Salamanca y me encontré con que no tenía ningún trabajo: «Ahora estoy sin nada, aquí tirado, sin cobrar de ningún sitio y sin dinero». Casualidades de la vida, a los pocos días me llamó José Antonio Linares, uno de los policías que me había captado para infiltrarme en ETA —más tarde llegaría a ser gobernador civil de Córdoba—, y me dijo: «Mikel, tengo aquí un posible trabajo para ti, que quizás te puede gustar. ¿Por qué no te vienes mañana a Madrid a una reunión en el hotel Miguel Ángel con unas personas y a ver si te interesa?». Viajé a la capital y me presentó a un comandante de la Guardia Civil llamado Villa, que luego llegó a coronel. También estaban allí otros suboficiales, a los que ya conocía porque habían pertenecido al GOSSI de la Guardia Civil[36] y habían hecho trabajos en la etapa del SECED con mi equipo en Salamanca en la lucha contra ETA. Esa gente había estado a las órdenes del capitán Gil Sánchez Valiente, el hombre del maletín del 23-F. Cuando se formó el GOSSI, ellos ya habían participado en numerosas acciones de guerra sucia contra ETA en el País Vasco. Habían montado una empresa que se llamaba Antares Seguridad.

El comandante Villa me dijo que tenía un encargo importantísimo, consistente en proteger al hijo de un tipo que tenía mucho dinero y que estaba internado en un colegio privado de Lausana.

—¿A ti no te importaría trabajar en Suiza?

—Pues no. ¿Cuánto pagáis?

—¿Qué te parece 750.000 pesetas al mes, gastos aparte?

229

36. Grupo Operativo de Servicios Secretos de Información.

—Encantado.

Comenzaba el otoño de 1987 cuando me desplacé a Suiza para encargarme de la seguridad del hijo de Andrés Rodríguez, el dueño de Prodiecu, una empresa creada para que minusválidos se ganaran la vida vendiendo lotería. No tardaría mucho en descubrir que la amenaza física era poco menos que etérea. Miguel Durán, el director general de la ONCE, le tenía un odio a muerte, pero sin que mediara amenaza física, y mi encargo fue un montaje que fabricó Villa con su empresa Antares Seguridad para ponerle protección a toda la familia Rodríguez. A mí me vendieron la película de que el hijo corría en Suiza un grave peligro.

Lo primero que me tuve que buscar fue la forma de entrar en Suiza sin llamar la atención, porque es un Estado militarizado totalmente y todo se sabe. Pregunté si en Lausana había algún hostal de un español y me dijeron que fuera a hablar con cierta mujer que estaba casada con un suizo.

Me reuní con ella en una mansión enorme, en la que vivía con su marido. Charlamos, le caí bien y me ofreció quedarme en la parte de arriba, una buhardilla muy maja. Le dije: «Claro, pero yo te pago en efectivo», y le pareció perfecto. A mí me venía de maravilla porque no constaba en ningún registro y no dejaba huella. Lo más que podían saber de mí las autoridades helvéticas es si entraba y salía como turista, y se acabó.

Al poco de llegar, me fui a Lucerna, contacté con un italiano y compré dos armas porque yo pensaba que lo que iba a vivir allí iba a ser la leche, en consonancia con la alta cantidad que me pagaban.

La vida durante seis meses resultó muy aburrida, no tenía nada que hacer. Subía del lago, bajaba, viajaba por el país. Un día a la semana el chaval salía del colegio, me lo llevaba conmigo a todas partes, me quería mucho. No detecté ninguno de los riesgos que me habían anunciado y hasta terminé tirando las pistolas al lago Leman.

Es más, llamé más de una vez a mi amigo Fernando San Agustín, un exagente del SECED que trabajaba en Barcelona en el entrenamiento de especialistas en seguridad, para decirle: «Sácame de aquí, aunque sea ponme a trabajar en tu empresa de Can Padró, que es que no aguanto. Esto es peor que aburrido, es insoportable».

Tan insoportable que incluso tuve un dolor impresionante en el estómago, me hicieron un reconocimiento y no me encontraron nada. La conclusión médica fue que somatizaba mi malestar en los intestinos, se me cerraban y me daban una especie de cólicos. Creo que eso vino de los sufrimientos del pasado, de la acumulación de tensiones. Me pusieron un tratamiento que me sentó fenomenal, aunque ha sido otra secuela que he ido sufriendo a lo largo de la vida.

De vez en cuando iba a Salamanca para ver a mi familia y una de las veces me acerqué a hablar con Andrés Rodríguez:

—Mire, don Andrés, todas las amenazas que supuestamente hay contra su hijo no existen. Yo creo que usted está perdiendo dinero, no sé lo que pagará a Antares Seguridad, pero desde luego le puedo decir lo que me pagan a mí, y me parece una salvajada que esté tirando así el dinero.

Me pidió que le dijera cuál era mi salario.

—Jo, a mí me cuesta tres veces más.

—Usted puede seguir pagando, pero me parece una locura. Yo le digo una cosa: usted le da unos francos al monitor del colegio y él se preocupará, aún más de lo que ya lo hace, de que su hijo esté muy cuidado. Allí no hay ninguna amenaza, todo lo que le han dicho es mentira, a su hijo no va a tocarle un pelo nadie. Y estoy tirando piedras contra mi tejado porque yo dejo de ganar un sueldazo.

—Se lo agradezco mucho. ¿Usted está libre?

—Sí, yo no pertenezco a la empresa.

—¿A usted le importaría llevar mi seguridad?

—No tengo nada que hacer, encantado de la vida.

—¿Cuánto quiere ganar?

—¿Cuánto paga usted a los escoltas?

—500.000 pesetas.

—Pues 500.000 pesetas está bien.

—No no, es que usted va a ser el jefe de todo, y yo quiero que usted gane más.

—Me conformo con 500.000.

—Déjeme hacer a mí.

A partir de diciembre de 1987, Andrés Rodríguez me pagaba 500.000 pesetas y me pasaba un sobre con otras 500.000. Se portó muy bien conmigo, se sentía muy a gusto, muy tranquilo.

Poco a poco, me fue confiando el funcionamiento de la empresa y todo el dineral que sacaban en Prodiecu. Andrés tenía un chófer, Juan, que era su hombre de confianza, tenía familia en el Private Banking de Andorra, y en Suiza conocía un banco en el que se podía guardar el dinero. Yo llevaba los fondos de Andrés Rodríguez a Suiza: «A mí todos los viernes me están entrando más de seiscientos millones, ya llega un momento en que no sé qué hacer con el dinero».

Incluso una vez llegó a decirme: «En Alicante tengo una manzana de edificios», que estaban a punto de venderse y quería regalármelos. Que no, que sí, y al final se los quedó un cuñado suyo, pero estaba como loco por dármelos.

Le cogí mucho aprecio. Nada más empezar a encargarme de su seguridad me di cuenta de que el grupo de guardias civiles en excedencia que le habían puesto los de Antares Seguridad hacían unas chorradas impresionantes: le decían que lo estaban siguiendo, montaban unos números increíbles, cuando no lo seguía nadie. Acabé con las tonterías: «Aquí no hay persecuciones ni nada, aquí hacemos una escolta normal, a él lo acompañáis dos de vosotros y a la mujer la acompaña tal». Ya se habían ganado un montón de dinero.

Uno con el que me llevaba muy bien era Roberto, un navarro al que también lo había metido allí la Guardia Civil como agradecimiento por haberles hecho un favor. En Navarra habían detectado a una etarra, que notó su presencia y salió corriendo. Andaban a tiros corriendo detrás de ella cuando pasó por una esquina en la que por casualidad estaba Roberto, un tiarrón bestial, musculoso, que se percató de la situación y le dio un golpe que la tiró al suelo; la inmovilizó y se la entregó. Me acuerdo de que era el teniente Serafín el jefe de grupo de la Guardia Civil, que se puso a agradecérselo mientras la metían en un coche. La historia no había acabado porque resultó que ella llevaba otra pistola pequeña escondida en la braga, y cuando ya la tenían en el furgón, la etarra fue a sacarla, los agentes se dieron cuenta y uno de ellos le pegó un tiro mortal. Roberto, además de ayudarlos a detenerla, también declaró que ella había sacado la pistola y que el guardia civil en defensa propia la había matado. Roberto y yo hicimos buenas migas, y años más tarde recurrí a él para otros trabajos.

Curioso —para mí— fue que a Roberto le dieron desde el principio licencia de armas, cosa que a mí me había costado tanto conseguir. Y que, a raíz del asunto de Acedo, me lo quitaron todo, incluida una pistola fantástica. Antes de planear la operación de Pakito con la Guardia Civil no me daban licencia de armas. Durante ese trabajo me dieron una pistola que fue la que me quitó la Policía cuando me detuvieron. Años después me llamó el jefe de la Intervención de Armas de la comandancia de Madrid.

—Tiene usted una pistola Heckler & Koch. —A la que llamaban la Grapadora—. Pero no la tiene en regla.

—¿Cómo?

—Sí, una HK.

—No se preocupe, mañana voy y le enseño por qué no la tengo.

Le llevé el número de la revista *Interviú* en el que salía la fotografía de la pistola, que en aquella época era impresionante. Y le pedí: «Pregunte a la Policía de Bilbao o al juzgado, a ver qué pasó con ella. Años después venís a preguntarme y me habéis tenido todos estos años con vosotros pensando que tenía un arma ilegal».

Al final del tiempo que estuve encargado de la protección a Andrés Rodríguez tuve que quitar a uno de los guardias civiles, Ángel García, porque le estaba tirando los tejos a la mujer de Andrés, la mujer también a él, y Andrés me dijo que no lo quería ahí. Como era de la cuadrilla de Villa, tuvimos un rifirrafe. Este personaje le metió un gol al periodista Jesús Cacho, que escribió algo en un libro en el que este pájaro se hacía pasar por mí; vamos, de denuncia.

El dueño de Prodiecu quería montar un periódico de papel para que fuera vendido en la calle, al estilo de los voceros, por minusválidos. Era un proyecto diferente para dar trabajo a personas con discapacidades. Yo le dije que tenía a alguien que podía valer. Le presenté a Fernando San Agustín, que además de militar también es periodista, y a él se le ocurrió lanzar un innovador diario digital, pero Andrés no lo veía y al final no llegaron a un acuerdo.

233

Yo siempre tuve contacto con alguien de La Casa, pero no puedo revelar con quién, solo que era uno de los directivos principales. Yo le pasaba ciertas cosas de Andrés Rodríguez que ellos querían saber, sobre la guerra que mantenía con la ONCE. No es que Prodiecu fuera ilegal, porque cotizaban a la Seguridad Social, pagaban muy bien a su gente. Mucho mejor que la ONCE, que también tenía sus problemas, y cuyo director general, Miguel Durán, quería cargarse Prodiecu como fuera; la diferencia era que él utilizaba elementos del Estado (la política).

Al directivo del CESID con el que me mantenía en contacto, yo le pedía de vez en cuando algo como si podían retirar los coches patrulla que estaban apostados delante de la sede de Prodiecu. Este detalle mío a Andrés le encantaba, porque el de la ONCE buscaba una excusa para que pusieran las *lecheras* y amedrentar a Prodiecu, que todo el mundo viera que estaba rodeado por la Policía. También le pasé al servicio información sobre lo que hacían en Prodiecu, que reconozco que no fue nada especial, según mi criterio, no sé la importancia que pudo tener para el Estado o el Gobierno. Yo donde he estado siempre he pasado la información al servicio.

Una de las consecuencias de mi comportamiento en esa guerra empresarial tuvo su reflejo en la Feria de Sevilla, cuando yo estaba en una caseta con el policía José Antonio Linares y el dueño de Prodiecu, Andrés Rodríguez, y aparecieron el comandante Villa y su gente. Se acercaron y me amenazaron:

—Nos has jodido el chollo que teníamos aquí. Te vamos a hundir.

—Villa, menos rollo y os vais por donde habéis venido.

—Hemos dejado de ganar muchísimos millones por tu culpa, nosotros le sacamos lo que nos dé la gana.

—Vosotros lo que hacéis es chantaje puro y duro.

Me amenazaron de muerte y de todas las maneras posibles.

—Vosotros mismos, veremos quién puede más.

Lo típico de siempre, tampoco te vas a amilanar, ellos por su camino y yo por el mío.

Linares me dijo: «Cuidado, que estos son muy malos». Y como venganza, Villa fue el que promovió la filtración de mi nombre en un segundo intento para vincularme con los atentados de los GAL, en esta ocasión en una versión propagada por el inspector Michel Domínguez, que sí fue uno de los participantes en esa trama junto al subcomisario Amedo.

El detonante de esta guerra empresarial fue un episodio que comenzó con una lucha laboral. Cuando Andrés Rodríguez me contrató como su jefe de su seguridad, la decisión le sentó como una patada al sargento de la Guardia Civil Carlos Camacho, hombre de Villa, que quería el puesto para él a toda costa. Desde entonces empezaron las fricciones y los intentos de segar la hierba debajo de mis pies. Lo sorprendimos muchas veces husmeando en los papeles, tomando notas a escondidas o manipulando el ordenador de contabilidad. Seguramente ya preparaba su traición. Él fue quien vendió mi verdadera identidad. Viajó a Madrid y contactó con la ONCE ofreciéndoles informaciones internas sobre Prodiecu a cambio de varios millones. Controlamos y fotografiamos sus citas en VIPS y varios lugares con los ejecutivos de la ONCE. Pero la oferta no cuajó. Luego, aconsejado por Manuel Villa y los otros, contactaron con el inspector de la Policía Michel Domínguez, que se podía sacar un dinero, para que le filtrara a la prensa mi identidad actual —apoyada con documentos personales que Carlos Camacho se había llevado a escondidas— y me implicara en los GAL. Camacho conocía algunos aspectos de mi vida de oídas, pero propagó una serie de mentiras enormes. Incluso metió en el pastel a González Pacheco, Billy el Niño, una persona a la que no he visto en mi vida. Aquello fue una faena de lo más sucia y rastrera.

EL JUEZ ORDENA LA PRISIÓN INCONDICIONAL DE AMEDO
Y DOMÍNGUEZ COMO PRESUNTOS ORGANIZADORES DE LOS GAL

El País, **14 de julio de 1988.** Los policías José Amedo Fouce y Michel Domínguez Martínez ingresaron ayer en la prisión de Logroño, de forma incondicional, por orden del juez de la Audiencia Nacional Baltasar Garzón, que investiga la implicación de policías e instituciones con los GAL. El juez afirma en su auto que los dos policías aparecen como los principales organizadores de esa banda terrorista, que desarrolló su actividad entre 1983 y 1987, y añade que está documental y testificalmente comprobada su participación en la preparación, desarrollo y ejecución en dos atentados cometidos en febrero de 1986 en el sur de Francia (bares Batzoki y Consolation). El magistrado enviará en breve la causa a la sala para que decida sobre el procesamiento de los policías.

* * *

DETIENEN EN BARCELONA A MICHEL DOMÍNGUEZ,
EXMIEMBRO DE LOS GAL, POR NARCOTRÁFICO

El Mundo, **22 de abril de 2013.** Michel Domínguez, expolicía y exmiembro de los Grupos Antiterroristas de Liberación (GAL), fue detenido el pasado viernes en Barcelona por agentes de la Unidad de Drogas y Crimen Organizado (UDYCO) por tráfico de drogas. El arresto del exinspector de Policía y excompañero de José Amedo se produjo a las 11:00 horas del viernes en la estación ferroviaria Barcelona-Sants. Domínguez llegó a la Ciudad Condal en un tren AVE procedente de Madrid. El miembro de los GAL, según ha podido saber *El Mundo*, iba en compañía de un ciudadano colombiano y al parecer tenía que hacer una entrega de cocaína en la capital catalana.

Me escondo en Sant Genís

*E*n septiembre de 1988 me llamó Xavier Vinader, al que yo había conocido a través de Fernando San Agustín cuando un día me lo presentó en su despacho.

—Mikel, prepárate porque va a salir en *Interviú* que Miguel Ruiz Martínez es Mikel Lejarza, El Lobo, en un artículo pequeño, un pequeño recuadro, pero luego saldrá mucho más. Y no acaba ahí porque también va a salir en *Diario 16*. Michel Domínguez ha tenido reuniones en dos hoteles con periodistas de los dos medios. A los de *Diario 16* les ha cobrado dos millones y medio, y a *Interviú* otros dos millones y medio. Los dos lo van a sacar ya, así que ten cuidado.

Había comenzado la segunda batalla para mezclarme en el asunto de los GAL.

Avisé a Andrés Rodríguez, mi jefe de Prodiecu: «Voy a tener que perderme porque van a sacar mi verdadera identidad», y en ese momento se enteró de quién era yo realmente. «No te preocupes —me dijo—, llévate a dos del equipo para ti y te seguiré pagando durante un tiempo.»

Tras salir publicada la noticia en *Interviú*, estábamos en Salamanca y apareció por allí el periodista Melchor Miralles. Le pusimos una liebre, unas amigas, las siguió y nosotros aprovechamos para marcharnos a Barcelona.

Telefoneé a mi amigo Fernando San Agustín. Cuando abandonó el CESID oficialmente se convirtió, como yo, en agente negro, pues tenía muy buenas relaciones y siempre mantuvo la vinculación. Tenía una parte del campo de entrenamiento de Can Padró, que era del dueño de Eulen, al que conocíamos desde que empezó con una moto en Bilbao.

Fernando nos dejó una finca de su propiedad en Sant Genís, al lado de Malgrat de Mar, y nos fuimos Mamen, los niños y yo. Nos acompañaron los dos escoltas que tenía conmigo, Roberto y otro. De vez en cuando venían los amigos, como Xavier Vinader, y hacíamos allí nuestras comilonas. Esa temporada en el campo catalán fue de descanso para mí, de relajo, no hacía nada, me limitaba a estar escondido. A partir de que desaparecí, se incrementó el acoso contra el dueño de Prodiecu, lo encarcelaron y en prisión empezó a sentirse muy mal, tuvo un cáncer y murió. Sin duda, fue por la presión que ejercieron sobre él.

Estuvimos escondidos en ese pueblo bastantes meses. El guardés era cazador, tenía escopetas, y yo lo acompañaba, aunque lo único que tenía para disparar era una carabina de aire comprimido. Él se hacía cruces porque yo con mi carabina cazaba perdices y faisanes. Las perdices venían al gallinero de la casa, yo iba a rastras, esperaba y esperaba, y cuando se acercaban les disparaba a la cabecita y con la de aire comprimido las mataba. Lo mismo con los faisanes, que procedían de la finca de al lado, que organizaba cacerías. El guardés alucinaba: «¿Cómo puede usted matar con una carabina de aire comprimido cuando a mí me cuesta una barbaridad cazar una perdiz?». Muchas veces, como él criaba gallinas de Guinea, le decía: «Deje, que le voy a pegar un tiro a esa y nos la vamos a comer. Usted no se preocupe, que cuando hagan en Tordera el mercado, yo se las compro».

Por la mañana poníamos trampas para pajaritos, los recogíamos y nos lo comíamos en las brasas. Lo pasamos bien en Sant Genís. A los perros famélicos que rondaban por allí los engordamos a todos. Y hasta a un gato salvaje, que entró en casa y saltaba por las paredes; le empezamos a dar comida y al final fue el gatito más dócil que he conocido en la vida. Salía yo a cazar y venía detrás de mí.

Otra propuesta del guardés de la finca: «¿Por qué no viene a cazar conejos? Yo le dejo una escopeta y le digo cómo». Cada vez que él oía un tiro me preguntaba: «¿Qué?», y yo le contestaba: «Ya está». Así una y otra vez. «¡Ha pegado seis tiros y ha matado seis conejos!», se admiraba el hombre.

Todo fue más o menos tranquilo hasta que un día, cuando ya llevábamos unos meses instalados, vimos algo extraño. La verja de abajo daba justo a la carretera de paso y todo estaba lleno de luces: «Esto es que ya vienen a buscarme». Me despedí de mi mujer, me despedí de todos, les pedí a los guardeses que cuidaran de la familia y salí con un revólver que tenía. Pero me quedó la curiosidad de ver qué hacían: fui andando agachado por la pinada, todo era matorral, y al acercarme vi a muchos guardias civiles. Cerca divisé dos coches que se habían pegado un leñazo impresionante y pensé: «Tanto que he montado para nada», y regresé a casa: «Nada, que solo es un accidente, no pasa nada».

Por culpa de todo el tiempo que estuvimos en la finca y posteriormente en el apartamento de Salou, que se alargó un poco, mi hijo perdió el curso escolar y luego tuvo que recuperar dos en uno.

Nos quedamos en la finca hasta la llamada del CESID y la vuelta otra vez a lo mismo. Fernando San Agustín hizo presión a S. B., al que yo no conocía. S. B. estaba en el servicio desde hacía mucho, pero en 1988 había logrado una relevancia importante, era el subdirector, el número dos. Fernando le desveló que me tenía escondido en su finca y S. B. le contestó: «Dile que venga». Preparamos la cita en Madrid. Fui a verlo, eso sí, acompañado por mi gente, pues no me fiaba. A la reunión también vino Lemos, jefe de la División de Inteligencia Interior. S. B. fue claro: «Vuelve con nosotros, que hay cosas que hacer en Barcelona, te mueves muy bien. Lemos te llevará directamente». Ahí empezamos intentando prever atentados de ETA. Teníamos a Urrusolo localizado y a otros, pero decían que eso ya lo sabían. Me propusieron otra misión: querían que los ayudara a acabar con Terra Lliure.

Aunque S. B. me puso a Lemos como oficial de caso, siempre venía a verme acompañado de Enrique. Lemos era el que realmente me llevaba, pero albergaba la idea de que, más adelante, del día a día se ocupara Enrique. Lemos era muy especial y me decía sobre su ayudante: «A este tú me lo vas a llevar por donde quieras», y no era cierto porque Enrique era un profesional de arriba abajo.

A Lemos no lo conocía de antes y, además de mi oficial de caso, se convirtió en un amigo. No obstante, para mí Enrique ha sido el mejor oficial de caso que he tenido, a pesar de que tuvimos muchas peleas y hacía que me subiera la tensión. Para mí ha sido el más trabajador que ha estado en el servicio, ena-

239

morado de lo que hace totalmente, ha pasado por lo peor, no quiero dar su nombre real porque está en activo todavía. Hemos tenido mucha complicidad los dos, hemos llevado a cabo bastante misiones importantes, algunas ocultas, para sacar adelante operaciones, como en el escándalo de Alberto Saiz por los gastos personales no justificados que pagó a cuenta del CNI. De las personas que quiero nombrar que han sido importantes para mí dentro del servicio, este es uno de ellos.

A mediados de 1989 quedaba poco para que se celebrara el juicio contra mí por la denuncia de extorsión presentada por el dentista Pedro Ortiz Lang, que había frustrado la operación que habíamos montado para librarlo del impuesto revolucionario de ETA y así conseguir coger a Pakito y traerlo a España. Ortiz Lang nos había enviado el mensaje de que quería llegar a un acuerdo: a cambio de cinco millones de pesetas se desentendería de todo lo que había pasado y firmaría para que no se celebrara el juicio. Ya había conseguido no pagar a ETA y separarse de su mujer, y ahora quería dinero por dejarnos en paz.

Se lo comenté al subdirector del CESID, S. B., y a Lemos, y decidieron ayudarme. Me fui a ver al fiscal general del País Vasco, Jesús Cardenal, con Lemos. Le contamos la propuesta de acuerdo y el servicio decidió adelantarme los cinco millones para cerrar el caso, aunque luego me fueron descontando durante un tiempo una parte de mi sueldo mensual. La verdad es que se portaron muy bien y me ayudaron.

EL LOBO QUE DESGARRÓ A ETA

Diario16, **18 de septiembre de 1988.** Mikel Lejarza Eguía, alias El Lobo, estuvo infiltrado en las altas esferas de ETA desde 1970 a 1975. Nunca los servicios secretos españoles han contado con otro topo tan eficaz. Las informaciones facilitadas por El Lobo permitieron detener a más de cuarenta destacados etarras. Descubierto por la dirección de ETA, vive desde 1975 una constante huida. Ha cambiado de identidad, ahora se llama Miguel Ruiz Martínez. Ha seguido trabajando para los servicios en España y México, y ha estado encarcelado por un delito común.

LA MIRADA DE MAMEN

Del esquinazo a los periodistas a una vida durísima perdidos en una finca

Cuando volvimos de México, Miguel se puso chulo con los del servicio y los mandó a la mierda. Me encontré viviendo en casa de mi madre en Salamanca, compartiendo todo con mi hermana, que también vivía allí. Escolarizamos al niño, aunque estaba muy avanzado gracias a las clases particulares que le había dado mi madre. No teníamos un duro y, para colmo, Miguel estaba fastidiado. Empezó con un amigo mío que tenía una finca con caballos y le sacó el poco dinero que nos quedaba, aunque yo le había avisado.

Me quedé embarazada de mi hija, un embarazo malísimo. Gracias a una gestión de Miguel con Cassinello fuimos al hospital Gómez Ulla, donde me enteré de que todo lo que me estaban haciendo era analítica nuclear. Estuve un mes ingresada hasta que nació la niña, incluso me hicieron la prueba de la amniocentesis para ver si era apta para aguantar fuera el oxígeno. Nació muy bien a los diez meses, aunque estuvo casi un mes en la incubadora. Pillé una anemia galopante, perdí sangre por un tubo y me pusieron hierro para aburrir. Ver a la niña en la cuna y no poder tocarla fue horrible. «Aquí no pintas nada —me dijo el doctor— porque no le puedes dar el pecho. Te vas a casa y te recuperas, que es lo importante, y vienes a verla los fines de semana.» Nos fuimos a Salamanca y volvíamos los dos para pasar con ella el sábado y el domingo.

Cuando a Miguel lo encarcelaron en Martutene, me fui a vivir a casa de mi hermano Félix para poder verlo cuando hubiera visita. En mi vida había estado en una prisión, lo pasé tan sumamente mal…, y mira que mi hermano estaba destinado en la prisión de Basauri y le llevaba los bocadillos a Miguel. Cómo estaba en esos momentos la situación en el País Vasco que mi cuñada tendía el uniforme de Félix dentro de casa para que no lo vieran los vecinos, y a los niños los tenían aleccionados para que no dijeran nada sobre la profesión del padre. Y a mí me aconsejaban: «No digas que eres hermana de Félix». Para colmo de males, la niña estaba recién nacida, no me los pude llevar a ella y a nuestro hijo, y los dejé al cuidado de mi madre y de mi hermana en Salamanca. Fue muy duro. Me alimentaba de agua y café, era incapaz de comer nada porque lo echaba inmediatamente.

En Martutene, porque soy creyente, fui a hablar con el capellán, un hijo de la gran puta. Vas a hablar con un sacerdote para que te apoye y te encuentras con que es todo lo contrario a lo que debería ser. Ahí yo no tenía todavía la fuerza suficiente, pero si me pilla en otro momento..., le habría dicho, menos bonito, de todo. Mi hermano incluso se encaró con él: «¿A favor de quién está usted? —Y con un par de narices le lanzó—: Parece que usted está a favor del contrario, de los asesinos». El cura se calló.

Más adelante, el periodista Xavier Vinader alertó a Miguel de que la prensa iba a destapar su nueva identidad. Melchor Miralles, acompañado de unos escoltas, apareció junto a la casa de mi madre en Salamanca, en la que vivíamos. Llamó a mi hijo, que estaba jugando con sus amiguitos del cole en la calle, delante de la casa. La madrina de mi hija vivía enfrente y vio una movida rara: un coche con unos tíos, que llevaban allí muchas horas, con máquinas de fotos, que estaban detrás del niño. Yo, sin que me vieran, sin subir las persianas, porque ellos no sabían cómo era yo y por supuesto tampoco sabían cómo era Miguel, llamé a mi hijo: «Sube para arriba, que te voy a dar una cosa».

Llamaron por teléfono a casa de mi madre y lo atendí yo:

—Por favor, ¿se puede poner Miguel Ruiz?

—Huy, lo siento, me parece que se ha equivocado usted.

—¿Cómo que me he equivocado?

—Sí, aquí no vive ningún Miguel.

—Pero ¿no estoy llamando a casa de María del Carmen?

—No, creo que se ha equivocado también.

Respondí toda seca porque ya estaba avisada por la madrina

242

de mi hija. Alerté a mi madre de que había prensa en la calle. Teníamos un coche gris y le dije a Choni que se viniera con su amiga Sara, que había sido jugadora de baloncesto federada, de lanzamiento de jabalina…, vamos, que estaba cachas: «Sara, coge el coche, que te sigan a ti, y mientras, nosotros salimos con el niño». Arrastraron a los periodistas para que las siguieran y en un pueblo en el que pararon los paletos salieron detrás de ellos, casi les pegan.

La niña, como era muy pequeñita, se la dejé a mi madre y a mi hermana. Aceleradamente, hice una maleta pequeña con las cosas del niño. Salimos primero los dos, comprobé que no había moros en la costa y luego salió Miguel. Nos recogieron unos amigos y nos llevaron hasta su casa, ahí cambiamos de coche y nos fuimos para Barcelona. Estuvimos en un hotel hasta que Miguel habló con Fernando San Agustín y nos dejó su finca en Sant Genís, que es un pueblecín pequeño pequeño.

Durante el año escaso que estuvimos escondidos en la finca tuve que lavar a mano la ropa y las sábanas de todos. A la hora de la comida se presentaba todo el mundo. Miguel estaba entonces escribiendo el libro con Vinader, que venía acompañado de un fotógrafo y se apuntaban siempre a comer —«Mamen, si hay lentejas yo me quedo»—. A los que había que sumar los dos escoltas que nos dejó Andrés Rodríguez.

Para hacer la compra, yo me llevaba a mi hija en el carrito por una carretera muy peligrosa. Ahí escondidos, el niño estuvo sin escolarizar y tuve que darle las clases yo. Cuando tiempo después lo llevamos al colegio en San Cugat, estaba más avanzado que los demás.

En esa casa tuvimos vivencias raras. En la finca había lápidas de cementerio y pilas bautismales. A una estatua le faltaba un brazo y se giraba sola. En la planta de arriba había una especie de buhardilla en la que sentíamos pasos y nunca había nadie. Nos contaron los guardeses que cuando los soldados estaban construyendo la casa, había uno andaluz que le dijo a Fernando San Agustín: «Mi comandante, usted me puede meter todo el tiempo que quiera en el calabozo, pero yo no vuelvo más».

Una noche regresamos a casa y mi madre, que había venido a estar con nosotros y se había quedado cuidando de los niños, estaba despierta:

243

—Me han tocado por detrás.

—¿Qué dices?

—Que me han dado un azote. —Mi madre nunca se inventaba nada.

—Pero si no hay nadie.

—Yo te digo que me han dado un golpe por detrás.

Otra situación inexplicable tuvo como protagonista a la puerta del baño. Era de esas de cristal batiente que impide ver lo que hay dentro. Estaba sentada y tuve que salir corriendo.

—Miguel, vamos a llamar a mi madre porque he visto su cara en el espejo como una exhalación. Le ha pasado algo, seguro.

Encontramos una cabina en el pueblo.

—Mamá, ¿estás bien?

—Sí, estaba dormida, ¿ha pasado algo?

Me pasé dos noches sin pegar ojo de lo asustada que estaba. Tú no puedes apropiarte cosas de muertos sin bendecir porque te puede traer problemas, y siempre he pensado que aquellas lápidas y objetos de iglesia esparcidos por allí provocaban estos fenómenos extraños.

La finca tenía otras deficiencias, como descubrimos un día que se puso a llover y se inundó la casa. Estaban el padrino de mi hija y su mujer, que habían venido para celebrar un cumpleaños, y dijeron que se iban, pero yo me negué: «Con la que ha caído, no os vais». Y en mitad de la noche, Roberto, uno de los escoltas, estaba durmiendo, oyó gritos y del susto se cayó de la cama. Lo peor no fue el golpe, sino que se sumergió en un río de agua que le llegaba hasta las rodillas.

Casi peor fue lo que nos pasó el día del cumpleaños de Miguel, que habíamos ido a comprar al mercado de la Boquería de Barcelona. Teníamos una gata muy buena, con collarín, y a mi hijo le habían dicho que tenía siete vidas y no se le ocurrió otra cosa que tirarla a un pozo para ver qué pasaba cuando perdía una. Al volver a casa, nos recibió Roberto.

—No os quiero contar nada, porque van a caer tortas.

—¿Qué ha pasado?

—El niño, que ha tirado la gata al pozo. —Precisamente al que nos daba agua para las duchas.

Miguel descolgó el cubo para que la gata subiera e hizo todo lo que se le ocurrió pero no había manera de sacarla. Cuanto más tiempo pasaba, más hinchada estaba. No se enganchaba a nada. Cuando nos duchamos al día siguiente, a mí me olía a gato muerto. Empecé a hervir el agua para desinfectarla. Al cabo de tres días, cuando la gata ya estaba muerta, Miguel tuvo que engancharla y sacarla con una potera de pescar.

Nadie sabe cómo vivimos allí. Me preguntaba: «¿Qué he hecho para merecer esto?». Otra tragedia fue el día que la niña desapareció. Que no aparece, que no aparece, y llega Roberto: «Yo he oído aullar a un lobo». Casi me da un ataque, hasta que la encontré en casa de los guardeses con «los nenes», que tenían más de veinte años y la adoraban.

A pesar de lo duro que fue, me dio mucha pena irme, entre otras cosas porque los guardeses eran un encanto. En el recuerdo te queda lo bonito, pero lo pasé muy mal. Nunca había lavado tanta ropa a mano.

Durante el tiempo que estuvimos en la finca yo animaba a Miguel: «Algo saldrá». No me importaba tanto por mí, porque si me hubiera tenido que poner a fregar pisos, no me habría pasado nada. Pero lo que me comía el tarro eran los niños.

De allí nos fuimos a un hotel de Salou durante un mes o dos. Después nos mudamos a San Cugat, a un piso de alquiler, y luego mejoramos y nos metimos en comprar nuestra casa. Comenzaríamos, poco a poco, una nueva vida.

245

VI

Acabar con Terra Lliure

Busco a alguien que haga lo mismo que yo en ETA

Cuando mi amigo Fernando San Agustín me puso en contacto con S. B. y Lemos, los dos altos mandos del CESID, y mantuvimos la primera conversación en 1989, me dejaron claro que su prioridad era poner fin a la presencia de Terra Lliure en Cataluña. El motivo era que se avecinaban los Juegos Olímpicos de Barcelona y pretendían garantizar que se desarrollaran con tranquilidad.

Por comentarios que circulaban entonces, en La Casa tenían cierta tranquilidad porque parecía que Rafael Vera había llegado a un acuerdo con ETA, pero son extremos que no se pueden demostrar. Lo que sí es cierto es que había una seguridad de que los etarras no iba a atentar. Por el contrario, había otra seguridad enorme de que Terra Lliure sí que iba a intentar boicotear de lleno los Juegos. Toda la atención del servicio se centraba en esa organización. Entonces me pidieron que buscara a alguien para infiltrarlo. Imagino que ellos habían estado buscando por su parte, pero no encontraron a nadie, no avanzaban con ningún candidato. Como faltaban aún dos años para la inauguración de la Olimpiadas, que fue el 25 de julio de 1992, me dio tiempo para buscar y preparar a un agente que consiguiera su objetivo.

Toqué a varias personas e inicialmente me decanté por uno de los dos hijos de un amigo que se apellidaba Martínez, un bandarra que fue capaz de convencer a unos japoneses para que le compraran la Pedrera de Gaudí por cien millones de pesetas, y se fue de rositas. El chico era muy simpático, yo sabía que se movía en ambientes independentistas y le pedí detalles de las relaciones que tenía en ese mundo.

Se lo presenté al servicio durante una reunión en Barcelona a la que vino Lemos acompañado de otro de su equipo. Le explicaron el objetivo: que se infiltrara en Terra Lliure para averiguar lo que estaban montando para el verano de 1992. Yo aún estaba mentalizando al chico, veía que podía pasar algunos datos concretos pero me habían empezado a asaltar las dudas de que pudiera ir más allá. Los de Madrid le prometieron lo de siempre, que tras su infiltración tendría la vida arreglada. Dejaron que, de momento, lo llevara yo, pero no tardé en comprobar lo acertado de mis intuiciones: el tiempo fue transcurriendo, desde el servicio presionaron y presionaron, pero el chico no avanzaba.

Cuando me di cuenta, sin ningún género de duda, de que el hijo de Martínez no daba ese paso adelante vital en una infiltración, que no conseguía informaciones que merecieran la pena, lo conté en Madrid y me ratificaron que en los contactos que ellos mantenían con él de vez en cuando ya se lo parecía: «No tira para adelante, no funciona».

Yo me había adelantado y había buscado una alternativa. Tenía trabajando conmigo a José María Aloy y pensé en él. Lo había conocido como instructor en el campo de entrenamiento de Can Padró que llevaba Fernando San Agustín. Era un tío alto, nacido en Manresa, y hablaba catalán perfectamente, casi mejor que el español. Tenía la típica pinta de un *marine*, era un experto en conducción evasiva, piloto de helicópteros y especialista en extinción de incendios. Como agente en el terreno, era un tío del que se podía sacar partido. Siempre lo llevaba conmigo, muy pegado a mí, y poco a poco fui constatando que podía ser el perfecto infiltrado en Terra Lliure.

Mi estrecha relación con Chema me permitía chequear sus aptitudes y confiar en que tenía muchas posibilidades de lograr el éxito. Comprobé que reunía ciertas cualidades que me recordaban a mis inicios, a mi propia historia de la infiltración en ETA: no sabrá de Terra Lliure, pero es catalán; nació en Manresa, cuna del independentismo; nadie lo conoce, y tiene una trayectoria limpia, con la única marca de haber trabajado en Can Padró como instructor de conducción defensiva y evasiva. Pero incluso el supuesto inconveniente podía venir bien en un momento dado, teniendo en cuenta que en ese campo de entrenamiento había muchos militares, pero Chema nunca había vestido el uniforme castrense.

Me lo empecé a trabajar:

—Chema, yo creo que tú podrías trabajar con nosotros, en mi servicio. Me están pidiendo que controlemos a Terra Lliure. Necesito a una persona para hacer lo mismo que hice yo: entrar en la organización terrorista.

En un principio me vino con las mismas preguntas que yo me había formulado antes de entrar en ETA.

—No conozco a nadie, ¿qué hago?, ¿por dónde tiro?

—Chema, esto no es cosa de conocer a nadie. Vives en una zona en la que hay cantidad de independentistas que tú sabes quiénes son, más o menos. Te tienes que dejar querer. Lo importante es que te hagas pasar por alguien que sea como tú mismo, que eres más catalanista que la leche. Te va a ser fácil, acércate a las personas adecuadas y ellas mismas te irán llevando a los lugares donde se reúnen.

Poco a poco le fui convenciendo, hasta que comprobé que estaba decidido a realizar el trabajo. Entonces ya le expliqué las cosas claras:

—Van a venir los jefes principales de Madrid, te los voy a presentar y vas a hablar con ellos. Cuando vean que tienes cualidades para la infiltración, que es lo que yo te he transmitido, te aviso de una cosa: lo más probable es que te digan: «Con Mikel tienes que cortar», y vas a tener que relacionarte exclusivamente con ellos.

Ocurrió exactamente así. Lemos vino a Barcelona con un tipo alto que estaba en Antiterrorismo, a quien iba a nombrar enlace directo con Chema, aunque Lemos mantendría un enlace menor.

—A partir de ahora —le dijo Lemos—, nosotros te iremos indicando lo que tienes que hacer y cómo lo tienes que hacer, pero deja ya a Mikel. Tú te dedicas de lleno a esto, él va por su lado y olvídate de él.

Sin hacer caso a lo que le ordenaron a él y también a mí, me ofrecí a Chema para que hablara conmigo siempre que lo necesitara.

—Tendrás momentos difíciles, en los que te vengas abajo, habrá días en que te encontrarás muy solo. Para todos ellos, me tienes a mí.

Fijamos un plan para concertar citas y lugares.

251

—Cuando tú me llames, si es un tema urgente mencionas la palabra «monasterio» y nos vemos en el bar que está al lado del monasterio de San Cugat. Me comentas una hora y hacemos la reunión una hora más tarde. Si no es urgente, me dices: «No voy a ir al monasterio», y quedamos en otro bar y, en lugar de ir ese día, quedamos al día siguiente, y lo mismo, una hora después de la hora que digamos. Ten en cuenta que pueden estar escuchándote a ti y pueden estar escuchándome a mi.

En 1990 Chema fue a la Audiencia Nacional, al despacho del juez Baltasar Garzón, para firmar una declaración para que el magistrado se hiciera cargo de que era un infiltrado y que cualquier cosa que pasara era por el trabajo que estaba realizando, algo que no habían hecho nunca antes. No es cierto que yo lo acompañara en ese trámite legal, lo harían los del servicio, Lemos o alguno de los otros. Ojalá en mis tiempos hubiera tenido ese paraguas.

La infiltración de Chema avanzó adecuadamente desde un principio, y tuvo que entrar un tercer agente a ayudarlo, Enrique, que era ingeniero de explosivos del Ejército. El servicio se lo puso porque a Chema le mandaron colocar unos explosivos en un túnel, no tenía ni idea de cómo hacerlo y Enrique fue quien los colocó. Creo recordar que lo hizo de tal forma que no explotaran. Pero hubo más ocasiones en las que Enrique tuvo que ir a desactivar algún explosivo y hacerlo de manera que no se notara demasiado, pero no reventaron.

Ahí empezó un poco el problema del trío de personas del servicio que estaban en contacto con Chema: Lemos, que era el jefe, y los otros dos, que estaban de enlaces. El alto lo único que hacía era acudir a las citas cuando no podía Lemos. Pero Enrique era el que estaba más implicado, el que resolvía situaciones claves en los momentos más delicados.

Pasados unos meses, Chema empezó a encontrarse solo, no tenía la continuidad de vernos todos los días para descargar la tensión y recibí la primera llamada: «No voy a ir al monasterio». Cita al día siguiente, creo que dijo a la 13:00, lo que suponía quedar a las 14:00. Tomamos algo.

—Joder, esto es muy duro, me mandan hacer unas cosas que no veas.

—Mira, Chema, a mí no me cuentes lo que tienes que hacer, no te preocupes, cuéntame lo que necesitas, lo que quieres.

Si hay algo que no puedes hacer, no te preocupes porque te lo van a hacer los del servicio. Tranquilo, ya no estamos hablando de los tiempos de Maricastaña, que eran los míos. No tengas miedo y aguanta el chaparrón.

—Ya, pero es que aquí está metido todo quisqui, hasta el hijo de Pujol. Tienen un plan muy fuerte, van a poner bombas, van a matar.

—Eso es lo que hace un grupo terrorista… Si me necesitas llámame, no importa la hora, me esperas en el coche, nos vamos a algún sitio, charlamos.

Chema tenía momentos bajos, otros en los que no sabía si dejarlo. Mi misión fue animarlo continuamente, porque el chaval era ciertamente lo mejor que se podía encontrar en ese momento.

Su historia la tendría que contar él. Yo solo puedo añadir que cuando se cerró la operación, en junio de 1992, salió cien por cien perfecta. Detuvieron a todos los miembros de Terra Lliure, aunque algunos de los sospechosos no llegaron a ser involucrados por diversos motivos. En los ambientes de ese grupo terrorista estaba, según me contó Chema y me corroboró el jefe del operativo del servicio, Oleguer Pujol, el hijo pequeño de Jordi Pujol, que se largó a Francia. La vinculación de Oleguer se calló por ser hijo del presidente de la Generalitat catalana. Otro que estaba en esos ambientes fue Carles Puigdemont. Era uno más entre todos los que estaban controlados, y se quitó de en medio. Olió la operación policial, se pidió un año sabático en su empresa y se largó de España. Fue listo. Hicieron ver que Jordi Pujol estaba en contra del independentismo y ahí quedó el tema.

Luego ocurrió lo de siempre. Hubo una controversia enorme en el servcio por decidir quién fue el que llevó las operaciones contra Terra Lliure, ya que varios se lo querían apuntar. Lemos era el que figuraba como jefe de la operación, pero estaban en pugna los tres que habían llevado a cabo una misión tan exitosa. A mí me preguntaron tiempo después: «De verdad, ¿quién es el que iba allí?», buscando soluciones a una guerra de protagonismos desatada entre ellos, en la que el alto se quería apuntar el tanto. Yo les expliqué: «El que empezó fue Lemos; el que realmente se movía más, el que estuvo a las duras y a las maduras, era Enrique».

253

A Chema le prometieron una cosa muy importante para él: una vez finalizada la infiltración, seguiría trabajando con el CESID, por lo que se hizo la idea de que sería de una manera oficial. Cuando su operación terminó, más de lo mismo: ya había cumplido la misión, la mayor parte de las veces no interesa que se queden en España, y le buscaron un contrato en Brasil con los hermanos Lao, los de las máquinas tragaperras. A los hermanos Lao ya los conocíamos nosotros y, sin ayuda del servicio, podíamos haber conseguido también ese trabajo. Tengo cierto conocimiento de que, además, le debieron dar algo de dinero.

El oficial de caso me contó que le habían ofrecido trabajar con ellos, pero no me lo creí, porque si le hubieran ofrecido hacerlo oficialmente en el servicio, Chema habría aceptado. La salida más fácil fue buscarle un trabajo lejos. Pasó el tiempo y Chema tuvo algún problema en Brasil, creo que no lo auxiliaron y el único a quien tenía para acudir era yo, y lo hizo.

—Pero ¿no tienes enlace con ninguno de los de antes, con los oficiales de caso que te llevaban?

—No tengo ninguno, si puedes ponerme tú en contacto…

Lo comenté en el CESID:

—Me ha llamado Chema, se ha venido, ha montado una oficina de detectives y quiere contactar con vosotros.

—Ah, no no, ya no.

Se lavaron las manos y se lo quitaron de encima lanzándome una advertencia:

—Y tú procura no tener contacto tampoco. Si necesita algo concreto, bien, pero no seas un contacto en plan serio.

Esto me hizo ver que seguimos sin aprender cómo hay que tratar a los agentes que infiltramos. El servicio no ha cambiado en su actitud. También hemos visto otros casos de guardias civiles a los que han dejado medio abandonados. Y no puede ser que, después de que uno ha hecho una infiltración, se ha jugado la vida y ha tenido que vivir en un mundo tan contrario a su forma de pensar, lo dejen suelto y más tarde digan: «Es que era un poco rebelde». Pero ¿qué esperan? Si abandonas a su suerte a un agente al que se le ha preparado para una serie de acciones duras, no esperes que sea un angelito de la caridad.

Con la operación de Terra Lliure, yo pensé: «Si dejo a Chema en manos de estos, no va a llegar a ningún sitio». Porque a pesar de que yo le veía muy válido, otra cosa es lo que con el paso del tiempo te pasa por la cabeza, y sabía que el servicio no lo iba a preparar, pero para eso estaba yo. Para prepararlo y ayudarlo mentalmente, para decirle cómo iba a ser el antes, el durante y el después. Así funciona.

Ha habido otras personas a las que yo pasé al CESID y los quemaban enseguida. Porque los utilizaban para una misión en concreto y adiós, los dejaban chamuscados y tirados. Cuando más adelante ha habido otros infiltrados, siempre se ha cometido el mismo error.

Debían haber aprendido y disponer de un área de infiltrados: vamos a enseñarles, ya hemos aprendido cómo funciona el tema, vamos a tener agentes especializados para que puedan enseñar a los candidatos cómo llevar el trabajo. Yo soy de los que menos me puedo quejar porque siempre he tenido conmigo a un oficial de caso, siempre he seguido trabajando con el servicio. Ha habido un nudo muy difícil de deshacer. Quizás también porque empezamos con nada, éramos prácticamente una familia y con la Operación Lobo empezó lo gordo. Ahí se formó ese cordón umbilical que en ocasiones intentaron romper, como ya he contado.

El servicio de inteligencia español tampoco está preparado para llevar a sus infiltrados una vez que la operación está en marcha. Y siempre van a hacer falta infiltrados, no podemos perder esa figura. Hoy más que nunca hay que hacer escuela de verdad. Como en los grandes servicios de inteligencia, están los espías durmientes, a los que despliegan en ciertos lugares y activan cuando los necesitan. Si queremos ser importantes y fuertes en este ámbito, hay que decidirse por una estrategia así, siempre ha sido una de mis guerras. Desde que terminé mi trabajo ese era mi afán, tener un departamento que se dedicara específicamente a la infiltración.

Cuando busqué a Chema o cuando capté a los Pitufos, no busqué en ellos unas cualidades concretas, me fijé más en la personalidad que en las cualidades. Los servicios de inteligencia, y en concreto el nuestro, se han dejado llevar muchas veces por las cualidades y ese criterio los ha llevado a fallar muchas veces. Buscan al típico guardia civil preparado, disci-

255

plinado, o al típico militar. Ocurre que cuanta más disciplina y cuanto más preparado estés, vas a cometer más fallos. Un agente puede ser muy bueno para una acción determinada, como ir a salvar a alguien, meterse en un sitio o ir a Afganistán, pero eso no tiene nada que ver con una infiltración. Es mucho más fácil pillar a los agentes «oficiales», tienen ciertos tics, en el argot callejero se dice que huelen, que apestan: «Joder, aquel es guardia civil, lo huelo de lejos». Es por sus formas de actuar, lo mismo que le sucede a un etarra. Después de mi infiltración yo marqué a muchos etarras porque tienen una forma de moverse, de vestir, de andar, de mirar atrás continuamente, de pararse…, formas que los delatan y que se detectan tanto en un lado como en el otro.

En la mayor parte de las situaciones que seas un buen agente operativo no sirve para nada. Los operativos sirven para una misión concreta en un momento dado. Y siempre en grupo, porque los dejas solos y no sirven para nada. Son de acción, no tienen aguante, no piensan, no improvisan. En mi caso, ¿quién es el que está llevando la operación?, la llevo yo. ¿Quién manda?, mando yo. Por eso todo el mundo siempre ha dicho que soy un incontrolado, un rebelde. Porque no soy el tío al que le dicen: «Vaya a Francia, haga esto, vaya a este sitio… y no se salga ni un pelín de lo que le estamos diciendo». A la orden, zapatazo. Pues te van a joder, porque yo me he tenido que salir del camino 50.000 millones de veces. Me decían al principio: «Tú vete a la estación de Burdeos y allí no sé qué, o vete a tal punto de Burdeos que es donde están estos». Y yo les decía: «No voy a ir, para qué voy a ir, me van a tener visto enseguida y me van a morder». Yo buscaba otro camino, el que realmente yo veía que era bueno para ese caso. En las infiltraciones, no puedes ser disciplinado porque no sabes qué va a ocurrir a los diez minutos, por dónde te van a salir, cómo tienes que reaccionar. Si sigues una disciplina férrea y no te apartas un milímetro de lo que te han dicho, vas a meter la pata hasta el moño. En la cabeza lo único que te quedan son las órdenes, pero las órdenes no valen para todas las coyunturas, puede que para una sí, pero no para todas.

Una infiltración es una operación diferente, en ella el mejor es el tío más normal posible, el que pasa más desapercibido, el que se hace querer, que hace ver que se deja llevar, pero que controla la situación, la que marca él, la que va viendo sobre la marcha, no la teórica que le van contando desde lejos. Un tío de calle, que no llame la atención, pero que por la personalidad sepa que va a saber jugar, torear y que va a ser fiel a ti. Eso creo que es lo que vieron Paco y los otros policías en mí, también Emiliano. Se nota cuando una persona va a soportar la presión, es cuando yo digo: «¡Qué hígados más grandes!».

Sin duda, la cualidad que me ha salvado la vida muchas veces ha sido la improvisación. A mí me decían que yo lo hacía bien porque había hecho teatro. Es una cualidad que tenemos todos pero hay que dejar que aflore. La necesidad de tener otro escenario en tu mente la valoraban mucho los espías rusos, siempre preparaban tres o cuatro escenarios diferentes: si este me sale mal, cambio a este, y si no a este; era algo típico del KGB. Esta es la base de la improvisación.

A lo largo de mi trayectoria en Francia me encontré con muchísimas oportunidades para ejercitar esa improvisación. Iba a poner un mensaje a los míos en el buzón, que era un coche aparcado en Hendaya que tenía un pañuelo atado al volante, y me encontraba con dos etarras a los que conocía y me decían: «¿Adónde vas?». Y yo, con el papelito con la información obtenida recientemente en el bolsillo.

También tuve que buscarme una salida el día que estaba en casa de Ezkerra y había quedado con los del servicio en las afueras de Bayona. Tenía que salir corriendo como fuera porque si no, me era imposible llegar a la cita establecida.

—Yo me voy.

—¿Adónde vas?

—Es que tengo que ir a Bayona.

—Pues te llevo.

—No te preocupes, que me tengo que ver con unos amigos arquitectos y ya sabes, ellos quieren colaborar con la causa pero sin que los relacionen con nosotros.

—Que te llevo. Te dejo en un sitio alejado.

—Que no. Prefiero ir solo.

Conseguí salir de la casa, me puse a hacer autostop y pasó Ezkerra con el coche: «Pero si te decía que te llevaba». Me subí al coche, no me quedaba otra, y me dejó en las afueras

257

esperando a que aparecieran Emiliano y los del servicio. Pero los que aparecieron fueron Josu Ternera[37] y otros *milis*. Me vieron, nos saludamos y después se encontraron con Ezkerra, que les dijo que había quedado en un sitio retirado con los arquitectos: «Está a lo suyo». Lo podían haber tomado de otra manera y haber sido mi final. Estas situaciones en la cuerda floja las vivía cada día.

Otro supuesto a afrontar es cuando te descubren y acusan de que eres un espía. A mí con Ezkerra me salió la carcajada, porque en mi cabeza no me cabía que yo fuera un agente de inteligencia, porque yo era Mikel, el del club parroquial. Yo sabía que era un espía, pero en mi cabeza yo era el muchacho que había sido. Cuando ellos pronunciaron «agente infiltra-do», me reí porque de verdad me hizo gracia, me sonaba tan de película que me partía. Toda la Operación Lobo fue una constante improvisación.

Sin duda, a veces sales de las situaciones porque tu tra-bajo parece tan sincero y transparente que nada ni nadie lo puede tumbar. Cuando estuve en casa de Ezkerra, conocí a su mujer, de la que contaban que tenía algo de bruja, que en el norte se comenta mucho. Cuando me fui, le dijo a su marido, y lo cuentan en el libro *Infiltración*[38] que escribieron ellos: «Ten cuidado, que he sentido algo muy raro, va a pasar algo. Cuando he visto a Gorka he sentido algo extraño, ten mu-cho cuidado». Años después, Wilson diría que Ezkerra había confiado demasiado en mí, pero la realidad fue que, antes de Ezkerra, los que se pusieron en mis brazos fueron Wilson y Papi, que confiaron en mí plenamente. A toro pasado es muy fácil darse cuenta de los errores y culpar a otros.

258

37. José Antonio Urruticoetxea Bengoetxea.
38. Juan Cruz Unzurrunzaga, uno de los miembros de ETA detenidos por la infiltración de El Lobo, escribió en 1979 el libro *Infiltración*, editado por Hordago. Lanza todo tipo de improperios contra El Lobo y le recuerda la amenaza: «Estés donde estés, miles y miles de ojos te están buscando, Miguel Lejarza Eguía, y te perseguirán hasta encontrarte. Y los ojos del pueblo no se cierran nunca».

LAS JUVENTUDES DE CDC CENSURAN
LA OPERACIÓN POLICIAL CONTRA TERRA LLIURE

El País, **9 de julio de 1992.** El ministro del Interior, José Luis Corcuera, dio ayer por prácticamente desarticulada a Terra Lliure, después de la treintena de detenciones practicadas en Cataluña y Valencia en los últimos días. La operación policial desatada contra la organización terrorista, siguiendo instrucciones del juez de la Audiencia Nacional Baltasar Garzón, fue duramente criticada ayer por las juventudes de Convergència Democrática de Catalunya (CDC) y por Iniciativa per Catalunya (IC), que no solo han cuestionado la actuación judicial, sino que la han llegado a tildar de «operación de maquillaje» que puede «crear un clima de crispación» ante los Juegos Olímpicos.

259

VII

Barcelona. Espiar a todos para informar al Gobierno

Koplowitz, Partido Popular y Godó: un trabajo como cobertura

*L*a investigación de Terra Lliure no absorbió todo mi tiempo entre 1990 y 1992. Desde el principio de esa operación dediqué una gran parte de mi trabajo a otro de los asuntos que marcarían mi vida, que se prolongaría durante años.

Volví al CESID con la condición de ser agente negro, y aceptaron encantados, pues suponía que yo me buscaría la vida al margen del servicio, aunque en todo momento trabajaría para ellos, eso sí, sin que nadie se enterara. Por este motivo, mientras hablábamos sobre cómo poner en marcha lo de Terra Lliure fui consciente de que el primer paso que debía dar para respaldar mi nueva labor era buscar una cobertura creíble y potente para luego poder disponer de mi propio equipo.

Me reuní con la empresaria Alicia Koplowitz. Amabilísima, me dio una tarjeta preciosa y me mandó con su primo Carlos Koplowitz, que era quien dirigía los negocios. Los dos tuvimos varias reuniones, nos caímos muy bien y estuvimos a punto de crear un proyecto de seguridad importante alrededor de sus empresas.

Al tiempo que estaba avanzando la negociación, surgió una conversación con el periodista Antonio Herrero, que estaba trabajando en Antena 3 Radio, y le conté que andaba buscando trabajo preferiblemente en Barcelona —aunque también aceptaría algo en Madrid—, pues la operación que había puesto en marcha con Terra Lliure me iba a exigir pasar mucho tiempo en Cataluña. Antonio me dijo: «Tú salvaste al padre de Javier Godó de un secuestro de ETA. Escríbele una carta, yo se la hago llegar en mano y le digo que soy amigo tuyo».

Desde años antes, yo mantenía una buena relación con Javier Arenas, el político del Partido Popular, al que me presentó mi antiguo amigo el inspector de Policía José Antonio Linares. Fui varias veces a verlo en su despacho en la sede del partido en la calle Génova de Madrid. Y en algún momento salió el tema de que estaban pensando en montar un equipo de seguridad en el PP. Arenas me sugirió: «Deberías hablar también con Francisco Álvarez Cascos», que tenía el despacho junto al suyo. Traté con ambos durante un tiempo la forma de perfilar un proyecto. Con Arenas tenía una buena conexión personal, Cascos era un tío más frío. Luego, cuando pasaron todos los problemas que narraré en Cataluña, Álvarez Cascos dijo que yo había tratado de infiltrarme en el PP, fue un gilipollas. En esos malos momentos, Arenas le dijo a mi mujer que la ayudaría todo lo que hiciera falta a través de nuestro abogado. Después no hemos mantenido la relación. Vi que podía ser incómodo para su carrera política, porque Álvarez Cascos le dio mucha leña por su vinculación conmigo.

En los mismos meses me encontré con estas tres gestiones en marcha. Por un parte, tenía lo de la Koplowitz; por otra, lo del PP, y estaba hecha la gestión de Antonio Herrero cerca del conde de Godó a la espera de una contestación. Decidí que el primero que contestara en firme sería el primero que agarraba. Y fue Javier Godó, pero antes de que se produjera su llamada definitiva tuvimos que esperar unos meses.

Mientras tanto, me tuve que buscar la vida para tener ingresos. Nada más instalarme en Barcelona, tomé contacto con un francés españolizado que tenía una empresa con unos socios franceses, Sevip Strategic, en la que también había unos mandos de los gendarmes metidos de aquella manera. Su cabeza en España era Christian Colombon y tenían sus oficinas en la Diagonal. Estuve trabajando con ellos buscando contratos en el ámbito de la protección y seguridad.

Cuando ya estaba en Sevip Strategic me citaron en Madrid los hermanos Goizueta, de origen vasco, uno de los cuales tenía una petrolera en Estados Unidos, porque querían montar una empresa de seguridad con Fefé, Fernando Fernández Tapias. Me contaron sus planes y me ofrecieron ser el responsable, con despacho en Madrid, algo que no encajaba en mis planes: «Mejor yo me quedo como director en Barcelona y nombráis un director general en Madrid». Conocía de años atrás a un inspector jefe de Policía, Leo Castro, que había estado en Navarra, era un tío con una trayectoria bastante buena, muy relacionado, algo chulín. Los Goizueta aceptaron la propuesta encantados.

En Barcelona montamos la oficina de Orión Seguridad y me di de baja en Sevip. Metí a trabajar conmigo a José Manuel Trujillo y a José María Aloy, Chema, que estuvo en Orión hasta que lo tuvo que dejar por su infiltración en Terra Lliure. También contraté a mi cuñada en la oficina, que había trabajado conmigo antes. Estuvimos unos meses dedicados a las típicas labores de seguridad para empresas, aunque costaba mucho encontrar clientes.

265

«El traidor eres tú y mi obligación es contárselo a Godó»

*F*inalmente, en la primavera de 1991 me llamó Javier Godó para quedar conmigo y contarme sus preocupaciones. Me preguntó si podía hacerle un encargo relativo a confirmar las sospechas que albergaba de que le estaban haciendo un agujero económico en su conglomerado de empresas: «Es que estamos con el tema de la radio, yo quiero venderla, pero también está el asunto de la televisión. Creo que Martín Ferrand me lo está llevando todo mal». Él presentía, sin pruebas, que le estaban robando y que no controlaba lo que pasaba en la televisión.

Javier Godó me anunció que Albert Garrofé me explicaría bien y me contaría los detalles, «para que sepáis lo que tenéis que hacer». El consejero delegado no tardó en desvelarme que Martín Ferrand «está llevando por donde quiere la televisión, nos va a destruir». Yo ya empezaba a ser perro viejo y, por la forma en que me describió lo que pasaba, pensé de inmediato: «Este tío lo que tiene es un odio terrible a Martín Ferrand, se lo quiere quitar de en medio».

Chema y yo nos encargamos de la investigación en Barcelona y en Madrid localicé a Ángel García Román, un guardia civil en excedencia al que había conocido en Prodiecu y del que me había tenido que desprender, pero como era bueno lo recuperé: «Cógeme a Martín Ferrand las veinticuatro horas, a ver qué vida lleva, qué hace». Ángel no tardó mucho en informarme, sin ningún tipo de duda: «Este está llevando una vida ejemplar, es increíble».

En Barcelona, en contra de lo previsto por Godó, habíamos decidido vigilar al propio Garrofé por las sospechas que había despertado en nosotros desde el primer minuto y por cómo apuntaba el hecho de que acusara a Martín Ferrand sin motivo aparente. Convencidos de que había que controlarlo de arriba abajo, Chema y yo tuvimos éxito en uno de nuestros seguimientos. Lo pillamos en una conversación con el director del área económica del periódico, Carlos Fajardo, en la que mencionaron el dinero que estaban sacando de *La Vanguardia*. En aquella época prácticamente no utilizábamos ningún medio técnico especial. Registramos la conversación con unas grabadoras normales bastantes grandes, con cintas de larga duración, a las que poníamos una antenita pequeña. Era lo que había entonces: ellos estaban hablando y nosotros, desde bastante cerca, los grabábamos.

Descubierto el chanchullo, fui a Madrid y quedé en la puerta del Ritz con Albert Garrofé. Según salía del hotel, el consejero delegado me soltó:

—Ya sé lo que vas a decir.

—¿Lo sabes?

—Sí, pero no me importa.

—Tú eres el traidor, has querido cargar todo sobre Martín Ferrand, pero el traidor eres tú y mi obligación es contarlo.

267

—Lo sé, pero no me importa, porque nosotros tenemos mucha fuerza y vosotros no sois nadie.

Redacté el informe y fui a ver a Godó para presentárselo.

—El traidor no es Martín Ferrand, es el que tienes al lado, Garrofé. Te están preparando un agujero de tres pares de narices aquí.

Estaba también presente un consejero que intervino en la reunión:

—Yo tenía mis sospechas de que la trama se estaba tejiendo desde dentro, aquí en Barcelona, por la presión que nos están haciendo desde La Caixa.

Cuando Godó constató la realidad concluyó: «Joder…, perfecto». Nos pagó muy bien por el trabajo, que nos costó mucho. Y me dijo:

—Si te necesito, ¿te puedo llamar para trabajar?

—Hombre, encantado.

Para mí trabajar para él podría ser una cobertura muy buena, la que necesitaba para atender al servicio en mi nueva condición de negro. Les conté toda la investigación a mis mandos en Madrid y les anuncié que probablemente Godó me volvería a llamar. Se mostraron encantados: «Sería la leche, sería excelente».

Hubo que esperar un tiempo. Por otro lado, me ofrecieron montar las gasolineras de Cepsa por toda España, incluida la búsqueda de terrenos. Conservo el documento que me acreditaba para ese encargo, habría sido un chollo, pero mi trabajo no era ese y decidí renunciar. Es que a lo largo de mi vida he renunciado a tantas cosas muy importantes...

Mientras esperaba la llamada de Godó, no nos quedamos quietos. Ya teníamos formado el equipo y las oficinas montadas, así que nos dedicamos a investigar varios asuntos de armas que nos llegaron.

El tráfico de armas que no interesa al CESID
y una muerte sospechosa

$\mathcal{U}$na de las operaciones partió de una pequeña información que nos llegó a mediados de 1991 por el periodista Xavier Vinader, con el cual yo tenía una relación asidua. Él se había enterado de que había un piso en Barcelona donde vivía una pareja colocada allí por unos traficantes de armas solo para guardarles una ingente cantidad de documentación relativa a sus actividades ilegales por todo el mundo. Eran traficantes a escala muy grande, todos de origen extranjero, un alemán, un americano... Vinader nos dijo: «Si pudierais localizar dónde está la casa...». Su interés coincidió con el nuestro. Yo se lo comenté a mi servicio y no le dieron importancia o hicieron ver que no se la daban.

Tras descubrir dónde estaba ubicado el piso, me presenté con dos de los más grandes de los míos, Chema y Trujillo, dos tiarrones enormes. Tocamos la puerta, abrieron y yo les lancé: «Mirad, somos de la CIA, sabemos lo que guardáis aquí. Tenéis dos opciones: nos dejáis entrar y vemos lo que hay, o venimos con la Policía y vais detenidos». Chema, un rubio de apariencia intimidatoria, les habló con mayor dureza en su inglés perfecto, dando más verosimilitud a nuestra tapadera. Se asustaron y nos dejaron pasar. Nos llevamos todo lo que pillamos, cargamos una furgoneta con documentación sobre misiles Patriot, misiles tierra-tierra, tierra-aire..., lo más pequeño que vendían eran los lanzacohetes normales. Y también encontramos datos de sus clientes árabes. Era un negocio tremendamente importante. A la pareja la tenían en el piso, a lo mejor ni dormían allí, para que cuidaran los papeles y para que los vecinos creyeran que vivía alguien. Cuando los traficantes viajaban a Barcelona, en lugar de alojarse en un hotel que dejaba rastro de su presencia, se quedaban en esa casa, segura para ellos.

Vinader les pasó la documentación al FBI y al Mosad, después de que a los de mi servicio pareció que seguía sin interesarles. En Israel, como agradecimiento, lo nombraron hijo predilecto y le regalaron una metralleta Uzi. El FBI también quedó encantado, y poco antes del estallido de la guerra de Irak, pillaron a esos traficantes cuando entraban en Estados Unidos.

Tras producirse las detenciones, Xavier Vinader escribió un reportaje en *Interviú*, donde publicó muchas fotos y desveló los vídeos que había con información sobre los Patriot, además de cuestiones técnicas, los enlaces que tenían y cómo vendían armas a Irak.

Por aquella época se nos planteó una investigación similar, de unos tipos que tenían una oficina en el paseo de Gracia, también en Barcelona. Nos enteramos de que se estaban dedicando a la venta de armamento español, minas antipersonales y demás. Se lo pasamos directamente a un comandante de la Guardia Civil. Lo considerábamos un comandante duro, especialista en estas cuestiones y relativamente joven, por eso lo elegimos. Estuvo investigando nuestra información y un día un grupo vinculado al tráfico de las armas lo invitaron a comer en Via Veneto, un restaurante muy famoso de la ciudad. En mitad de esa comida, murió supuestamente de un infarto. No se volvió a saber nada de ese negocio, ni nadie volvió a investigar al grupo que estaba instalado en el mismísimo paseo de Gracia.

España está en la lista de los mayores exportadores de armas de guerra, pero nuestras Fuerzas Armadas, en lo que se refiere a material, no tienen de nada. Somos los primeros en la venta de minas antipersona, pero es tabú tocar ese tema. Nosotros nos habíamos dado cuenta, tras investigar la pista inicial que nos facilitó Vinader, del gran calado que iba a tener y nos pareció que no lo íbamos a poder seguir, nadie nos iba a hacer caso. La mala suerte fue que este especialista, que era un buen comandante de la Guardia Civil, acabara así. Pero nadie reaccionó a su muerte; de hecho, no le hicieron ni la autopsia.

Fue una de esas averiguaciones que surgían dentro del trabajo cotidiano, a veces extrañas, que te parecían importantes, que tú pasabas a tu servicio y que tu servicio no quería o hacía ver que no las quería. Es el trabajo del agente: te la has jugado, tienes todos los detalles y los jefes te dicen que esa información necesita tener tres vías diferentes para que sea fidedigna o buena. Hay tantos compartimentos dentro de un servicio de inteligencia que la gestión interna se vuelve tan estanca que al final nadie se entera del que ha usado la información y ha dado el paso definitivo. Hay muchísimas informaciones que no se continúan, aunque se tienen, la información siempre se guarda…, la información es poder. Que luego se use o no se use, y cómo se haga, es cuestión de la cabeza del servicio, del grupo que manda en La Casa.

271

En *La Vanguardia:*
«Quiero que controléis a todo el mundo»

*P*asados tres meses del primer trabajo que le hicimos a Javier Godó, en octubre de 1991 volvió finalmente a llamarme:

—Necesito que tú con un equipo trabajéis para mí, llevéis mi seguridad y todo el tinglado de la información.

—Me parece perfecto, pero hay dos formas de hacerlo: estando dentro de *La Vanguardia* o fuera de *La Vanguardia* —le expliqué—. Para ti es mejor que nosotros creemos una empresa que te facture a que estemos trabajando desde tu sede social.

Aunque inicialmente él había pensado que yo fuera su asesor personal, aceptó mi propuesta. Para disponer de mi propia cobertura, lo ideal era montar una empresa aparte, porque dentro del periódico era más complicado meter asuntos del CESID. Ese fue el error que cometería más adelante el coronel Fernando Rodríguez cuando lo contrató Godó. Convenía diferenciar una actividad de la otra, y mantener las distancias al menos en apariencia.

Di de alta una sociedad que facturaría a *La Vanguardia* y retoqué mi equipo para adaptarlo al nuevo encargo. Sumé a Manolo, que había sido de la Agrupación Operativa del servicio. De Navarra me llevé a varios, y contraté como director de seguridad del periódico a Miguelón, a quien había conocido en Prodiecu. También de ahí recuperé a Juan, el que había sido el chófer de Andrés Rodríguez, que pasó a serlo de Godó. A otro colaborador mío, que se llamaba Salva, lo convertí en su escolta personal. A mis hombres los llamaban los Cachitas.

Como consecuencia de que habíamos descubierto los tejemanejes que estaba ejecutando Albert Garrofé, Javier Godó le había quitado del puesto y había nombrado en su lugar a Manuel Jiménez de Parga. Godó era muy débil, muy miedoso, y no servía para despedir a la gente así como así. Lo cesó como consejero delegado, pero no terminó con él, siguió manteniendo una relación. Sabía que Garrofé tenía poder, y por eso iba con cuidado y le ofreció una buena indemnización, un comportamiento típico en él.

Entonces, la nueva perspectiva era que sabían que les faltaba dinero, pero desconocían aún la cantidad exacta y para qué querían utilizarlo quienes se lo habían apropiado. El equipo de Godó, sobre todo Juan Tapia, el director de *La Vanguardia* y alma del periódico, así como el área administrativa, también olfateaban que faltaba mucho dinero, pero no conseguían descubrir nada. Por eso me llamaron otra vez.

Empezamos a hacer una labor a fondo. Cuando contacté de nuevo con Godó me anunció que no tendríamos problemas de dinero: «Pero lo quiero todo, que controléis a todo el mundo». No se podía seguir a todos, era imposible, había que elaborar un estudio de a quiénes había que controlar. Ya sabía que el cerebro de la operación en *La Vanguardia* había sido Albert Garrofé, y Godó nos pidió que investigáramos a Carlos Fajardo, el director económico, que seguía trabajando allí y del que habíamos informado que era uno de los hombres de la trama. A la vez, había que tener en cuenta con quiénes de fuera estaban relacionados los dos. Pronto descubrimos sus identidades. Entre otros, Macià Alavedra y Lluís Prenafeta, que posteriormente fueron implicados en varios casos de corrupción. Pero eran muchos, no podíamos andar pinchando a todo quisqui.

Así que, en un principio, hacíamos controles. Sabíamos el papel que jugaba Fajardo con Garrofé y su papel en la desaparición de millones de pesetas aún por cuantificar. Comprobamos que Prenafeta, un empresario con una fuerza impresionante dentro de la Generalitat, se reunía con Alavedra, el histórico dirigente de Convergència i Unió que fue varias veces consejero con Jordi Pujol, en el despacho de otro implicado en la trama. Por las mañanas los conspiradores se citaban en una cafetería cerca del despacho de Prenafeta, quien a veces desayunaba con Garrofé y otras con diferentes personajes del entorno. Una de las revelaciones importantes que les pillamos en ese bar fue gracias a que les pusimos una grabadora en la mesa de al lado, en la que estaba sentado uno de los míos. Ahí se dispararon las

273

alarmas porque nos enteramos que estaban montando un nuevo periódico, *El Observador*, con tintes independentistas, para hundir a *La Vanguardia*. Además, se jactaban de que estaban montándolo con el dinero de *La Vanguardia*.

Pero a Godó no le bastaba con seguimientos y algunos pinchazos, él y su secretaria querían más y más. No se fiaba de nadie. Nos pidió que pincháramos a todos, no importaba lo que costara, porque estaba soportando unas presiones enormes y de malas maneras por parte de CiU y de su gran amigo Isidro Fainé, presidente de La Caixa, con el que tenía un crédito de 10.000 millones.

Tuvimos que tomar una fría determinación y elegir bien a los que había que controlar telefónicamente, ya que pinchar a más de seis era imposible para un grupo tan pequeño como el mío. La clave, entonces, era descubrir adónde iban a morir todas las llamadas. Dedujimos que todas terminaban en Albert Garrofé, con lo que poniéndole las escuchas a él, nos enteramos de todo. No obstante, la mayor parte de las conversaciones las captábamos con grabadoras direccionales. Pinchazos hicimos los justos. A Garrofé le tuvimos también que pinchar en la casa de verano que tenía en la Costa Brava, porque iba mucho allí para mantener reuniones más discretas. Javier Godó pensaba que teníamos pinchados a cincuenta, pero no era verdad. A él le dábamos las cintas, pero no el detalle, y por su contenido no sabía quiénes estaban en nuestra lista de intervenidos.

Aun así, teníamos nuestras dudas: «Si pinchamos a Pujol, es un problema, pero si lo hacemos a Prenafeta van a morir ahí las conversaciones con Pujol y todo el sector catalán. Si pinchamos las de Macià Alavedra, igual». Al final tuve que elegir y di en el clavo: Albert Garrofé, Carlos Fajardo, Macià Alavedra, Pascual Estevill y Javier Gimeno, el director general adjunto de Antena 3 Radio, que hablaba como las cotorras y los vendió a todos.

El problema que surgió con el juez Pascual Estevill iba por otro camino distinto. Los empresarios catalanes lo odiaban porque los amenazaba y el que no accedía a soltarle dinero cuando llegaba a su presencia, ya sabía lo que le esperaba. Godó era uno de los que lo odiaban. Nosotros no habríamos seguido a Estevill si no hubiera sido porque era un personaje al que Godó temía y nos lo encargó expresamente. La cuestión era pillarlo, y lo conseguimos en las grabaciones que le pasamos a Godó, de las cuales entregué una copia al servicio. Más tarde Estevill acabó en la cárcel, no porque nosotros diéramos nada a la Policía.

También fuera de esta operación, pinchamos a uno que trabajaba en Hacienda porque estaba extorsionando a todo el mundo y les había extorsionado también a los de *La Vanguardia*. Fue una investigación que nos pidió personalmente Godó. A ese lo pillamos enseguida, el tema fue por otro camino y lo defenestraron.

A uno de los que vimos reunirse con los de esta trama era Josep Lluís Núñez, presidente del Barça, que tenía un montón de hoteles. Estaba relacionado con Jordi Pujol pero no tenía que ver con este grupo. A Núñez lo llamaban el Rey de los Chaflanes, porque le daban todos los chaflanes de Barcelona para levantar hoteles. No le teníamos pinchado, solo lo seguimos y le vimos reunirse con los implicados en la trama, pero no profundizamos con él, no pudimos ligarlo.

En aquella época todos pinchaban, era increíble. En mi grupo no teníamos ni idea de cómo se intervenían los teléfonos y tomamos contacto con la agencia de detectives de Juan García, que sabíamos que tenían a uno de Telefónica que realizaba ese trabajo. Aparte de eso, a veces les encargamos alguna cosa, pero era mínimo el trato, prácticamente nulo.

Los de la agencia de Juan García nos presentaron al técnico que pinchaba, que era un fenómeno, se encargó de nuestras peticiones y luego lo utilizamos para otros asuntos. De esta forma descubrimos lo que estaba pasando. El que pinchó para nosotros trabajaba en Telefónica y era el mismo que lo hacía para la Policía, pero bueno, harto es sabido que algunos policías pinchaban cuando les daba la gana y luego, cuando el juez les daba el permiso, ellos ya sabían más o menos lo que había y aprovechaban el plazo que les daba el juez para pillar el delito.

Nuestro sistema de grabación era bastante novedoso y difícil de detectar. La colocación de los micrófonos corría por parte del trabajador de Telefónica. Ponía la pinza en la línea, a saber dónde, con un alcance limitado, quizás fueran unos quinientos metros. Si ponías el receptor en la calle, justo debajo del

275

edificio, era perfecto porque pillaba el sonido con una nitidez tremenda. Disponíamos de varias motos para realizar los seguimientos y para esconder los receptores de estas escuchas: eran unas grabadoras de cinta doble de larga duración, de ocho horas, y el receptor era una antenita que se metía dentro del asiento de la moto y se buscaba que saliera solo un poquitín para que no se viera. A Garrofé y a Fajardo les pusimos estas motos junto a sus casas.

Cuando el escándalo estalló, el fiscal llamó a declarar al que en mi equipo colocaba las motos, porque quería descubrir cómo lo hacíamos y le preguntó:

—¿Usted por qué cobraba 500.000 pesetas?

—Yo llevaba la moto y la dejaba aparcada. Al día siguiente me la llevaba y en su lugar ponía otra moto.

En realidad, ese era su trabajo.

—¿No hacía nada más?

—Sí, de vez en cuando lavaba las motos.

No consiguió sacarle el motivo por el que ganaba tanto dinero por hacer esa tarea. También hacía seguimientos, pero vamos...

Descubrimos que los miembros del grupo catalán iban a hacer un viaje a Ginebra y fuimos detrás de ellos. Desplegamos un equipo: el técnico de los pinchazos, el detective Juan García, un amigo mío argelino que había estado en los antiguos servicios de inteligencia franceses, el SDECE, y que evidentemente hablaba un perfecto francés, Mamen y yo.

Los implicados en la trama fueron mordiendo en Ginebra a los de mi equipo uno a uno. En el mismo hotel donde se alojaban nuestros objetivos estaba el argelino escuchando todo lo que decían. Era un gran profesional, el mejor de todos los que me había llevado, pero tuvo un patinazo de mala suerte, se dio cuenta de que lo habían mordido y vino a contármelo: «Me han visto varias veces, me estaban mirando». Entonces entramos en acción Mamen y yo. Primero en el hotel y luego los seguimos por la ciudad. Como no paraba de llover, íbamos siempre con nuestro paraguas en plan parejita y pudimos hacer el seguimiento completo. No sospecharon que dos enamorados los estaban controlando, porque para despistarlos nos parábamos en mitad de cualquier sitio y nos pegábamos un morreo.

Fue un éxito: grabamos a Albert Garrofé y a su gente entrando en una de las sucursales del Credit Suisse y en otro banco privado. Hasta el último momento obtuvimos información. Los seguimos al aeropuerto cuando ya regresaban para Barcelona y vimos cómo el intermediario que tenían con los, bancos se acercó a una impresionante joyería a comprarse un Rolex de oro macizo que pagó con un fajo de billetes impresionante que sacó del bolsillo. Realizamos un amplio reportaje, incluidas fotografías y grabaciones, que probaban todo lo que queríamos demostrar.

Gracias a este viaje, descubrimos todo el entramado y el porqué de este caso: a *La Vanguardia* le faltaban más de 3.500 millones de pesetas, que iban a utilizar para montar *El Observador*. A principios de 1992, a CiU la ideología separatista le importaba bien poco, aunque hacían guiños a los separatistas porque les venía de maravilla que las miradas del Gobierno central se dirigieran a otro lado, y además eran muy conscientes de que en un futuro podría venirles muy bien.

Finalmente echaron a Carlos Fajardo. El Grupo Godó despidió a su director económico con el mayor silencio posible y con una gran «escrupulosidad»; como en el caso de Garrofé, Godó también le dio dinero para que se fuera. Su sustituto, Miguel Ángel Burgos, más tarde intentó fastidiarnos, pues encargó a una empresa de detectives amigos un informe en el que nos acusaron de tener *La Vanguardia* llena de micrófonos, cuando los pocos que habíamos instalado habían sido por orden de Javier Godó.

PENAS DE 7 AÑOS Y UN MES PARA LOS 11 ACUSADOS
EN EL JUICIO DE LA OPERACIÓN PRETORIA

El Confidencial, **2 de julio de 2018.** La Sala de lo Penal de la Audiencia Nacional ha condenado a penas de hasta 7 años y 1 mes de cárcel a los once acusados en el juicio de la llamada Operación Pretoria, en el que se han juzgado ilícitas actuaciones en operaciones urbanísticas desarrolladas durante los años 2002 a 2009 en las localidades de Santa Coloma de Gramanet, San Andrés de Llavaneras y Badalona, así como las ganancias que los acusados ingresaron en sus patrimonios directamente o bien a través de intermediarios o testaferros. [...] Otros condenados son los exconsejeros de la Generalitat Macià Alavedra y Lluís Prenafeta, a quienes la Sala ha impuesto penas que suman para cada uno 1 año, 11 meses y 27 días de prisión por delitos de tráfico de influencias y blanqueo de capitales al aplicarles las atenuantes de dilaciones indebidas y de confesión.

Pececillos entre tiburones en una guerra mediática

*T*ras ese segundo encargo de Godó, nuestro trabajó aumentó considerablemente, recibimos amenazas, cambiamos de sede y nos dimos cuenta de que éramos pececillos entre tiburones. Con el paso de los meses y con mis chicos trabajando a tope, a principios de 1992 empezamos a detectar todo el problemón sumergido, apareció ante nosotros la realidad del auténtico conflicto: el Gobierno socialista estaba implicado en una enorme guerra mediática.

El sector catalán quería el control absoluto del Grupo Godó, y el Gobierno no lo podía permitir, pero la relación Felipe-Pujol era excelente, o por lo menos cuidaban de que así fuera, y Felipe González era consciente de que Cataluña era un feudo de Jordi Pujol y sus secuaces, que habían llegado incluso a montar su propio servicio de inteligencia con mossos d´Esquadra afines.

En medio de este maremágnum, recuerdo que Javier Godó nos contó una anécdota sobre cómo funcionaba Jordi Pujol con sus hijos. Godó había quedado a comer con el presidente catalán y, en algún momento del almuerzo, apareció uno de sus hijos. El padre se lo presentó a Javier, porque con este gesto ya lo había introducido en su círculo. Luego el hijo de turno se presentaba al empresario que tocara para hacer negocios.

Nuestra investigación se saldó con maletas de viaje llenas de cintas: horas, días, meses de grabaciones que se entregaban a Godó después de escucharlas nosotros. Según lo que se decía en ellas, Marta Ferrusola, la esposa de Jordi Pujol, parecía muy poderosa. Aparecían Macià Alavedra, Lluís Prenafeta y Joan Piqué Vidal, que tenía el gabinete de abogados más potente de España. Numerosas empresas movían los dineros de Convergència i Unió a sus anchas. Los sobres aparecían por todos lados.

Recibimos la orden, desde el servicio en Madrid, de que no se tocara a Piqué Vidal porque los agentes que teníamos en Cataluña no habían sido capaces de conseguir nada. Lo que no sabían mis directivos en el CESID es que teníamos trabajando con nosotros al jefe de los servicios operativos en Cataluña. Ellos no habían podido hacer un trabajo profundo, y Lemos, mi oficial de caso, me lo dejó claro: «No se os ocurra tocar a Piqué Vidal, que es muy fuerte, tiene cien abogados con mucha fuerza, es intocable, andad con cuidado porque no hay manera». A mí los retos siempre me han estimulado, y si ellos no habían sido capaces, a ver si podía hacerlo yo. Creíamos que Piqué Vidal tenía que ver, que estaba implicado y a mí me había pedido Godó que lo hiciera y fui para adelante.

Estábamos metidos en una guerra de medios a lo bestia. Por un lado, peleaba el grupo catalán que quería hacerse con Antena 3 Radio y Televisión, y con *La Vanguardia*; por otro, apareció Mario Conde a la conquista de ese imperio, y el tercer lado del triángulo era el Gobierno, que terminó entrando de lleno. No es que a nosotros nos dijera el CESID: «Trabajad este asunto», pero sí que le interesaba mucho, más que al servicio propiamente dicho, al Gobierno. Emilio Alonso Manglano y Felipe González eran uña y carne. Además, CiU no podía permitir que Madrid se quedara con todo el Grupo Godó y, una vez pillado Albert Garrofé, idearon otro sistema.

Recuerdo que envié un informe al servicio en el que les contaba que Javier Godó era un hombre frágil y fácil de llevar. Nosotros sabíamos que toda esa gente no solo le robaba, sino que se aprovechaban de él. Estas debilidades las conocían todos, y su mano derecha, la secretaria Gema Guillén, manejaba los hilos como quería. Se aprovechaba de él y, en menor medida, el secretario también lo hacía. Desde que yo llegué, los dos directores —Fajardo del área económica, y Tapia, un hombre fuerte cercano al PSOE, del diario— despachaban primero con la secretaria. Gema lo sabía todo, estuvo siempre al corriente de todo, incluso tomó muchas decisiones.

Godó recibía diversas e intensas presiones, a las que se sumaba la gran deuda que tenía con La Caixa, cuyo presidente, Isidro Fainé, muy relacionado con el conglomerado del grupo Pujol, le estaba apretando las tuercas. Para defenderse, Godó decidió acelerar la venta de la radio y la televisión. Se dio cuenta de que necesitaba contrarrestar esa presión en Madrid. Me contó que le gustaría y necesitaba tomar contacto con la Moncloa. Yo, la verdad, no entendí la petición, ya que Juan Tapia tenía una estrecha relación con el Gobierno de Felipe González, pero lo tomé como un favor de confianza, al menos así lo parecía.

Se lo transmití a Lemos, y este al director Manglano, quien preparó un encuentro. Godó acudió por primera vez al palacio de la Moncloa —yo lo acompañé— y se reunió con el vicepresidente Narcís Serra. Salió radiante. Ahí establecieron una relación directa entre los dos. El empresario necesitaba dinero para relajar la «presión catalana» y se propuso vender Antena 3 Radio, que estaba en su gran momento, con primeros espadas como Antonio Herrero y José María García. La guerra fue terrible, ya que tras la radio iría seguidamente la televisión.

El Gobierno ordena que la tele y la radio no caigan en manos de Mario Conde

*E*n los primeros meses de 1992, los viajes de Javier Godó a Madrid empezaron a ser continuos para gestionar la venta, y uno de sus interlocutores fue Mario Conde. Era la gran época del banquero, cuando quería entrar en política. Conde tenía un gran servicio de seguridad y escoltas, y estos sí que pinchaban teléfonos a diestro y siniestro. Godó se enamoró de Mario Conde tras acudir a su sede, donde le mostró el gran equipo que tenía a su servicio y le enseñó todos los medios tecnológicos de que disponía, incluido un sistema de grabación en su despacho. Cuando Godó regresó a Barcelona, nos pidió que le instaláramos lo mismo.

—Yo quiero que, cada vez que venga alguien a mi despacho, pueda grabarlo. Y donde está la secretaria me ponéis también otros micrófonos.

Nosotros los colocamos en el despacho de Godó, en el de Tomás, que era el secretario, y en el rincón de Gema Guillén, que estaba cerca de él, porque todos los que llegaban se ponían a charlar con su secretaria. No pusimos micros en el despacho del director de *La Vanguardia* porque no nos interesaba, con Juan Tapia no había ningún problema, era un tío que llevaba bien el periódico.

Al margen, seguimos los controles pertinentes al grupo catalán y cada día estábamos más asustados del trasiego de dinero que movía esta gente —las cifras que se barajan ahora son de risa—. A Artur Mas no lo controlábamos, sabíamos que se corría unas juergas de impresión con el hijo mayor de Jordi Pujol. Las comidas más baratas eran las del restaurante Via Veneto, a algunas de las cuales acudían bien acompañados.

Y sucedió que Godó, como había conectado tan bien con Mario Conde, quería venderle al banquero Antena 3 Radio y Televisión. Aquí entró como un tsunami la vertiente política de la trama. Lo principal para los socialistas que estaban en el poder no era lo que estaba sucediendo en Cataluña, que para ellos era un tema secundario, sino que no querían por nada del mundo que Conde se hiciera con el control de esos medios, porque había comenzado a meterse en política y a considerarse presidenciable.

La situación en Madrid se tornó preocupante no solo para el Gobierno, sino también para la oposición, a algunos de los cuales yo conocía y sabía lo que pensaban. Les aterraba igualmente que esos medios de comunicación cayeran en manos de Conde. La idea que defendió el Gobierno fue que Godó no pactara con Conde y se echara en brazos de Jesús Polanco, presidente del Grupo Prisa. A mí me pidieron desde el CESID en Madrid que le quitáramos de la cabeza esa idea a Godó, que no permitiéramos que le vendiera los medios al banquero. No faltaba mucho para las elecciones generales que se celebrarían el 6 de junio de 1993, y me consta que se reunieron González y Aznar para ir juntos en el proyecto de cargarse a Mario Conde, porque no les interesaba que esos medios lo auparan para ser candidato a presidente del Gobierno. El cumplimiento de esas órdenes me llevó a algún enfrentamiento con el banquero.

Javier Godó convocó una cena en su casa a la que asistió Mario Conde y en la que yo estaba presente, mientras mi grupo permanecía fuera. En la tertulia, el entonces banquero alardeó de que iba a ser presidente, que iba a ganar las siguientes elecciones. A mí se me ocurrió decirle:

—Don Mario, yo creo que usted se está equivocando de plano. Como entre en política, le van a defenestrar. No van a permitir que un banquero con los medios de comunicación se meta en política, le van a comer por todos lados.

—Ustedes los del CESID —me respondió Conde— se creen que lo saben todo.

Un tío muy engreído. Godó le había dicho que yo era del CESID porque le encantaba fardar de que tenía trabajando para él a alguien relacionado con el servicio.

283

—Sepa —añadió Conde— que yo tengo un gran equipo, y muy importante.

—Solo le digo que si mete la nariz en política, le van a hacer polvo.

La orden del Gobierno de Felipe González, apoyado por José María Aznar, era que por nada del mundo la radio, la tele y *La Vanguardia* cayeran en su poder. El Gobierno presionaba al servicio, pero ellos no podían hacer nada, éramos nosotros, era yo. Como asesor de Godó, tenía que buscarme la vida para evitarlo. Hicimos todo lo posible, conseguimos que no cayera en manos de Conde, y entonces el Gobierno hizo para que cayera en manos de Polanco, que es lo que le interesaba.

Nos costó muchos problemas y enemistades, y mientras tanto, el grupo catalán hasta nos envió a una banda de delincuentes de Martorell, mafiosos de la droga, mezclados con el alcalde de la localidad, entonces en prisión por estos menesteres, y que tenía una extraña relación con Juan Huguet Huguet, que llevaba unos extraños temas de bonos.

Nosotros le habíamos prestado un despacho a Huguet, que era un buen economista, muy catalán, que nos venía bien por si necesitábamos algo y siempre lo teníamos en nuestra oficina. Nos enterábamos de cosas por él. Era de un pueblito junto a Sort, muy independentista, pero no sabíamos lo que hacía. Un día apareció un grupo de personajes, unos tíos grandes, de raza gitana. La secretaria se asustó y entraron hasta mi despacho. Eran cuatro, y Huguet no estaba en ese momento. Uno de los más altos agarró a Manolo, que estaba conmigo, le dio un golpe en la cara y le amenazó con una navaja. Yo le dije: «Tranquilo, tranquilo». Me sacaron un cuchillo grande y me lo pusieron en la garganta. No sabíamos qué pasaba.

—El Huguet nos ha pedido ocho millones y queremos que nos los devuelva porque no ha hecho nada de lo que nos prometió.

Esos millones eran, supuestamente, para ayudar al alcalde de Martorell, creo que para sacarlo de la cárcel. Pero nosotros desconocíamos totalmente el trato que Huguet tenía con estos gitanos. Me acuerdo que le dije al que me estaba amenazando:

—No sé de qué coño me estás hablando, pero si tan machito te crees, aprieta más el cuchillo, si tienes cojones.

284

El tío se quedó sin saber cómo reaccionar y le empezó a temblar la mano.

—¡No tiembles, cojones, venga! ¿No vienes en plan matón? Pues aprieta y vámonos.

Mientras le gritaba en plan desafiante, pulsé el botón escondido para alertar a la secretaria, que sabía que tenía que avisar a los míos, que iban armados y estaban en *La Vanguardia*, entre los que estaba Miguelón, que media dos metros. Los que nos amenazaban se habían puesto chulos y se encontraron con que nosotros éramos más chulos que ellos. Les dije:

—No tenemos nada que ver. La deuda que tiene Huguet con vosotros ya trataremos de arreglarla.

Porque a nosotros no nos interesaba que Huguet se fuera de la oficina.

—Mañana mismo, quizás, ya tenéis el dinero, pero a Huguet no lo tocáis. Si volvéis a aparecer, os lleváis un susto.

Todo esto lo decía yo con un cuchillo en la garganta. El gitano contestó:

—Pero ¡qué cojones tienes!

En ese momento apareció mi equipo y mi atacante optó por retirar el cuchillo.

—Ahora podemos hacer dos cosas: llenaros de hostias o llamar a la Policía y llevaros detenidos. A pesar de que no tenemos nada que ver con Huguet, se os va a pagar. Pero tened cuidado, a ver cómo acaba esto.

—No no no, nosotros solo queremos el dinero.

Por la tarde nos enteramos de que cuando aparecieron en el despacho ya habían cogido a Huguet y le habían dado una paliza de muerte, y después los policías del alcalde, que estaban con ellos, lo habían metido en el calabozo. En definitiva, le sacaron ocho millones de pesetas a Godó, que nos los dio Gema, ya que siempre disponía en la caja fuerte de más de 120 millones. ¿Por qué lo pagó? Lo desconozco. Hubo un tiempo en que Huguet mantuvo varias reuniones con Godó para asesorarlo, y este quedó tan agradecido que le regaló el mejor Jaguar que había, que valía un montón de millones.

Dejaron libre a Juan Huguet y estuvo bastante tiempo de baja. Los gitanos se terminaron enterando de quién era yo, y un día que me los crucé me saludó el cabecilla: «Lo que tú ne-

285

cesites, jefe, ahora entiendo». A los gitanos, que todos sabían que estaban metidos en el tráfico de drogas, nunca los pillaron.

Lo que nunca hemos sabido es el trasfondo de por qué vino ese grupo a nuestra oficina, si ya habían apalizado a Huguet antes. No entendimos nunca el episodio y aún hoy sigo sin encontrar la explicación última.

El gran fallo fue el coronel Rodríguez

*E*n todo este entramado mediático, el gran fallo se produjo cuando el coronel Fernando Rodríguez, que era el jefe de Economía y Tecnología de La Casa, entró a trabajar con nosotros en *La Vanguardia*, gracias a mi gestión, con el deseo de ganar dinero y punto.

La historia comenzó a finales de 1992 en una reunión que tuve en Madrid con Lemos a la que vino Fernando Rodríguez. Les conté todo lo que estábamos haciendo con Godó y que tenía la posibilidad de colocar a alguien del servicio en un puesto para llevar la asesoría económica del grupo empresarial. Que estaba muy bien remunerado, millones al mes. Lemos dijo que no, pero el coronel dijo que corriendo.

Fernando Rodríguez tuvo posteriormente varios encuentros conmigo en Madrid. En uno de los últimos, recién estrenado el año 1993, en el hotel Meliá Princesa, nunca se me olvidará, nada más terminar compré varios décimos de la lotería del Niño y me tocó el segundo premio. En la reunión había notado que Fernando iba más en plan de silencio que de amigos que íbamos a trabajar juntos. Me dijo: «Yo ya quedo libre y voy para allá». A los pocos días apareció en Barcelona, estuvo en mi casa y me dijo que ya estaba fuera del servicio. Lo llevé a *La Vanguardia* y se lo presenté a Godó.

La realidad, que yo desconocía en ese momento, era que no estaba de baja del servicio todavía, sino esperándola, y a Manglano le había dicho que cogía las vacaciones para irse a Galicia, y confiaba en que a su vuelta le dieran la baja. Pero en lugar de irse a descansar, se fue a *La Vanguardia* a trabajar. Es lo que aprovecharía Rafael Vera, en aquel momento secretario de Estado del Ministerio del Interior, para dar caña al CESID tiempo después, tras dejar que el coronel se integrara y se diera de alta en el periódico.

Fernando aprovechó su salida para llevarse documentación del servicio sobre narcotráfico y otros temas, que había envuelto muy bien para que nadie se percatara. Al poco de mudarse a Barcelona, llevaba una bolsa con unas carpetas y me dijo: «Guárdame esto en tu casa, ya te lo pediré cuando esté asentado y tenga mi sitio». La dejé en el trastero hasta que un día me dio por pensar: «A ver qué es lo que tengo yo aquí». Abrí la bolsa con cuidado y vi que eran papeles del CESID. Pensé: «Hostia, esto no lo quiero yo en mi casa». Le pedí a Fernando que lo recogiera, porque ya tenía su despacho, y se la llevó a *La Vanguardia*. Menos mal que reaccioné a tiempo, pues si no, más adelante me habrían pillado a mí con sus papeles robados.

La presencia de Fernando Rodríguez en un despacho de *La Vanguardia* nos resultó casualmente beneficiosa. Ya teníamos a pleno rendimiento los micrófonos que nos había encargado colocar Godó, que eran para grabar a sus visitas. Y como Fernando Rodríguez prefirió tener un despacho en el periódico, en lugar de estar fuera con nosotros, sucedió que estábamos haciendo una prueba con los receptores y descubrimos algo que no nos esperábamos: nosotros podíamos captar perfectamente los micrófonos de los despachos de Godó, su secretario y su secretaria, y se pillaba lo que hablaban los tres.

288

Así pudimos escuchar muchas cosas y nos enteramos de la relación real de Godó con el Gobierno y el CESID. Nosotros no invadimos *La Vanguardia*, como se publicó, si no que se nos pidió hacerlo. Había solo tres micrófonos instalados, y a Godó le habría encantado que hubiéramos puesto muchos más, pero solo pusimos tres que él sabía dónde estaban. Se escondieron dentro de un ladrón que los alimentaba porque estaban conectados a la red y así no había que cambiar las pilas. Era lo mejor que había en esa tecnología y lo que a Godó le gustaba.

Lógicamente, yo tenía que comunicar todo lo que hacía a mi oficial de caso en el servicio, así que le pasaba a Lemos nuestras averiguaciones sobre lo que ocurría en las alcantarillas de Barcelona: cómo habían hecho el agujero económico en el diario, lo que habían movido Garrofé y sus compinches a los bancos de Suiza, cómo habían montado un medio independentista, los problemas del hijo menor de Pujol, los problemas del propio Jordi Pujol, lo que pretendía hacer Prenafeta. Todo llegaba al CESID al poco de conocerlo yo.

Es curioso que, mientras estuve en Barcelona, mis jefes del servicio no me dieron órdenes concretas, haz esto o lo otro; tampoco me impulsaban a seguir esos temas conflictivos de Cataluña, porque Pujol era sagrado para Felipe González. Se limitaban a recoger la información que yo les entregaba. De hecho, fue el presidente de la Generalitat el que llamó al presidente del Gobierno y le dijo: «Quítame a estos bandidos de aquí, que me están controlando por todos lados». Lo que más abiertamente le interesaba al Gobierno era neutralizar a Conde, el único tema en el que me dieron órdenes explícitas.

Una de las reuniones más importantes y decisivas entre el vicepresidente Narcís Serra y Javier Godó, con la presencia de Juan Tapia, se celebró en un salón del edificio de *La Vanguardia*. Mi oficial de caso me advirtió que nos apartáramos, que desactivara los medios de grabación, pero como Lemos me conocía y no se fiaba de que le hiciera caso, me anunció el envío de un equipo especial del servicio con inhibidores para que no pudiéramos escuchar nada.

Pero nosotros buscamos cómo grabar ese encuentro. Le pedí a Miguelón, como jefe de seguridad de *La Vanguardia* designado por mí, los planos del edificio. La chimenea del salón de reuniones estaba justo donde se iban a sentar los tres asistentes. Descubrimos que por esa chimenea se podía deslizar un micrófono direccional colgado de un hilo de pescar en cuyo extremo opuesto, bajo nuestro control, colocamos una grabadora de larga duración. Así nos enteramos que el objeto de la reunión era abordar el interés político por que se volvieran las tornas hasta dejar fuera del mapa a Mario Conde. La alternativa era que Jesús Polanco se convirtiera en el socio principal de *La Vanguardia* y manejara la tele y la radio de Antena 3. Durante el encuentro registramos sus más y sus menos. El nuestro fue un trabajo típico de servicios de inteligencia, perfecto para favorecer al Gobierno, de una forma totalmente ilegal, y si te pillan…

Esa cinta era una bomba, unida a tres más, que suponían mi triunfo personal. Nunca jamás se ha dicho nada sobre el

289

contenido de esas cintas que a mí me alertaron de lo que estaba pasando, y nunca saldrán a la luz, seguramente se pudrirán. Yo las guardé a buen recaudo y, por si acaso, dejé en mi trastero, en una caja a la vista, las que Godó había desechado porque no le interesaban, pues le implicaban.

Todas estas acciones nos llevaron a controlar lo que pasaba en Madrid, donde estaban empeñados en la venta de Antena 3 Radio a Polanco y había aparecido por medio Antonio Asensio con el asunto de la televisión.

En Madrid teníamos pinchado a Javier Gimeno, que en marzo de 1992 ya había pasado a ser el consejero delegado de Antena 3 TV, lo que fue más que suficiente, porque cantaba como un canario. Le escuchamos hablar con el doctor Beltrán y reírse de la mujer de Asensio porque consideraba que era una ordinaria. Bartolomé Beltrán era otro que manipulaba en esta guerra para ver quién se quedaba con Antena 3 y que hablaba de cargarse a Nieves Herrero y a Esmeralda Velasco porque habían metido la pata e iban a por ellas a degüello.

En uno de los seguimientos, vimos que Javier Gimeno se encontraba con responsables de Globomedia. Pillamos en unas grabaciones a los del equipo de la productora, que estaban trabajando en Tele 5, pasando el movimiento económico y de programación a Antena 3. Habíamos acertado al considerarlo el objetivo fetén para pincharlo. Gimeno vivía enfrente de un cuartel del Ejército, y un antiguo guardia civil que teníamos en el equipo aparcaba la moto, donde llevaba escondida la grabadora, delante de su casa y les decía a los del cuartel: «Cuidarme la moto, ¿eh?». Más tarde se produjo el episodio de que uno de mis hombres vendió la información a Tele 5. Vendida o no, la información les interesó mucho.

Finalmente, el Gobierno consiguió sus objetivos y se quedaron felices: Antena 3 Radio pasó a pertenecer a Polanco y la parte de televisión fue a parar a Asensio.

Tras la firma de la venta de Antena 3 Radio, Juan, el chófer de Godó, viajó en un Mercedes a Madrid con los de seguridad de Pamplona que había contratado yo, que lo seguían en otro coche, y les cargaron algo en el maletero. Juan me llamó para informarme: «Mikel, llevo en el coche más de 1.500 millones de pesetas y papeles de cómo se ha hecho esto, es el premio de

Godó. ¿Qué hago? —Y añadió en broma—: ¿Tiro para Suiza o adónde voy?». La verdad es que si ese dinero y esa documentación hubieran desaparecido, nadie podría haber dicho nada. Yo le ordené: «No no no, tráelo todo para acá». Lo llevó al sótano de *La Vanguardia*, y cuando abrimos el maletero y lo comprobamos, nos quedamos asustados. Después vimos llegar a José María García a una reunión con Godó, y luego este nos desveló que había ido a cobrar una minuta extra.

A partir de ahí todo se enrareció, nuestro trabajo casi se limitaba a cuidar de Godó y sus miserias. Hubo una vez que se subió con una chica a un hotel del valle de Nuria y fuimos a controlar Manolo, Trujillo —que se montaron su fiesta en el bar—, Mamen y yo —que juntos pasábamos más desapercibidos—. Se encoñó de mala manera con esta chica y le regaló todas las joyas de la familia. Enseguida empezó su secretaria, Gema Guillén: «Esto hay que rescatarlo, que son unas joyas de tradición». Debían valer un riñón y parte del otro, sin contar con que también le regaló cuadros. Tuvimos que hablar con la muchacha para que se asustara un poco y se lo devolviera todo. Entonces él le regaló un velero para que se quedara tranquila. Pero hubo que convencerle de que eso no lo podía hacer, era como un niño grande.

En ese momento nos encontrábamos entre dos fuegos: molestábamos a Madrid y molestábamos a Barcelona, y ambos poderes se llevaban estupendamente... a su manera. Solo comentaré un fragmento de una conversación larga de una de las cintas, algo que le contó Macià Alavedra a Albert Garrofé:

—He comentado con el pequeño [se refería a Jordi Pujol] y me ha dicho que tranquilo, que Madrid va a hacer lo que él diga, que si no, saben el pollo que les montamos.

De aquellos polvos vienen estos lodos.

En enero de 1993, Gema Guillén, con tono irónico, nos anunció que había unas diligencias abiertas contra nosotros en la Audiencia Nacional por infinidad de «actos delictivos», lo cual nos sorprendió sobremanera. Pero era cierto. El juez Carlos Bueren fue el que abrió el caso, a mediados de 1992 en el Juzgado de Instrucción número 1 de la Audiencia Nacional. Cuando la secretaria de Godó nos comunicó que nos podían imputar, lógicamente reportamos al CESID. La respuesta de

291

sus responsables fue que estuviéramos tranquilos, que no nos preocupáramos, que ya habían hablado con el ministro Corcuera y que este había dado orden de que no hubiera nada y que no se hiciera así. No obstante, me dijeron que fuéramos dejando lo de Barcelona.

¿Por qué lo sabía Gema? ¿Qué montaje era ese? Yo avisé a mi equipo: la información que obtuviéramos en lo sucesivo iba a ser principalmente para nosotros, que ya éramos conscientes de que nos habíamos metido en medio de una guerra político-mediática y de un choriceo de una magnitud terrible. También le advertí a mi gente de que nos iban a dar hostias por todos lados, pero el equipo al completo decidió continuar conmigo.

Javier Godó se había convertido en una marioneta, pero llenaba sus bolsillos y eso le hacía feliz. Entonces nos pidió que controláramos a su hijo y a su hija. En fin. Él era el director de *El Mundo Deportivo*, problemático. Para controlar a la chica debimos incluso viajar a París, y nos tuvo en jaque un buen tiempo.

En días posteriores comenzamos a constatar que nos seguían policías, y no eran precisamente de los Mossos. Siempre los mordíamos y decidimos adoptar medidas de seguridad. Lo significativo fue que Godó y Gema Guillén estaban enterados de todo lo que pasaba por el Ministerio del Interior. La secretaria incluso aprovechó para llevarse de la sede las obras de arte y el dinero de la caja fuerte, pero ninguno de los dos supo que nosotros teníamos la frecuencia de los micrófonos instalados en sus despachos y que nos enteramos de la jugada que querían hacernos.

Más tarde, en *La Vanguardia* se encargaron de quemar todas las cintas de ocho horas que nos habían pedido grabar. Prendieron fuego a maletas de viaje repletas de ellas, mientras nosotros solo disponíamos de las que ellos no habían querido conservar porque demostraban su participación en los hechos.

Descubrimos tiempo después que la Policía llevaba un año investigándonos. Como telón de fondo, estaba la guerra entre el Ministerio del Interior y el CESID. En Interior había personajes que querían controlar el servicio de inteligencia, hundiendo a Manglano y al CESID, para crear un nuevo servicio. Javier Corcuera les había dicho a mis jefes que no harían nada contra nosotros, pero terminó dimitiendo por lo que fuera. Llegó un momento en que el juez Bueren se olió la tostada, dejó la Audiencia y se largó para ejercer de abogado. Hubo cambio de ministro, llegó José Barrionuevo y se mantuvo el secretario de Estado, Rafael Vera. Los dos fueron los que empezaron de nuevo a intentar pillarnos y a darnos problemas. Rafael Vera era la cabeza, el que quería todo ese control, de ahí partió la orden a la Policía de controlarnos. Lemos y el servicio decían que no era así, pero se equivocaban.

LOS SERVICIOS SECRETOS DEL CESID RECIBÍAN
UNA COPIA DE LAS ESCUCHAS DE EL LOBO

Diario16, **11 de diciembre de 1993.** Un oficial de enlace del Centro Superior de Información de la Defensa (CESID) mantenía un encuentro semanal con la red de espías integrada por el coronel de los servicios secretos Fernando Rodríguez González, Romeo, y por el agente Mikel Lejarza Eguía, El Lobo, según señalaron a *Diario 16* fuentes policiales.

293

ETA me pone un coche bomba y *Egin* visita mi casa

*E*n el invierno de 1993 yo tenía trabajando conmigo a Vicente, el Cojo Manteca, que estaba de excedencia de la Agrupación Operativa del CESID. Lo había traído Manolo porque había pertenecido a su equipo, y lo llamábamos así debido a que cojeaba un poco porque sufrió un accidente cuando estaba construyendo una casa y pasó una chica, le lanzó un piropo desde las alturas, perdió el equilibrio y se cayó.

Él fue quien atendió una llamada de teléfono muy extraña que recibimos en la oficina.

—¿Eres Mikel, El Lobo?

—Sí, ¿quién es? —mintió el Cojo Manteca.

—Mira, yo soy prostituta, quería hablar contigo.

—Pues quedamos en el bar de abajo.

Resultó que el Cojo Manteca tenía un puticlub en Figueras con un socio —nosotros nos enteramos más tarde— y, después de pasar un rato con ella, se la llevó a trabajar allí durante tres meses. Pero la chica hizo un informe, con fotografías incluidas, y se lo pasó al periodista de *Egin* Pepe Rei. Este vio las fotos que la supuesta prostituta le había sacado al Cojo Manteca, y como le habían descrito más o menos cómo era yo, le dijo: «Pero ¿qué has hecho? Este no tiene nada que ver con El Lobo».

Fue un indicio de que ya había algo en marcha, pero yo tardé en disponer de todos los elementos para poder encajarlos y comprender lo que estaban montando. Un hecho importante fue que Juan Huguet, al que yo había tenido en mi oficina, había desaparecido poco después del incidente con los gitanos, y más tarde me enteré de que lo habían arrestado en Francia con Javier Abásolo, que había trabajado de alguna manera para el servicio. En una cárcel de Francia tuvieron un encuentro con Carlos Almorza, conocido como Pedrito de Andoain. Huguet debió cantarle *La tra-*

viata. Tiempo después me comentaron que Almorza había recibido una nota de ETA para que no se metiera con El Lobo.

El siguiente hecho relevante de esta trama fue una reunión en Madrid a la que asistieron: por parte del CESID, mi jefe de caso, Enrique; su jefe, Lemos, y uno más del servicio; Juan Huguet y Javier Abásolo, que no hacía mucho habían salido de la cárcel de Francia, y un etarra. El encuentro fue a doscientos metros de donde yo vivía, y coincidió en que esos días yo estaba en Madrid. Ni mi oficial de caso ni nadie del servicio me dijo nada, yo me enteré después porque Abásolo me lo contó y nunca he sabido para qué se reunieron. Fue muy extraño. A mí me dolió. No le pregunté nada a Lemos quizás porque en el fondo no he querido saber para qué convocaron ese encuentro. Porque ya ha habido otras oportunidades en las que he sabido que los míos me querían quitar de en medio de una manera u otra, y supondría confirmar lo que no quiero ni pensar.

Un día de octubre de 1993 una redactora de *Egin* y un fotógrafo aparecieron en los aledaños de mi casa en Sant Cugat e intentaron hablar con los vecinos para anunciarles que allí vivía El Lobo y para preguntarles qué tipo de vida hacía. Casualidades de la vida, salió mi cuñada a tirar la basura por la noche y vio una cámara de *Egin* con dos periodistas. Se acercaron a preguntarle si conocía a El Lobo. Mi cuñada: «No conozco a nadie y no sé de qué me habla». Se metió para adentro y me avisó. Alerté al CESID y estos debieron avisar a la Guardia Civil. Pero los de *Egin* ya habían filmado la fachada de mi casa y dos días después sacaron en primera plana una foto del inmueble y la dirección. Antes ya habían publicado dónde estaban nuestra oficina. ¿De dónde salió la información? ¿Pudo ser Huguet en la cárcel francesa? Desde luego, él había compartido con nosotros la sede de la calle Muntaner, aunque desconocía que nos habíamos mudado a Rocafort. Pero la Policía sí que conocía esta nueva ubicación, que fue la que difundió *Egin*.

Unos días antes de que aparecieran los de *Egin*, cuando ya estaba controlándonos la Policía, ocurrió un hecho que me pasó desapercibido hasta que se publicó la noticia: ETA había intentado matar a El Lobo. Los etarras sabían que todas las mañanas Manolo me venía a recoger con un Ford Escort. En el trayecto que hacíamos, en un punto por donde siempre pasá-

295

bamos, aparcaron un Escort blanco igual que el nuestro, lleno de explosivos. Pero dio la casualidad de que nosotros habíamos pedido ya otro coche y ellos planificaron el atentado para el día siguiente al que nos trajeron un Opel Astra que estrenamos justo esa mañana. Lo tenían todo previsto para hacer explosionar el Escort a nuestro paso, pero no nos vieron llegar debido al cambio de vehículo. Desistieron y al día siguiente desapareció el Escort que tenían aparcado.

Fue la Policía quien nos informó sobre el dispositivo montado. Pero no entendí cómo ese coche bomba de ETA pudo estar varios días estacionado en una zona que estaba llena de policías controlándonos a nosotros, y que no lo detectaran; o no quisieron detectarlo, no lo sé. ¿Por qué estaba ETA allí? Porque le habían pasado la información las Fuerzas de Seguridad. En la calle de Muntaner tenía una oficina y vivía en San Cugat en tal casa, y esos datos le llegaron a Pepe Rei, de *Egin*, y de inmediato ETA los tuvo en sus manos.

Como ya he mencionado, miedo a ETA no he tenido nunca, precaución sí. Miedo a mi gente he tenido durante muchísimos años. Y ahora, precaución. Yo sabía que mi gente podía quitarme de en medio de una manera muy sutil, muy fácil: con solo informar a ETA de dónde me encontraba, se aseguraban mi desaparición.

Cuando hablo de «mi gente», no solo me refiero al servicio sino, sobre todo, a ciertos sectores de la Policía. No puedo decir que toda la Policía porque tengo muy buenos amigos dentro de ese cuerpo, pero había otros que me han odiado mucho y me han querido quitar de en medio. Algunos guardias civiles también me han tenido un odio terrible, que en general no lo he entendido, aunque en algún caso sí. Donde más amigos tengo es en la Guardia Civil y como institución han sido superrespetuosos y atentos conmigo, pero como en todos los colectivos grandes hay de todo. Me han dado más miedo estos sectores de los Cuerpos y Fuerzas de Seguridad que la propia ETA. Porque ellos, en más de una ocasión, me han querido echar en manos de ETA. Y eso es duro.

Dentro de esos momentos malos, he sufrido de verdad cuando he pensado que me están vendiendo. Yo doy la vida no solo por España, la bandera y la patria, que sí, pero sobre

296

todo la doy por los ciudadanos que componen esa patria, por evitar sus muertes. Quizá es que teníamos un sentido de «la madre patria», como decíamos cuando yo empecé a ser un agente de inteligencia, demasiado magnificado. Al final, cuando sufres todo lo que yo he sufrido, te das cuenta de que no es la madre, sino la madrastra.

EL FISCAL PODRÍA DENUNCIAR A *EGIN* POR REVELAR DATOS RESERVADOS SOBRE EL LOBO

Abc, **23 de noviembre de 1993.** La Fiscalía del Tribunal Superior de Cataluña estudia la posibilidad de abrir diligencias contra el diario *Egin* por publicar una información en la que facilitaba la dirección y otros datos familiares de Miguel Lejarza Eguía, El Lobo, detenido por el caso de las presuntas escuchas de Barcelona, y que estuvo infiltrado por orden de los servicios secretos en ETA, por lo que los cabecillas de la misma le «condenaron a muerte».

* * *

LA DESARTICULACIÓN DE LA RED DE ESCUCHAS DE BARCELONA DESBARATÓ UN PLAN DE ETA PARA ASESINAR A EL LOBO

Abc, **18 de diciembre de 1993.** La desarticulación de la red de escuchas ilegales de Barcelona ha evitado que la banda mafiosa ETA atentara contra Miguel Ruiz Martínez, El Lobo, a quien perseguía infructuosamente desde 1975. [...] Alguien muy próximo a la red trató de vender a *Egin* información sobre la trama de espionaje, con la finalidad, al parecer, de dar pistas a ETA sobre el paradero de El Lobo.

* * *

LAZAROV NIEGA QUE TELE 5 HAYA SIDO EXTORSIONADA POR LA RED DE ESCUCHAS ILEGALES

La Vanguardia, **12 de enero de 1994.** Valerio Lazarov, director general de Tele 5, manifestó ayer que su empresa adoptó medidas contra el espionaje industrial a raíz de la entrada de Mario Conde como accionista de Antena 3 TV. Estas declaraciones las realizó tras comparecer en el juzgado de instrucción número 32 de Barcelona, a fin de prestar testimonio como testigo en el caso de las escuchas telefónicas ilegales.

Me detienen con un despliegue mayor
que contra los etarras

$\mathcal{A}$sí que en 1993 en Sant Cugat yo estaba en guardia frente a la presencia policial. Veíamos a los policías seguirnos, y Manolo y yo los despistábamos. Tenía un conocido que era parasicólogo, de los que no cobraba. Fui a verlo porque una amiga me había dicho que era una maravilla. Para empezar la sesión, me preguntó el nombre.

—Miguel Ruiz.

—No, dame el de verdad. —Me quedé alucinado—. Hay confianza, dámelo.

—Mikel Lejarza.

—Joder, en seis meses aproximadamente se va a montar una revolución terrible, vas a tener una historia tremenda. Pero no te preocupes porque después todo eso te vendrá bien, va a ser un revulsivo porque vas a remontar.

Me lo había predicho todo clarísimo.

A las siete y algo de la mañana del 15 de noviembre de 1993, Mamen y su hermana salieron de casa para ir a misa. A los pocos minutos, me llamó Mamen por teléfono asustada.

—Esto está lleno de coches sospechosos alrededor de casa, todos mirando, gente moviéndose. Aquí pasa algo, míralo.

Intenté calmarla:

—Ahora hablo con Madrid para saber lo que pasa.

En mi casa de Sant Cugat había salidas que la gente no conocía. Por la parte de atrás, por el jardín, noté movimiento, comprobé la presencia de coches con tres personas dentro y deduje que eran policías, no etarras, algo que sospechamos desde que habíamos sufrido la visita de los de *Egin*.

No salí de casa porque estaba rodeada. No llegué a ver a ninguno de uniforme, pero sí a montones de inspectores. Si

digo que cien, quizás me quedo corto, yo creo que en una redada contra cincuenta etarras no habría habido tantos. Llamé por
el teléfono fijo a mi oficial de caso.

—Lemos, estoy rodeado por la Policía.

—¿Cómo?, ¿por qué?

—No lo sé, tú sabrás por qué hay tantos policías. Van a entrar en cualquier momento.

—No puede ser, hemos hablado con el ministro y nos ha
dicho que no hay nada, que no hay ningún seguimiento, no
puede ser, es imposible.

—Te digo, Lemoso, que estoy rodeado y la próxima llamada va a ser con mi detención. Mira a ver.

Colgamos y tardaron poquito en llamar a la puerta. Les abrí
y entraron a saco, pusieron la casa patas arriba. En un cajón de
la mesilla tenía guardadas 150.000 pesetas, se las llevaron, y
cuando se lo contamos al juez de instrucción, dijo que era una
práctica habitual. Yo no lo entendí nunca.

El inspector jefe que mandaba los grupos que habían venido desde Madrid para el despliegue, un tal Pepe, se portó bien,
fue el único amable y me trató como a un compañero: «Mira,
Mikel, yo lo siento muchísimo pero hago lo que me mandan.
A mí me jode una barbaridad, porque para mí eres un tío de la
leche. Sé que esto es un tema político, pero yo tengo que cumplir lo que me mandan, no me queda más remedio».

Me preguntó si tenía un trastero, le dije que sí y lo acompañé. Cometieron un fallo porque estaba aparte de la vivienda
y no estaba incluido en la orden judicial. Cuando lo registra-
ron, se lo comuniqué: «Pero no tengo nada que esconder». El
abogado comprobó que la orden de registro venía equivocada
y podíamos haber anulado la validez de lo que encontraron. Si
yo hubiera querido, habría tumbado el caso.

—Yo sé a qué venís —le dije a Pepe—, vosotros buscáis
unas cintas.

—Sí sí, claro.

—Pues no os preocupéis, que yo os doy las cintas.

A mí lo que me interesaba era que no removieran más
por el trastero porque tenía guardadas debajo de una barca,
una zódiac semirrígida, las cintas que había grabado cuando el vicepresidente Serra se reunió con los directivos de *La*

Vanguardia. Pero tenía un cajón bastante grande con cintas desechadas por Godó, porque no las quiso guardar dado que lo implicaban, ya que en ellas nos daba órdenes comprometidas. Tenía que haberme deshecho de ellas, pero no habíamos encontrado el momento. Durante el registro policial, me di cuenta de que si se las daba se irían contentos, como así sucedió: «Joder, qué bien». Cuando ya estaba en prisión, le dije a Mamen que guardara las cintas buenas. y su hermana iba todo el día con ellas encima, en lugar de tenerlas en casa por si volvía otra vez la Policía.

Al principio del registro, uno de los inspectores jóvenes, en un plan muy tonto, me dijo que le había mandado el comisario principal «porque yo soy experto en artes marciales, y como usted está preparado, por si acaso me ha dicho que venga yo». Lo dicho: en todos los colectivos hay individuos que saben comportarse y otros que no.

Tras entregarles las cintas, los policías me llevaron hasta un coche de los camuflados, me metieron en la parte de atrás sin esposar y me preguntaron:

—¿Usted nos podría indicar por dónde iríamos mejor?

—¿No tenéis ni idea de cómo ir de San Cugat a la comisaría?

—Es que a nosotros nos han mandado de Madrid.

—Pues tirar por aquí, que llegamos antes. —Y les fui indicando.

Nos detuvieron a todos los de mi equipo, excepto al Cojo Manteca, que nunca he sabido por qué no fueron a por él.

Me llevaron a la jefatura de Policía en Vía Layetana y me tuvieron arriba, en un sitio diferente del de los detenidos, donde estaban las oficinas. Era una especie de calabozo, pero no era una celda. Tenía mi cama y todos los accesorios. Y a Fernando Rodríguez lo encerraron en un despacho, mientras Manolo se quedó en las celdas del sótano.

En Barcelona, el control policial dependía del jefe superior, Enrique de Federico, y del comisario principal, José Domingo Río. Este último fue el que llevó toda la investigación adelante y el otro no quiso saber nada, se mantuvo al margen. Los dos se llevaban muy mal.

El primer interrogatorio me recordó lo que había vivido

301

en 1987 en la comisaría de Irún. El comisario Río me lanzó de todo pero arrancó con la misma cantinela:

—Mikel, ¿dónde están los tuyos?, ¿eh?, ¿eh?, ¿dónde están los tuyos? ¿Cuándo van a venir? ¿Eh?, ¿eh?... Ya estás jodido. Te vamos a echar todo encima, las muertes que están sin aclarar, te vamos a joder.

Yo le contesté frío y escéptico.

—Joder, ¿todo eso? No me digas.

—¿Qué?, ¿te lo tomas a cachondeo?

—No no, tranquilo.

—Por tu culpa echaron al anterior comisario principal, a Jesús Mantecón.

—¿Por mi culpa? ¿Qué hice yo para que lo echaran?

—Porque tú diste la desarticulación de Terra Lliure a la Guardia Civil, y Mantecón llevaba mucho tiempo encargado del tema y al final lo echaron porque no consiguió nada, y encima, uno de los tuyos era conocido y amigo de Mantecón.

Se refería al infiltrado Chema Aloy.

—Mi trabajo es cumplir mis misiones y luego pasar la información a mi servicio. Lo que hagan ellos y a quién se la den es cosa suya, yo no soy quién para dársela a unos u otros. Me parece una chorrada lo que me estás diciendo.

—Te vamos a cargar todas las bombas que se han puesto.

—Esa burra se la vendieron al juez instructor.

—Sí, las que han puesto tus amigos. —Porque yo también sabía lo que habían hecho otros.

Él buscaba asustarme, y yo le decía:

—¿Todo eso es lo que vas a hacer? ¿No tienes algo más?

—No te pongas chulo, ¿dónde están los tuyos? Que vengan los tuyos, ¿tienes aquí a alguno? Te dejan tirado, tirado te dejan, porque tú fuiste un gilipollas, tenías que haber seguido con la Policía, si hubieras seguido con la Policía... Te crees que vas a vivir siempre con lo que has hecho, a cuenta de lo que hiciste con ETA, pues estás muy equivocado, te vamos a joder a ti y a todos los tuyos. Porque a mí ya me han ofrecido ser director general de la Policía, me lo ha ofrecido Vera.

—Tú no vas a ser nada. Tú vete a beber, que es lo tuyo.

El tío se estaba poniendo enfermo porque me veía muy tranquilo. Hasta que se cabreó y se fue.

302

En uno de los interrogatorios en el que estaba presente su segundo, ya cabreado le solté:

—Haz lo que quieras, a cada uno le llegará su momento. Ahora es tu momento, pero no te preocupes, esto pasa.

No pudo aguantarlo, se levantó y otra vez se fue. Le comenté a su segundo:

—Llévame a mi sitio, que este no vuelve.

—El jefe vuelve.

—No vuelve. Ahora se emborracha, y hasta mañana.

Estuvimos una hora esperando, hasta que el otro claudicó:

—Pues me da que no va a volver.

—Que no vuelve, coño, que ya te lo he dicho.

Durante sus interrogatorios, Fernando Rodríguez también le pegaba buenas broncas al comisario Río. Una vez escuché cómo le decía: «Yo soy coronel, jefe de División en el servicio, y a mí me tratas como me tienes que tratar».

Una de las noches, a la una de la madrugada, una hora muy atípica para estos menesteres, los policías que nos custodiaban me dijeron que teníamos que ir al juzgado y me metieron en un coche. En la puerta de la sede judicial estaban esperando el comisario Río y su segundo, y dentro estaban el fiscal jefe de Cataluña, José María Mena, y el juez instructor. Antes de entrar, me agarró el comisario: «A ver lo que dices, a ver lo que dices, que sabes que te vamos a joder vivo. Tú sabes el siguiente paso cómo lo vas a tener, que lo vas a tener crudo». Le eché una sonrisa y me metí para adentro.

Cuando en el juicio posterior dije que había recibido presiones, todos sabemos que esto se dice siempre, era la pura verdad. Oí que comentaban con sorna: «Es que ahora El Lobo se va a asustar por unas presiones». Asustarme no, pero las presiones existieron, me amenazaron con todo, con joderme la vida, con que mi familia se iba a quedar tirada.

Después me llevaron ante el fiscal Mena, que empezó en plan despótico y duro. Yo le hice frente:

—¿Usted es un hombre de Estado?

—Sí sí, claro.

—¿Usted está para defender al Estado?

—Pues claro.

—Pues yo también soy un hombre de Estado, y usted lo

que tiene que hacer es defenderme a mí, no tirar contra mí. Si usted sigue por este camino, los pilares del Estado se tambalean, no le digo más.

—¡Que se vaya, que se vaya! —gritó Mena.

Al final de todo el proceso me pidió disculpas:

—Yo contra ti no tengo nada, has sido un tío grande.

—Sí, pero a mí me has jodido.

—Es que esto son gajes del oficio.

Después de declarar, dos policías me hicieron sentarme en la parte de atrás del coche y me llevaron de vuelta a Vía Layetana, donde me tenían encerrado. Al llegar aparcaron enfrente de la comisaría.

—¿No le importaría ir usted solo a jefatura? Tenemos el aparcamiento ahí arriba, y así no tenemos que dar la vuelta.

—¿Yo solo? —repliqué más que extrañado.

—Sí, si no le importa, nos hace un favor.

Lo primero que pensé: «Ahora me pegan un tiro por detrás y alegan que me he querido escapar». Salí mirando a mi espalda para ver si los dos me sacaban las pistolas, fue un momento angustioso. Pero los policías tiraron para arriba con el coche camuflado y me dejaron entrar solo.

—Buenas noches —saludé al policía de la entrada.

—Buenas noches —me contestó.

—Vengo porque estoy aquí detenido.

—¿Cómo que está detenido? ¿Está de cachondeo?

—Me acaban de dejar aquí los inspectores.

—A ver, a ver, ¿qué está contando usted?

—Que estoy detenido, que soy el de las escuchas del CESID.

—Ah, usted es el de las escuchas… Pase pase.

Nos tuvieron en la jefatura más tiempo del normal, otra cosa que no llegamos a entender. Lo máximo son 72 horas en comisaría y a nosotros nos tuvieron 24 de más antes de mandarnos a prisión.

Actuaron sicológicamente muy bien en mi contra. Una vez me bajaron al calabozo de los sótanos para que viera a Manolo, que se encontraba mal, la situación allí era denigrante. Me tuvieron cuatro días en comisaría y nueve días incomunicado en la prisión de Quatre Camins. Pero ahí está el no saber medir el aguante que tiene cada uno y cómo puede reaccionar. «Este es más duro de lo que pensamos», comentó, sin estar yo presente, claro, el comisario Río, que me quería empaquetar todo.

El servicio también se dio cuenta de lo duro que era, porque cuando ya estaba en Quatre Camins y les pedía a los Mossos d'Esquadra que me dejaran telefonear, me llevaban a una sala y les decía: «Voy a llamar por teléfono a La Casa», y ellos preguntaban: «¿A casa?», y yo les contestaba: «No, al CESID». A todo correr salían de la habitación porque en aquella época tenían mucho respeto al servicio.

—Oye, Lemos, creo que ya va siendo hora de que yo salga de aquí.

—No, sí, sí.

—De eso nada, ya. He callado mucho y os he sacado de muchos problemas.

Quedamos en Quatre Camins, además del coronel Fernando Rodríguez y yo, Manolo —el que había trabajado en el servicio— y Trujillo.

La prolongación de mi estancia en prisión provocó que Mamen se cabreara. Vivió unas situaciones especialmente duras —tenía que estar en casa a oscuras para que pensaran que no había nadie— que la llevaron al límite cuando tuvo que llevar a nuestros hijos a Zamora. Pasados los primeros nueve días en la cárcel, nuestra situación mejoró.

El coronel Pellicer de la Guardia Civil fue al que le dimos en Barcelona toda la información de Terra Lliure para que la explotara, y luego ascendió como un cohete a director operativo. Cuando me detuvieron, Pellicer puso al teniente Leo para que se encargara de cualquier cosa que necesitara Mamen, pero para entonces ella ya lo había movido todo. Leo fue a verla: «Es que me manda el coronel». Y Mamen: «Encantada, muchas gracias, de momento no necesito nada». Luego mantuve muy buena relación con él cuando regresé a Madrid, estaba destinado en Tráfico, en Villalba, y luego me lo encontré cuando estaba llevando las operaciones contra los GRAPO. Le dije: «Si quieres ascender, deja a los GRAPO, que eso está muy liado, y chupa moqueta, que es la única manera». Ya es coronel.

En la cárcel de Quatre Camins, un día iba paseando con Fernando Rodríguez y le comenté que nos íbamos a escapar con un helicóptero que iba a venir a buscarnos. Fue una simulación que hice hablando hacia el reloj, como si tuviera un dispositivo especial, poniendo énfasis en que me vieran los funcionarios que nos vigilaban. No tardó en llamarnos el director de la prisión para decirnos que no intentáramos nada. Entonces le dijimos que sabíamos que nos estaban escuchando y había sido una broma.

Durante el registro de mi casa en Sant Cugat encontraron el carné de identidad operativo que yo usaba en ese momento a nombre de Gabriel Sánchez García. Todos los miembros del servicio tenemos un carné especial —incluso Guardia Civil y Policía—, y sobre todo los agentes que operan en la calle, con otro nombre, una personalidad ficticia, que te entregan para que no se descubra tu identidad real. Yo había tenido muchas identidades que me elaboró el servicio, pero esta concretamente a nombre de Gabriel Sánchez García la elaboró mi amigo Mariano, que estaba de inspector jefe en Pamplona y ya ha muerto. Me la hizo normal, mientras que el servicio las hacía de gente muerta. Ya había tenido la historia complicada en Burgos con la pérdida de documentación y Mariano me hizo un carné simple, en un aparcamiento que estaba cerca de El Pilar de Zaragoza, con un rodillo y lo de las huellas. Me dijo: «Luego vienes a Pamplona y con ese carné pides el pasaporte por la vía habitual. Yo estaré atento y veré cómo va». Fue todo perfecto, estaba muy bien hecho.

Lemos sabía que yo tenía esa documentación, pero nunca me preguntó ni cómo, ni dónde ni por qué. Es más, cuando me telefoneaba, me llamaba siempre Gabriel. En Barcelona, tanto con lo de Terra Lliure como con lo de *La Vanguardia*, yo era Gabriel. La Policía y los jueces no le dieron mucha importancia a la documentación porque supusieron que era una cosa de trabajo. Pero un día Lemos le preguntó a Mamen: «Oye, ¿cómo le han hecho este carné y este pasaporte?», que además estaba mucho mejor que el de ellos. «¿Quién firma ahí? Preguntarle al que firma», les contestó mi mujer. En el CESID se quedaron siempre con la intriga de quién me había hecho el carné. Hasta ahora tampoco lo había sabido nadie.

Como resultado de la redada, además de mi equipo, ingresaron también a Juan Gracia, el chófer, en la Cárcel Modelo, donde no estuvo mucho tiempo, por un malentendido que lle-

306

vó también a la detención de Echevarría, el padrino de mi hija. El motivo fue un revólver que me llegó de un jefe de Policía de Pamplona y que tuve durante el año que estuve perdido en el campo en Cataluña porque la prensa me había descubierto, y era la única defensa que tenía, junto con dos chicos que me había dejado el empresario de Prodiecu. Ese revólver terminó, no sé cómo, en manos de Echevarría, y después pasó a manos de Juan Gracia porque Echevarría no lo quería para nada.

Cuando fueron a registrar la casa de Juan, le pillaron el revólver, pero resultó que había una huella que pertenecía a Echevarría. Cuando lo detuvieron, contó que el revólver era de Mikel. Al final, siempre me echan la culpa a mí. Le cayó el muerto a Juan Gracia. A Echevarría lo metieron un tiempo en el calabozo pero lo soltaron porque no tenían nada en su contra, solo había una relación de amistad conmigo. Juan Gracia sí trabajaba con nosotros, pero tenía permiso de armas, aunque la Policía no lo sabía, y cuando lo confirmaron, lo soltaron.

Cuando cogieron a los de la agencia de detectives de Juan García, fueron más falsos que falsos. Declararon que ellos no tenían nada que ver en el tema de las escuchas, que habíamos sido nosotros los que lo habíamos hecho. Todo el mundo va al sálvese quien pueda. La detective a la que llamábamos la Gorda dijo que la habíamos amenazado de muerte, lo cual no concuerda con el mucho tiempo que estuvimos trabajando juntos ni con el hecho de que cuando la Policía fue a por nosotros, no tuvimos tiempo ni de hablar.

Me mantuve tranquilo en la cárcel, pero cuando vi que ponían en libertad a los demás y que Fernando Rodríguez y yo nos quedábamos, no me gustó nada. Pasadas las Navidades llegó un momento en que dije: «Ya está bien de tragar». Y en el servicio me contestaron: «No te preocupes, que ya se está encargando Emilio». Se referían al director Emilio Alonso Manglano. Ellos estaban también en medio de la batalla política y estaban terminando de arreglarla. En enero finalmente nos soltaron.

Encima de que Rafael Vera había desatado la guerra que nos había llevado a prisión, desde el CESID me decían que se había portado muy bien, lo que me sublevaba: «Pero cómo me puedes contar eso, si ha sido el primer instigador para joder al servicio». Esos son los cohetes que lanzan para desviarte del centro de atención. A pesar de que tú hayas vivido el conflicto directamente y hayas salvado a La Casa, allí lo que no quieren es que tengas constancia de la guerra real que se ha librado. Quieren diluir la historia.

Yo me sentí totalmente desamparado. Sabía que era la oveja que se sacrificaba. Desde el principio en el servicio me tranquilizaban pero tampoco querían hablar mucho conmigo porque podían estar grabando la conversación, y nunca fueron a visitarme ni a la comisaría ni a la prisión. Cuando alguien que tiene que ver con el servicio, sobre todo si somos de los *negros*, está en un atolladero, el problema es tuyo, te lo comes, y el servicio no va a dar la cara por ti nunca. Además, te meterá toda la mierda encima.

Lo crucial en este proceso fue la ligazón entre el CESID y El Lobo. Desde La Casa siempre procuraron que se produjera una separación y yo siempre fui leal. Hay declaraciones del ministro de Defensa Julián García Vargas y del vicepresidente Narcís Serra diciendo: «No se puede acusar al servicio de inteligencia por lo que hagan sus exagentes». Pero también hay una intervención posterior de García Vargas en la que afirma: «Mikel Lejarza, El Lobo, es un hombre nuestro, al cual defenderemos, y mientras yo esté aquí como ministro, desde luego será defendido a muerte». El ministro del Interior Antonio Asunción también sacó la cara por mí y admitió que yo era un hombre de Estado.

FISCALES, MAGISTRADOS Y PERIODISTAS, ESPIADOS

Diario16, **17 de noviembre de 1993.** La red de espías desarticulada el lunes pasado por la Policía y dedicada a grabar conversaciones telefónicas de empresarios de prensa estaba formada por alrededor de unas 20 personas, de las cuales en la tarde de ayer solo habían sido detenidas ocho [...]. Los espías, en su mayoría exagentes del CESID y miembros del servicio de seguridad de *La Vanguardia*, tenían en su poder un total de 500 cintas magnetofónicas en las que almacenaban cien horas de grabaciones obtenidas ilegalmente. La red comenzó trabajando para el empresario Javier de Godó cuando este tuvo problemas con algunos de sus empleados en el diario que preside, acabó montando un complejo sistema de espionaje que abarcaba a diversas empresas de información como *Diario 16* o Tele 5, que vendían al mejor postor.

* *.*

GARCÍA VARGAS DICE QUE EL CESID NO SE RESPONSABILIZA
DE LOS ACTOS DE SUS EXAGENTES

La Vanguardia, **18 de noviembre de 1993.** El ministro de Defensa, Julián García Vargas, dijo ayer respecto a la red de escuchas detectada en Barcelona que el Cesid no puede responsabilizarse de personas que ya no están en el servicio activo, y aseguró que continuará la investigación, que llevan a cabo los departamentos de Defensa e Interior.

Mamen prepara mi salida de prisión

*M*amen lo preparó todo para mi puesta en libertad. Dos noches antes vino a visitarme a Quatre Camins el juez de Vigilancia Penitenciaria, un hecho que, decían, era inusual. Era el hijo del presidente del Tribunal Supremo de entonces, un tío muy majo. Me dijo:

—Mikel, ¿cómo te encuentras aquí?

—Bien.

—¿Te falta algo? Si tienes algún problema…

—No, bien bien.

—De todas formas, mañana firmaremos la orden de libertad.

—Perfecto, muchísimas gracias.

Se despidió y al día siguiente salió en la prensa que me había visitado el juez de Vigilancia Penitenciaria, los funcionarios lo largaron corriendo. Llegó la orden de puesta en libertad. Mamen cogió a gente que trabajaba conmigo pero que no estaban involucrados en el tema de *La Vanguardia*, los envió a la prisión y hablaron con el director. Le dijeron que eran los chicos de El Lobo.

—Venimos a recogerlo.

—¿Y al coronel Fernando Rodríguez?

—Al coronel no.

El director de la prisión pensó que pertenecían al CESID y ellos ni dijeron que sí ni dijeron que no. Los dejaron entrar en el coche hasta dentro, de tal forma que cuando salí —tras despedirme del director—, me subí directamente. Los chicos me dijeron: «Túmbate», y lo hice entre los asientos de delante y los de atrás para que no me pillaran los de la prensa. Los periodistas no esperaban que yo fuera a salir en un coche normal, estaban pendientes de que nos liberaran juntos al coronel y a mí, y no se enteraron de cuando me fui. Pero al coronel no fue a buscarlo nadie del servicio, sino su abogado, y la prensa lo pilló, claro.

Los míos me llevaron hasta una gasolinera cercana, donde estaba esperándome Josep, vecino y amigo mío, en un Audi grande que llevaba una almohada en el maletero. Cuando comprobaron en la gasolinera que nadie nos seguía, me pasaron rápidamente de un coche a otro. Metido en el maletero del Audi entramos en el garaje de casa y de ahí subimos al piso. No se enteró nadie. Enseguida llamaron a casa por teléfono y me puse. Era Lemos, mi oficial de caso:

—Coño, ¿dónde estás?

—Pues en casa, ¿no me estás llamando?

—Pero ¿cómo estás en casa? Si hay allí gente nuestra alrededor de la casa y no te han visto.

—Ah.

Cuando me preguntaron por el operativo, yo les dije que lo había preparado mi mujer.

—Y ¿cómo?

—No os voy a decir cómo lo consiguió, pero lo tuvo que organizar ella, porque vosotros no habéis hecho nada y ella se ha tenido que preocupar de todo.

Godó, ante el juicio: «Si me libras, te doy 450 millones»

Durante el juicio que se celebró en noviembre de 1995, el servicio se portó bien, ahí sí que me cuidaron mucho. Una noche me tenían escondido en un sitio, a la siguiente noche me llevaban a otro. La parte de arriba del edificio de la Audiencia estaba tomada por la Policía, con francotiradores y todo. Manglano me dejó a su escolta principal, que me llevaba cada día en el coche oficial del director, que ordenó a todo el equipo destinado en Barcelona que se dedicara exclusivamente a mí. Al coronel Fernando Rodríguez le pusieron un escolta de la Policía, como a los demás.

El juicio se celebró en la Audiencia Provincial de Barcelona y estuvo presidido por tres magistrados. Participaron los mejores espadas de la abogacía, fue increíble. Había un montón de abogados de la acusación, de las defensas y de todos los que tenían que pasar a declarar. Los acusados estábamos enfrente del tribunal, pero yo tenía un sillón de orejas más al fondo; estuve sin moverme, con bigote y barba postizos, peluca y gafas oscuras. Todo para que la gente que asistía no pudiera reconocerme. Como el juicio duró bastante, nosotros teníamos arriba una sala, que era de los jueces, y nos llevaban ahí la comida, que previamente la probaban los guardias civiles.

De Madrid, a través de mi abogado, me llegó la indicación de que quitara toda la responsabilidad a Godó y a los que estaban a su alrededor. Yo sabía que cuando me llamaran a declarar y lo manifestara, mi gente me secundaría. Un día, durante un receso, mientras estaba sentado en mi sitio, se me acercó Godó.

—Mikel, si me libras, te voy a dar 450 millones, y te prometo por lo más sagrado que los vas a tener.

—No te preocupes, tranquilo. Mira, Javier, cuando yo trabajo para una persona, trabajo para una persona, no tienes que darme nada.

Yo lo iba a librar de todos modos. Ya estaba mentalizado de que eso era lo que tenía que hacer, y aunque no me hubiera ofrecido nada, también lo habría librado. Él se reafirmó:

—No, no, 450 millones los tienes asegurados.

Antes del inicio del juicio, hicimos apuestas por a quién interrogarían el primero. Los abogados decían que empezarían por el coronel Rodríguez y yo les dije: «Van a empezar por mí». Y ellos: «Que no, que no, ya verás cómo empiezan por el coronel». Matemático, empezaron por mí.

La magistrada ponente era amiga, y con el presidente de la Sala también tenía una buena relación. Lo primero que dije fue: «Señorías, el señor Godó no tiene nada que ver, su secretaria no tiene nada que ver, el CESID no tiene nada que ver». Estalló en la sala una algarabía tremenda y saltó el juez inmediatamente, porque todo estaba manipulado desde Madrid: «El señor Godó se puede ir».

Mi táctica sirvió de cara a la responsabilidad judicial, pero no a la real. El juez y el fiscal, a pesar de todos los intentos por desmentirlo, dieron por hecho desde el principio que yo trabajaba para el CESID, porque todo el mundo sabía que yo tenía línea con el servicio, ya que entre las conversaciones interceptadas había varias entre Lemos y yo que lo dejaban muy claro.

Después el fiscal empezó a llamar a declarar al policía tal, a favor nuestro, y otro a favor nuestro y otro más a favor nuestro. El fiscal se empezó a coger un cabreo fino. Pero en el fondo estaba tranquilo porque creía disponer de una baza importante en las cintas con nuestras conversaciones grabadas.

La Policía había estado pinchándonos los teléfonos mínimo un año, pero no tenían nada en concreto. Cuando empezaron a escucharnos, se encontraron con el problema de que el coronel Rodríguez y yo hablábamos en clave y para ellos era ininteligible. Y lo que hablaba yo con Manolo también era imposible de entender. Pero a los otros, en sus conversaciones interceptadas, les cogieron algunas cosas. Lo que más les interesaba era demostrar que Rodríguez estaba en *La Vanguardia* trabajando y no estaba dado de baja en el CESID, como nos había dicho a

Manglano y a mí. Comenzaron así el acoso y derribo a muerte cuando se dieron cuenta de esa anomalía y aprovecharon la situación, unida a la fobia que pilló contra mí el comisario provincial de Barcelona porque lo de Terra Lliure lo hice con mi gente del servicio, como es lógico.

Cuando se entregaron las cintas al juez, las habían manipulado: cortaron y pegaron lo que les interesaba porque no podían demostrar delitos. Además, en el registro en mi casa se llevaron las que yo quise, y Javier Godó y su secretaria Gema Guillén fueron consecuentemente imputados.

Poco tiempo después, avisaron a nuestro abogado, José María Fuster: «Han unido las cintas». Le dieron toda la información y el abogado manifestó ante el juez: «Estas cintas no son válidas porque han sido manipuladas en tal, tal y tal momento». El juez ratificó que había cintas en las que no se oía nada y las habían transcrito, y otras que se oían perfectamente y habían modificado la transcripción.

Sin embargo, al comenzar el juicio, las cintas de la Policía habían desaparecido. El fiscal se enteró cuando pidió que prestara declaración el comisario principal José Domingo Río.

—A ver, preséntense las cintas.

—No podemos, han desaparecido.

El fiscal se cogió un rebote y estaba que trinaba. Empezaron todos: «Juicio nulo, juicio nulo». Los miembros del tribunal se fueron a deliberar y, en ese receso, me vino a ver el juez.

—Mikel, yo por mí, os ponía una medalla, te lo juro, porque habéis hecho un trabajo excelente, pero me han llamado de Madrid para decirme que os tengo que poner algo porque si no se produciría alarma social. Os voy a poner arresto domiciliario de tres a seis meses.

La alarma la habían levantado ellos mismos.

Esa fue la historia, ahí quedó la cosa: nos tuvo que masacrar a nosotros. Como el control de los medios de comunicación era más importante, había que sacrificar, como siempre, a Mikel. A Mikel, sobre todo, porque el que vendía de cara a la opinión pública era El Lobo.

—Lo que su señoría diga.

—Muy a mi pesar, tengo que poner eso.

Cuando terminó el juicio, los agentes de la Guardia Civil

314

formaron dos hileras desde el piso segundo hasta la calle. Cuando yo pasaba, cubierto con la capucha y la gabardina, acompañado por el jefe de la Guardia Civil, mi abogado y el escolta de Manglano, todos se cuadraron y yo fui estrechándoles la mano. En la calle había prensa de todas partes, hasta de la CNN y la BBC y una burrada de fotógrafos. Gritaban: «Lobo, quítate el casco»... Pero se equivocaron: yo no era el que llevaba casco.

Por la noche, Esteban —el escolta de Manglano— y yo nos fuimos tranquilos para mi casa de Madrid y se quedó un rato con nosotros.

Por cierto, entre las muchas personas que fueron a declarar, estaba mi cuñada, a la que esperaron los del CESID en el aeropuerto de Barcelona para llevarla hasta el tribunal. Y ella, toda chula con una pamela, oyó cómo a su llegada le preguntaban a gritos: «¿La señora de El Lobo?», y contestó: «No, no, yo soy la cuñada».

LOS ABOGADOS DEFENSORES PIDEN LA NULIDAD DEL CASO DE
LAS ESCUCHAS POR OBTENCIÓN ILÍCITA DE TODAS LAS PRUEBAS

La Vanguardia, **29 de noviembre de 1995.** La mayoría de los
abogados defensores solicitaron ayer la nulidad del juicio de las
supuestas escuchas ilegales detectadas en Barcelona y en las que
hay implicadas 16 personas, entre ellas tres agentes del CESID.
Los letrados Francesc Jufresa y Cristobal Martell, defensores de
Javier Godó, editor de *La Vanguardia*, y de Gemma Guillén, su
secretaria, sostuvieron que la Policía actuó a sabiendas de que vul-
neraba derechos fundamentales, obtuvo pruebas viciadas y de nula
validez, ocultó información a los jueces y dio a sus pesquisas la
falsa apariencia de una actuación contra el terrorismo.

* * *

GUERRA ENTRE SERVICIOS DE INFORMACIÓN

La Vanguardia, **29 de noviembre de 1995.** El letrado Fuster Fabra resumió que lo ocurrido en Barcelona era el fruto de «una
absurda y ridícula guerra entre los servicios de información
(con relación al supuesto enfrentamiento entre la Policía y el
CESID) en la que todo vale, incluidos inventos y mentiras, para
inculpar a mis patrocinados». Sus clientes, entre quienes están
El Lobo y el coronel Rodríguez, agregó, «no van a inculparse ni
inculparán a nadie».

Acompañamos a la amante del hijo de Pujol a Andorra

*R*etrocedo a un hecho importante que se produjo tras nuestra detención y antes de que se celebrara el juicio, aunque no tenía relación con el asunto juzgado. Mi equipo y yo nos enteramos de que la familia de Jordi Pujol estaba sacando dinero a Andorra, una información que el CESID no desechó.

Llegamos a saberlo porque tuvimos la suerte de que uno de mis hombres, José Manuel Trujillo, se liara con una de las amantes del hijo mayor de Pujol, una argentina muy suelta, a la que Jordi Pujol Ferrusola entregó quinientos millones de pesetas para ingresarlos en la cuenta de ella en la Banca Privada d´Andorra. Tal como me informó el propio Trujillo, la chica argentina, un retaco que se compró una vajilla de Hermès y una casa en la Bonanova, le hacía el trabajo a su amante de llevarle los dineros y quizás también cumplía el papel de testaferro.

Trujillo la acompañó a llevar los quinientos millones desde Barcelona hasta Andorra, y Mamen y yo nos desplazamos desde Madrid pero sin entrar en contacto con ellos. Además, ya sabíamos, de nuestros tiempos en Prodiecu, que en la Banca Privada d´Andorra trabajaban familiares de Juan Gracia, el chófer de Andrés Rodríguez y luego de Godó, lo que nos facilitó el acceso a esa información. En la entidad bancaria nos largaron que Rafael Vera también tenía cuentas, aunque él lo negó rotundamente después, y nadie lo sabría mejor que él. Utilizaban ese banco los Pujol y los del Gobierno, casualidades de la vida. Yo confieso también que tuve una cuenta en el Crèdit Andorrà, donde más tarde Godó me pasaba dinero desde Suiza.

Y

VILLAREJO: «EL CNI TAPABA LAS CUENTAS DE LOS PUJOL
EN ANDORRA PARA PROTEGER AL EMÉRITO»

Público, **5 de noviembre de 2018.** En una conversación con periodistas de *Público* celebrada hace dos años, el comisario jubilado hoy en prisión aseguró que una de sus notas internas en la Policía sobre los movimientos bancarios de los Pujol en Andorra nunca se difundió porque lo impidieron los servicios secretos, preocupados por encubrir operaciones de blanqueo de Juan Carlos I en el extranjero.

VIII

El servicio secreto pasa de mí
y caigo en una gran depresión

Javier Calderón me desprecia y me deja tirado

$\mathcal{M}$i vida personal había cambiado enormemente desde que en noviembre de 1993 entré en prisión y no salí hasta enero de 1994. Después estuve un tiempo viviendo con mi familia en Palafrugell, un pueblo de la Costa Brava, en una casa que nos dejaron unos amigos. Allí pasamos unos meses, hasta que volvimos a Madrid y alquilamos una casa.

Pasaron cerca de dos años antes de la celebración del juicio y la publicación de la sentencia el 16 de enero de 1996, un tiempo complicado en el que no podía hacer nada y ya atisbaba que, tras ser juzgado, se agudizarían nuestros problemas económicos, como así fue. El servicio me había estado pagando pero ya no lo hacía. Durante el juicio, Godó me prometió 450 millones de pesetas por librarlo pero, según nos informaron, no aparecieron nunca porque se los llevaron los abogados de ambas partes. Con el tiempo, paseando por Playa de Aro me encontré con él y su novia.

—¿Cómo estás?, ¿qué es de tu vida? —me preguntó Javier Godó—. ¿Ya recibiste el dinero?

—Pues no, no lo recibimos. Nos dieron una cantidad muy pequeña que repartimos entre los muchachos del equipo y a nosotros nos quedó un poquito, que fue con lo que pudimos tirar.

—Pues yo te voy a ayudar. Ponte en contacto con Juan Tapia.

Me llevaba muy bien con el director de *La Vanguardia*. Tuvimos una reunión en el hotel Ritz de Madrid y me dijo: «Ábrete una cuenta en Andorra, nosotros te mandaremos desde Suiza cada tres meses una cantidad». Lo hizo durante un año aproximadamente y con ese dinero pude ir viviendo mientras reactivaba mi relación con La Casa. El importe total no fue mucho, pero suficiente para subsistir. Godó tuvo por lo menos la delicadeza de ayudarme. Hasta que, de la noche a la mañana, se cortó el grifo.

Emilio Alonso Manglano dimitió en 1995 por los papeles que había sacado del CESID el que fuera jefe de su División de Apoyo Operativo, Juan Alberto Perote, y hubo un intervalo en el cual fue como si en el servicio se olvidaran de mí, aunque por suerte mantuve mis contactos con el oficial de caso, papel que compartían Lemos y Enrique. El nuevo director, Javier Calderón, al que llamábamos el Jefe en la época del SECED, se convirtió nada más llegar, a mediados de 1996, en un tío diferente, en el demonio para muchísima gente.

S. B., el subdirector del CESID, abandonó el servicio tras el nombramiento de Calderón. Lemos, que había sido el jefe de la División de Inteligencia Interior y luego el subdirector, permaneció inicialmente en su sitio. En el verano de 1996 lo telefoneé —lo hacía asiduamente— para anunciarle que me iba de vacaciones, y Lemos, que era mi verdadero resorte, me anunció:

—Te tengo que dar una noticia… Me voy.

—Que te vas, ¿adónde?

—No, que me voy de La Casa. Lo siento mucho, pero me tengo que ir, regreso al Ejército. No te preocupes, que se queda Enrique contigo, todo irá bien.

Se fue a un destino militar en Mallorca como coronel. Lomes sabía perfectamente que Calderón se los iba a comer a todos. Gracias a Dios que con Enrique no hubo problemas, por el escalafón, porque no era importante del todo —siempre ha sido un hombre que ha sabido estar en puestos estratégicos— o por lo que fuera. Para mí, que se fueran Lemos y S. B. por culpa de Calderón fue un palo, aunque en ese momento Lemos no me contó nada de lo que pasaba y me enteré bastante más tarde.

El hecho de anunciarme que se marchaba ya me hacía pensar en lo que se me venía encima, porque me he pasado toda la puñetera vida en el servicio esperando por culpa de los cambios de directores cada dos por tres y por los vacíos en la dirección durante mucho tiempo. Ahora ¿qué iba a pasar conmigo?, ¿dónde me iban a colocar? La frase recurrente era: «Es que estamos pendientes de la entrada del nuevo director». Siempre era lo mismo, el director que llegaba no hacía nada respecto a mi persona. Luego cambiaba el director otra vez y la misma cantinela. Cuando Lemos me dijo que se iba, se me cayó el mundo encima. Enrique tuvo ahí un comportamiento excelente, me llevaba como podía, le quitaba hierro al tema.

Cuando regresamos a Madrid, con el dinero que nos quedaba, alquilé una casita adosada que nos dio muchos problemas: el dueño tuvo que marcharse de España porque había dejado a deber dinero en su empresa y los trabajadores consiguieron embargarlo. Pagábamos todos los meses el alquiler directamente al juzgado. Luego la casa salió a subasta y el juzgado me avisó de que tenía pleno derecho a quedármela en la primera salida. El precio era de diez millones de pesetas aproximadamente, una cantidad muy pequeña. Se lo dije a Enrique: «La verdad es que es un chollo —me comentó—, lo voy a hablar». Lo hizo y me contestó que era imposible, que Javier Calderón se había negado en redondo y no había manera de convencerlo. Yo les había dicho: «Compramos la casa, os la quedáis vosotros, me dejáis a mí que viva un tiempo allí y luego la usáis». No es que yo no quisiera la casa para mí, pero sabía que el CESID tenía casas en propiedad porque las necesita para sus operativos. Ni por esas, si hubiera sido para cualquier otro, seguro que lo habrían hecho. Nos tuvimos que largar y alquilamos otra vivienda en un sitio distinto.

Cuando Enrique me contó muy enfadado que Calderón no me ayudaba en la compra de la casa, me vine abajo, me hundí. Enrique y yo nos veíamos muy a menudo, su apoyo hizo que no me sintiera tan mal. Lo único que dije fue: «Mientras permanezca ahí este hijo de puta de director, con un comportamiento tan desleal conmigo, no voy a hacer una mierda».

Al poco tiempo Enrique, con el que tenía un contacto muy asiduo, consiguió que el CESID empezara a pagarme un sueldo, y subsistíamos con ello. Me puse a buscarme la vida. Ahí empezó un poco mi decadencia económica, porque el dinero que me daban en 1996 es el mismo que me siguen dando ahora. Yo sabía que Calderón no se portaba bien, mi oficial de caso no me quería describir los detalles, pero sí me dijo que tenía un comportamiento bastante nefasto. De hecho, en una de nuestras reuniones Enrique me contó que había dicho que yo era

323

un juguete roto. Le contesté: «Un juguete hecho por ellos, a su manera, pero nada cuidado». Si me hubieran cuidado y me hubieran reconducido por un camino concreto tras mi infiltración, no habría sido así. Es como si tienes un hijo y con quince años lo dejas tirado por ahí, en la calle; pues no esperes que te salga un santo. Tuve que reciclarme yo solo, poco a poco, buscando las maneras. Ese comentario de Calderón es de las típicas cosas que te hacen mucho daño.

El 9 de julio de 2001 escribí una carta pública a Javier Calderón, ya exdirector del CESID, en la que decía:

> Cuando se despidió el anterior director del Centro, don Emilio Alonso Manglano, tuvo la cortesía de hacerlo como un caballero. El «señor Colodrón», don Javier Calderón a la misma alusión hacia mi persona, expresa: «Es un "juguete roto" que vende humo». Señor Calderón, gracias a este juguete roto, precisamente por ustedes, tiene usted y muchos más las guerreras llenas de medallas y los bastones de general en las hombreras, y gracias al silencio de este juguete que ustedes han roto, no está usted más hundido en las páginas negras de la historia de España. Repase su vida y pida a Dios, a quien pronto tendrá que rendir cuentas y al que nunca podrá engañar, que haya otros «juguetes rotos», como usted los llama, que saquen a España de la porquería.
>
> EL LOBO

Tuve la suerte de sentirme arropado por mi oficial de caso, pero con el paso del tiempo, y tras conversaciones con mucha gente, no tengo la menor duda de que Calderón ha sido el peor director que ha habido en la historia del servicio.

En su etapa me sentí muy mal; cuando se fue, empezaron a cambiar las cosas un poco. No es que los dos siguientes directores que vinieron —Jorge Dezcallar y Alberto Saiz— se preocuparan por mí, que no lo hicieron, pero bueno, ya empezaron a entrar secretarias generales que enmendaron sus actitudes.

No tengo ninguna queja de María Dolores Vilanova, que estuvo en el puesto con Jorge Dezcallar. A destacar Esperanza Casteleiro, que ocupó el cargo con Alberto Saiz: conmigo se portó sensacional y cuando necesité un apoyo económico, no hubo ningún problema. Con Elena Sánchez bien, no es que hubiera un acercamiento personal pero Enrique era su jefe de gabinete, había buena relación. Con Beatriz Méndez de Vigo no tuve una relación directa, no la conozco, no puedo decir nada, es un vacío, quizás la culpa es mía porque ha estado delante de mí y no me he enterado de que era la secretaria general y no lae he hecho ni puñetero caso, aunque lo lógico habría sido que se presentara. Paz Esteban, la sustituta de Beatriz, ha tenido conmigo un trato exquisito.

Con Jorge Dezcallar no tuve relación y con Alberto Saiz tuve un único encuentro en los Cursos de Verano de Aranjuez, organizados por la Universidad Rey Juan Carlos. El director del curso, Manolo Cerdán, le preguntó delante de mí: «¿Sabes quién es?», y el director le contestó: «Hombre, cómo no voy a saber quién es», pero no porque tuviéramos una relación, que no la hemos tenido.

El que ha tenido una relación conmigo verdadera, auténtica, el que me ha recibido como a un señor en La Casa, y a lo grande, ha sido Félix Sanz. Para mí, ha sido el mejor director que ha habido, me ha tratado de una manera exquisita, todo lo que pueda decir es poco, ha sido muy especial. Tampoco es que haya dicho: «Vamos a subirle el sueldo a Mikel», pero nos hemos hablado de tú a tú y me ha concedido una medalla. Hemos tenido una relación fuera del servicio con amigos comunes. Ha sido muy afable conmigo y siempre ha tenido mi figura muy elevada. Me acuerdo, no se me olvidará nunca, de que le acababan de nombrar director y de las primeras veces que lo vi, le comenté: «Félix, te digo una cosa. Irás conociendo el servicio poco a poco y verás que te dirán que no vayas tanto conmigo, que te separes de mí lo máximo posible, que no es bueno que estés mucho a mi lado». Yo sabía que para él no era bueno relacionarse conmigo porque los demás le iban a calentar la cabeza.

Nos veíamos todos los meses en una comida con influyentes personalidades españolas y con embajadores. Yo, para no ponerle en un aprieto, procuraba no sentarme cerca de él, me situaba al otro lado de la mesa. Lo saludaba, sin más, no dejaba ver que tuviéramos mucha relación. Procuraba no meterlo en un compromiso. Félix me dio el teléfono directo de su despacho y el personal. Nunca lo he llamado, aunque supuso una deferencia. Ha sido el que ha hecho que me valoren. Y no me ha

325

valorado más porque no se lo han permitido. En toda mi historia del servicio, el único que me ha recibido en su despacho, ¡y cómo me ha recibido!, ha sido Félix.

También es cierto, y no lo olvido, que durante el juicio de Barcelona el director Manglano se portó muy bien, tuvo muchas deferencias conmigo, como las que he contado de cederme a su escolta, dejarme su coche y poner a cuidarme a todos los agentes de Barcelona.

Cuando aquella etapa concluyó, vino el olvido con Calderón y lo pasé muy mal. Me convertí en una relación incómoda. Llegué a sentirme tan vacío, tan olvidado, tan despreciado —se lo conté a Enrique—, que estuve a punto de pegarme un tiro. Estaba hundido, no tenía ningún apoyo. Esa idea pasó por mi cabeza, me sentí una mierda y todo a mi alrededor era una mierda. Pero piensas: «Y mi familia, ¿qué? Mi formación católica no me lo permite». Pero pasárseme por la cabeza, se me pasó.

Empecé a dudar de lo más básico: «¿Será todo esto una mentira?, ¿habrá merecido la pena?». En mi cabeza bullían multitud de preguntas: «¿Será que los de ETA tienen razón y nosotros estamos equivocados?». Tuve una depresión terrible, Mamen vio que yo me encerraba, me metía en la cama. Se le ocurrió comprarme un caballete, pinturas y otros utensilios, y con ellos pinté más de un centenar de cuadros. Y eso fue lo que me salvó de la depresión. Veía que tenía una actividad, que era capaz de crear algo. Anteriormente, yo me reía de los que me contaban que tenían una depresión, me parecía una tontería, pero yo viví una depresión de caballo. No tengo ningún problema en contarlo.

Enrique vivió este drama conmigo y, en la medida de sus posibilidades, me animaba. Éramos dos almas opuestas, pero a la vez nos llevábamos muy bien. Profesionalmente, Enrique es un personaje muy bueno, de los pocos que yo he visto en la estructura interna del CESID, y personalmente chocábamos mucho, pero era de los pocos que se partían la cara por mí, que es lo que vale.

Lo que han contado de mí: dos libros y una película

Xavier Vinader llevaba mucho tiempo detrás de mí: «Podíamos escribir un libro». Lo conocí por Fernando San Agustín, que tenía una oficina en la calle Balmes. En 1988, un día en su despacho me anunció que iba a conocer a un amigo suyo, con el que tenía confianza. Telefoneó a Vinader: «Te voy a dar una sorpresa». Lo invitó a venir y me lo presentó. Tuvimos buen *feeling*. Era un periodista de otra forma. Vinader hablaba con los de un lado y con los del otro. Más tarde venía a charlar a la casa de Sant Genís y pasaba días con nosotros.

Yo había empezado a rellenar folios en 1987 tras el secuestro de Pakito Garmendia, sobre la cárcel de Basauri y el rebote que me pillé cuando los de Antares intentaron implicarme en los GAL, de los que yo no había sabido nada. Me dio por escribir solo sobre ETA y mi infiltración. No de más temas, porque luego regresé al CESID con S. B. y Lemos.

327

No me decidía a publicar nada, pero me puse a escribir porque tenía tal cabreo con el director Calderón que fue un poco la pataleta, el desahogo, por lo mal que se estaba portando conmigo. Pensé: «Voy a sacar por lo menos mi experiencia, que se sepa». Y entonces le entregué mis apuntes a Vinader —800 páginas— y él se encargó de escribir el libro, aunque tardó mucho en hacerlo, trabajaba muy despacio. Además, grabamos muchísimas horas de conversaciones, le dejé fotografías, que por cierto luego desaparecieron porque se las quedó el director de *Interviú*.

En 1999 firmamos un contrato con Temas de Hoy. Vinader no me dio a leer ningún borrador, me dijo que nos habían quitado 200 páginas y salió publicado el libro *Operación Lobo Memorias de un infiltrado en ETA*. No lo leí a fondo, lo miré por encima, no me gustó demasiado, no se correspondía a lo que yo había escrito, Vinader le dio un toque diferente. Yo entendía que era muy amigo de los etarras y tenía muchas relaciones con algunos de ellos; incluso consiguió una fotografía de Smith, tras contarle que era para un libro que estaba escribiendo sobre mí. No la sacó al final.

Muchas de las fotos que se publicaron en ese libro las hizo un fotógrafo amigo suyo que trabajaba en *Paris Match*. Vinader quería que, mientras hablábamos, yo colocara el revólver encima de la mesa. Entonces se le ocurrió una idea: «Voy a traer la metralleta Uzi que me regalaron los israelitas, que está nueva, que para las fotos va a quedar muy bien». E hizo una foto con ella mientras la sujetaba uno de mis escoltas. Era muy peliculero.

El libro no me llenó porque incluyó matices muy cercanos a la ideología de ETA. Cuenta de alguna manera la Operación Lobo bastante bien, aunque con muchos huecos al quitar páginas. Se vendieron cuatro ediciones rápidamente, tuvo repercusión, en el CESID cayó como una bomba, El director Calderón, al verlo publicado, se cabreó. Tengo entendido, por el testimonio de un cargo importante, al que no puedo nombrar, que hicieron todo lo posible para evitar que Planeta sacara más ejemplares. Lo mismo que pasó con la película posterior, que la pusieron entre las que no se debían ver, mientras que la película del asesinato de Carrero Blanco por ETA les pareció bien.

Mi oficial de caso, Enrique, y yo tuvimos tiempo después una reunión con Xavi Vinader, porque tenía un conocimiento sobre ETA muy importante y queríamos que colaborara con nosotros. Tuvimos una charla, pero Xavi era muy íntegro y no aceptó la oferta porque le pareció que suponía venderse. Se llevaba bien con todo el mundo.

Después llegó Melchor Miralles. Me contó que quería hacer un reportaje con El Mundo Televisión para Antena 3 con la idea de escribir después un libro. Fuimos a Francia, pasamos por Sokoa y recorrimos San Juan de Luz y Hendaya. Les enseñé la casa de Rue Caneta en la que había vivido durante mi infiltración en ETA, fuimos a un caserío y les mostré el lugar donde aparcaba el coche en la estación de Hendaya para intercambiar mensajes con los agentes del servicio. Hice ese recorrido con mi coche, en el que llevaba a una de las reporteras, y detrás, en otro, venían Santiago Acosta, el cámara, Manuel Cerdán y Antonio Rubio.

Cuando paramos en la estación de Hendaya, no se les ocurrió otra cosa que sacar una fotografía de mi coche con la matrícula, así que luego tuve que cambiarlo por otro. También pasamos por Bilbao, por el pueblo donde vivía y también por el pueblo en el que nací. Estuvimos tres o cuatro días visitando todos esos sitios.

Melchor montó el reportaje y se lo vendió a Antena 3. Pero tiempo después me dijo: «Vamos a escribir un libro y vamos a hacer una película contigo o sin ti, como quieras». Significaba que les daba igual si yo tenía algo que ver o no. Contesté: «Pues conmigo», pero siempre fue un tema de ellos.

El libro *Lobo. Un topo en las entrañas de ETA*, lo escribieron en 2003 Manolo Cerdán y Antonio Rubio. Fue una iniciativa de ellos a la que yo tampoco me podía negar. Mi participación en el manuscrito fueron unas charlas con Manolo y Antonio, que se limitaron a secuencias narradas un poco por encima, sobre asuntos que yo les conté. Los dos autores ya habían contactado antes con Fernando San Agustín para recabar información sobre otros episodios de su interés.

Cuando tenían el libro terminado y la película preparada —que en lo que a mí respecta, fue una charla de una hora con el guionista y adiós muy buenas—, me vino Melchor, que hacía la película con Filmax y Telecinco, y me pidió que hiciera la entrevista otra vez, pero para Telecinco. La excusa era que no habían emitido el reportaje en Antena 3 —lo hicieron después— y, como iba a salir la película, les interesaba para la promoción.

Le contesté que no estaba dispuesto a volver a pasar por eso, y además sin cobrar un céntimo de nuevo. Fue cuando Miralles hizo un montaje con un chaval que él me había presentado antes. Lo vistió con la misma americana con la que me habían hecho a mí el reportaje y tomó las voces del programa de Antena 3, no solo de la parte de la entrevista emitida, sino de otros momentos del viaje que hicimos por el norte para montar el primer reportaje. Y lo acopló todo a los movimientos del que se había convertido en mi doble. Aunque había muchos detalles en los que cualquiera que me conociera veía que no era yo.

En mi opinión, la película, estrenada en 2004, fue un desastre. Ya empieza mal desde el principio, porque cuentan que uno del SECED me compra. Me hacen aparecer como una persona que está en los círculos muy cercanos a ETA, cuando era todo lo contrario; ya he explicado que al inicio de mi trabajo no sabía ni lo que significaba ETA. De cercano a la organización no tenía nada. Yo entonces ganaba muy bien como decorador; con mi primer sueldo, de un trabajo que hice en un par de meses, me compré un piso y un coche, y me sobró dinero. Luego tuve mis altibajos, pero no entré en este mundo para forrarme, ni mucho menos. De hecho, pasé de ganar un millón largo a 30.000 pesetas al mes. Así que por dinero no fue, sí por convencimiento propio.

Me duele mucho, hay muchísimas cosas en la película que no tienen nada que ver con la realidad. El invento de que matan a Pertur en esa época pertenece a su imaginación, igual que la historia que se montan con una francesa.

Son peores los detalles que me atañen, como que me fui a México cuando terminé la Operación Lobo. La trama es un puro cuento y deja mucho que desear. El protagonista parece amanerado, me disgusta muchísimo cómo digirieron su papel. Pintan situaciones durísimas de forma muy *light*. Eligieron para interpretarme a Eduardo Noriega, que es un chaval muy majete, bien considerado como actor y que me cae muy bien. Lo conocí en el Ritz cuando celebraron la fiesta del estreno. Me acerqué un momento y le dije: «Has hecho un papel muy blandito, yo no era tan blandito».

La escena de la redada también es una pura fantasía. Cuando Noriega va corriendo durante el tiroteo, no tiene nada que ver con lo que pasó: fue una persecución de la leche, con cientos de *grises* en pleno centro de Madrid, no ocurrió en un chalé. Para colmo, sale Noriega con la pistola a la altura de la cabeza pegando tiros al aire. Yo nunca hice eso: ya he contado cómo tuve que huir y aproveché una esquina para esconderme, porque necesitaba ganar tiempo, y desde ahí vacié un cargador de la Browning sin tirar a dar a los policías, que entonces se disolvieron y así me dieron la oportunidad de meterme en un portal. Luego hacen ver que el que cogen en el parque del Retiro, que no fue allí donde lo detuvieron, es Wilson, y en realidad fue Ezkerra al que detuvieron en calzoncillos en un apartamento cuya existencia yo desconocía. A Wilson ya lo habían cogido antes.

La película fue otra bomba dentro del servicio, no querían ni por nada del mundo que se estrenase. Yo veía a Melchor, que era el director de El Mundo TV, y veía los líos que tenía con Rubio y Cerdán. Le dije a mi oficial de caso: «Esto puede ser precisamente la espoleta que haga que explote la relación entre ellos, lo que no habéis podido conseguir hasta ahora, que era deshacer ese grupo, lo mismo terminan entre ellos a palos».

El servicio siempre ha sido contrario a que yo escribiera un libro, a que contara nada en cualquier medio. Excepto varias ocasiones en las que ellos mismos me han pedido que saliera en televisión. La primera vez, cuando estaba Lemos, fue en Antena 3 con motivo del primer reportaje televisivo apoyado por el CESID. Recuerdo que fuimos a grabar a un piso que el servicio tenía en los apartamentos Muralto, en el centro de Madrid. Momentos antes de empezar, S. B. se tomó un tranquilizante que yo no acepté, y Lemos le dio un nombre falso al periodista y este se rio al descubrir que en su camisa tenía grabadas las iniciales J. L. M., que no se correspondían con esa identidad. Años después me pidieron que saliera en La 2, que sería interesante que participara en un reportaje en *Informe Semanal*. Pero, en general, no les ha gustado que apareciera en ningún lado por iniciativa propia; tampoco me metían broncas, aunque siempre me lo afeaban.

Con este libro de memorias, la decisión se fraguó cuando el actual director del CNI, Félix Sanz, me dio la idea: «Deberías escribir un libro porque con ETA hay gente que se está apuntando tantos». Yo le contesté: «El servicio también tendría que hacer algo, porque nunca hace nada, para que se sepa lo que he hecho». Félix me aclaró: «Deberías escribir tus sensaciones, tus momentos malos, tus tristezas. Sería interesante verlo desde dentro». Y entonces yo me sentí con ánimo de hacerlo. Vi que este hombre pensaba de otra manera.

Espionaje al abogado Santaella

Cuando en La Casa me bloquearon en la etapa del director Calderón, para darme una actividad mi oficial de caso me pidió que me presentara en la oficina de Alicio Romero, que tenía el despacho en el edificio Lima, al lado del estadio Santiago Bernabéu, como una forma de que tuviera una tapadera e hiciera algunos trabajos. Pero no me contó que era hermano de Francisco, que por aquel entonces era jefe del IC4, Antiterrorismo, y estaba casado con Dolores Vilanova, que llegaría a ser secretaria general del CNI. Nos pusimos de acuerdo y pasé tres años trabajando para Alicio, mantuvimos una buena relación, me llevaba muy bien con él.

Daba la casualidad de que el abogado de Juan Alberto Perote, Jesús Santaella, tenía su despacho unos pisos más abajo del de Alicio. Se lo comenté a mi oficial de caso: «Si mandáis un equipo, se pueden descolgar por el patio y, como la ventana se abre fácil, entran por allí y pueden coger toda la documentación». Les especifiqué que no fueran el día que estaba el portero de la finca: «Que entren un domingo cuando no hay nadie». Pero no me hicieron caso y tuvieron la mala suerte de que fueron el sábado, día en que sí estaba el portero, se jorobó la historia y no pudieron hacer la penetración, o no quisieron o si se hizo no me dijeron nada, que también es probable.

Otro día estaba charlando con Manolo Cerdán y Antonio Rubio en el centro comercial que está cerca del hotel Cuzco, en la calle Orense. Les notaba un poco nerviosos. Hablaban entre ellos: «A ver si viene Pedro, que tiene que traer unos papeles importantes». Deduje que estaban esperando a su director, Pedro J. Ramírez, y les escuché decir que estaba en el edificio Lima, donde yo sabía que tenía su despacho Santaella, el abogado de Perote, quien al salir del servicio unos años antes se había llevado documentos importantes. Avisé al servicio de que estaba con ellos y que venía Pedro J. con una serie de documentos, al parecer valiosos. Tampoco sé lo que pasó después.

Desde la etapa de Manglano, especialmente tras la publicación en *El Mundo* de los papeles de Perote, que dejaban en evidencia la implicación del servicio en lo referente a los GAL y a otros asuntos, Pedro J. Ramírez, Melchor Miralles, Antonio Rubio y Manuel Cerdán se habían convertido en los grandes enemigos, los más temidos. Calderón seguía en esa lucha abierta contra ellos.

Durante su mandato y en los años posteriores, sacaron el libro y la película sobre mí. Y en definitiva, el beneficio fue para el CESID, aunque nunca me lo agradecieron tampoco, pues, como yo había pronosticado, acabaron a bofetadas entre ellos. Antonio y Manolo contra Melchor, y Melchor contra los dos. El grupo, que era tan fuerte, terminó deshaciéndose por culpa del dinero que produjo la película. No es que yo fuera a joderlos, pero yo vi cuáles eran las tensiones entre ellos. En un momento dado quisieron meterme de por medio para cargarle el muerto a Miralles, por lo que había hecho en televisión, y yo dije que no quería saber nada, que no entraba en esa guerra. Y eso, a pesar de que Melchor había hecho el montaje televisivo sin permiso mío ni de nadie.

Yo había conocido a Melchor Miralles cuando él descubrió que vivía en Salamanca y tuve que huir. Después de trasladarme a Barcelona, seguía detrás de mí y me sometió a un tremendo acoso y derribo. Cansado de la situación, un día telefoneé a Lemos, mi oficial de caso, y le dije que lo mejor era sentarme con el periodista y hablar, quizás hasta podíamos llegar a entendernos. «Cuidado, mucho cuidado», me sugirió. Era el gran temor a que yo hablara con la prensa. Al final nos sentamos y nos hicimos amigos. Nos llevábamos bien, Melchor entendía muchas de mis cosas y yo entendía su postura. Por lo menos, nos comprendíamos. Y luego vinieron los conflictos con el libro y la película. Pero tuvimos una relación buena, porque no por que tú seas de un servicio de inteligencia y el otro sea un periodista te tienes que llevar mal. ¿Cuántos amigos periodistas tiene La Casa? A patadas. Ellos sí pueden tener

333

los amigos que quieran, sueltan lo que les interesa y ya está. En una ocasión, yo les comenté a modo de aviso: «Tengo un amigo periodista, un amigo de verdad, se llama Fernando Rueda, pero a mí no me pidáis que traicione a mi amigo, no lo haré nunca, así como voy a ser leal siempre al servicio, también voy a ser leal a mi amigo». Y solo una vez me pidieron algo relacionado con él y yo se lo transmití a Fernando y me contó lo que podía contarme.

No terminan de darse cuenta de que el trabajo de los periodistas es el mismo que el del servicio de inteligencia, pero con diferentes fines. El del agente es para el Estado o para el Gobierno, y el del periodista es para difundirlo a todos. Dentro hay agentes buenos y agentes malos, y periodistas buenos y periodistas malos, es ley de vida. Todas las agencias de inteligencia tienen su oficina de prensa. Una de las principales cuestiones es llevarte bien con los medios de comunicación, pero lo que no quieren es que un agente tenga relación con periodistas, o se lleve bien con la prensa.

334

Aunque cuando el CESID establece esos contactos, no lo hace bien: no es una relación verdadera y suele ser superinteresada por ambas partes, basada en engaños, y eso no funciona nunca. En el servicio de inteligencia hay que mentir, hay que pisotear, con tal de llegar a un objetivo. Hay que traspasar la legalidad, pero por Dios que no se entere nadie, que todo el mundo piense que nosotros estamos dentro del marco legal. Mentira puñetera. Por lo menos, que no se intente vender esa burra. Un servicio de inteligencia que respete la legalidad no sirve para nada, para eso hay Policía, Guardia Civil, aunque tampoco es que estén siempre en los mejores términos con la ley.

En mi opinión, existe un problema añadido en lo que atañe a las indiscreciones informativas de los servicios de inteligencia: esos mandos que se convierten en seres fríos porque están henchidos de poder no se dan cuenta de que el cargo pasa rápido y cuando se ven fuera de esa esfera de poder, se sienten perdidos y que ya no son nadie. Son los primeros que quieren ir a contar cosas por ahí, son los que filtran secretos porque se ahogan en su propia mierda. Los servicios de inteligencia instruyen a los agentes, los atienden mejor o peor mientras están operativos, pero no los preparan para el día en que abandonen el servicio. Los dejan tirados y si pueden contentarles con que asistan a la fiesta de Navidad, pues punto. De ahí vienen muchos de los problemas internos, las malas leches, las peleas.

En los últimos años el CNI ha empezado a abrir la puerta y ha habido dos personas que se han colocado bien en empresas privadas. Las tortas ahora son peores: «¿Por qué unos sí y otros no? ¿Por qué yo me voy a tener que ir a casa y me voy a tener que estar callado el resto de mi vida, a pasear a mis nietos, si los tengo, y a olvidarme de todo? Y resulta que fulanito está ahí forrándose y menganita también, y yo ¿por qué no?». Han abierto la vía pero, como siempre, para dos o tres.

También he tenido alguna experiencia en esos supuestos chollos del sector privado. Como la vez que me citaron con el presidente de Viajes Halcón porque quería que trabajara para él, algo que no me apetecía; aun así, fui a verlo y a escucharlo. Cuando concluí, me llamaron del servicio de seguridad de la empresa, que lo llevaban un coronel que había trabajado en el servicio y un inspector jefe de Policía.

—Oye, ¿vienes a quitarnos el puesto?

—Yo no vengo a quitar el puesto a nadie, vengo aquí porque me ha llamado el presidente, y por deferencia le he escuchado y punto, nada más. Y lo último que haría sería venir a trabajar aquí. Y vosotros ya sé lo que estáis haciendo, ¿creéis que no sé lo que estáis haciendo? Vosotros al primero que informáis es al servicio y luego informáis de lo que queréis aquí.

De estos hay en muchos sitios.

Y de conexiones extrañas que se producen cuando estás trabajando para la empresa privada, también sé algo. Al poco de haber entrado a trabajar con Alicio Romero —imagino que algunas informaciones que pasaran por sus manos llegarían al servicio—, una tarde estábamos en la oficina y me pidió que lo acompañara a ver a un personaje: «Vamos a recoger a un gallego que viene a Madrid, es un tío importante en el mundo del arte y se mueve muy bien». Nos encontramos con el marchante en un hotel que estaba en la Gran Vía, montó en el coche y empezó a hablar: «Esto me recuerda el año 75, yo era el jefe de la UPG gallega, en mis tiempos revolucionarios, y me

335

cago en la leche, el servicio secreto español tenía infiltrado a un agente al que llamaban El Lobo y nos jodió a todos. Él estaba en el tema de ETA, pero como teníamos conexión y teníamos a etarras con nosotros, pues nos jodió a todos». No salía de mi sorpresa, sentado a su lado pensé: «Que no se entere este cabrón de quién soy yo».

IX

Los últimos veinte años: narcotráfico, terrorismo internacional y tráfico de armas

Miles de millones que los bancos no quieren soltar

En la primera década de este siglo empecé a moverme en casos más relacionados directamente con la economía, como los conflictos surgidos en las garantías bancarias y los fondos de inversión. Durante mucho tiempo, en la segunda mitad del siglo XX, los americanos se quedaban con el oro de países como Filipinas y de otros muchos, y a cambio ofrecían unos bonos que calificaban como «históricos», porque los intereses que daban estaban en el 8 por ciento, algunos menos, pero suponía una burrada, aunque solo se podían cobrar pasados 25 o 30 años.

Llegó un momento en el que quienes los habían suscrito empezaron a reclamarlos. Pero Estados Unidos no los reintegraba nunca porque pasados los 25 años los convertían en bonos malos, y el Tesoro americano puso en marcha el programa Recovery, que pretendía localizar a los poseedores de cajas de bonos distribuidas por todo el mundo para convencerles, por diversos medios, de que eran falsos y no reclamaran el dinero invertido.

Los bonos que eran válidos estaban metidos en una caja cerrada de tal forma que si se abría antes de tiempo, ya no servían para nada. Para ver si eran auténticos o no, para detectar si el envase había sido manipulado, se necesitaba una inyección de gas. Me especialicé un poquito en la investigación de estas reclamaciones y verificaciones, el tema de todas estas historias, porque alrededor de todo ello había mucha mierda, bonos falsos, certificados de depósito falsos…

El Tesoro americano pidió a una serie de personas, incluido yo —*mea culpa*—, que nos dedicáramos a localizar a la gente que disponía de esas cajas. Yo les pasé la dirección de los descendientes de un presidente de Filipinas, que entonces vivían en una casa de la Costa Brava. Cumplí el encargo y ya no volví a saber de ellos nunca más.

En otra investigación de este ámbito, me desplacé hasta Uruguay, pasando por Argentina, a por unos certificados de depósito. Viajé con un amigo de Valencia y, mientras él estaba ocupado en otros «menesteres», yo mantuve una reunión con dos agentes de la CIA en Punta del Este para confirmar que había unos personajes en Uruguay que se dedicaban a hacer certificados de depósito que, según los americanos, eran falsos. Yo no puedo decir si lo eran o no. Pero como eran certificados americanos, no quedaba otra que tuvieran razón y fueran falsos.

Me percaté de que las investigaciones económicas tenían mucho recorrido: me empezaron a llover propuestas de trabajo. Me nombraron administrador único de unas minas en Brasil y me hicieron socio mayoritario de unos bonos americanos que estaban depositados en Luxemburgo. Así que me encontré metido de lleno en un conglomerado del mundo de las finanzas de algunos de los *lobbies* internacionales más importantes.

340

Otra de las historias que viví a fondo en contacto con las familias y algunos Estados fue intentar recuperar las herencias de personajes que ocuparon cargos de primer orden en sus respectivos países, algunos habían sido presidentes, y que durante sus mandatos abrieron cuentas bancarias por todo el mundo para repartir su ingente fortuna. Con el paso de los años sus familias vivían cerca de la indigencia porque los bancos se lo quedaban todo y no les entregaban ni un céntimo.

La familia de Alfredo Stroessner fue la típica de un dictador que hizo mucho dinero, en este caso a costa de Paraguay, y que lo repartieron-escondieron por los bancos suizos y en los de otros países como Luxemburgo y Francia. Cuando ya lejos del poder quisieron recuperar su fortuna, los bancos lo tenían montado de tal manera que no se lo llevaran ni soñando.

Lo curioso del caso es que esas fortunas no repercutían en el país de origen, de donde habían salido. Lo que yo intenté con la fortuna de Stroessner fue que el dinero volviera al Estado paraguayo; eran muchos millones, miles de millones, y nada. Tú intentas hacer algo por el pueblo, la familia intenta cobrar algo, pero se meten por medio abogados listillos e intermediarios de todo tipo. Primero actúan los bancos en virtud de una orden internacional de congelación de fondos. Pasa un tiempo, esa orden muere y automáticamente el banco se lo queda todo. Por supuesto, el interés de la entidad bancaria que tiene el depósito es que se enmierde el asunto, que vayan cincuenta mil a reclamar los fondos, y se dedica a exigirles a todos los certificados y documentos dispersos por todo el mundo, y cuando los consiguen, el banco les responde: «Pongan ustedes un litigio». Y los banqueros tan tranquilos porque ese litigio puede durar 25 años por lo menos. A ver quién aguanta un proceso judicial de esas características contra una de estas entidades. Al final, todo el dinero se lo quedan los bancos, que lo emplean para hacer más dinero.

Me encuentro con Mohamed Atta, terrorista del 11-S

*U*na mañana de julio del año 2001 había quedado en el café Gijón de Madrid con Fernando Vásquez, que había sido un destacado dirigente del Movimiento de Izquierda Revolucionaria chileno. Lo que inicialmente era una reunión para charlar sobre un proyecto internacional terminó convirtiéndose en una de esas casualidades de las que informé a mi servicio pero de la que nunca supe cuál fue su actuación.

Tiempo antes, Vásquez me había contactado para un proyecto internacional que habían puesto en marcha para frenar el avance islamista en África del sur. Se trataba de llevar a cabo un programa para inyectar dinero y llevar a activistas del movimiento negro de Estados Unidos, con preferencia ingenieros y obreros cualificados, que diseñaran y construyeran escuelas, viviendas y otras infraestructuras. Querían pedir ayuda a España y me vinieron a buscar a mí, la verdad es que no sé muy bien por qué.

Fernando Vásquez me esperaba en el Gijón con dos hombres muy interesantes. Uno de ellos era Bernard Courant, que fue un alto cargo del Ministerio del Interior de Francia y estuvo metido en el conflicto del Rainbow Warrior, el barco de Greenpeace al que los servicios secretos galos le pusieron en 1985 una bomba en Nueva Zelanda. Su otro acompañante era el personaje principal del proyecto, Richard Solomon, un negro del que decían que era musulmán. Unos me habían contado que pertenecía a la CIA y otros que era un renegado de la CIA. Había llegado a ser el número dos del movimiento Farrecan, que tenía más de siete millones de hombres armados en Estados Unidos. Solomon tenía un poder terrible y una gran influencia en la Casa Blanca.

A Estados Unidos su proyecto le venía muy bien porque

se deshacía en gran medida de ese movimiento liderado por Solomon, ya que muchos de sus líderes más cualificados se irían a África, y también porque así frenaban el temido yihadismo en el continente africano. La idea era muy buena, pero lo que pasa a veces es que a los agentes como yo aquí se nos toma a cachondeo, sobre todo por la gente que va por la vida de que tiene mucha idea y no sabe nada. Te das cuenta de que muchos servicios de inteligencia al final saben mucho menos de lo que dicen o no les interesa meterse en esos temas. Al servicio no le interesó y yo tampoco tenía otros apoyos o ayuda, ni grandes contactos entre los políticos, a los que estos asuntos les importan un pimiento porque están dedicados a los problemas nacionales. Como no me veía preparado para afrontar esa misión por mucho dinero que me pusieran sobre la mesa, les terminé diciendo que no. Luego me pidieron que les pasara una minuta por el tiempo invertido y los gastos, y les contesté negativamente porque no había hecho nada.

Pero aquel día de verano de 2001 las negociaciones todavía estaban en marcha. Charlábamos sobre la situación geoestratégica de África del sur cuando aparecieron por la terraza del café Gijón tres personajes: uno era un tipo grandote y gordo, con la nariz muy afilada, tipo árabe total; otro parecía un alemán de esos de la Stasi, con las gafitas redondas y el maletín, y el tercero era un árabe pequeñito. Percibí que el árabe gordo le hacía una seña a Solomon como para que se acercara, y este lo hizo como un conejito.

No tardó en empezar a pegarle voces, y le pregunté a Fernando Vásquez:

—¿Qué les pasa?

—Nada —contestó—, que le quieren hacer la guerra a Estados Unidos.

—¿Cómo dices?

—Déjalos, déjalos...

—Pero ¿estos son árabes?

—Sí, bueno, esos dos sí y el otro no. Es de la antigua Alemania Oriental y está metido en el tráfico de armas.

Fernando me dijo al menos el nombre de uno de los árabes, y que el gordo y grande era sirio. Le dije: «Me voy a mear», entré en el café, que tenía al fondo una cabina de teléfonos pequeña, y llamé al servicio.

—Mira a ver si te puedes enterar de adónde van.

—Por supuesto.

Salí a la terraza, ellos seguían hablando y discutiendo. Le pregunté a Fernando:

—¿Richard se va con ellos?

—No, estos viajan a Salou.

Aguanté un poco, Richard regresó con nosotros compungido y los tíos no tardaron en largarse. Vásquez le dijo algo en inglés y Solomon le respondió: «Ya hablaremos luego». Yo le pregunté al francés:

—¿Qué pasa?

—Nada bueno, me parece que Estados Unidos lo va a tener jodido.

Me fui otra vez al baño a telefonear a mi servicio.

—Descríbelos otra vez.

Sé que los controlaron en Salou, y también me enteré por los americanos que cuando llegaron a Estados Unidos el FBI estuvo controlando cómo andaban practicando con avionetas. Dos meses más tarde, cuando ocurrieron los atentados con aviones de pasajeros del 11-S, no relacioné aquella historia con nada de lo que pasó.

Como el resto de los ciudadanos del mundo, yo estaba pendiente continuamente de las noticias de los atentados, hasta que un día aparecieron las fotos de los terroristas suicidas. Una de las primeras que salió fue la de Mohamed Atta y dije: «¡Hostia, pero si este es el que estuvo con estos en el café Gijón!», y llamé rápidamente al centro:

—Este es el tío que os dije yo.

—Sí, ya ya ya, vale vale.

Me quedé de piedra. En julio los vi en el café del centro de Madrid y en septiembre perpetraron el atentado.

Coincidencias como esa me sucedían en bastantes ocasiones, en lo que yo defino como «encuentros extraños», incluso fuera de España. Yo avisaba: «Me he encontrado con fulano en tal sitio», y en el servicio me respondían: «Pero ¿otra vez? ¡Te encuentras con todo el mundo!». Quizás cuando te mueves mucho es más fácil. Con Josu Ternera me acuerdo que me topé

344

a finales de los años 90 en una de las salas del aeropuerto de Düsseldorf. Llamé por teléfono a Enrique, mi oficial de caso:

—Oye, que tengo a Josu Ternera aquí al lado.

—¿Qué dices?

—Que Josu Ternera está en el aeropuerto.

—Bueno bueno, déjalo.

—Pues claro, no lo voy a coger. Pero ¿qué me quieres decir?

—Tú vete a lo tuyo y olvídate.

Me mosqueó el «olvídate». Pensé: «¿Vais a pedir que lo sigan o tenéis un acuerdo con él?». Esas cosas ya me habían pasado. En la época en que estuve trabajando en Barcelona localizamos a Urrusolo Sistiaga, que tenía una pelea tremenda y estaba cabreado con la Tigresa.[39] Lo tuvimos controlado porque el del hostal Maño, en Sabadell, le dijo a uno de los míos: «Hay aquí dos vascos que se comportan de una forma extraña, me huelen muy mal». Les hicimos un control y nos dimos cuenta de que eran dos integrantes del comando de Urrusolo: el Pajas[40] y otro de menor importancia, que se habían instalado allí con identidades falsas. Telefoneé a Enrique:

—Oye, tenemos aquí localizado a Urrusolo.

—Déjalo, déjalo, es cosa nuestra.

Pensé: «Este tío está trabajando para el servicio o tiene algo con el servicio». Lo lógico era que fueran a por él de cabeza. Luego lo detuvieron, pero siempre corrió el rumor y creo que ETA lo terminó echando.

A la Tigresa también me la encontré hacia 1992 en una cafetería al lado de La Vanguardia tomando algo con un guardia civil. Yo estaba tomando algo con mi equipo, no llevábamos armas excepto uno, el Cojo Manteca, que tras un rato en el que todos comentábamos lo buena que estaba, me dijo: «¿Qué hago, la detengo?». Ni llamé por teléfono: «Que les den por culo, voy a llamar y me van a decir lo mismo, eso de déjalo en paz». Es que estaba tan cabreado de que me contestaran «deja a este, deja al otro, olvídate de estos», que me dije: «Pues se acabó». Porque el Cojo Manteca sabía que el que estaba con ella era un guardia civil que desconocía que se estaba tomando

345

39. Idoia López Riaño.
40. Juan Jesús Narváez Goñi.

unos vinos con una etarra. Luego salió publicado que la Tigresa estaba manipulando y utilizando al guardia civil, y nosotros la tuvimos enfrente, a varios pasos.

Me decían en el servicio: «Es increíble la cantidad de casualidades que te ocurren». Me pasó también tiempo antes, en noviembre de 1979. Vivía en un piso de Villalba, en Madrid, y todos los días viajaba a mi piso de trabajo camuflado en la calle Bravo Murillo. En aquellos tiempos mis ojos se clavaban en cualquier cosa que me pudiera parecer lo más mínimamente extraña. Cuál fue mi sorpresa cuando saliendo de Villalba me fijé en un coche con tres individuos. Lo de tres era sintomático para fijarse, ya que era lo normal en los coches de los de ETA y de la Policía. Pero la sorpresa fue que delante iba Ezkerra y eso me llamó mucho la atención.

Supuestamente Ezkerra ya no estaba en la organización y me picó la curiosidad, tanto que en el primer puente di la vuelta y a toda velocidad conseguí colocarme a cierta distancia de aquel vehículo. No siguieron por la autopista, continuaron hacia Ávila por la carretera vieja. Cuando estaban entrando en una urbanización de Hoyos del Espino, me dio la sensación de que iban mosqueados y cambié de dirección. Busqué una cabina y llamé a mi oficial de caso. Le extrañó, mi comentario fue que Ezkerra era un experto en interrogatorios y en aquel momento estaba secuestrado Javier Rupérez, el diputado de la UCD, y había miedo de lo que pudiera largar.

Como en todos mis trabajos, una vez pasada la información se acabó mi función, ya no supe más. Más tarde soltaron a Rupérez, se habló de la urbanización en que lo retuvieron y coincidía con la zona.

Lucha contra el yihadismo: Albolote y Moleka

*E*n España, una de las primeras operaciones que se montaron contra la ideología radical que alienta la guerra santa de los musulmanes estuvo relacionada con una especie de pequeña mezquita que había en la localidad granadina de Albolote. En 1999 yo tenía un amigo en la zona de Úbeda que conocía a un morito que quería hablar con alguien de los servicios de inteligencia porque tenía información sobre el imán de la mezquita, que los estaba alentando al yihadismo. Era un chico joven, de unos 21 años, y no estaba por la labor de sumarse a actividades terroristas.

Mi amigo, un andaluz de los que tienen mucha gracia, me lo propuso como colaborador: «Mikel, conozco a un muchacho», y yo le respondí: «Pues tráemelo». Me lo presentó, vi que su información iba en serio y se lo entregué al CESID. Como siempre por su parte, lo primero que le dijeron fue que no volviera a verme: «Y ahora ya, con nosotros». Y como siempre por la mía, mantuve abierta una línea de contacto a través de mi amigo.

En mayo de 2002 desapareció el CESID y se creó el Centro Nacional de Inteligencia (CNI), pero yo en el momento no noté ningún cambio, aunque en los años posteriores detecté que se convertía en un servicio de inteligencia mejor. Un mes después, el 30 de junio, domingo, a las siete de la mañana, me fui al aeropuerto de Barajas porque unos contactos me habían prometido una buena información que llevaba un tiempo persiguiendo sobre el yihadismo en África. Allí me reuní con un abogado de Zaragoza, Antonio Muñoz, que llegaba de Toronto acompañado de una persona a la que yo conocía desde años antes, Esteban Lao, familia de los famosos Lao, los dueños de la empresa de tragaperras Cirsa, muy conocedor de África.

Me habían anunciado que alguien les iba a entregar a Muñoz y Lao una información que podía interesar, y mucho, a mi servicio. No pude ver a su correo, pero ellos me pasaron una cinta de vídeo que había sido obtenida de forma extraña por ciertos personajes que mueven negocios oscuros en África.

El vídeo contenía la grabación de un acto de presentación de proyectos del Grupo Moleka, liderado por un personaje del que se desconocía su verdadera identidad, ya que al parecer la cambiaba asiduamente por motivos de seguridad. El señor Moleka era el protagonista central del vídeo, un tipo negro, delgado, con gafas y traje claro, que era clave en la captación de fondos, y su posterior diversificación, con destino a los movimientos radicales integristas y fundamentalistas.

Moleka tenía un papel muy activo en la penetración de estos grupos en África, donde había colocado en puestos clave a allegados de Fidel Castro, con el cual mantenía una excelente relación. Según me enteré por contactos que habían vivido mucho tiempo en el continente, Moleka movía con Castro importantes envíos de armamento para los grupos integristas y mantenía relaciones con Al Qaeda. También descubrí que viajaba fuertemente escoltado y que él era uno de los protectores de Bin Laden. Toda esta información, por supuesto, se la pasé a mi servicio.

348

A punto de someterme al detector de mentiras

*H*ubo un episodio fuerte dentro del CNI a finales de 2004, de esas situaciones que marcan. A mí me pareció muy mal; más que por mí, por un agente operativo del servicio con el que tenía muy buena relación. Él se pasaba de vez en cuando por mi casa, y eso estaba prohibido por las normas internas, por lo menos ir a la mía, no creo que fuera porque era yo, aunque a lo mejor también se debía a que no les gusta que yo tenga contacto con gente de dentro.

El que era mi ayudante en ese momento, pero con el que terminé rompiendo, había trabajado antes como colaborador del servicio y le copió el carné al agente. Se fue a Alcobendas a una imprenta de unos amigos, buscaron que el plástico fuese igual y alquilaron una máquina como las que usaba el Ministerio del Interior. Todo para hacer una tarjeta con el anagrama del servicio, que no era exacta, pero se leía Centro Nacional de Inteligencia y constaba un número de teléfono de contacto, para el que no se les ocurrió otra idea que poner el de mi oficial de caso.

Tarde o temprano tenía que suceder: en el servicio descubrieron que había un carné duplicado por ahí rodando, vinculado al agente operativo que había estado en mi casa y tenía relación conmigo. Mi ayudante terminó contándolo todo y los de la imprenta también largaron, así que los del Servicio Interno, que solo investigaban a las personas que pertenecían al servicio, llegaron hasta el agente operativo, al que le cayó encima una buena.

Me quisieron responsabilizar a mí del asunto. Aunque les expliqué y demostré lo que de verdad había sucedido —incluido que el agente operativo no tenía culpa alguna—, intentaron someterme al detector de mentiras porque estaban empeñados en implicarme. Enrique, que era mi oficial de caso entonces, me conocía muy bien y cuando tenía que dar la cara por mí siempre la daba: «¿Que a Mikel le vais a hacer un polígrafo? —Y se descojonó de risa—: «Mikel se ríe del polígrafo y de vosotros. Anda. iros, iros». Y los dos jefes del Servicio Interno se marcharon a regañadientes.

Aunque al final no me hicieron la prueba, siempre queda una especie de mancha oscura en la memoria del Servicio Interno. Y al agente le metieron seis meses de arresto, que es lo que peor me pareció.

Años después me encontré en la planta de dirección con uno de esos dos jefes del Servicio Interno, y el que era entonces mi oficial de caso nos preguntó si nos conocíamos. Los dos respondimos: «Sí sí, claro que nos conocemos». Él, con cara de pocos amigos.

Este episodio me costó perder la amistad totalmente con el agente operativo, y con su mujer, que también trabajaba en el servicio. Nos llevábamos muy bien, pero les debieron decir que si volvían a tener algo que ver conmigo se iban a la calle. No he vuelto a saber más de ellos. Así se trabaja en el servicio.

Colaboro con la DEA y el FBI

Sobre Donnie Brasco tengo una historia muy curiosa. Se inició a finales de 1988, durante el tiempo que estuve perdido en la finca de Cataluña. En aquella época tenía muy buena relación con Xavi Vinader, con el que estaba escribiendo el libro sobre mi infiltración en ETA.

Los dos hablábamos mucho sobre Donnie Brasco, que había publicado un libro de memorias, luego adaptado al cine, sobre los seis años que, como agente encubierto del FBI, había estado infiltrado en una de las cinco mafias de barrio más importantes de Nueva York. A mediados de los años 90 Xavi estuvo en Estados Unidos tras colaborar con el FBI pasándoles la documentación sobre un traficante de armas que yo había conseguido con mi equipo en Barcelona.

Vinader consiguió quedar con Brasco, que en realidad se llama Joseph Pistone. Hablaron sobre mí, y el agente del FBI le dijo: «Si Mikel hubiera hecho el trabajo que hizo en España en Estados Unidos, le habrían dado la medalla del Congreso y todo lo que hubiera querido, sería un héroe nacional. A mí, con el trabajo que hice con la mafia neoyorquina, me nombraron director de la escuela del FBI, tengo una casa enorme, agentes para custodiarla ...». Le hizo ver la diferencia de trato que se daba a los infiltrados entre los dos países. En el libro autobiográfico que le regaló a Vinader, le hizo una dedicatoria en la que le pedía que me transmitiera sus saludos.

Como tenemos amigos en común, que proceden de algunos trabajos de colaboración entre servicios que he realizado con la DEA y el FBI, Donnie Brasco y yo mantenemos una cierta relación indirecta, pero de no olvidar.

Entre 1999 y 2003 dispuse de informaciones interesantes para la DEA que ofrecí en la embajada estadounidense de Madrid. Yo tenía un contacto importante sobre asuntos de narco-tráfico en Barcelona y se lo presenté a Ivette Torres, la jefa de la DEA en España con sede en Madrid, y a su ayudante. No fue la única vez que les pasé a personas que disponían de información valiosa. Ivette Torres, incluso me registró dentro de la DEA como colaborador.

También mantuve en esa época una relación especial con el jefe del Tesoro americano con sede en París, Denis Martínez. De hecho, una de las veces que Martínez vino a España y fue a ver a Torres, yo estaba en su despacho: «Hombre, Mikel, ¿qué haces aquí con estos, que son policías? Nosotros somos agentes secretos». Eran gente simpática que valoraba mi trabajo. También tuve una relación estrecha con el Servicio de Investigación Criminal Naval (NCIS), a través de su jefe para el área del Mediterráneo, con sede en Rota. Cuando he visitado Estados Unidos han salido a recibirme miembros del servicio secreto, me han llevado en coche oficial y me han tratado como uno no se puede imaginar.

La misteriosa Operación Alabarda

Conocí a Chema, junto a su mujer y su cuñada, por coincidencias de la vida y proximidad de domicilios en Madrid a principios de los años 90, aunque tuvimos más relación a partir de 1994. Él había sido tesorero de la UCD, se fue a Cuba, se debió gastar allí, según él nos contó, una millonada, conoció a una chica y se vinieron para España. Su mujer tuvo que abandonar la isla, debió tener problemas serios por su relación, posiblemente, con un general cubano. Algo gordo, porque una vez en España no había manera de que consiguiera los papeles, ni siquiera cuando nacieron sus hijos. Ni podía regresar a Cuba ni en España la terminaban de reconocer. En su país, ella y su hermana habían trabajado en lo que lamaban el Milico, un cuerpo del Ejército dedicado a labores de inteligencia.

Mientras lo traté, comprendí que Chema se movía con fluidez en el mundo de las finanzas —programas de alto rendimiento, certificados de depósito— y me interesó relacionarme con él porque me olía que estaba en asuntos conflictivos. Coincidía que yo empezaba a saber algo de cómo funcionaban esas cuestiones y sus amistades despertaron mi atención. Chema mantenía contactos en Londres con un interesante y curioso grupo de gente. Al más importante lo llamábamos Ali, que era un turco que se llamaba Ibrahim, dueño de una empresa enorme de transportes. El número dos era un inglés, Terry, que tenía empresas de muebles. Y el contacto de Chema con estos era un italiano amigo suyo que había estado en distintos puntos de conflicto y había trabajado como *freelance* para varios servicios secretos; un hombre que se había dedicado al teatro, hablaba idiomas y se movía bien. Me recordaba un poquito a mí mismo. Se le veía muy espabilado, se llamaba Franco Odaso.

Ya antes de conocer a este grupo vinculado a Chema, yo tenía amigos en la UC3 de la Guardia Civil, que era la rama del servicio de información dedicada al tráfico de armas. Una unidad más pequeña que la UC1, el servicio de información de la Guardia Civil, con la oficina cerca de donde estaban los apartamentos Galileo, en Madrid. Posteriormente todos se fusionaron en la Unidad Central Operativa (UCO).

En el año 2001, el jefe de la UC3 era el teniente coronel Ferreras; además, había un comandante, varios capitanes, varios tenientes y un sargento, que era al que yo tenía como mi niño mimado. Este grupo llevaba tiempo controlando por Málaga a un italiano llamado Ferramatti, aunque no conseguían nada sólido contra él. Se habían dado cuenta de que la única manera de descubrir el entramado de armas que movían él y su gente era meter un infiltrado dentro de su organización. Me lo comentaron y yo pensé en Franco Odaso. Organicé una reunión para presentárselo, y Odaso les explicó que él incluso podía pasarles datos relacionados con ETA, pero los de la UC3 le dejaron claro que lo que les importaba era el tráfico de armas.

Y empezaron a trabajar. Al principio todo iba lento, algo normal en el inicio de una infiltración, pero pasaron los meses y fue evidente que Odaso no progresaba lo más mínimo. Ante esa constatación, me reuní con los de esa unidad de la Guardia Civil y me contaron que estaban un poco preocupados ante la falta de resultados. Entonces di un paso al frente sin dudarlo: «Me meto yo». Lo hice motivado porque la persona que había propuesto no resultaba, y también porque la UC3 era un servicio que podía desaparecer en cualquier momento porque había pocos resultados en las investigaciones sobre delitos de armas. Mi ánimo de apoyarlos me hizo lanzarme a la que bautizaron como Operación Alabarda.

La vía de penetración que tenía abierta estaba relacionada directamente con mi amigo Chema, que sabíamos que estaba ligado de alguna manera a ciertos grupos que aún no teníamos ni idea de a qué se dedicaban en concreto, pero los guardias civiles sospechaban que había personajes que estaban moviendo algo extraño en torno a él. Como tenía una cierta entrada, tiré del hilo para ver si podía penetrar, con tan buena suerte que me condujo al interior mismo del grupo.

Antes de materializar la infiltración, los guardias tuvieron que alertar al juez de instrucción de la Audiencia Nacional Ruiz de Polanco, que era el que llevaba el caso. Le avisaron de que habían metido un infiltrado en la investigación y que deseaban esconder sus datos en el anonimato. El juez les preguntó quién era, y cuando ellos le dieron mi identidad, acordaron que la guardarían en secreto.

Desde la UC3 jugaban con la posibilidad de pinchar teléfonos y tenían muy buenos equipos de seguimiento. Uno de los jefes era uno que había estado destinado en el CESID en Barcelona y que lo tuve trabajando en mi equipo para *La Vanguardia*. Luego volvió a la Guardia Civil y lideraba uno de los equipos de seguimiento. Casualidad, volvimos a realizar juntos una misión.

Empecé a moverme con Chema en el círculo de los sospechosos en Madrid, un grupo que pivotaba alrededor de él. A uno de ellos lo llamábamos el Padrino, pero su nombre era Antonio Florido, marido de una jueza relevante destinada en Gran Canaria, un hombre que vivía muy bien y tenía varias emisoras de radio que más tarde vendió. Se relacionaba con gente influyente, pero también con un grupo de colombianos de mala vista. La jefa de estos últimos era una mujer a la que llamaban la Señora. Y entre ellos destacaba un muchacho, muy peligroso, que tenía a sus espaldas varias muertes en Colombia.

Puse todo mi empeño en ganarme la confianza del Padrino, que era el objetivo más importante. Sabía que era el eslabón central y desplegué una labor lenta. Cuando te infiltras en una organización tienes varias posibilidades. Como ya sabían quién era yo, la opción que me quedaba era ganarme su confianza buscando el enfrentamiento entre el Padrino y Chema, sin perder de vista que este último era mi contacto.

Ya al principio detecté un comportamiento cuya adecuada utilización me sería de mucha utilidad: el interés de Chema era hacer cualquier cosa por dinero pero sin que lo pillaran. Vi que había ciertos rifirrafes entre ellos, que Chema les sacaba la pasta de mala manera, y que los otros tenían cierta preocupación de que por dinero pudiera delatarlos si se veía en peligro. Lo que me llevó a percibir que la confianza del Padrino en él era relativa, que albergaba dudas sobre su lealtad.

Empecé a andar mucho con el Padrino: una comida, otra comida, me contaba mil películas, se abrió totalmente a mí a base de estar con él. Le conté que había trabajado toda la vida para el servicio de inteligencia español y cómo me habían puteado, que me dejaron tirado en Barcelona, que estaba pasando por un momento económico muy jodido, lo cual era cierto. Jugué un poquito el papel del mártir cabreado que de alguna manera necesitaba sobrevivir. Un planteamiento lógico frente a la promesa que él me hacía de que iba a haber mucho dinero si trabajaba con ellos.

Me di cuenta poco a poco de que con esta técnica fluía mucha información. Incluso fui al bautizo de una de las niñas de Chema y la cubana, y a otros festejos a los que asistía el Padrino. Incorporé como siempre a mi familia, es lo que hay que hacer en las misiones de infiltración, te tienes que involucrar de pleno. Mi mujer conoció al Padrino, pero a ninguno de los demás. El centro era el Padrino, y a través de él llegué al resto.

Horadando y horadando, me fui enterando de cómo este grupo se estaba introduciendo en operaciones de droga que movían mucho dinero. Cuando ya metí la nariz, a inicios del año 2002, una vez íbamos en el Rolls Royce del Padrino, yo detrás, y me pasaron una bolsa de las grandes de El Corte Inglés llena de paquetes de billetes de 500 euros —no sé el dinero que había allí—, justo cuando estaba empezando el cambio de la peseta al euro. La escena rozaba lo inverosímil y no puedo olvidarla: en los asientos delanteros iban el Padrino y el colombiano que siempre lo acompañaba, uno de los que mandaba junto con la Señora, y yo detrás con aquella pasada de dinero y la pistola encima. Mi arma se quedó donde estaba y el pastizal se fue con sus dueños.

Otro día íbamos en el mismo coche de lujo y me quedé patidifuso. El Padrino y yo habíamos bebido más de la cuenta, y me dijo: «Si a mí me tiene que detener alguien, quiero que me detengas tú, Mikel». Al rato pasó un coche de la Policía Municipal y el Padrino le rozó un lateral. Se pararon y avisaron a la furgoneta de atestados y de alcoholemia. Le hicieron soplar y dio 3,75. Les pedí que también me hicieran a mí la prueba y di 0,28. «Si espera un rato, usted se puede llevar el coche.» «No no —les dije—, el coche que se lo lleve la grúa.» Metí al Padrino en un taxi, lo acompañé a su casa y lo dejé allí tumbado. Este pequeño accidente y la melopea que llevaba el colombiano hicieron, supongo, que el comentario con el que había reconocido saber algo de mi misión se quedara en el limbo de lo nunca sucedido, por ambas partes.

El centro de trabajo de la Operación Alabarda lo instalamos en mi casa, adonde cada día venían los guardias civiles de la UC3. Hay que saber dar confianza a quienes están en tu mismo barco, aunque solo sea para realizar esa travesía, y saber entregarse. Todas mis investigaciones las he hecho con la mente y con el corazón abiertos, me he involucrado de lleno en su éxito. Quizá sea mi forma de ser. También he huido siempre de andar metido en los cuarteles, de que se me vea. Así que en esta operación, me gané la lealtad y el respeto de los guardias civiles teniéndolos a diario en mi casa, que era donde se gestaban las acciones.

Durante la infiltración de la Operación Alabarda en ningún momento actué ni me presenté como otra persona; yo era quien era, no escondí nada. Me vino un poco bien contar que me habían metido injustamente en la cárcel por defender al Estado. Todas estas situaciones sirven, yo siempre manejaba el plano real, que es la única manera de que no cometas equivocaciones. Lo único que tienes que hacer es jugar un poco: «Mira qué cabrones, la putada que me hicieron a mí...». Conseguí la confianza absoluta de todos. Tan absoluta que terminaron hablándome de los barcos de cocaína que tenían preparados. Y claro, al aparecer estos datos, crecer la operación y volverse más dura, el teniente coronel Ferreras tomó la decisión de que los equipos de la UC3 de la Guardia Civil empezaran a trabajar con la UC1, su propio servicio de información. Luego también se sumó la Unidad de Drogas y Crimen Organizado de la Policía Nacional, la UDYCO, porque ellos tenían alguna pequeña información relacionada con ese mismo grupo. Ambos cuerpos terminaron haciendo un trabajo más o menos conjunto.

Llevaba el tiempo suficiente infiltrado como para que el narcotráfico estuviera bastante claro, y para asumir que la investigación sobre las armas no iba a dar resultados. Pero de repente, poco antes de cerrar la Operación Alabarda y dar por cerrada mi infiltración, sin que nadie se lo esperara, toda

357

la investigación dio un giro de 180 grados que nada tenía que ver con lo que habíamos hecho hasta ese momento. Según me contó uno de los guardias civiles —«Joder, la que hemos pillado»—, en los pinchazos telefónicos que había solicitado al juez escucharon que había un tipo socialista que era muy mayor ya, que estaba hablando de una gran cantidad de dinero escondido, un asunto del que yo, como agente infiltrado, al ser un tema colateral, no me enteré de nada. La trama se empezó a poner aún más seria.

La noche antes de hacer estallar la investigación de la droga, yo estaba en la casa del Padrino, en la zona más lujosa de Puerta de Hierro, un apartamento enorme de unos 450 metros cuadrados. Nos acompañaban varios colombianos, uno de ellos era el joven asesino, que llevaba encima una escopeta recortada. También había dos españoles de la banca que nunca supe quiénes eran. Yo vi cómo metían en una caja fuerte grande mucho dinero, la escopeta recortada y dos pistolas. Cuando a la mañana siguiente hicieron el registro, en el que no estuve presente, me comentaron que había algo de dinero, muy poco, y ni rastro de armas. Me pareció extraño que desapareciera casi todo cuando yo me había ido de madrugada, cerca de la primera hora de la mañana. Son las típicas extrañezas que suceden en los registros.

Aquella noche en Puerta de Hierro estuvimos hablando de barcos cargados de droga y me preguntaron si yo tenía el título de patrón de yate.

—¿Tú serías capaz de ir con un barco hasta ciertos puntos?

—Si me dais las coordenadas, yo puedo ir, no tengo ningún problema.

Me dieron las coordenadas de los barcos, partiendo de su procedencia, uno venía de Ecuador y otros de distintos lugares. En el momento en que mostré mi predisposición total a colaborar, en la televisión que había en el cuarto estaban echando la película del infiltrado del FBI en la mafia Donnie Brasco. Uno de los colombianos soltó: «Mira tú, el hijoputa este cómo los jode a todos». Los guardias civiles que estaban escuchando nuestra conversación desde un dispositivo exterior y yo, en el centro mismo de la vorágine, debimos pensar lo mismo: «Mañana vosotros vais todos para adentro».

Por suerte, la tecnología había avanzado muchísimo con respecto a mis primeros trabajos. Yo llevaba encima un micrófono en la mayor parte de las reuniones. Tengo que reconocer que pasé preocupación en varias situaciones, y una de las más fuertes fue precisamente esa última noche de la Operación Alabarda, mientras les estaba sacando los datos de dónde estaban los barcos, información que automáticamente llegaba a los equipos de la Guardia Civil que estaban cerca de la casa escuchándolo todo.

En cuanto al tesoro escondido, detuvieron al socialista que lo había destapado en las llamadas intervenidas. Este les confirmó que el dinero estaba en una finca, con un chalé impresionante, cerca de Alarcón, yendo desde Madrid a Valencia, en la provincia de Cuenca. La finca pertenecía a un importante personaje, ya fallecido, que había estado involucrado en la guerra de los medios de comunicación que ya he contado. Y les explicó que habían transportado hasta allí palés de billetes de 10.000 pesetas del Banco de España, y que tenían camiones concertados para llevarlos hasta el aeropuerto de Torrejón, donde los cargarían en un avión con destino al Bank Hapoalim, de Israel.

La Guardia Civil fue a contarle todo esto al juez y este les ordenó que acudieran de inmediato, en un helicóptero, adonde el socialista había cantado que tenían escondido el dinero.

Yo ni llegué a ver el chalé, como infiltrado me quedé fuera. Los guardias civiles se subieron al helicóptero, sabiendo que partían con un problema. El detenido les había adelantado que el escondite eran un gran búnker, así que deberían buscar bajo tierra. Pero también les advirtió: «Ustedes no lo van a encontrar», y se cerró en banda sobre dónde estaba la entrada del escondite.

Los guardias civiles se metieron hasta por una chimenea, rebuscaron por toda la finca pero no encontraron el dinero. Yo me enteré de esta parte del caso porque tenía un amigo que era físico y geólogo en la Universidad Autónoma de Madrid, los guardias civiles me dijeron que si le podía pedir un georradar y le llamé para que se lo prestara. No sé qué pasó en esos momentos porque automáticamente se paralizó todo, mandaron a todos los guardias volver a Madrid y se acabó la operación.

359

No se volvió a hablar más del dinero y la operación del narco quedó muerta con las detenciones. No supe nada durante varios años del juez, y a Ferreras lo ascendieron rápido —llegó a general enseguida cuando nadie pensaba que podía alcanzar esa graduación, no tenía pinta de que pasara de teniente coronel—. A los agentes que participaron les dieron vacaciones, algunos las disfrutaron fuera del país. Y dijeron que la operación se había acabado, que del dinero escondido no había nada y lo único que se ejecutó fue un cargamento de 500 kilos de cocaína, escondidos en cajas de cartón con yuca, que venía del Ecuador, del que se habló mucho en la prensa. Yo había conseguido las coordenadas de otros barcos, pero como al final entró en la operación la DEA estadounidense y las policías de varios países latinoamericanos, imagino que las operaciones se las quedaron ellos.

Detuvieron a todos los implicados. El Padrino les dijo: «Yo sé que Mikel es el que me ha cogido». Era una buena persona. Gracia no le hizo a nadie, porque los colombianos también eran finos. Lo único que les pedí era que trataran bien al Padrino, que era el más normal de todos, el que les abría las puertas en España porque tenía unas relaciones excelentes, un hombre que movía millones. Pero la que mandaba en el narcotráfico era la Señora.

La historia terminó cuando yo invité a comer al grupo principal de guardias civiles que había participado en la Operación Alabarda en el restaurante Viridiana de Madrid, comida a la que el teniente coronel Ferreras no vino. Me regalaron un bolígrafo Cartier y a mi mujer unos pendientes de oro, como agradecimiento porque todo el trabajo se fraguó en nuestra casa, en la que nos daban las tantas de la madrugada. Allí hablábamos, preparábamos las siguientes acciones, mientras cenábamos y nos tomábamos las copas. Hoy están en puestos muy importantes.

Como era una época en la que estaba cabreado con el CESID no le conté nada de lo que hice a mi jefe del servicio. Por eso, cuando acabó todo y se enteraron de mi participación, me cayó la gran bronca porque no les pareció bien que yo metiera las narices en operaciones de la Guardia Civil. Sabía que tenían una parte de razón. Yo estaba disgustado por lo mal que me había tratado el director Calderón, y su sustituto, Jorge Dezcallar, tampoco me hizo mucho caso.

Era el agente muchas veces olvidado y muchas veces reencontrado. En ese momento pasaban bastante de mí, y yo tampoco podía estar sin hacer nada, sentía necesidad de encontrarme a gusto realizando el trabajo que mejor sé hacer.

Luego los guardias civiles me contaron el desenlace y la sorpresa al ver cómo se había paralizado la trama del dinero escondido. Yo, como infiltrado que se la había jugado, lógicamente me llevé mi cabreo. Dimos con una historia impresionante, pero como habíamos topado con el poder, a paralizar el tema. Premios para los que trabajan oficialmente y patadas para los demás. Es la historia repetida.

Es más fácil controlar el riesgo posterior cuando perteneces a un servicio de inteligencia. Los narcotraficantes tienen bastante miedo a los servicios de inteligencia —igual que ETA siempre lo tuvo— porque disponen de una mano muy larga y en un momento dado colaboran entre ellos. Y no hablemos de qué arte dominan los servicios. Si nos remontamos a la etapa de Noriega y Ochoa, al final todos los narcotraficantes saben quiénes están por encima de ellos. Yo tenía la tranquilidad de que los colombianos no se iban a meter conmigo, porque ellos vieron que yo había hecho un trabajo y todo lo que me habían contado demostraba que se la habíamos metido bien metida. Pensaron: «Este está respaldado».

En la Operación Alabarda detuvieron también a Chema —se había quedado con una casa del Padrino—, lo soltaron enseguida y vino a hablar conmigo como si no hubiera pasado nada. Tan normal. Me he cruzado después con personas relacionadas con ese grupo delictivo, a las que no detuvieron, y se cruzaban conmigo mirando como para otro lado. Nunca he tenido miedo por las repercusiones de este asunto. El problema es que impliqué a mi mujer.

Para mí fue casi un entretenimiento, no me produjo ningún beneficio, ni el más mínimo, que por supuesto lo podía haber sacado. Si me hubiera llevado una bolsa de dinero, no habría pasado nada, pero no era mi intención. Mi deseo era conseguir el objetivo. Yo estaba en un tiempo muerto y tenía que cubrirlo de alguna manera. La Operación Alabarda duró cerca de un año.

Me satisfizo porque me demostró que podía afrontar misiones arriesgadas e importantes. Aún era válido para estos trabajos y me motivó mucho. Nadie te lo agradece, los chicos de la Guardia Civil sí, seguimos en contacto algún tiempo, pero luego todo se diluye, cada uno vamos a nuestras cosas.

Hubo un detalle feo al final de la Operación Alabarda: uno de los oficiales de la Guardia Civil me dijo:

—Tú te has llevado dos millones de pesetas.

—¿Yo, de qué?

—Es que lo ha dicho el Padrino.

—Vamos, vosotros que lo habéis estado controlando todo al milímetro, ¿de dónde me he llevado yo dos millones de pesetas?

—No no, si nosotros sabemos que no, pero lo ha dicho el Padrino.

—Ese puede decir misa.

Esto jode, no te llevas un céntimo, ni una medalla, y te sueltan eso. Cada uno de mis movimientos había estado controlado permanentemente al cien por cien hasta con cámaras, porque yo era el guía de una operación que me costó mucho dinero. ¿Qué me iban a contar a mí? Si el día anterior a las detenciones, a la una de la mañana, estaba en la casa de Puerta de Hierro y vi como metían en la caja fuerte un montón de dinero y armas, y al día siguiente, a primera hora, dicen que había unos cuantos billetitos y nada más.

Antes de esta operación, la Guardia Civil había estado años negándome el permiso de armas, y tampoco estos hicieron nada por mí, lo tuve que ganar yo en el Tribunal Supremo. Lo que sí es verdad es que a todos los jefes de grupo les regalé una pistola de las buenas cuando estábamos en mitad de la operación.

Durante el año que duró, surgió un tema anecdótico de un constructor importante al que yo conocía de Barcelona, que me habló de que tenía unos conocidos en Francia y le habían ofrecido traer un dinero desde Bruselas en maletas. Me contó que eran billetes tintados, pero que eran dólares buenos, y a ver si podía recogerlos y traerlos a Madrid. Eran los dólares que traían los americanos de Irak, que los habían tintado de negro y para limpiarlos había que darles un tratamiento especial. Le dije que no, que los trajera él. Entonces me propuso que los lle-

362

vaba él hasta Barcelona pero que si yo podía ir allí para verlos, quitarles el tinte y comprobar si eran buenos.

Me lo pidió a mí y yo se lo comenté a uno de los guardias civiles con los que estaba en la Operación Alabarda. Mandó a uno de los suyos y los trajo a Madrid. Abrimos una maleta llena de tacos de billetes pintados de negro, pero con una capa de polvos blancos. Dijimos: «A ver si son billetes impregnados de coca para alguna historia extraña. No nos fiamos ni un pelo». Y los tiramos por contenedores de basura en varios sitios. Como eran maletas diplomáticas, uno dijo: «Los maletines me los llevo yo, que son muy buenos».

EN CAJAS DE YUCA QUISIERON PASAR COCAÍNA

El Comercio (Perú), 8 de marzo de 2002. Era una organización internacional de drogas con ramificaciones en el Perú, Colombia, Ecuador y España, jefaturada por el colombiano Edgar Joaquín Mantilla Gaviria, alias Joaquín, uno de los 13 mafiosos detenidos en Valencia, España. [...] Fueron detenidos, además de Mantilla Gaviria, la colombiana Adriana Jaramillo Rendón, Evita, los españoles Antonio Florido Sosa, Rafael Espinoza Rojas, otros tres colombianos, un ecuatoriano, un uruguayo y cuatro españoles.

«He pasado muchas cosas y las he superado»

Concibo muchos recuerdos en clave de humor, porque si me pongo a pensar en lo malo que he pasado, me sale la mala leche y no me compensa, es quitarme años de vida. En lugar de pensar en lo malo, lo adorno. Ahora tengo el recuerdo, pero en lugar de pensar cómo sufrí, que lo hice, quiero revivir los momentos de chispa para quitarles hierro, porque si no, me hace daño y no me interesa. He pasado por muchas cosas, las he superado, gracias a Dios, sin ayuda de ningún sicólogo, que la mejor sicóloga de mí misma, y hasta de mi marido, he sido yo.

Después de permanecer escondidos tanto tiempo en la finca en Sant Genís, propiedad de Fernando San Agustín, llegó el padrino de mi hija, Echevarría, y nos dijo que había conseguido en Salou un apartahotel, y allí nos trasladamos con los niños. Aquello era la Casa Pepa. En el piso de arriba vivía la novia del padrino y pasábamos mucho tiempo juntos.

A los dos meses pensamos que aquello no era vida con los niños, y hablamos con la secretaria de Paco, que tenía una inmobiliaria, y nos contó que residía en San Cugat, nos recomendó la zona y conseguimos un piso en pleno centro, estaba muy bien. Busqué colegio para mi hijo en un pueblo cercano, aunque no parecía muy bueno, porque vi un tejemaneje que no me gustaba, pero lo matriculamos. El niño había estado un año sin ir al colegio —yo había estado dándole clases— y se presentó a los exámenes de septiembre para certificar su nivel. Resultó que sus conocimientos estaban muy por encima de sus compañeros de curso. La pequeña, con cuatro años, ya tenía edad escolar, y la llevamos a un colegio de monjas.

Decidimos bautizarla y fuimos a hablar con el cura de San Cugat.

—¿Sois cristianos? —me preguntó.

—Pues sí.

—¿Dónde está la fe de matrimonio?

—No la tengo. —Le informé de que nos habíamos casado, pero no por la Iglesia.

—Pues tenéis un problema.

—Pues ninguno, porque si hace falta le escribo una carta al papa. —Porque yo, llegado el caso, soy más chula que nadie.

Bautizaron a la niña y Echevarría fue el padrino, un tío encantador que siempre se portó de maravilla, nos adoraba a todos. Fue el inventor de los bingos en Cataluña, pero igual que le llegaba el dinero se lo gastaba, aunque la verdad es que era un montón de dadivoso. Miguel empezó a trabajar con él y con Paco en temas inmobiliarios. Les dieron para vender el polígono de la Isla del Betón, que estaba en Sevilla, y cuando se pusieron manos a la obra se anegó y se hundió. Un día estaba la isla y al día siguiente no. Todo estaba como gafado. Y nosotros dándole vueltas a ver cómo pagábamos las facturas a final de mes. Pero consiguieron vender una casa y fuimos ingresando dinero para ir tirando.

Conocimos a una persona, Martínez, amigo de Echevarría, que era tan espabilado y pícaro que consiguió convencer a unos japoneses para que le dieran la entrada para comprar un edificio de Gaudí. Nos invitaba a comer, íbamos con los niños, sentaba al mayor a su lado y nos decía: «Este va a ser un figura, le voy a enseñar yo». Cuando íbamos a un restaurante, pedía angulas y yo le decía: «Con el precio que tienen, en mi casa pescadito», y el niño: «Yo, angulas». Un día se nos presentó con todo el coche atiborrado de juguetes para mis hijos y con un cheque de regalo para Miguel, que era su forma de decirnos: «Sois mi familia». Otro día nos regaló cuarenta décimos de lotería y no nos tocó nada. Era una persona agradable y sociable.

Miguel, con unos y con otros, empezó a hacer medio negocios, sacando algo de dinero para sobrevivir. Juan Valverde, que había sido director del SECED cuando estaba Miguel, le puso a tiro, por hacerle un favor, la posibilidad de vender unos edificios militares, pero no salió nada.

365

A mí no me gustaba la casa en que vivíamos ni los colegios de los niños. Le insinué a Miguel: «¿No salvaste tú al padre del conde de Godó de que lo mataran los de ETA? Pues al menos podrías intentar por esa vía conseguir un trabajo, busca la manera de hablar con él».

Ya habían montado la empresa Servip Strategic, en la que estaban metidos Trujillo y hasta mi hermana. Eso empezó a ir un poco bien y me dijo: «Voy a presentarme donde tú me has dicho, al conde de Godó, como quien soy de verdad». Al final lo contrató y encantados, porque teníamos una cosa fija, ya podíamos vivir más desahogados. Es cuando decidimos meternos en un piso y pagar una hipoteca como todo hijo de vecino. Empezaron a ir bien las cosas.

Miguel me metía en todos los fregados. Una vez estuve en el restaurante La Dorada, de Barcelona, con Manolo, el de la Guardia Civil, y yo llevaba encima una de esas grabadoras que pitaban cuando se acababa la cinta. Sabíamos que se reunían allí algunos conspiradores en el conflicto de *La Vanguardia*, y nosotros íbamos y hacíamos para que nos pusieran en una mesa cercana, inventándome lo que hiciera falta para conseguirlo. Como nos hacíamos pasar por una pareja, le decía a Manolo: «¡Cariño!», y como era guardia civil a veces se ponía *colorao*. Yo calculaba, miraba el reloj para saber cuándo se iba a acabar la cinta, me levantaba: «Cariño, me voy a empolvar la nariz», y me iba al baño a darle la vuelta. Para que nadie lo oyera, tiraba de la cadena, sacaba la cinta y la metía por el otro lado, regresaba a la mesa y le entregaba la grabadora, porque él era el que entendía.

También me tocó ir a Suiza con Miguel y tres más para pillar a los que se lo estaban llevando del periódico. Al llegar, jarreaba agua y estábamos debajo de los paraguas. A Miguel le dije: «¿No decíais que venían en otro vuelo? Porque acabo de escuchar a unos mencionar el nombre de Garrofé». Puse cara de boba y vi al director de la parte económica de *La Vanguardia*, Fajardo, a Garrofé y al intermediario de los bancos suizos, que fue el que compró el reloj de oro. A mí no me conocían, pero a Miguel sí, por lo que iba camuflado. A los del equipo tampoco los conocían. Al llegar al hotel le dije al argelino que estaba con nosotros: «Ve allí a enterarte a ver dónde van a cenar». Cuando lo supimos, Miguel y yo nos fuimos detrás de ellos. Sacamos fotos y conseguimos pruebas: quedó demostrado el dinero que se habían llevado. Para que no nos descubrieran, llegamos a pararnos bajo un chaparrón y ponernos en actitud amorosa como una parejita de novios, para que no sospecharan que los estábamos siguiendo. Miguel me hablaba en francés para que, si nos oían, pensaran que éramos de allí, y yo, que no entendía ni papa, le respondía con gestos de cabeza.

El conde de Godó comprobó cómo le estaban tomando el pelo. Se acostumbró a tener muchas informaciones que antes no había conseguido y entonces se consideró el rey del mambo y pidió a Miguel y a su gente que pusieran escuchas de todo tipo. Él quería tener controlado a todo el mundo, más y más.

Yo escuchaba las cintas en mi casa mientras hacía la cena, con los auriculares puestos. Marcaba lo que les podía valer para su trabajo y lo que no. Había mucha morralla —llegó a haber unas cuatrocientas cintas— y los temas de los que hablaban referidos a sus casas o privados no importaban un rábano. Escribía «Interesante» en las cintas que venían bien para lo que ellos necesitaban y en las demás ponía «Morralla». Por ejemplo, Godó quería controlar todo lo de Antena 3 y es cuando yo me enteré de lo de Javier Gimeno y su mujer, y de quiénes le hacían la pelota a Asensio, que terminó comprando la televisión. Todo había quedado grabado.

Mientras estaba escuchando las cintas, a veces llegaba mi vecina Loli y le decía: «Uy, estoy muy liada con la merienda y tomándoles las lecciones a mis hijos, luego tengo que bañarlos y hacerles la cena». Un día llamó a la puerta por la mañana.

—¿Qué haces?

—¿Yo? Escuchando música, que ahora me ha dado por la música y me he vuelto tonta.

Loli sabía que Miguel trabajaba en *La Vanguardia*, pero nada más, desconocía quién era realmente.

Para la fiesta de San Juan vinieron mis suegros y la celebramos en mi casa con Loli y su familia. Antes de que llegaran los vecinos, mientras montaba la mesa y las sillas, les pedí a mis suegros: «Por favor, no hablen en vasco porque esta gente no saben quiénes son ustedes». Pero al poco de llegar, la madre de Miguel primero, y el padre después, se pusieron a hablar en

367

vasco. Loli se les quedó mirando y cuando nos quedamos las dos solas en la cocina, me dijo:

—Oye, Mamen, ¿en qué hablan tus suegros?

—Mira, como son de Villarcayo, en Burgos, tocando el País Vasco, ya se creen vascos y les ha dado por hablar en vasco, ya no sé qué hacer.

Tiempo después descubrió que no le había dicho la verdad: «Cabrona, yo pensando que eran de Burgos». A mi hija, que era muy pequeña, también le llamó la atención y yo le dije: «Hablan mexicano», y claro, ella se lo creyó.

En enero de 1993 Miguel estaba reunido en Madrid con Fernando Rodríguez, antes de que este se fuera a trabajar a *La Vanguardia*, y a última hora compró cuatro boletos de lotería del número 57075. Miguel me los dio para que se los guardara y yo los metí en el bolso. Nos fuimos de compras porque mi cumpleaños había sido a finales de diciembre y Miguel me llevó para que mirara algo de ropa en el centro comercial de Serrano. Me había comprado una minifalda, unas botas y una chaquetita corta, y mi hermana, que nos acompañaba, no sé lo que se había comprado.

Estábamos en la joyería Yanes cuando estaban dando por televisión los números premiados de la lotería. Dicen que un número premiado ha tocado en El Corte Inglés de Princesa, y Miguel me suelta: «Pues yo lo he comprado allí». Pero el número no coincidía porque nos habíamos hecho un lío entre el primer y el segundo premio.

Nos tomamos un aperitivo y Miguel seguía convencido de que nos había tocado. Enfrente del Jardín de Serrano hay un quiosquito que vende lotería y le dije: «Pues pregunta el número que ha salido». Va y al regresar dice: «El 57075, ¡nos ha tocado el segundo premio!». Yo me hice a la idea de que nos podían tocar unas 100.000 pesetas: «Miguel, pregunta cuánto toca por décimo». Y me contesta que son doce millones y teníamos cuatro.

Me puse de los nervios, busqué los décimos en el bolso y no los encontré. Pasaban los minutos, que a mí me parecieron horas, y cada vez me ponía más nerviosa. «Los habré dejado en el hotel.» Yo ya llorando, lo pasé tan mal... Pensé que los había perdido, porque como habíamos estado de compras, me había quitado de papeles inservibles o que yo creía que lo eran. Finalmente aparecieron, se me habían doblado en el bolso.

Nosotros estábamos en Madrid porque Miguel tenía una reunión con el coronel y en ese momento les dije a todos: «Vámonos para nuestra casa de Barcelona, a ver si nos van a atracar y nos los roban». Cagada de miedo, con la niña: «Mamá, tengo hambre», y yo: «Espera a que lleguemos a casa». Llamé a mi hermano: «Piti, ya tienes para dar la entrada del piso». Estaba más que contenta. Llamamos a Truji: «Ya te puedes casar». Llegamos a casa: «Mamá, ¡nos ha tocado la lotería!». A mi hermana: «Susa, vamos a comprar un anillo y un abrigo a mamá, y nosotras nos compramos algo». El día después de Reyes lo ingresamos en el banco y nos quitamos una gran parte de la hipoteca. El servicio al principio no se lo creía y le dijeron a Miguel: «Estos se los has comprado a alguien». Pero teníamos la foto de los décimos.

Al padre de Miguel le tocó la lotería dos veces; en una de ellas, un año antes, estaba con nosotros. Fue un día que lo mandamos de compras porque siempre estaba en casa controlándolo todo. «Aita —le dije—, a comprar la lotería, que a lo mejor le toca.» Estábamos comiendo, se sentó en el sofá, cambió el canal de la televisión y de repente dijo: «Lo tengo». Le pregunté a mi suegra: «¿Qué dice?». Y ella me contesta, con parsimonia: «Que lo tiene». Lo curioso fue que al ir a comprarlo había uno detrás de él que le pidió que lo dejara pasar y ese se llevó 500 millones. Con lo que le tocó, dio dos millones a cada hijo y Miguel se compró el Opel Omega.

El día anterior a la detención de Miguel ingresaron a mi madre en el hospital de Tarrasa porque la iban a operar de una piedra en la vesícula; supuestamente no iba a ser nada de otro mundo, pero tenía que quedarse ingresada. Estuvimos con ella el domingo. «Mamá, tranquila, que mañana estamos aquí Susa y yo.» El lunes me levanté con mi hermana y decidimos ir a misa: «Primero vamos a ir a ver a la Virgen, a pedirle que vaya todo bien en la operación que van a hacer a mamá».

Salimos de casa y, en lugar de tirar por la calle principal, tomamos como siempre la adyacente. Vi un coche que me pareció raro porque había dentro un tío con pendiente y coleta. Miguel siempre me había dicho que había que prestar

369

atención a los coches de cuatro puertas, y al mirar con más detenimiento comprobé una movida rara: había tres tíos dentro. Pensé que eran etarras. Hice como que tiraba la basura y me fijé bien en todo.

A todo esto, yo no lo sabía, pero nuestros teléfonos estaban intervenidos. Llamé a Miguel: «Hay un coche aquí rarísimo con tres tíos pelagatos con coletas y uno con un pendiente, con coche de cuatro puertas, matrícula tal y tal, llama al CESID y pregunta, porque estos seguro que son etarras». Y nos fuimos a misa y después a Tarrasa en tren a ver a mi madre. Cuando regresamos mi hermana y yo, me encontré el exterior de la casa lleno de gente, alucinaba en colores. Entonces aún no existía el teléfono móvil. El policía que estaba en la puerta me dijo:

—¿Dónde va usted?

—Pues a mi casa.

—Usted no puede entrar.

—Lo dirás tú, no sabes lo que dices. Ya estás quitándote del medio porque si no, te quito. Yo entro en mi casa porque me da la gana.

370

Abrí paso y me metí. Entré y no me lo podía creer: «Pero ¿qué hacen en mi casa estos?, ¿a santo de qué?, ¿qué hemos hecho nosotros?». Lo habían abierto todo, lo habían revuelto sin nuestro consentimiento. Y fue cuando nos robaron dinero, 150.000 pesetas que estaban guardadas en un libro.

El caso es que me dijeron: «Tu marido está abajo».

—¿Qué pasa, Miguel?

—Mamen, tranquila, es la Policía. Tenías razón, el coche que habías visto era de la Policía, nos han estado controlando desde hace tiempo.

Miguel estaba con el jefe, que se llamaba Pepe, era buena gente, los demás no, pero ese sí. Empecé a cabrearme como una mona: «Imagino que ustedes recogerán todo lo que están tirando». Yo mirándolos: «A ver qué tocan, estos ¿de qué van?». Miguel me dijo: «Mamen, tranquila». Nadie me explicaba nada.

Cuando Pepe se puso a mirar la barca, Miguel le entregó las cintas que no servían para nada. A partir de ese momento mi hermana anduvo con las cintas importantes —entre otras, las de la conversación de Godó y Tapia con el vicepresidente del Gobierno— metidas en su bolso porque a ella no la podían registrar por ser una familiar indirecta. De arriba abajo, para ver a mi madre o para hacer la compra, siempre iba con las cintas encima.

Mis preocupaciones iban a ampliarse rápidamente. Un par de días antes de la detención, ya ocurrió algo preocupante. Llegué a casa y María, una asistenta que compartíamos mi vecina y yo, me dijo:

—Señora Mamen, ha estado aquí una petarda, con una pinta que no se imagina, que quería saber si ustedes vivían aquí.

—Y usted, ¿qué la ha dicho?

—Le he dicho que la señora estaba fuera.

Salió mi hermana y se encontró a varias personas haciendo fotos de la fachada. Después salí yo, fui a por ellos, salieron corriendo. Había que ver cómo corrían el fotógrafo y la tiparraca. Los siguió Miguel después, pero no consiguió encontrarlos. Eran de *Egin*.

Poco después de la detención de Miguel, varios de *Egin* fueron a buscar a los niños al colegio simulando ser familiares directos. El director les informó que yo le había comunicado que mis hijos no podían salir del centro sin la autorización firmada de su padre o mía. Mandé a Loli diciéndole que me había llamado el director y que fuera a buscar a los niños, pues a ella la conocían porque llevaba a su hijo allí.

Tras la detención de Miguel me encontré con el marrón de mi madre ingresada y el problema con los niños, ya que no abríamos las ventanas y estábamos con la luz apagada para que pensaran que nos habíamos ido. Todos los vecinos se portaron fenomenal, dándole cortes de mangas a la prensa, se cerraron en banda frente a sus preguntas y solo reconocieron que éramos una familia normal.

De parte del juez, me llamaron por teléfono y me contaron que se habían enterado de que al día siguiente iba a salir nuestra fachada en *Egin* y que corríamos peligro. Me pidieron que sacara a mis hijos de allí y que me fuera yo. También me anunciaron que me iban a mandar protección y les dije: «Que no sean policías, no quiero ver ni un policía cerca de mi casa. Por favor, que sea la Guardia Civil». A pesar de todo, aparecieron los policías, les abrió la puerta mi vecina y le dijeron:

—Venimos a buscar a la mujer del señor Lobo.

Yo aparecí en la puerta y contesté:

—Aquí está Caperucita.

Se marcharon y después fue cuando Faustino Pellicer, el jefe de la Guardia Civil, nos mandó a su gente y les dije que ya lo tenía todo arreglado por mi cuenta.

Intenté proteger a los niños pero, como me dijeron que iban a por ellos, decidí sacarlos. Tuve que montar todo el tinglado para que vinieran chicos de Miguel y se llevaran a los niños a Zamora con mi hermano. Pocos días después nos pasamos toda la noche de viaje. Los niños estuvieron un año apartados de nosotros. Yo tenía que bajar a estar con ellos y luego volver. No se me olvidarán las Navidades de 1993, las más duras de mi vida.

Cada día, después de misa cogía el tren para ir a ver a mi madre, que estaba ingresada en la Mutua de Tarrasa. La pobre no se enteró de nada hasta que salió.

A los pocos días de ocurrir todo, aún en el hospital me preguntó si le dejaba dinero:

—Es que no me ponen la tele, hija.

—Mamá, para lo que hay que ver, menudo rollo.

—Es que me aburro mucho.

—Es que la tele está fatal.

Luego le dieron el alta y ya no hubo manera de evitarle el disgusto cuando vio que en casa no estaba Miguel.

Tras la detención, me encontré con que había que ir a recoger a Rosina, la esposa del coronel Fernando Rodríguez. La mujer de Truji y yo fuimos al aeropuerto a buscarla para desde allí acercarnos a comisaría para ver si nos dejaban verlos. Recogimos a Rosina y la mujer de Truji nos dejó en el centro de Barcelona. Le comuniqué a Rosina que a mí no me iban a hacer una foto los periodistas porque no me daba la gana, aunque seguro que lo iban a intentar pues éramos la mujer del coronel y de El Lobo: «Tú no sé si querrás aparecer como eres, pero los alrededores de la comisaría van a estar petados de prensa y saben que vamos a ir. Vamos a pasar por chapa y pintura». Entramos en una tienda de pelucas, me compré una larga rizada, castaña con vetas —ella se colocó una rubia— y me puse un abrigo normal. Vi que había una movida increíble de UGT por el centro de Barcelona. Me acerqué a los manifestantes: «Oye, ¿qué estáis pidiendo?... Pues yo me apunto, ¿tenéis pegatinas?». Me planté una y nos fuimos a comisaría.

El policía de la entrada primero me miraba y luego se fijaba en algo que había en la puerta, así una y otra vez. No tardé en darme cuenta de que había un cartel de «Se busca» con la fotografía de una etarra, la Tigresa, de gran tamaño, con el mismo pelo, ojos..., idéntica a mí. Yo estaba un poco preocupada porque habíamos entrado en la comisaría como que íbamos a reivindicar algo para que los periodistas no se dieran cuenta de quiénes éramos. De hecho, lo conseguimos: la prensa vio cómo entrábamos pero, como íbamos con la pegatina, no nos prestaron atención.

Me metí para dentro y vimos a nuestros abogados, José María Fuster Fabra y su socio. Seis meses antes, Miguel le había asegurado a Fuster Fabra: «No te preocupes, que yo a ti te voy a hacer famoso», y lo cumplió. Tuve varias enganchadas con José María y su socio. Había un par de esas pobrecitas a cuyos maridos no quería defender el abogado y le dije: «O defiendes a estas, o me retiro y busco a otro abogado, así que vosotros mismos». A mí siempre me ha dado pena la gente que no tiene dinero para buscarse un abogado. En concreto a Juan, el chófer, cuando estaba en la cárcel no lo querían defender, con el consiguiente sufrimiento de su mujer. Finalmente, lo defendió el hijo de un comandante de la Guardia Civil, y ya me quedé tranquila porque sabía que iba a estar bien cuidado.

Un día, más adelante, teníamos una reunión con Fuster Fabra en el Club Ecuestre de Barcelona, del que era socio, y a la que acudieron conmigo el resto de esposas. Muchas lloraban a moco tendido y yo les decía: «¿Para qué lloráis? Yo no lloro, voy a lo que voy». La mujer de Trujillo nos dijo: «Mamen, ¿por qué no nos encadenamos en la puerta de *La Vanguardia*?». Me quedé alucinada: «Mira, te encadenas tú».

Tras un rato esperando en comisaría, bajó el Pendientitos, uno de los policías que había estado registrando nuestra casa.

—¿Quién es la mujer de Miguel Ruiz?

—Soy yo.

—Usted no es —dijo desabrido—, la he conocido y es rubia, ojos verdes y alta.

373

—Claro, yo soy baja, esto son lentillas y esto es una peluca.
Subí y el inspector jefe Pepe me dejó darle un beso a Miguel y estar un poco con él. Después Pepe me soltó: «Oye, Mamen, no somos tan malos, deja de ponernos verdes». Le contesté: «Eso os pasa por tenernos controladas». Yo me había desquitado poniéndolos de hijos de puta para arriba en mis conversaciones telefónicas, había llamado a mi hermano, a guardias civiles... Y encima había repetido hasta la saciedad que eran unos ladrones que nos habían robado el dinero que había en mi mesilla.

Pedí hablar con el juez Navarro y, ante las reticencias de los policías, les dije que tenía todo el derecho: «¿Quién paga a los jueces? Nosotros». El abogado nos consiguió una cita. Me fui con la mujer de Trujillo y del guardia civil. No comía, de la bajada de defensas se me llenaban los labios de pupas y para que no se me notaran me daba de todo. Llegué donde estaba el juez, tonto para aburrir, un mindundi, y me empezó a contar cosas malas de Miguel, entre otras que había estado colocando bombas.

—Es que usted no sabe cómo es su marido.

—A mí me va a contar cómo es mi marido. Usted tiene que estar agradecido porque quizás les ha salvado la vida a familiares de usted durante muchos años. Mi marido no ha empleado bombas porque no sabe ponerlas y ha estado en contra de la violencia toda la vida. Mire, esto es un tema político, y es más, le digo una cosa, puede salir muy mal para usted también, tenga cuidado con lo que dice, porque le está acusando de unas cosas de las que no tiene ninguna prueba.

—Es usted una de las personas que más sabe en este país —dijo el juez—. ¡Cuidado!

—No lo dude, y si tengo que sacar mis armas, las saco. Y lo haré en contra de usted y de las personas que piensan como usted. Y si le han vendido esa burra, es un problema suyo.

Que me digan que mi marido, que se ha jugado la vida por los demás, estaba poniendo bombas no lo iba a permitir.

Antes de salir de su despacho todavía le dije algo más:

—Que no le pase nada a ninguno de mis hijos. Si les pasa algo, ya se puede esconder usted.

—¿Me está amenazando?

374

—Nooo. Que a mis hijos no les pase nada.

Yo no me quejaba, mantenía siempre la compostura, pero es que a los problemas reales que me rodeaban se sumaban otros que no tenían por qué existir. Ponía la televisión y me enteraba de las burradas que contaban los medios: «Pero ¿esto qué es?, ¿qué están diciendo?, ¿de dónde sacan estos esa información falsa?». Yo me volvía loca: «Pero ¿de quién hablan?». Porque yo no reconocía ni a Miguel, ni a mi familia ni a mí.

Difundieron muchas noticias falsas, que no tenían pies ni cabeza, que ahora, con el paso del tiempo, me producen risas, pero me hicieron mucho daño. Cuando publicaron que teníamos un prostíbulo, mi vecina Loli me decía:

—Mamen, ya me contarás dónde tienes lo de las putas.

—Eso quiero saber yo, para ir a recaudar, porque estoy sin un duro.

También dijeron que teníamos tiendas: «A ver, Loli, entérate de dónde están para ir a cobrar». En la prensa también salió que me quería suicidar. «Sí sí, suicidios a mí.» He sido defensora de la vida y por todo lo que he pasado, antes mato, lo tengo muy claro.

Para colmo, los de Herri Batasuna, que siempre han estado al quite para hacerle daño a Miguel, quisieron ponerle una denuncia acusándolo de ser bígamo, cuando ya tenía concedida la nulidad.

Por todas partes surgían problemas, incluso entre los que se suponía que estábamos en el mismo bando. El coronel Fernando Rodríguez se había portado muy mal con Miguel y había intentado cargarle todo el marrón. Yo iba a la prisión con un lapicero metido en el pelo, que no se veía, y con un papel entre la ropa porque no pitaba. Cuando veía a Miguel, le escribía: «Ten cuidado por esto, por esto y por esto, y me he enterado de esto», y le enseñaba el papel para que lo leyera. Así le pasaba los mensajes para que estuviera enterado de todo lo que pasaba.

Un día tuvimos un vis a vis, al que también vino mi hermana, y le dije a Miguel: «No tengo para fumar». Es que no dejaban meter tabaco. Él me contestó: «No te preocupes», y avisó a un funcionario: «Oye, tráeme un paquete de tabaco».

375

Y el chico, que me había oído, partiéndose de la risa lo trajo enseguida.

La mujer del coronel iba llena de joyas a las visitas de la cárcel, yo sin nada. Estaba todo el día con los dorados que no paraban de pitar en el control de entrada, todos los fines de semana la misma historia. Vivía en mi casa a cuerpo de reina y me tocaba aguantar el pitido ese. Un día me harté: «Anda, Rosina, saca la recortada y enséñasela al señor». El guardia se tronchaba, pero es que me tenía hasta el moño.

Al principio de llegar a Barcelona, Fernando Rodríguez venía mucho a cenar a mi casa porque estaba solo en un hotel. Un día llamó por teléfono y le escuché decir: «Pues cómprate el visón, eso lo que te guste». Más adelante, cuando otro día vino acompañado de su mujer, Rosina me soltó:

—Qué frío que he pasado.

—Tráete el visón —le contesté.

—Yo no tengo.

Pensé: «Mamen, metedura de pata, estás mejor callada». Y añadí:

—No te preocupes, yo te dejo uno.

Más tarde, le comenté a Miguel: «El visón no sé a quién se lo ha regalado Fernando, pero a Rosina no, tiene una amante».

Un día en prisión, apareció una agente del servicio para visitar al coronel y llevarle una cadenita con una medalla. Me enteré de que era su amante, a la que le regaló el visón. Yo creo que Rosina sabía que su marido estaba con otra, pero se hacía la tonta porque le venía bien.

Lo más grave y lo que cambió mi relación con ella ocurrió un día que vino a mi casa en San Cugat con un atijo de papeles: «Mamen, ¿te importa? Te lo dejo aquí, debajo de la cama».

Mi relación con ella había sido muy buena, yo siempre me había volcado para ayudarla. Tras el ingreso de nuestros maridos en prisión se quedaba en casa y estábamos siempre a oscuras para que nadie detectara nuestra presencia, pero después hubo un problema porque localizaron la casa y me fui a vivir unos días con la mujer del guardia civil Manolo.

A todo esto, yo no dejaba de ir a ver a mi madre, a pesar de que tenía los ojos como los búhos de haber estado llorando toda la noche, sin haber comido y a base de café. Cuando me

376

veía, me decía: «Qué guapa estás», y yo pensaba «¡Qué buena gente!». Y le respondía: «Ya ves, yo con cualquier cosa, ya sabes». Y mi madre feliz, a pesar de que no le dejábamos ver la televisión. «Miguel ¿por qué no viene a verme?», preguntaba una y otra vez, y yo le mentía: «Está de viaje, mamá, está ahora en Suiza, va a trabajar allí un tiempo y luego ya vendrá para acá». Y ella, tan crédula: «Cuando vuelva, que venga a verme».

Cada vez que iba a ver a mis hijos a casa de mi hermano en Zamora me pasaba toda la noche de viaje. Nada más llegar iba a comprar comida para llenar el frigorífico para que mi hermano no tuviera que gastar tanto. Los niños estaban desubicados, pasándolo mal, y yo no paraba de sonreírles. Llegaba allí llena de alegría por las ganas de estar con ellos y se me caía el mundo encima cuando se acercaba el momento de separarnos. Nadie sabe lo que era eso, y en los viajes de vuelta no paraba de llorar. Una de las veces estaba tan cansada que me quedé dormida en el bus que iba de Zamora a Barcelona. Vino el pobre conductor y me dijo: «Señora, ya hemos llegado. No ha bajado en la parada de antes a tomar nada, ¿se encuentra bien?, ¿quiere tomar algo?». A pesar de mi negativa, me trajo una botellita de agua y le dije: «Es que no tengo ganas», y él, tan amable: «Es que debe beber algo». Era agotamiento, y encima dando ánimos al resto, haciendo bromas. La situación me afectó, y como ya venía de malas experiencias, es verdad que no me encontraba bien, pero no sufrí tanto como en otras ocasiones.

Y regresaba a Barcelona..., empezaba a darle vueltas a que había dejado a mis niños..., que llegaban las Navidades..., mi madre ingresada, que nos decían que estaba bastante mal..., mi marido donde estaba..., y encima tenía que sacar fuerzas de donde no las había... Porque ya no tenía fuerzas.

Estaba con mi hermana en casa, llegaba mi vecina y nos decía que nos había preparado para Nochebuena «unas langostas con una salsa buenísima» y nos había comprado una botella de champán.

—Llévatelas, porque no las vamos a comer y es una pena que las desperdicies.

—Pero es que tenéis que comer.

—Tráeme esto y esto porque mi hermana tiene que comer algo.

En lo más profundo de este caos, llegó Rosina con el atijo ese. Cuando me enteré de que eran papeles que había sacado su marido del CESID, se lo conté a Miguel. «Mamen, mucho cuidado.»

Entonces hablé con Rosina: «Mira, guapa, te he traído a mi casa, has estado como una reinona, te hemos llevado y te hemos traído, te he dejado de todo. Y que encima tengas la poca vergüenza de traerme esos papeles que ha robado tú marido del CESID, eso sí que no, no lo voy a permitir, porque mi marido en la vida ha robado nada a nadie. Con lo cual, tú y los papeles os vais a tomar por culo. Te buscas otra historia porque conmigo ya has terminado».

Tuve los papeles debajo de mi cama una semana y yo diciendo: «Será cabrona, encima le parecerá poco». Ya me habían hecho un registro en casa, me podían hacer otro y nos podía caer un marrón porque se pensaran que eran de mi marido y él no había robado nada de nada. Me encabroné tanto que decidí cerrar la casa: «Si te pillan con los papeles, que lo hagan a ti y a tus hijos». Poco la importó lo que yo estaba sufriendo, sabía perfectamente lo de mi madre en el hospital, Miguel en la cárcel y mis hijos lejos, sin poder tenerlos conmigo. Ella, que tenía los hijos muy mayores, tuvo la poca vergüenza de coger y traerme los papeles para que me metieran a mí el marrón. Encima de que le abrí la puerta de mi casa, que le di todo el cariño, que la apoyé que te mueres.

Cómo sería la relación que habíamos tenido que, a la semana y pico de las detenciones, me había dicho: «Mamen, me tienes que acompañar al banco, porque me ha dicho Fernando que tiene el dinero en tal sucursal y que vaya». Fui con ella, nunca se me olvidará dónde estaba el banco, me acuerdo como si fuera hoy. Me quedé fuera y vi cómo salía el director a recibirla y casi le hizo la ola, cuando a mí nunca me había recibido un director. Me cabreé muchísimo.

El paso de los días dejó constancia de que el servicio estaba decidido a pasar de Miguel y eso no lo podía soportar. Me fui a hablar con Xavier Vinader, que el pobre estaba fatal ingresado en el hospital pues lo acababan de operar de rotura de cadera y estaba con rehabilitación. Lo llamé por teléfono: «Nos ha pasado esto, ¿puedo hablar contigo?», y él me dijo: «Estoy en el hospital Vall d'Hebron». Fuimos mi hermana y yo, y lo vimos acompañado de su hermana, que era muy guapa.

Le pedí que me dijera la prensa internacional que podía utilizar: «Por si la necesito, que cuenten la verdad y que se den cuenta de lo que está pasando». Me dio una lista con un montón de periodistas amigos suyos. Los medios españoles estaban publicando unas barbaridades tremendas sobre mi familia, por eso busqué a la prensa internacional.

Después eché un órdago al servicio avisando de que si Miguel y los demás no salían iba a hacer una rueda de prensa contando lo que de verdad había pasado: «Tened en cuenta que puedo empezar a largar *La traviata* porque sé tanto como Miguel o más. Sale todo y me importa una puñetera mierda, pero aquí se come el marrón el que se lo tenga que comer, así de sencillo».

Aquí es cuando empezaron a coger miedo. Hablé con Lemos y con S. B., que me dijo si quería que se pusiera Manglano. Yo le contesté: «¿Tú me lo puedes solucionar? Porque yo paso muy mucho de que me lo arregle Manglano o fulanito Pérez. Si tú estás cualificado para solucionarme este problema, me da lo mismo quién sea. Como si Manglano fuera Dios».

379

Lemos me preguntaba: «Mamen, ¿desde dónde nos estás llamando?». Porque me tenían como puta por rastrojo yendo de una cabina a otra en sitios diferentes. Hasta que un día me planté: «Hoy no salgo de casa». «¿Dónde estás?», me preguntó, y yo contesté: «En una cabina». Ellos sabían perfectamente que estaba en casa, pero me importaba un pito. Para colmo, la perra comenzó a ladrar: «Si es que hay un perro muy impertinente aquí fuera». No me importó nada que supieran que les mentía, porque lo dije sabiendo que el teléfono estaba intervenido por la Policía.

Cuando Miguel estaba en la cárcel, un día los llamé para avisarles de que cuando fueran a declarar no entraran por la puerta principal del juzgado, por la que tenían pensado hacerlo porque los estaba esperando la prensa. Se lo conté a Lemos, que entró por la puerta de atrás, pero no le dijo nada a los demás, a S. B. y a Manglano, que entraron por donde no debían y los pillaron los fotógrafos. A mí me fastidió mucho porque me pude enterar y les avisé para que lo supieran. Lemos no avisó a sus jefes porque debió pensar: «Que se coman el marrón estos dos, que yo no me lo como».

Tras estar encerrado demasiado tiempo en prisión, me dijeron Lemos y Enrique, los oficiales de caso de mi marido: «Mamen, en el momento en que sepas que va a salir Miguel, que lo vas a saber por el abogado, nos llamas inmediatamente y ponemos un operativo». Lo supe con dos días de antelación a última hora de la jornada. Llamé por teléfono a Enrique y me dijo: «Ay, mira, que el operativo está en no sé qué sitio». Me fastidió tanto que le respondí: «No te preocupes, que ya lo voy a hacer yo y seguro que me sale mejor que a vosotros».

Llamé a todos los que habían trabajado con Miguel: «Os necesito a todos aquí —eran como armarios de tres puertas—. Va a salir Miguel y tenemos que montárnoslo para que no lo fotografíen». Hablé con mi vecina Loli: «A ver cómo lo hacemos, tenemos que dibujar un croquis porque los chicos de Miguel vienen mañana a primera hora y tienen que tenerlo todo señalizado para que sepan dónde tienen que colocarse, cómo tienen que ir». Estudiamos el asunto: «Dos de los chicos de Miguel van a venir de Pamplona, son muy fuertes, y tienen que entrar dentro de la prisión con un par, porque le van a echar un par de narices. Otro coche lo quiero en la zona de acceso de prensa, que sabemos dónde se colocan, para cortarles el paso y evitar que los sigan». Y luego a Josep, el marido de mi vecina, le dije: «Dos chicos van a sacar a Miguel de la cárcel en su coche y lo llevan a la gasolinera, y allí hacéis el cambio y Miguel se mete en tu coche. Pones un cojín en el maletero para que mi marido vaya bien y lo traes a casa».

Entonces me llamó el abogado.

—Oye, Mamen, que me han dicho que estás organizando algo para la salida de Miguel.

—¿Quién te ha dicho eso?, porque yo no estoy organizando nada.

—Es para que saques también al coronel Rodríguez.

—Que lo saque quien haga falta, que yo me encargo del mío, los demás no me interesan. ¿Y sabes que te digo? Que lo saque su puta madre.

Todo fue a la perfección, gracias a Dios. Yo me quedé en casa porque me ponía muy nerviosa. Miguel llegó a casa, me puse de una alegría enorme, y resultó que los del CESID estaban en las calles cercanas y no se enteraron ni de cuándo había entrado. Claro que llegó en el maletero del coche de mis vecinos y subieron en el ascensor, que los llevó directo a casa. Luego en el servicio me preguntaron: «¿Cómo lo has hecho?», y yo les respondí: «¿Yo te pregunto a ti cómo montas tus operativos? Pues entonces». Pensaron que lo había organizado la Guardia Civil, aunque no participó ni uno solo de ellos. Fueron Josep, mi hermana y los cuatro navarros. Y también fue importante que el director de la cárcel se portara de maravilla porque a Miguel lo adoraba. Fue una organización casera, pero basta que sea casera para que salga bien. Es la vida de mi marido, ¿cómo no voy a hacer todo para que salga de la mejor forma? Si tengo que movilizar a quien haga falta, lo movilizo.

Tras conseguir la libertad y hasta que se celebrara el juicio, nos fuimos a Palafrugell, en la provincia de Gerona, y nos trajimos al fin a los niños. Poco después a mi madre la ingresaron muy malita y estuvo nueve días en el hospital hasta que me llamó mi hermana, que estaba con ella en Tarrasa, y me dijo: «Mamen, me ha dicho el médico que te vengas para acá, la cosa está muy mal». Se quedó Miguel con los niños y me fui.

Me había dicho el médico que, a pesar de estar sedada, tuviéramos cuidado con lo que hablábamos y no terminé de creérmelo. Yo veía a mi madre mirando a un punto fijo. Unos días después le dije a la enfermera, con la que nos llevábamos muy bien: «Nos vamos a pegar una ducha porque llevamos varios días encerradas… Necesitamos una ducha». Tan amable como siempre, nos dijo: «Iros tranquilas porque la acabamos de dejar limpita y arreglada». Fue salir del hospital, coger un taxi de Tarrasa a San Cugat, que no había ni diez kilómetros, entrar en casa y decirme Miguel que acababa de atender el teléfono: «Tu madre acaba de fallecer». Fue darnos la ducha y volver. Fui a besar a mi madre y me di cuenta que ya no era mi madre. Empecé a decir: «No es mi madre, no es mi madre», y me caí redonda. Pensamos que fue una bajada de tensión. Al entierro en Salamanca nos llevó Miguel, pero luego no fue al funeral por si había prensa.

Tras pasar todo lo de Barcelona, en el servicio seguían responsabilizando a Miguel, sabiendo que no era así, pero no les interesaba reconocer la verdad, y él entró en una depresión de caballo. Se empezó a meter en la cama y se tiró varios meses sin querer salir. Un día me cabreé y le advertí: «O te levantas de la cama o mañana hago las maletas y me piro con mis hijos y que te den. Esto es lo que hay, hay que luchar como un jabato y sacar fuerzas de donde no las tengas, pues no eres responsable de mí, pero sí de tus hijos».

Me puse chula: «Te levantas de la cama ya, porque no te voy a servir más comidas aquí ni va a venir más el médico —que fue un par de veces porque yo le había llamado y decía que creía que era una depresión—. Mira, tu madre tiene cuadros y a mí no me has pintado todavía ninguno. Has hecho Bellas Artes, pues demuéstramelo.» Le compré todos los aparejos y le dije: «A pintar».

Teníamos una galería pequeña acristalada que daba al jardín, le puse música clásica, a Beethoven y a otros, y se puso a pintar. Había veces que le daban las tres y las cuatro de la mañana. Por lo menos, estaba desfogándose y haciendo algo. Lo tenía entretenido y no estaba metido en la cama. Porque hasta los niños me preguntaban: «¿Qué le pasa a papi?», y yo respondía: «Está malito del estómago», y la niña me contaba: «Es que papi no es como era, ya no juega conmigo».

Había estado yendo de pastilla en pastilla sin parar de dormir. Si no te das a valer tú, no te da a valer nadie. Yo le decía: «Tú, con un par de narices, lucha por lo que te corresponde». Pintó un montón de cuadros y a partir de ahí empezó a subir, gracias a Dios.

Luego Miguel conoció a Dolores, una valenciana, que a su vez era amiga de Tusa, una buena mujer. Me acuerdo de unas Navidades que no teníamos para comer, y Tusa me mandó una bolsa de pescado y marisco, porque su marido había sido el jefe de toda la zona de Sudáfrica de los caladeros de pescado de Pescanova. Gracias a eso pudimos celebrar las Navidades. Yo no sabía cómo pagar el colegio de los niños ni la casa, que encima tenía un dueño que desapareció y se nos presentó la posibilidad de comprarla por cuatro duros, pero en el servicio se negaron a prestarnos el dinero.

Nos quedamos sin ella por culpa de Calderón, que era el que estaba de director del CESID. Nos buscamos otra casa por la zona de similares características, que fue en la que estuvimos viviendo dos años hasta que nos compramos una definitiva.

Cuando conocimos a Chema, estaba viviendo con una cubana y sus niñas, una de ellas es mi ahijada. Chema había estado casado y de repente se marchó a Cuba con sus dineros, derrochando, y le debieron poner a Mili y a su hermana Amadaes para investigar de dónde procedían sus millones. Se terminó yendo con la cubana y dieron la vuelta al mundo antes de instalarse en España, donde no consiguió los papeles para Mili, aunque a su hermana sí se los dieron.

Mili era una cubana lista, muy joven, iba de paseo con las niñas y a él le decían: «Ha estado su hija con las niñas». La muy cabrona, cuando yo me mudé de Barcelona a Madrid, tras pasar todo el lío de la cárcel, me dijo: «Ay, tu madre, vamos a mirar colegios». Y me cogió un colegio de segunda para mis niños, con el que yo nunca estuve de acuerdo, y para su niña se cogió el SEK, el bueno. Eso sí, la cubana llegaba luego y, alegando que Chema no tenía dinero, se lo pedía a Miguel para pagar el colegio de su hija, mientras nosotros ni podíamos irnos de vacaciones. Hasta que me cansé de feos como ese, dije hasta aquí hemos llegado y rompimos, lo más suave que la llamé fue hija de su madre, la amistad es otra cosa, tú por tu camino y yo por el mío.

A Miguel le falta muy poco para que lo pinchen y eche gasolina, pues ya está. Le convencieron para que participara en la Operación Alabarda y decidió que todos los guardias civiles se vinieran para mi casa. Me dijo: «Mira, que estos son buena gente», como dice siempre. Los guardias llegaban por la mañana y se ponían a departir en la cocina. Yo mientras, con el desayuno, que menos mal que ya había enviado a los niños al cole, que me levantaba todos los días a las siete de la mañana.

Los guardias llegaban a primera hora y por la noche seguían en mi casa y nadie se quería ir a la suya. Yo los tenía lo mismo a la hora de la comida que por la tarde o por la noche. Había días que no venían por la mañana y venían por la tarde.

383

Algunos días venía uno solo, yo les ponía algo y los dejaba. Había uno que no tenía ganas de irse a su casa, yo lo quería un montón. Le decía: «Venga para tu casa, que ya estoy hasta el moño». Me daba cuenta de que se lo había bebido todo y entonces le decía: «Mejor no te vas a tu casa todavía, hasta que se te pase un poco. Túmbate ahí un rato y cuando haya pasado una hora prudencial, coges la moto».

Los vecinos estaban un poco moscas de ver entrar gente de paisano que no sabían quiénes eran, y es que de vecino teníamos hasta a un magistrado. Desconocían lo que se cocía en nuestra casa; además, veían que se tiraban horas y esta situación se prolongó cerca de un año. Anda que no hice magdalenas y bizcochos. Terminé un poco harta.

Estaban todo el día haciendo las cosas para el seguimiento del grupo ese. Entre ellos estaba el Padrino, que a mí me dio pena porque me pareció que era un instrumento más. Chema era más agudo, más jeta y más sinvergüenza. Pero también estaban los colombianos y toda esa gente.

Chema me presentó al Padrino, aunque tuve muy poca relación con él. Estuvimos en el bautizo de la niña de Chema, yo fui la madrina y él, el padrino, esta vez literalmente. Y lo vi dos veces más.

Un día me presenté donde el Padrino y le regalé una corbata porque había sido su cumpleaños y nos había invitado a comer en un restaurante gallego. Era canario y me daba pena porque yo no le veía mala persona, a otros les veía hijos de puta, pero a él no. Miguel se iba con esta gente y volvía con unos colocones que nadie se imagina, llegaba a gatas.

—Mamen, ¿están los niños levantados?

—No, ya los he acostado, gracias a Dios.

—Es que no quiero que me vean en este estado.

Como tenía que seguirle la cuerda al Padrino, que bebía un montón, la madrina de mi hija le dio unas pastillas de homeopatía para aguantar, para contrarrestar el alcohol.

Otros sí se merecían lo que les pasó, pero lo triste es que el Padrino había confiado en Miguel porque se ganó su confianza. Tras las detenciones, estábamos en casa y a las tres de la mañana llegaron la cubana y su hermana y tocaron el timbre, que en teoría no sabían dónde vivíamos, aunque habían indagado tras el encarcelamiento de Chema. No paraban de llamar al timbre, venga a llamar, y nosotros mirando por una rejilla. No abrimos, lógicamente era para preguntar por él.

Cuando acabó todo, nos intentaron meter el marrón de que si se había llevado dinero. Meses aguantando, que venían a desayuno, comida y cena, un día sí y otro también, que se me metían en casa para hablar sin que nadie los pillara, controlando. Vale, pero no me dieron un solo duro, yo ponía la comida, ponía mis horas, que eran sagradas, porque yo tenía dos hijos. Y que luego te vengan y te digan: «Me parece que te has llevado dos millones de pesetas». Ahí me cabreé. Es que, además, estuve pasando necesidades y los aguanté para que luego resultara que ellos se llevaban las medallas y se iban de viaje.

Dije: «Se acabó, aquí no se vuelve a hacer nada de eso, pase lo que pase. Que se la jueguen ellos, que para eso están cobrando, que tú no estás cobrando. Estoy hasta el moño de que esté pululando por mi casa todo el mundo». «Ay —decía Miguel—, que les voy a echar una mano para que hagan esto, que lo van a sacar bordado, yo los ayudo.» Por amor al arte va a ser que nunca más.

He llevado con Miguel la vida que elegí. Nunca me lo imaginé. Cuando quieres a una persona y la quieres de verdad, todo lo das por bien hecho, si no le habría mandado a tomar por saco, no ahora, sino hace mil años. Cuando quieres a una persona la quieres con todas las consecuencias, con lo bueno y lo malo. No vale eso de que cuando me viene bien, pues bien, y cuando vienen las malas, yo me retiro.

La experiencia de vivir con un personaje como Miguel, un infiltrado de los servicios secretos, es nefasta, pero me gusta. Las vecinas de mi madre en Salamanca, cuando llegaron los periodistas, no sé lo que les dijeron, que yo era propensa al suicidio. Y digo: «¿Cómo va a ser verdad? ¿Hacerme daño yo? Ni *jarta* de vino».

Se dijo que cuando estábamos en México, yo me quería volver a España, pero allí la que vivía como una reina era yo, me volvería a ir otra vez encantada de la vida. En México tenía servicio, casoplón, iba a jugar a boliche, ¿cuándo me he visto yo en una de esas? Miguel no aguantaba, veía un avión de Iberia y decía: «Mamen, para España». Y yo pensaba: «Este hombre se va a meter en algún follón y me va a fastidiar una etapa en la que estamos fenomenal». Y resultó que sí, pues para España.

A mi padre le habían dado dos infartos y ya no era el que había sido cuando conocí a Miguel. Si no, mi padre se lo carga: «O te casas con mi hija ya o te vas a tomar por culo». Menudo era mi padre, por suerte lo cogimos en la época de vacas flacas, porque era un muy señor padre. Mi anterior novio no le hacía gracia, me decía: «Ya está aquí el rico». Iba a verlo cuando estaba en el hospital y yo le decía: «Mira, papá, quién ha venido a verte», y él decía: «¿Qué hace aquí el rico?, ¿no tiene otra cosa que hacer?». Mi novio dijo que se casaba conmigo o con nadie, y cuando se murió seguía soltero.

Miguel me cogió en una época de transición en la que estaba cabreada con mi novio, porque se había ido a Incosol con su madre y me llamó y me preguntó que si me quería casar, como si me hiciera un favor. «¡Perdona!, el favor te lo hago yo a ti, que te estoy dando juventud y belleza», porque yo era más chula que un ocho. Miguel me pilló en ese impás, me cayó al principio como una patada, pero nunca digas de esta agua no beberé. Todos en el grupo de Miguel me tiraron los tejos. Él no era el malo, el pistolero; era un tío noble, normal.

Al principio lloré mucho, porque me encontré con lo que no buscaba. Miguel estaba separado de aquella manera. Me encontré con un hándicap que no tenía nada que ver conmigo. Yo siempre había salido con gente que no tenía problemas, ni una vida anterior. Mi novio tenía quince años más que yo, pero no tenía ninguna cosa rara por ahí. Después de seis años con él, después de uno de esos arrebatos descomunales míos, llegó Miguel. Lo conocí, no me cayó mal sino lo siguiente, y lo sabe él. Yo dije: «Este imbécil de qué va, va sobrado». Había que haberlos visto, a él y a su gente, que estaban como para meterlos en la lavadora. Era todo en contra de lo que yo había vivido. Empezó a tirarme los tejos y me dijo que iba a ser su mujer. «Será cretino», pensé en plan chula. Lo miraba y pensaba: «Es un mediocre que te cagas». Mis amigas me dijeron: «Te va a hacer sufrir, te va a hacer daño». Miguel se lo tomó a pecho. Se empeñó, y además, el tío resistió y hasta que no lo consiguió, no paró.

Los años te van dando una serie de cosas que no tienes al principio. Hemos pasado por todo, como cualquier pareja. Llevamos juntos cuarenta años, toda la vida. Nunca me he sentido guapa, pero sí que me sentía resultona. En casa yo siempre escuché decir: mi hermano el bueno, mi hermana la guapa y yo el bicho. Es una manera de ser, con los años la experiencia te curte. Yo he luchado mucho por mis hijos, que estaban por encima de mí y de quien fuera. Pero no me arrepiento, estaba predestinada a que tenía que ser así y no me arrepiento de la decisión que tomé en su momento, para bien o para mal, la tomé, soy consecuente con mis actos. Es lo que elegí. Fue mi elección, nadie me puso una pistola.

387

X

35 años después me condecoran

Llegó, ¡al fin!, la medalla

En enero de 2010 el Boletín Oficial del Estado publicaba que la ministra de Defensa, Carme Chacón, me había concedido una medalla, dentro de una orden en la que aparecían muchísimas personas más. La gestación de este reconocimiento comenzó un día del año 2007, mientras mi oficial de caso y yo estábamos hablando sobre las condecoraciones que ya me habían entregado, todas civiles. Enrique me dijo: «Sé que no tienes ninguna de las que deberías tener, te voy a proponer yo para una medalla». Tenía potestad para hacerlo, aunque las que podía pedir, como la que finalmente me impusieron, no eran tan importantes como las que podían solicitar los que estaban más arriba que él en el escalafón del CNI.

Enrique ha sido, a pesar de la relación amor-odio que teníamos, mi mejor oficial de caso, dejando al margen a Lemos, con el que tenía otro tipo de relación. Con Enrique, en el tú a tú diario, es en el fondo con el que mejor he trabajado y con el que mejor me he llevado. Se ha pegado por mí, vivimos momentos de bastante dificultad y algunos que no se pueden contar.

Enrique luchó porque me la dieran en la etapa de Alberto Saiz, pero no lo consiguió. Casualidades de la vida, llegó a la dirección Félix Sanz, que ya me conocía de su etapa como jefe del Estado Mayor de la Defensa. Quiso hablar conmigo, me llamó a su despacho, tuvo la deferencia que no tuvieron otros directores. Es cuando yo empecé a entrar en el edificio de dirección, lo había hecho antes con Miguel Sánchez, director de Inteligencia, que me invitó a ir a su despacho, pero eso no era lo normal. Félix me recibió muy cordialmente, más bien como a un amigo, sin mediar eso de yo soy el secretario y tú, uno de mis trabajadores. Una relación muy afable y muy humana.

Enrique me dijo un día que debía prepararme porque tenía que ir a la sede central del CNI para recibir la Cruz al Mérito Militar con Distintivo Blanco del Ejército de Tierra y llevarme a la familia, algo que ya me había anticipado Félix, pues él me iba a imponer la medalla. No había un protocolo establecido porque era la primera vez que se hacía una entrega de condecoración de esa forma. Me dijeron que mis padres estaban invitados, pero les contesté que eran mayores, era una complicación traerlos, pues no estaban bien y era excesivo. Llevé a mi mujer, a mis hijos y a mi cuñada.

Enrique me dijo: «Tal día te vienes, a la una en punto estás en la puerta, te recibimos, arregladitos y puestos». A la una menos diez yo estaba a quinientos metros de la sede esperando y los de seguridad me estaban viendo, pero como ya sabían la matrícula del coche nadie se mosqueó. A la una menos un minuto, fuimos hacia la verja y ya nos estaban esperando porque sabían que yo soy muy puntual. Según entramos en el recinto, nos encontramos un coche en el que ponía «Sígueme» que nos llevó hasta el edificio de dirección. Aparcamos, nos esperaba un comité de recepción y subimos a dirección. Había un salón no muy grande donde estaba colocada la mesita para la charla. Entraron la secretaria general, Elena Sánchez —no la conocía ni en persona—, A. C. y un grupo del comité de dirección. Doce o trece personas y el director.

Félix Sanz dio una charla muy bonita y emocionante: «Esta medalla es una pena que se tenga que dar aquí, en un sitio cerrado; esta medalla tenía que entregarse públicamente y este reconocimiento tenía que ser público. Por cosas de nuestro trabajo tenemos que hacerlo así y lo hacemos aquí con todo el gusto». Para mí fue una manera de reconocimiento, algo que no se había hecho nunca en el servicio, eso de llevar a la familia y que te condecoren, nunca había habido un director que hiciera una cosa como esta. Fue el primero que tomó esa decisión y para mí fue muy importante. Especialmente por mis hijos, que vieron el reconocimiento que me estaban tributando a tantos años de trabajo.

Después del director hablé yo: «Una vez, antiguamente, un compañero me dijo "Mikel, el servicio es una maquinaria muy fría del Estado que no entiende de personas". Pero estoy comprobando que esa maquinaria está dirigida por personas, realmente hoy me lo estáis mostrando porque estoy viendo el lado humano. Y que no se pierda nunca, porque si lo perdemos, se pierde todo. Creo que el mayor error del mundo es dejarlo todo en manos de la tecnología, porque el factor humano siempre hará falta». De hecho, yo lo sabía porque había tenido un encuentro en Suiza con George Tenet, que era de los directores de la CIA que habían apostado fuerte por la tecnología y, por menospreciar el factor humano, tuvieron un fallo que le costó el puesto.

Tras la breve ceremonia, nos ofrecieron un *lunch* y Mamen se puso a hablar con todos, hasta que desapareció con Carmen, una agente, porque salieron a fumar a la calle, y mi oficial de caso se puso un poco nervioso: «Esta le va a sacar a Carmen todo lo que no tiene que decir, yo creo que debíamos de ir levantando el acto». Y nos despedimos. Luego nos fuimos la familia y la consuegra a celebrar la fiesta a nuestro modo. Por lo menos, fue un acto diferente, un reconocimiento que no se me había hecho nunca. Con los anteriores directores no pude ni imaginar que organizaran un acto así, al que llevar a mis seres queridos más cercanos.

También tengo una medalla de plata de la Hermandad Nacional de Antiguos Caballeros Legionarios, que es muy entrañable para mí. Me han impuesto diferentes condecoraciones de varias asociaciones de la Guardia Civil y la Imperial Orden Hispánica de Carlos V. También tengo otras civiles que han venido por amigos que me han propuesto. Más reciente es la medalla de oro de la Asociación Dignidad y Justicia. Pero oficiales solo tengo la del Ejército y la de la Legión, no de ayuntamientos ni otras instituciones que tengan que ver con el Estado.

Ha habido algún militar que me ha reconocido mi trabajo, pero los altos mandos de los Cuerpos y Fuerzas de Seguridad del Estado me han mostrado un agradecimiento cero. He llegado a escuchar frases como: «¿Tú qué te has creído?, ¿que porque hiciste aquello ya lo has hecho todo en la vida?». Lo que han vendido es que yo estuve infiltrado y que luego me estuve rascando los cojones. Qué bien le vino al servicio esa idea de que ya no trabajaba para ellos, con el episodio de Barcelona

393

para que todo el mundo creyera que «ya está fuera». Mientras uno está cobrando, está dentro, ¿no? Siempre en las alturas se ha procurado quemar mi figura para que no suponga un lastre, no sea que un día haya un problema. Es una forma de actuar típica del servicio de inteligencia español.

ESPAÑA CONDECORA A EL LOBO 35 AÑOS DESPUÉS DE SU GOLPE A ETA

La Razón, **7 de mayo de 2010.** Han pasado 35 años desde que el agente del servicio secreto español infiltrado más importante de la historia de nuestro país desapareciera tras asestar desde dentro el mayor golpe recibido por la banda terrorista ETA. Desde 1975 El Lobo vive con otra identidad, con otro rostro y sin residencia permanente. [...] El pasado mes de enero la ministra de Defensa, Carme Chacón, firmó la concesión de la Cruz del Mérito Militar con Distintivo Blanco para el que fuera el mejor topo dentro de ETA. El director del Centro Nacional de Inteligencia y ex Jefe del Estado Mayor de la Defensa (JEMAD), Félix Sanz, le impuso la condecoración en la sede central del CNI, en un acto al que asistieron diversos altos cargos, entre ellos Elena Sánchez, la secretaria general, y algunos familiares del agente, según informó elreservado.es. Sanz elogió en el acto la labor de Lejarza: «Me habría encantado que hoy estuvieran aquí todas las cadenas de televisión».

394

Qué hacen los políticos
con las informaciones del servicio

$\mathcal{M}$uchas de las informaciones que consigue el servicio de inteligencia español se paran en su propia sede; otras no tienen ningún alcance ni consecuencia. Esta es mi conclusión, basada en las que yo he conseguido a lo largo de cuarenta y cinco años de trabajo. El CNI pasa bastantes de esas informaciones a la Moncloa, siempre muy cribadas —como dicen ellos—, muy estudiadas, y allí mueren la mayoría, aunque muchas ya están muertas antes de llegar a la sede de la Presidencia. Un ejemplo de los que ya he contado con más detalle es el de las fotografías de matanzas de guatemaltecos que conseguí estando en México: nunca se hizo nada después de que se entregaran al Gobierno. Nunca reaccionan a ese tipo de descubrimientos.

De todas las que yo he pasado, quitando las referidas al terrorismo, muy pocas han dado pie a que el Gobierno actúe, ni con las que eran más accesibles o sustanciosas. Tengo el convencimiento de que de cada cien informaciones que pasa el Centro —no sé las que pasa—, setenta se van a las papeleras o se guardan en el archivo, pero no se utilizan.

La época en que más útiles fueron las informaciones del servicio fue la de Emilio Alonso Manglano como director, porque él y Felipe González eran uña y carne. El Gobierno manejó muchas, sobre todo las que le venían bien para sus fines, claro.

Los gobiernos del PP, por ejemplo en los de Aznar, no han sabido o no han querido utilizar las informaciones obtenidas por el servicio de inteligencia. Sin embargo, los gobiernos socialistas de González y Zapatero supieron sacarles rendimiento, igual que han utilizado mucho mejor los Cuerpos y Fuerzas de Seguridad del Estado. Y los socialistas han elegido mejor a las personas que debían estar en los puestos claves que los populares, que han jugado mucho con el buenismo. Para mí ha sido el gran fallo del PP, podía haber hecho muchas más cosas.

Después de Zapatero se ha jugado mucho con ese tema de los buenismos. Para que ETA salga a la palestra y deje las armas han preferido darles lo que piden. Esa es una decisión equivocada porque ETA estaba muerta policialmente y así la estaban alimentando. Terminarán por llevar los presos al norte y a mí me da igual dónde estén, aunque allí los atenderán mejor. A mí tampoco me gusta que la gente esté en la cárcel para toda la vida, no tengo maldad y no deseo mal a nadie, pero creo en la Justicia y creo que hay que cumplirla y aplicarla como Dios manda, y si es como tiene que ser, que la gente que tiene que pagar que pague. Que lo pague aquí o allí me da igual, pero que lo pague. No es justo que cojamos a esa gente y por decir «ya tenemos que pasar página» les vamos a pagar un sueldo, cuando en España hay personas sin trabajo. Y cuando vean que están pagando a unos asesinos esto va a provocar una convulsión en la sociedad. Se están haciendo políticas desacertadas porque los políticos creen que les dan buena imagen.

Los secretos de lo que ha pasado y pasa con ETA

Mi padre, que conocía perfectamente la ideología de Sabino Arana, me contó que el nacimiento de ETA se debió a la aplicación de su doctrina, y que cuando Arana terminó de escribirla él mismo dijo: «Qué burrada he hecho, lo que puede acarrear esto». Luego tomó una deriva encabezada siempre por los líderes pensantes del PNV, Xabier Arzalluz y otros con él, y el obispo José María Setién y muchos más sacerdotes.

Uno de los hombres importantes del PNV era Jesús María Leizaola, que había establecido durante la dictadura de Franco un contacto muy bueno con la CIA. Desde el principio, la máxima del PNV era controlar a ETA consiguiendo que su número uno tuviera relación con Leizaola o con otro líder del PNV. Hubo dirigentes de ETA que no tuvieron esa relación, pero alguien dentro de la organización hacía que los liquidaran. Uno de los ejemplos principales fue el de Eustaquio Mendizábal, Txikia, que fue entregado a la Policía de Bilbao en Algorta gracias a una llamada telefónica realizada por sus compañeros.

El asesinato en 1973 del presidente del Gobierno, Luis Carrero Blanco, se sabe perfectamente que fue montado desde el mismo Gobierno de Franco. Estaban al corriente de lo que ocurría ciertos mandos del Ejército, la Policía y la Guardia Civil. Hubo casos como el de algún coronel de la Guardia Civil —al que le soplaban: «Hay un comando de ETA por aquí o varios»— que recomendaba callar.

Los que menos se enteraron fueron los mandos del SECED, salvo uno de sus oficiales, perteneciente a la Marina y homosexual, que mantenía contactos en el hotel Mindanao con uno de la CIA, aunque los llevaba a cabo no como agente del servicio de inteligencia, sino como miembro de las Fuerzas

Armadas. Puede que alguien más del SECED lo supiera, pero no la cabeza del servicio, porque se la estaban jugando con un fallo así de grave. De hecho, nada más ocurrir el magnicidio los responsables del servicio les dijeron a sus agentes: «O pilláis al comando o el SECED se va a la mierda».

A esa trama se une otra que todos conocemos sobre el viaje a Madrid de Henry Kissinger, secretario de Estado de Estados Unidos, cuando los rusos captaron una llamada que le hicieron para que se fuera de inmediato de la embajada porque iba a pasar algo en la ciudad... Estos datos se han contado cincuenta veces, pero hay otros, yo los he comentado con Pilar Urbano, no sé si ella los publicó. Como el referido a Fernando Herrero Tejedor, secretario general del Movimiento en 1975, hombre muy religioso que no pudo soportar que no se contara la verdad sobre el asesinato de Carrero Blanco: «No puede ser que esto se calle, que esto siga así». En un viaje que hizo a Segovia, en una de las curvas bajando de Navacerrada, un camión se le echó encima. El camionero estuvo desaparecido, hasta que años después dimos con él: «Yo no quiero saber nada». Se le apretaron un poco las clavijas, y confirmó el complot: «Hablen con otros, otros son los que saben».

Lo que puedo repetir, porque me lo contó a mí personalmente y delante de otros el propio Argala —quien por desgracia era familia mía, un primo segundo—, son sus palabras: «Cuando apreté el botón, madre de Dios, pensamos que se hundían todos los edificios. En la vida nos hubiéramos imaginado que aquello que nos dieron iba a armar la de Dios». Y le dijo a Wilson, que estaba con él: «La que hemos liado». Me resultó curioso detectar en Argala y en otros la certeza de que iban a salir indemnes del atentado. ¿Por qué estaban tan seguros de que no los iban a pillar? Ezkerra era ya entonces el hombre de Leizaola y, aunque en ese momento todavía no era el número uno, ya estaba en la ejecutiva de la organización. Y si atamos cabos: ETA-Leizaola-CIA.

Posteriormente, en septiembre de 1974 fue la explosión de la calle del Correo en Madrid, y Ezkerra continuó su ascenso. Eva Forest fue la que preparó toda la información de ese atentado, en el que murieron 13 personas y 71 resultaron heridas, y que podía haber provocado muchas más desgracias. Años más tarde, con la disolución de ETA-pm y la integración de muchos de sus militantes en ETA militar, Ezkerra pasó a ser el número uno.

El PNV es un partido de derechas total, la gran derecha vasca. Al principio, cuando ETA empezó a dar sus primeros tiros, dijeron: «Esto tenemos que controlarlo». Los militantes normales del PNV no tenían ni puñetera idea y se produjo mucha fricción con los militantes de ETA, había amenazas, pero esto era muy bueno para el PNV, pues oficialmente luchaban contra ellos. La realidad era completamente distinta.

El PNV ha jugado sus cartas de una manera distinta a los partidos nacionalistas catalanes —que han querido jugar de una forma más inteligente porque piensan que los vascos son más burros—; en el País Vasco han empleado la violencia y han obtenido lo que han querido; al final, ha habido mil y pico muertos, pero han conseguido lo que les ha dado la gana, y además han pasado página rápido. Ya hemos empezado a ver en la tele a fulano de tal, con veinte asesinatos, saliendo de la cárcel como un héroe. Y esto los españoles nos lo tenemos que tragar como algo normal. Correr un velo viene bien a los sucesivos Gobiernos. Esta es la triste historia de ETA.

Algunos me han tachado de franquista por los años en los que se produjo mi infiltración en ETA, cuando en 1974 el SECED ya estaba preparando la Transición, ya había reuniones en Francia a las que iban José Faura, Andrés Cassinello y otra gente del servicio para reunirse con los del PSOE.

Cuando yo estaba en Anai-Artea y les canté las cuarenta a la ejecutiva de ETA, les dije:

—¿Vosotros creéis que así vais a conseguir la independencia?

—¿La independencia?, pero ¿qué dices? —Se descojonaron de risa.

—Entonces, ¿qué estamos haciendo aquí?

—A ver si conseguimos algo, hay que ganar cosas poco a poco.

Entonces no había un concepto de independencia, eso lo decían para las bases, para que estuvieran amarradas, pero en las alturas no existía ese objetivo. A ver si damos un paso para adelante y luego a ver si damos otros. Estaba todo superestudiado.

Igual que el caso de Pertur. Estaba totalmente contra las armas, y había elaborado un estudio para crear un partido político, no una ETA ni militar ni político-militar. Lo había bautizado EIA, luego ese partido lo comandó Ezkerra cuando lo soltaron con la amnistía y se dedicó a vivir la vida y se lo montó bien con su librería. Ezkerra puso en marcha el partido en 1977, lo dirigió y luego lo dejó. Un partido político que no interesaba al PNV, ni a los locos que escaparon de la redada de la policía en 1975 y que se hicieron con el control de ETA, donde perpetraron las barbaridades que le siguieron interesando a alguien.

En 1980 ETA político-militar se disolvió, cuando ya no tenía ningún por qué para seguir. El único interés era el político de otros que se beneficiaban de lo que ocurría ahí. Yo descubrí que al poder le importa tres cojones, lo digo así, que mañana haya cien muertos, doscientos, trescientos o cuatrocientos. El poder tiene que tirar para adelante y a quienes lo ostentan les da igual. Asume la responsabilidad de las muertes con una hipocresía tan grande que se limitan a hacerse la fotografía, poner cara de póker y aquí no ha pasado nada. Estamos cansados de verlo. De contemplar cómo la presidenta de la Asociación de Víctimas del Terrorismo (AVT), Ángeles Pedraza, fue fichada por la presidenta de Madrid Cristina Cifuentes y no dio un mitin más sobre las víctimas. El poder lo corrompe todo.

El final de ETA es el espejo en el que todos se han querido mirar. El PSOE tuvo su momento de mirarse en ese espejo, lo fastidió con los GAL, le dio mucha pólvora a ETA con la llamada «guerra sucia», y el PP ha estado luchando a muerte para mirarse en ese espejo, que le ha costado muy caro a los españoles. Cuesta miles de millones y aguantar mucho. Es muy bonita la imagen de que la política ha terminado con ETA, pero la verdad es que con la ETA que conocimos en sus últimos años ha terminado el pueblo, el espíritu de Ermua.

A ETA en su día se le hizo mucho daño con la Operación Lobo, se podía haber acabado con ellos, pero no interesaba. Después hubo varios momentos en que también se la pudo liquidar, tampoco interesó. Queda muy bien la imagen en televisión de la disolución total de ETA, pero no hay que engañarse, porque queda peligro para unas seis décadas más, por lo menos. ¿Quién va a parar la *kale borroka*, que cada vez va a más? El que lo puede parar es el PNV. ¿Lo va a hacer? No. Lo va a seguir utilizando. Como no van a aparecer más atentados de ETA, seguiremos con la *kale borroka*. Seguirán utilizando eso para fines políticos y veremos las algaradas en la calle a lo bestia, nos seguirá costando una barbaridad de dinero y muchos dolores de cabeza y, ¡ojo!, habrá más de un muerto. Se irá de las manos más de una vez, pero no es lo mismo decir que es una acción política que una de delincuencia.

Estamos jugando con hipocresía. Cuando le impuse la medalla de la Asociación Dignidad y Justicia —presidida por Daniel Portero, que está haciendo una labor excepcional— al embajador francés, afirmé en un discurso delante del ministro del Interior y del secretario de Estado españoles: «Señores, no podemos hablar de que esto ha terminado, esto terminará el día que cualquiera de nosotros podamos viajar al norte y seamos recibidos de la misma forma en que son recibidos los del norte en cualquier lugar de España». Eso no lo tienen en cuenta los sucesivos gobiernos porque para ellos el problema de ETA ha acabado porque ya no tienen hoy dos muertos, ni la semana que viene otros dos. Al final, ese es el único problema para ellos.

Matar hoy a El Lobo

*A*hora, con la disolución de ETA, es cuando de verdad van más a por aquella persona que han sentenciado a muerte de por vida, y se acrecienta mi problema. Yo no estoy sentenciado solo por ETA, sino que con su comunicado «El pueblo vasco nunca perdona» ya lo advirtieron: si no somos nosotros, será alguien del pueblo vasco. Lógicamente, para mí ahora es el momento en el que veo más peligro.

Lo he comentado con responsables del CNI, que me han dicho: «Ahora es más peligroso, sí sí, ahora es cuando hay que tener más miedo. Tienes que andar con cuidado, porque cualquier loco te puede intentar matar y ya no es un tema de ETA, es un tema de delincuencia». Pero no les preocupa lo mismo. Ellos van por el camino de que ahora cualquier tío sale y se carga a El Lobo. Pero de eso nada, ¡claro que es un tema de ETA! La organización tiene una bala para El Lobo, precisamente por eso, porque «el pueblo nunca perdona».

Puede ser tremendo, pero además yo me pregunto: ¿Y si el atentado está orquestado? Entiendo que una de las cosas que quiera ETA es que desaparezca El Lobo. Es una espina que tiene clavada hasta el corazón, que se ha ido manteniendo. Por unas u otras razones no se han metido conmigo. Primero, porque no me han encontrado. Segundo, porque ha habido muchas relaciones y muchos contactos del servicio con los etarras. Ya he mencionado que en Barcelona vi una nota del etarra Carlos Almorza que decía: «No os metáis con El Lobo». Yo también me ocupé, como he contado, de que no se metieran conmigo. Nunca se acercaron a mi familia, que se quedó a vivir en el País Vasco. Mis padres vivieron allí hasta que murieron, mis hermanas viven allí. Ha habido respeto porque «si yo me meto con la familia de este, a la semana siguiente este se va a meter con la familia de todos». Ese es el miedo que siempre han tenido.

Cuando se habla de servicios de inteligencia siempre se les guarda más respeto, ya sea por la leyenda o por los intereses mutuos. Y si lo intentan y les haces frente, se evaporan.

Así que ahora voy armado, hago prácticas de tiro... Con todos los años que tengo, mantengo una puntería que te mueres. Cada vez que voy a la iglesia bendigo la pistola para que no tenga que utilizarla nunca. Ahora, que es cuando debería estar tranquilo.

Hacia el año 2000 hice una petición formal a la Guardia Civil con todos los porqués de mi necesidad de llevar armas y la primera vez me denegaron el permiso, la segunda vez —soy muy paciente— se lo comenté a mi servicio: «Me han denegado el arma», y me dijeron: «Pues vamos a hacer un escrito». Creo que lo mandaron, hubo gente de la Guardia Civil que me dijo que sí, pero finalmente me contestaron otra vez que no. Por tercera vez volví a pedirlo y me lo volvieron a denegar. Estaba Masegosa como coronel del ICAE,[41] que luego ya de teniente general éramos muy amigos. Les metí un contencioso-administrativo, los abogados de la AVT se ofrecieron a llevar el proceso. Es muy difícil ganarle al Estado, pues lo ganamos, y el Tribunal Superior de Justicia me dio toda la razón, y además, muy bien explicado. Si un policía o un guardia civil tienen derecho a portar un arma cuando están fuera de servicio y piden una licencia particular, más motivo tenía yo. A partir de ahí no ha habido problemas.

En los cuatro últimos años la llevo, aunque es una molestia. Mantengo a mi equipo, que tampoco están veinticuatro horas conmigo, no quiero yo, porque tienen muchas cosas que hacer. Y digo «mi equipo» porque no me los pone el servicio. Ando a mi aire por todas partes del mundo. Y he ido por el norte en muchas ocasiones, he regresado al pueblo donde nací y he ido sin arma.

Es una época aparentemente buena para el pueblo, pero mala para mí. Que mañana no haya un chivatazo de que es-

403

41. Intervención Central Armas y Explosivos.

toy en tal sitio y se repita la experiencia del final del IRA en Gran Bretaña. Años después de firmarse la paz, varios agentes infiltrados del servicio secreto británico en la organización criminal hacían su vida con cierta tranquilidad tras el abandono de las armas: acusados de traidores, los pillaron unos tíos, les dieron dos cartuchazos con escopetas de caza, que matan más fácil que una pistola, y dijeron: «Al traidor del pueblo le hemos aplicado la sentencia de muerte». Ha ocurrido y puede volver a ocurrir. Que lo van a intentar conmigo lo tengo más claro que el agua. De esta forma, se quitaría el problema el Gobierno y se quitaría el problema el servicio.

Ahora a mí me viene una vida más jodida. Vuelvo otra vez a mis tiempos de mirar para todos lados, de dar cuarenta vueltas a las rotondas. Recuerdo los malos tiempos que ya tenía olvidados. Es duro.

404   Una ladera de una montaña, acariciada por el sol, y un aire fino y fresco, olor a tomillo, romero y jara. Flores silvestres que endulzan el color de un campo cubierto de encinas y alcornoques al fondo. Un tenue rumor de un pequeño riachuelo que sacia la sed de corzos, ciervos y jabalíes. Aquellos corzos a los que una sombra acechaba estática como una figura cubierta por un traje de camuflaje.

Esa ladera, a modo de una gran tumba, recoge las cenizas de quien pasó momentos inolvidables, observando el movimiento de esos animales, disfrutando del silencio. Decía: es increíble escuchar el silencio, allí sentado junto a una encina o un carrasco que lo apartaba de la mirada observadora de aquellos corzos que acechaban, disfrutaba de su bota de vino, junto con su bocadillo, allí transcurrían las horas como si de minutos se trataran, allí ahora se encontraban las cenizas de El Lobo.

Vivirás errante, tendrás que huir de las personas, acechar, ser cazador y presa, al igual que los lobos. Te llamaremos Lobo, así lo dijo Carlos, Emiliano.

Υ

Y después entro en un mundo totalmente diferente, mil veces más complicado y muchísimo más difícil para mí que todo el trabajo que hice anteriormente, con mucho sufrimiento. Y de esto, Fernando Rueda sabe mucho. Pero esto es otra historia.

405

Índice onomástico

407

M. P. (Paso), 32, 102, 110
Manolo, 272, 284, 291, 294, 295, 299, 301, 304, 305, 313, 366, 376
Mantecón, Jesús, 302
Mantilla Gaviria, Edgar Joaquín (Joaquín), 363
Mariano —inspector jefe—, 306
Maribel, 127, 129
Martell, Cristóbal, 315
Martín Ferrand, Manuel, 266, 267
Martínez —padre—, 249, 365
Martínez —hijo—, 249, 250
Martínez, Denis, 352
Martínez Antía (también Andia), José Ramón (Montxo), 54, 57, 58, 71, 80, 83, 88, 90, 91, 95, 106
Martínez de la Fuente Inchaurregui, José Ramón (Karmelo), 95, 105-106
Mas, Artur, 282
Masegosa —coronel—, 403
Máximo, 197, 204
Mayoral, doctor, 103
Medrano, Carmelo, 195
Mena —teniente coronel—, 136
Mena, José María, 303, 304
Méndez de Vigo, Beatriz, 325
Mendizábal, Eustaquio (Txikia), 30, 397
Merino, Ángel (Pedro; Zapatones), 31, 32, 35, 45, 138, 139
Miguelón, 272, 285, 289
Miralles, Melchor, 224, 237, 242, 328, 329, 331, 333
Moreno Bergaretxe, Eduardo (Pertur), 43, 44, 54, 55, 58, 78, 92, 93, 118, 173, 330, 400
Moleka, 348
Múgica Arregui, José Ignacio (Ezkerra; el Zurdo), 54, 57, 58, 60, 78, 80-83, 88, 91, 95, 105, 106, 119, 122, 168, 169, 257, 258, 331, 346, 398-400
Múgica Arregui, Josean, 60, 72, 73, 77, 168
Múgica Garmendia, Francisco

(Pakito), 51, 71, 72, 93, 114, 116, 117, 133, 134, 138, 140, 173, 212-216, 218, 219, 221, 222, 233, 240, 327
Muñoz, Antonio, 347, 348

Narváez Goñi, Juan Jesús (el Pajas), 345
Navarro, Eduardo, 374
Noriega, Eduardo, 330
Núñez, Josep Lluís, 275

O. G. V., 191, 194
Odaso, Franco, 353, 354
Olarra, Luis, 103, 110
Ortega, Daniel, 199
Ortiz Lang, Pedro, 214, 216, 222, 240
Ostos —teniente coronel—, 188

P. M., 195, 197-200, 203, 204, 209
Padrino, el, véase Florido Sosa, Antonio
Pagoaga, José Manuel (Peixoto), 50
Pedraza, Ángeles, 400
Pedro (también Zapatones), véase Merino, Ángel
Pellicer, Faustino, 305, 372
Peña, Andrés de la, 214
Pepe —inspector jefe—, 300, 370, 374
Pérez Beotegui, Pedro Ignacio (Wilson), 41, 53, 54, 58, 64, 65, 68, 69, 72, 73, 77, 88, 106, 258, 331, 398
Pérez Revilla, Tomás (el Viejo), 51
Pérez de Obanos Basterrechea, Anastasio, 132, 133, 135
Pérez de Obanos Basterrechea, Francisco, 132, 133, 135
Perote, Juan Alberto, 322, 332, 333
Piqué Vidal, Joan, 279, 280
Pistone, Joseph (Donnie Brasco), 351, 358
Polanco, Jesús, 283, 284, 289, 290

411

También te gustarán
del mismo autor

LA CASA

EL CESID: AGENTES,
OPERACIONES SECRETAS
Y ACTIVIDADES DE
LOS ESPÍAS ESPAÑOLES.

FERNANDO RUEDA

Prólogo de Alberto Saiz
Exdirector del CNI

LA CASA II

CNI:
AGENTES, OPERACIONES SECRETAS
Y ACCIONES INCONFESABLES
DE LOS ESPÍAS ESPAÑOLES.

FERNANDO RUEDA

Este libro utiliza el tipo Aldus, que toma su nombre
del vanguardista impresor del Renacimiento
italiano, Aldus Manutius. Hermann Zapf
diseñó el tipo Aldus para la imprenta
Stempel en 1954, como una réplica
más ligera y elegante del
popular tipo
Palatino

Yo confieso

se acabó de imprimir
un día de invierno de 2019,
en los talleres gráficos de Liberdúplex, s.l.u.
Ctra. BV-2249, km 7,4, Pol. Ind. Torrentfondo
Sant Llorenç d'Hortons (Barcelona)